ARKANA

W0085213

Buch

Nach dem durchschlagenden Erfolg seiner »Gespräche mit Gott«
bekam Neale Donald Walsch eine Flut von Briefen und Anfragen
aus aller Welt. Seine Leser wollten mehr wissen über den gütigen,
»menschlichen« Gott, wie ihn Walsch darstellt. Sie fragten nach
spirituellen Wegen, nach Gebeten und Meditation, wollten Präzi-
sierungen über Gut und Böse, über den Teufel und die Engel, und
sie erbaten weiter reichende Kommentare zum Bibelverständnis
der Kirchen. Für sein Buch hat Walsch eine Auswahl der interessantesten und herausforderndsten Briefe zusammengestellt. In seinen Antworten erweist er sich einmal mehr als begnadeter Inter-
pret. Geschickt lenkt er den Leser durch den Dschungel der Fragen
zu jener einen Frage, die wirklich zählt, nämlich der Frage, die
Gott in Gestalt des Lebens an uns richtet und auf die jeder für sich
eine Antwort finden muss: die Frage, wer bin ich?

Autor

Neale Donald Walsch hat gemeinsam mit seiner Frau Nancy im
Süden Oregons ein Zentrum der Selbstbesinnung und Selbstfin-
dung gegründet. Um die Botschaften seiner Bücher zu verkünden,
veranstaltet Walsch Vorträge und Workshops in aller Welt.

Bei Goldmann ist bisher
von Neale Donald Walsch erschienen:

Gespräche mit Gott, Band 1 (30737)
Gespräche mit Gott, Band 2 (33612)
Gespräche mit Gott, Band 3 (33627)
Gespräche mit Gott, Arbeitsbuch (21559)
Freundschaft mit Gott (33632)
Ganzheitlich Leben (33631)
Beziehungen (33629)
Rechtes Leben und Fülle (33630)

NEALE DONALD WALSCH

Fragen und Antworten zu »Gespräche mit Gott«

Aus dem Amerikanischen von
Susanne Kahn-Ackermann

ARKANA

GOLDMANN

Die amerikanische Originalausgabe erschien 1999 unter
dem Titel »Questions and Answers on Conversations With God«
bei Hampton Roads Publishing Co. Inc.,
Charlottesville, VA, USA, New York.

Deutsche Erstausgabe Juli 2002
© 2002 der deutschsprachigen Ausgabe
Wilhelm Goldmann Verlag, München,
in der Verlagsgruppe Random House GmbH
© 1999 Neale Donald Walsch
Published by arrangement with Hampton Roads Publishing Co. Inc.
Dieses Werk wurde vermittelt durch die
Literarische Agentur Thomas Schlück GmbH, D-30827 Garbsen
Umschlaggestaltung: Design Team München
Umschlagabbildung: Zefa/Masterfile
Satz: Barbara Rabus, Sonthofen
Druck: GGP Media, Pößneck
Verlagsnummer: 21611
Redaktion: Annette Gillich
WL · Herstellung: WM
Made in Germany
ISBN 3-442-21611-7

1. Auflage

Für

BRYAN L. WALSCH, SR.

Mein Bruder,
und in jenen wundervollen
frühen Jahren meiner Kindheit
oft mein Beschützer,
manchmal mein Peiniger,
aber immer mein bester Freund.

Er ermutigte mich,
die wirklich großen Fragen zu stellen.
Er zeigte mir, dass es möglich ist,
die Antworten zu wissen.

Inhalt

Danksagung

Wie immer gelten meine ersten Dankesworte meinem besten Freund, Gott. Mein Leben wurde, seit ich ein echtes, ehrliches Gespräch mit ihm begonnen habe, immer besser und besser. Und seit ich eine Freundschaft mit Gott pflege, folgt ein Wunder auf das andere.

Als Nächstes danke ich meiner Frau Nancy und meinen Kindern dafür, dass sie mir den Raum und die Zeit gewähren, meine Bücher zu schreiben und mit der Welt zu teilen, was einmal eine äußerst persönliche und intime Erfahrung war. Ich danke ihnen auch dafür, dass sie mich im Verlauf dieses Geschehens unser Leben auf den Kopf stellen ließen.

Dank schulde ich auch, ganz besonders für dieses Buch, meiner wundervollen Freundin und persönlichen Assistentin Rose Wolfenbarger. Sie hat Jahre damit verbracht, alle Antworten, die ich je auf die Briefe, die ich bekam, schrieb, abzuspeichern, aufzubewahren und nach Stichpunkten zu ordnen. Und sie ist viele Monate lang alles durchgegangen, um das hier vorliegende Material zusammenzustellen.

Einleitung

Jeder Mensch auf der Welt hat Fragen über das Leben und wie es funktioniert. Jeder Mensch auf der Welt hat auch die Antworten darauf. Doch nicht jeder Mensch auf der Welt weiß das.

Ich wusste es jedenfalls nicht. Ich sah mich überall nach Antworten um – nur nicht im Innern. Ich hörte Eltern, Familienangehörigen und Freunden zu, Lehrern, Pastoren, Führern, Autoren, Philosophen – allen und jedem, von dem ich dachte, dass er möglicherweise etwas zu sagen hätte.

Dann wandte ich mich an Gott.

Ich stellte einen Haufen Fragen. Und endlich bekam ich Antworten. Aus ihnen entstand die Trilogie, die als *Gespräche mit Gott* bekannt wurde. Außerdem führten diese Antworten zu weiteren Fragen. Nicht nur bei mir, sondern auch bei Millionen Leserinnen und Lesern dieser Bücher.

Die wichtigste Antwort, die ich erhielt, war die, dass ich nicht länger Fragen zu stellen brauchte. Alle Antworten, so sagte Gott, sind in meinem Innern zu finden. Ich brauche nichts weiter zu tun, als mich nach innen zu begeben. Wir alle brauchen nichts weiter zu tun als das. Wenden Sie sich nach innen und begegnen Sie Dem Schöpfer. Denn dort in unserem Innern residiert Gott.

Es ist natürlich in Ordnung, auch an andere Fragen zu stellen. Manchmal ist es nützlich, und oft sehr wertvoll, Input von einem anderen Teil Gottes zu erhalten. Doch tut man gut daran, sich in Erinnerung zu rufen, dass kein Teil Gottes die Botschaft, die für uns gedacht ist, klarer vernimmt als der Teil Gottes, der in unserem Innern existiert. Also hören Sie zu, wenn Sie Ratschläge bekommen, suchen Sie Rat, denken Sie über Informationen nach, aber wägen Sie immer alles sorgsam gegen den

Rat und die Führung Ihrer eigenen inneren Stimme ab. Wenn Sie Input von außen auf die Ebene der Absoluten Wahrheit erheben, verkünden und erklären Sie, dass Sie nicht die Quelle sind. Und das wäre eine Lüge über Sie.

Für ein Buch voller Fragen sind das vielleicht etwas merkwürdige Dinge, die hier geäußert werden, aber es sind tatsächlich genau die richtigen Dinge. Ich möchte nicht, dass Sie denken, die Antworten, die Sie hier finden, seien maßgeblicher als jene, die Sie in Ihrem eigenen Herzen finden. Dort liegt die wahre Weisheit. Dort wohnt die wirkliche Wahrheit.

Manchmal besteht der größte Wert eines Inputs aus anderer Quelle darin, dass er uns für unsere eigene Wahrheit öffnet. Und das ist hier die Absicht. Deshalb nehme ich mir die Zeit, in jeder Ausgabe meines Newsletters ein paar der über dreihundert Briefe, die ich jede Woche von Menschen aus der ganzen Welt bekomme, persönlich zu beantworten. Briefe, in denen sie Fragen zu *Gespräche mit Gott* stellen, in denen sie wissen möchten, welche Möglichkeiten sie haben, dieses Material in ihrem Leben anzuwenden und umzusetzen. Aus diesem Grund haben wir einige der interessantesten »Fragen und Antworten« aus den Newsletters der letzten fünf Jahre ausgewählt und in dieses Buch aufgenommen.

Seien Sie nicht überrascht, wenn Sie bei der Lektüre der Briefe ein bisschen von sich selbst wiederfinden. Wir stellen schließlich alle dieselben Fragen. Wir schauen uns alle, auf unsere eigene Weise und aus unserem persönlichen Blickwinkel, dieselben Themen und Probleme an. Daher halten Sie nun kein Buch, sondern einen Spiegel in Ihren Händen.

Ich lade Sie ein, tief in ihn hinein zu blicken. Schauen Sie und sehen Sie, was darin erscheint. Es könnte der Weg zu Ihrer eigenen höchsten Wahrheit sein.

Neale Donald Walsch
August 1999
Ashland, Oregon

1

Komplexe Briefe

Ich liebe Fragen. Sie bringen meinen Geist zur Ausdehnung. Und je schwieriger die Fragen, desto lieber ist es mir. Deshalb habe ich auch die Fragen in diesem Buch so gerne beantwortet. Es finden sich einige der herausforderndsten Anfragen darin, die ich je in Bezug auf das Material von *Gespräche mit Gott* erhielt; sie spiegeln die Leidenschaften, Frustrationen, Interessen und Wissbegierden einiger wundervoll sympathischer und mutiger Leute wider.

Ich habe versucht, die Fragen thematisch zu ordnen. Doch einige Briefschreiber hatten ganz eindeutig nicht die Absicht, sich pro Brief auf ein Thema zu beschränken. Erst dachte ich daran, diese komplexen Anfragen in einzelne Abschnitte aufzuteilen und sie in verschiedenen Kategorien unterzubringen, doch dann hatte ich das Gefühl, ihnen damit eine Menge von ihrer Kraft zu nehmen. Gerade weil sie so vermischt und komplex sind, steckt so viel »Saft« in ihnen. Ganz so wie im Leben auch. Also habe ich ihnen ein eigenes Kapitel gewidmet, und hier sind sie, diese Fragen, die ein Stück Leben präsentieren. Wirkliche Fragen über das wirkliche Leben von wirklichen Menschen.

Warum tun die Menschen einander weh?

Mein Name ist Penny, und das einzige Wort, mit dem sich meine Gefühle, als ich dein Buch las, zusammenfassen lassen, ist *wow!* Neale, das sind die Fragen, die sich für mich durch dein Buch ergeben.

1) Ich verstehe immer noch nicht, warum Menschen in Bezie-

hungen, und ganz besonders innerhalb der Familie, einander ständig wehtun, und warum Beziehungen ein dauerndes Auf und Ab sind. Wird in ihnen Karma aus vergangenen Leben aufgearbeitet?

2) In deinem Buch sagt Gott, dass die Farbe Weiß nicht Farblosigkeit bedeutet, sondern dass sie alle Farben in sich enthält. Gilt das auch für die Rasse? Heißt das, dass ein Weißer für die Verbindung von allen anderen Rassen steht? Als Afro-Amerikanerin würde ich gerne wissen, warum Gott verschiedene Rassen schuf, und was Er/Sie über die gegenwärtigen Rassenprobleme denkt. Ich weiß, dass keine Rasse einer anderen überlegen ist, aber ich muss es einfach von Gott hören ... obwohl ich es bereits weiß.

3) Bist du sicher, dass es keinen Teufel gibt? Wer war Luzifer? Es gibt das Böse in der Welt, aber geht es nur vom Menschen aus? Gibt es keinen »schwarzen Mann« da draußen? Ist dir klar, wie viel Angst das von uns nimmt, wenn wir das wirklich glauben — und uns auch zeigt, was für ein Potenzial wir haben?

4) Wie werde ich meine große Angst in Bezug auf alles los?

5) Ist Gott ein »Er« oder eine »Sie«? Was denn nun? Und wie sollten wir sie nennen? Ist ihr das wichtig? Interessiert sie das überhaupt? Ich hätte, bevor ich dein Buch gelesen habe, nie eine so frivole Frage stellen können.

6) Gibt es irgendwelche guten institutionalisierten Religionen, die den überwiegenden Teil von Gottes wahren Botschaften verkörpern? Ich wurde katholisch erzogen, trat aber aus der Kirche aus, als ich mit meiner Suche nach der Wahrheit begann. Ich weiß nicht, als was ich mich jetzt bezeichnen soll, außer als »Kind Gottes«. Ich glaube total an Jesus (weil er mir immer und immer wieder geantwortet hat), was mich wohl zu einer Art Christin macht, nehme ich an. Ich glaube an eine Menge von den New-Age-Gedanken, aber nicht an alle. Man könnte mich also vielleicht als christliche New-Age-Mystikerin bezeichnen (Schmunzel).

Und 7) Wie kann ich mit der Göttin reden? Wird sie trotz all meiner Ängste und Zweifel zu mir sprechen? Wie verbinde ich mich mit ihr? Es klingt verrückt, aber ich möchte sie auch sagen hören, dass sie mich liebt, und ich möchte ihre Liebe spüren. Ich möchte mein Leben damit verbringen, anderen zu helfen, die weniger Glück haben, aber ich muss sie fragen, in welchem Bereich ich helfen sollte — Aids, Obdachlose, Kinder? Wo? Kannst du mir helfen? Ich hoffe, du kannst fühlen, wie aufrichtig meine Botschaft gemeint ist, und vertraue darauf, dass du mir antworten wirst. Mit viel Liebe und Dank. Penny.

Meine wunderbare, wundervolle Penny: Natürlich werde ich dir antworten. Und was für ein Brief! Ich könnte ein ganzes Buch daraus machen. Nehmen wir uns deine Fragen der Reihe nach vor.

1) Die Leute tun einander in Beziehungen weh, weil sie es tun. Sie tun es, weil sie es tun, Penny. Es gibt keinen umfassenderen Grund dafür wie »das Aufarbeiten von Karma aus vergangenen Leben« usw. Es passiert einfach. Es gehört zum Leben. Niemand verletzt einen anderen aus böser Absicht. Denk immer an diese beiden wichtigen Lehren, Penny:

- Niemand handelt im Kontext seines Weltbilds unangemessen.
- Jeder Angriff ist ein Hilferuf.

Die Menschen tun einander weh, verletzen einander, weil sie etwas wollen, von dem sie glauben, es nicht bekommen zu können, oder weil sie etwas haben, das sie nicht wollen. Sie befinden sich in einer von diesen beiden Situationen und wissen nicht, was sie tun sollen. Sie denken, der einzige Weg, ihren Willen durchzusetzen, ihren Wunsch erfüllt zu bekommen usw. ist der, dass sie einem anderen wehtun. Sie brauchen das nicht zu tun, aber das wissen sie nicht. Sie begreifen nicht, wie sie, ohne einen anderen zu verletzen, »haben können, was sie wollen« oder »nicht kriegen, was sie nicht wollen«.

Das Problem ist die Erziehung, nicht die Absicht.

Reagiere auf jede Verletzung mit Mitgefühl und Liebe. Mitgefühl für das mangelnde Verständnisvermögen der anderen (das ist uns allen schon hin und wieder passiert), Liebe für die Menschlichkeit der anderen und für ihre Versuche — so fehlgeleitet sie auch waren —, ihre Dilemmas zu lösen und sich weiterhin darum zu bemühen, dass ihr Leben funktioniert.

Wir sind hier mit einem Prozess des Werdens befasst. Des Erschaffens. Des Seins. Manche von uns »sind« mehr als andere. So ist es einfach. Das ist das, was ich als »Istheit« oder »Istsein« bezeichne. Es ist das, was wahr ist. Akzeptiere es mit einem Lächeln. Nimm es mit Liebe in deinem Herzen an. Verstehe zutiefst, dass niemand dich verletzen möchte. Die Leute tun es unabsichtlich, oder vielleicht auch tatsächlich mit Absicht, weil sie keinen anderen Weg wissen, zu der von ihnen gewünschten Erfahrung zu kommen. Ignoriere es einfach, wenn dich das nächste Mal jemand verletzt, und stelle die einzige Frage, die wirklich zählt: Was willst oder brauchst du so dringend, dass du das Gefühl hast, mich verletzen zu müssen, um es zu bekommen? Du kannst die Frage im Stillen, in deinem Herzen stellen, oder sie, wenn du eine ganz besonders offene und ehrliche Beziehung mit dieser anderen Person hast, auch laut an sie richten. Versuch es mal. Es ist ein fantastisches Mittel, um einem Streit, um Beschimpfungen ein Ende zu setzen.

Was willst oder brauchst du so dringend, dass du das Gefühl hast, mich verletzen zu müssen, um es zu bekommen?

Was möchtest du in diesem Augenblick haben oder fühlen?

Kann ich dir auf irgendeine Weise dazu verhelfen, ohne dass ich aufgeben muss, wer ich bin?

Auch wenn du diese Fragen im Stillen, in deinem Herzen stellst, können sie den Moment so dramatisch, so blitzartig, so eindrucksvoll verändern, dass du gar nicht weißt, wie dir geschieht. Und dein »Tanz«-Partner wird sich verwundert fragen, auf was für eine neue Meisterschaftsebene du dich da begeben hast! Zu diesem Thema gibt es noch viel mehr zu sagen.

2) Ich kann hier nicht für Gott sprechen, Penny. Und an dieser Stelle möchte ich gleich etwas zu allem, was in diesen Briefen steht, sagen: Diese Briefe sind keine Erweiterung der Bände von *Gespräche mit Gott*.

Ich befinde mich gegenwärtig nicht auf der Ebene, wo ich mich zu jeder gewünschten Zeit hinsetzen und die Art von Informationen erhalten könnte, die für die GMG-Trilogie durch mich durchkam. Wie ich schon in Band 1 erklärte, nahmen die Durchsagen für diesen Band ein Jahr in Anspruch. Die Durchsagen für Band 2 dauerten ein weiteres Jahr. Und was Band 3 angeht, so dauerte das Ganze noch länger. Ich behaupte also nicht, dass der Brief, den du in deinen Händen hältst, ein direktes Channeling oder ein von Gott inspiriertes Schreiben ist, ein Begriff, den ich für die Beschreibung der GMG-Trilogie verwendet habe. Diese Briefe an die Leserinnen und Leser spiegeln wider, was ich für mich selbst aus der Trilogie gewonnen habe. Es sind *meine* Einsichten und Erkenntnisse, gegründet auf die sechs Jahre, in denen ich für die Trilogie das »Diktat aufnahm«. Das sage ich hier klar und deutlich. Es soll keineswegs der Gedanke entstehen, »was Neale sagt, ist das, was Gott sagt«. Es wäre ein riesiger – ich meine, ein monumentaler – Fehler, meine Person mit einem solchen Paradigma zu verknüpfen.

Kommen wir nun zu deinen Fragen zur Rasse, Penny. Ich glaube nicht, dass die »weiße Rasse« für eine Kombination aus allen anderen Rassen steht. Ich glaube, dass sie ganz einfach ein weiterer Spross der Mutterrasse ist mit Hautpigmentierungen und physischen Merkmalen, die mehr oder weniger nichts weiter sind als das Resultat biologischer Überlebenserfordernisse in den frühesten Stadien der Menschheitsentwicklung. Erfordernisse, die sich wiederum auf die Bedingungen gründeten, wie sie zur damaligen Zeit für die verschiedenen Stammesvölker auf dem Planeten existierten. Diese Rassen breiteten sich als Folge des erbgenetischen Pools, der durch die folgenden Generationen weitergegeben wurde, immer weiter aus.

Was die Frage angeht, »warum Gott verschiedene Rassen erschaffen hat«, so glaube ich nicht, dass er sich eines schönen Morgens hinsetzte und sagte: »Ich werde heute mal viele verschiedene Rassen erschaffen, jede von einer anderen Farbe und mit anderen Merkmalen.« Ich glaube, dass Gott den Lebensprozess einfach zulässt und dass aus diesem Lebensprozess alle Dinge erschaffen werden. Nicht nur Rassen, sondern auch Vulkane. Orkane. Erdbeben. Menschliche Irrtümer und Fehler. Zerrbilder der Gerechtigkeit. Güte und Gnade. Was immer du willst. Ich glaube nicht, dass Gott irgendwo da oben sitzt und diese »Bedingungen und Umstände« menschlicher Erfahrung der Reihe nach oder auch mit nur einem einzigen meisterlichen Pinselstrich erschafft. Ich glaube, dass Gott das Leben selbst, so wie wir es innerhalb des physischen Universums definiert haben, erschaffen hat zusammen mit einer außergewöhnlichen Reihe von Gesetzen, die das Wer, Was, Wo und Warum der Dinge regeln. Die Wissenschaft stellt den Versuch des Menschen dar, diese Gesetze zu enthüllen, zu verstehen und dann mit ihnen zu arbeiten, um bestimmte Resultate herbeizuführen. Es gibt sogar eine spirituelle Bewegung, die sich Religiöse Wissenschaft nennt und sich auf den Gedanken gründet, dass Gottes Gesetze vom Menschen verstanden und mit vorhersagbaren und in sich schlüssigen Resultaten angewandt werden können.

Was »Gottes Gedanken zu den gegenwärtigen Rassenproblemen« angeht, so weiß ich darüber nichts. Du wirst sie selbst fragen müssen. Ich glaube, Gott würde vielleicht sagen: »Die Menschen haben eine außergewöhnlich starke Neigung an den Tag gelegt, alles zu nehmen, was sie voneinander unterscheidet, um es sie dann voneinander trennen zu lassen. Ihr habt eine Spezies erschaffen, die keine große Toleranz für Unterschiede aufbringt. Und allein diese menschliche Schwäche hat dieses gewaltige Elend über euren Planeten gebracht. Wenn ihr nur über eure Unterschiede hinwegkommen könntet und sie nicht mehr als das ansehen würdet, was euch trennt; wenn ihr euch einfach mit Liebe auf die Aspekte eures Wesens konzentrieren könntet, die euch gemeinsam sind – der Wunsch nach Frieden, der Wunsch zu lieben und geliebt zu werden, die Hoffnung auf ein Leben in Würde in einer Welt der freien Wahl, die Sehnsucht nach der Möglichkeit, sich zu seinem eigenen höchsten Potenzial aufschwingen zu können, und der nie endende Drang in euch, das Beste von euch zum Ausdruck zu bringen – wenn ihr dies alles als die Aspekte der Menschheit ansehen könntet, die wirklich zählen, und wenn ihr sie ermutigen und päppeln, nähren und stärken würdet, statt eurer Angst und Wut, eurem Hass und Misstrauen wegen eurer Unterschiede Kraft und Macht zu verleihen, dann würde sich die gesamte Erfahrung des Menschseins auf ewig verändern, und ihr würdet euch in dem Paradies befinden, das ich ursprünglich für euch erschaffen habe.«

So wie ich GMG interpretiere, würde Gott meiner Meinung nach auch noch sagen: »Mein einzigartiger Schatz, Penny: Natürlich stimmt es, dass keine Rasse einer anderen ›überlegen‹ ist. In der letzten Wirklichkeit gibt es keine Überlegenheit in irgendeiner Form, denn ihr seid alle ›überlegen‹, seid alle ›hoch gestellt‹ und daher ist keiner höher gestellt als ein anderer. Das ist mit der Lehre gemeint, dass ihr alle als ›Abbild Gottes‹ erschaffen worden seid. Das ist mit der tiefgründigen Aussage gemeint, auf die sogar eure Nation aufgebaut wurde, nämlich dass alle Menschen gleich sind.«

Und ich glaube, Gott würde mit einer ganz außergewöhnliche Aussage schließen: »Es stimmt auch, Penny, dass nicht einmal *ich* dir ›überlegen‹ bin. Wenn du das verstehst, wirst du das größte Geschenk Gottes kennen: dass jede und jeder von euch mit der Weisheit und der Macht und der Vollkommenheit und der Liebe dessen ausgestattet ist, was Gott selbst ist, denn du bist, was ich bin. Das ist notwendigerweise wahr, weil ich Alles bin, was es gibt. Der einzige ›Unterschied‹ zwischen uns, Penny, ist der, dass ich dies weiß und du nicht.«

Das, meine neue Freundin, ist es, was Gott, wie ich wirklich glaube, sagen würde. Und wer möchte bestreiten, dass er es nicht eben gerade jetzt gesagt hat?

3) Ja, Penny, ich bin ganz sicher, dass es keinen Teufel gibt. Damit du in diesem Punkt mehr Klarheit gewinnst, lies noch einmal die Seiten 36, 51, 52, 89, 92, 103, 137, 235, 236, 305 in GMG Band 1. Ich könnte hier nichts weiter sagen, was noch beredter wäre.

4) Franklin Roosevelt drückte es mit bemerkenswerter Klarheit aus: »Wir haben nichts zu fürchten außer die Angst selbst.« Du wirst dich von deiner Angst befreien, Penny, wenn dir klar wird, dass es nichts gibt, wovor du dich fürchten musst. Was kann schlimmstenfalls passieren? In irgendeiner Situation? Nun, dass du stirbst, natürlich. Das ist so etwa das Schlimmste, nicht wahr? Und das könnte genau das Beste sein, das dir je passiert ist. Menschen, die starben und dann in ihren Körper zurückkehrten, Leute, die Nahtod-Erlebnisse hatten, fürchten nichts. Wusstest du das? Sie fürchten nichts. Und weißt du, warum? Weil sie sehr klar begriffen haben, dass es nichts zu fürchten gibt − nicht einmal den Tod.

Angst und Furcht sagen aus, dass du nicht an Gott glaubst. Denn warum sollte ein Gott, wenn er existiert, weniger für dich wollen als das, was das Beste für dich ist? Aber wer hat es verursacht, wenn du Erfahrungen machst, die deinem Urteil nach weniger als »das Beste« sind? Gott? Oder könnte es sein, dass du es warst?

Doch kritisiere die Angst nicht, Penny, und verdamme sie auch nicht. Denn Angst ist nur das Gegenteil von Liebe, und ohne sie könnte die Liebe in deiner Realität nicht existieren. Deshalb liebe deine Angst. Man könnte fast sagen, liebe sie zu Tode.

5) Gott ist weder ein »Er« noch eine »Sie.« Gott hat keine dauerhafte Form außer jener, die man als Formlosigkeit bezeichnen würde. Doch Gott kann jede Form und jede Gestalt annehmen,

von der er weiß, dass du sie verstehst, und er tut es auch. Und nein, Gott bekümmert sich nicht darum, wie du ihn nennst und anrufst, solange du sie überhaupt anrufst. Damit soll gesagt werden, ignoriere ihn nicht. Und das nicht aus dem Grund, weil sie einsam wäre und deine Gesellschaft bräuchte. Vielmehr deshalb, weil es Gottes größtes Vergnügen ist, für dich da zu sein, auf so umfassende Weise, wie du gestattest, und in jeder Form und Gestalt, die zu erkennen du dir erlaubst. Erkennst du Gott in Gestalt einer Blume? Wie steht's mit einer Melodie? Dem Flüstern des Windes? Der Weichheit von frisch gefallenem Schnee? Was ist mit dem Gesicht deines Verfolgers? Erkennst du Gott in der Person dessen, der für dich ein Schurke, ein Bösewicht ist? Wenn nicht, dann kennst du Gott gar nicht und verstehst weder ihre Wege noch hast du eine Ahnung, worauf er aus ist. Nur wenn du Gott überall – wirklich überall – siehst, wo du hinschaust, siehst du Gott überhaupt. Das ist für die meisten Menschen ein sehr schwer zu begreifender Gedanke; das ist für viele eine harte Wahrheit, die es zu akzeptieren gilt. Und doch ist es wahr. Es ist die größte Wahrheit, die je übermittelt wurde.

6) Da es mir schwer fällt, in dieser Frage anders als rein subjektiv zu sein, bin ich versucht, sie nicht zu beantworten, denn wen interessiert schon, was Neale Donald Walsch denkt? Wichtig ist, was du denkst. Mach dich über die Weltreligionen kundig. Lies über sie. Geh in ein paar Kirchen, Synagogen, Moscheen, Tempel und Gebetshäuser. Schau, was du denkst. Fühle, was du fühlst. Deine Wahrheit wird sich für dich klären.

Fast jede Religion hat gute Dinge aufzuweisen. Ich möchte dich aber doch daran erinnern, was GMG zu diesem Thema zu sagen hat. Nämlich dass die Religion der Versuch des Menschen ist, das Unerklärliche zu erklären, er aber diese Sache nicht besonders gut macht. Dem stimme ich zu. Ich denke, zwischen »Religion« und »Spiritualität« besteht ein gewaltiger Unterschied. Ich bin bestrebt, Spiritualität zu praktizieren, nicht Religion. Wenn ich aber nach einer »guten institutionalisierten Religion« Ausschau halten würde, würde ich zunächst einmal einige Dinge für mich klarstellen.

- Ich liebe Rituale, und ich liebe auch sachliche Informationen, die mir helfen, die Dinge zu verstehen. Viele Kirchen konzentrieren sich bei dem, was sie anzubieten haben, auf eine Richtung. Entweder erklären sie alles, was Gott angeht, so sachlich und nüchtern, dass es allzu trocken erscheint, oder sie gehen so ritualistisch an die Gotteserfahrung heran, dass alles sehr abgehoben und wirklichkeitsfremd wirkt und nichts da ist, was den Verstand anspricht. Ich würde also nach einer Kirche suchen, die das Sachliche und Rituelle miteinander verbindet und mischt, mich somit berührt und mir erlaubt, alle Aspekte von mir – Körper, Geist und Seele – zu erfahren.

- Ich weiß, dass Gott existiert und in, als und durch jedermann und jedes Ding handelt. Deshalb fühle ich mich in Kirchen oder Gruppen nicht wohl, die dazu neigen, ein ganz bestimmtes Wesen, so heilig es auch sein mag, zu vergöttlichen und über alles andere zu stellen. Ich glaube, dass Religionen, die in dieser Form um ein anderes Wesen zentriert sind, gefährlich sein können, weil sie einen dazu verführen, die eigene Heiligkeit, die eigene Wahrheit, die eigene Göttlichkeit durch das heilige Wesen zu ersetzen, um das die Bewegung kreist. In diesem Maße verzögern sie die spirituelle Suche und verraten die spirituelle Erfahrung, zu der das Leben uns alle einlädt. Aus diesem Grund meide ich Kirchen, die um ein anderes Wesen zentriert sind und in denen das individuelle Denken und die persönliche Erfahrung praktisch nicht erlaubt sind, wenn sie die Lehren des heiligen Wesens in Frage stellen, geschweige denn ihnen widersprechen.

- Ich weiß, dass Gott weder ein Mann noch eine Frau, weder schwarz noch weiß ist, sondern zu jeglichem von Gott bekundeten Zweck jegliche Gestalt annimmt, die Gott wählt. Ich weiß auch, dass Gott kein Geschlecht, keine Rasse, keine Hautfarbe und keine Art von Mensch anderen überlegen oder »heiliger« findet. Und deshalb würde ich nach Kirchen und spirituellen Organisationen Ausschau halten, die den Gott und die Göttin ehren, die Männer und Frauen erheben und Chancengleichheit gewähren, und die niemandem die Möglichkeit verwehren, als Priester, Bischof, Seelsorger, Lehrer und Führer heilige Rituale zu kreieren und Gottesdienste abzuhalten.

- Ich weiß, dass Gott dieser Tage direkt zu und durch Menschen spricht, wie er es zu allen Zeiten getan hat. Deshalb meide ich alle Kirchen, Sekten oder Philosophien, die behaupten, dass der Mensch keine direkte, unmittelbare, zweigleisige Verbindung und Verständigung mit Gott haben kann, und die darauf beharren, dass dazu ein Vermittler oder ein bestimmter Prozess erforderlich ist — welcher zufällig gerade jener Vermittler oder Prozess ist, um den sich die betreffende Religion oder Philosophie gebildet hat.

- Ich weiß, dass es nicht den »einen richtigen Weg« gibt, um sich Gott zu nähern, Gott zu erfahren, Gott zu lieben und die unmittelbare Erfahrung von Gott ins eigene Leben einzubringen. Und weil ich das weiß, weise ich sofort alle Kirchen, Religionen, Gruppen, Sekten, Kulte oder Klans von mir, die behaupten und darauf bestehen, dass ihre Lehre die einzig wahre Lehre, ihr Weg der einzig wahre Weg sei, und dass alle anderen Lehren oder Wege, wie aufrichtig oder wohlmeinend sie auch sind, nur zur Verdammnis und der zornigen, gnadenlosen Verfluchung durch genau den Gott führen kann, an den man sich wendet.

Das sind meine persönlichen Richtlinien, Penny, und sie brauchen nicht die deinen zu sein. Das Problem mit diesen Richtlinien ist, dass damit praktisch alle institutionalisierten Religionen auf diesem Planeten mehr oder weniger ausgeschlossen werden. Da hast du's.

7) Und nun zu deiner letzten Frage, Penny: Du kannst jederzeit und überall direkt mit der Göttin/dem Gott sprechen. Du sprichst mit ihm mit jedem Gedanken, jedem Wort, jeder Idee, jeder Wahl, jeder Handlung. Du kannst nicht nicht mit Gott sprechen. Und Gott antwortet dir jeden Tag auf millionenfache Weise. Kann sein, dass sie gerade jetzt mit dir spricht. Höre ... schaue ...

... ich liebe dich, Penny.

Und was deine Frage angeht, wie du einen Weg finden kannst, anderen durch und mit deinem Leben zu dienen, so lies das von uns herausgebrachte Büchlein *Bring Licht in die Welt*. Gott möge dich segnen, Penny. Du bist ein wundervolles Werk und ein Wunder.

Wie kann ich mich als »gleichwertig« betrachten?

Hi, Neale! Ich liebe das Buch GMG Band 1, das du zusammen mit Gott geschrieben hast. Danke. Ich habe zwei Fragen.

1) Ich habe mich nie so gefühlt, wie andere Leute es tun. Ich fühle mich dumm, nicht besonders intelligent, doch ich weiß, dass ich Dinge weiß, wenn sie nur einfach mal an die Oberfläche kämen. Eine große Blockade. Ich habe Freunde, aber die können Gespräche führen, ohne zu stottern und Dinge zu vergessen, und sie wissen viel mehr. Wie kann ich diese Blockade durchbrechen und mich ihnen als ebenbürtig betrachten, denn ich weiß, dass ich es bin? Wenn du diese Frage nicht verstehst, Gott wird sie verstehen.

2) Meine Kinder, die ich sehr liebe, hören manchmal einfach nicht auf mich. Warum ist das so hart für mich? Ich habe schon viele Nächte geweint und mich gefragt, was ich tun soll. Wie lange muss ich mich damit herumschlagen und wann wird das

ein Ende haben? Vielleicht haben andere Mütter dieselben Fragen, deshalb bring das hier, wenn möglich, in deinem Newsletter unter. Carol, Montrose, PA.

Meine liebe Carol: Es ist nicht die Frage, ob du »so intelligent« wie andere Leute bist. Ich bin nicht so intelligent, wie Albert Einstein es war. Ich bin nicht so intelligent, wie Jonas Salk oder Thomas Edison es waren oder – ja, ich bin noch nicht einmal so intelligent wie mein Bruder! Vergleiche mit anderen Wesen sind witzlos. Es gibt viele Dinge, die mein Bruder nicht ist, und die ich bin. Und es gibt eine Menge Dinge, die andere nicht sind, und die du bist. Es ist nicht wichtig, ob du so »intelligent« wie irgendjemand anders bist. Wir alle haben jeweils unsere eigene besondere Gabe. Aber nicht alle haben die gleiche Gabe.

Die Bibel drückt es wundervoll aus, Carol, und eine meiner Lieblingspassagen ist die in 1. Korinther 12,29 bis 13,13. In diesem Abschnitt wird die Frage nach dem Vergleich mit anderen gestellt. Und es wird sehr eloquent dargelegt, dass es nur eine Gabe gibt, die wirklich zählt. Ohne sie sind alle anderen Gaben sinn- und wertlos. Mit dieser einen Gabe aber ist nichts anderes mehr nötig oder notwendig. Ich schreibe dir diese Bibelpassage hier auf. Bitte lies es sehr sorgfältig, Carol.

Sind etwa alle Apostel, alle Propheten, alle Lehrer? Haben alle die Kraft, Wunder zu tun? Besitzen alle die Gabe, Krankheiten zu heilen? Reden alle in Zungen? Können alle solches Reden auslegen?
Strebt aber nach den höheren Gnadengaben. Ich zeige euch jetzt noch einen anderen Weg, einen, der alles übersteigt.
Wenn ich in den Sprachen der Menschen und Engel redete, hätte aber die Liebe nicht, wäre ich dröhnendes Erz oder eine lärmende Pauke.
Und wenn ich prophetisch reden könnte und alle Geheimnisse wüsste und alle Erkenntnis hätte; wenn ich alle Glaubens-

kraft besäße und Berge damit versetzen könnte, hätte aber die Liebe nicht, wäre ich nichts.

Und wenn ich meine ganze Habe verschenkte, und wenn ich meinen Leib dem Feuer übergäbe, hätte aber die Liebe nicht, nützte es mir nichts.

Die Liebe ist langmütig, die Liebe ist gütig. Sie ereifert sich nicht, sie prahlt nicht, sie bläht sich nicht auf.

Sie handelt nicht ungehörig, sucht nicht ihren Vorteil, lässt sich nicht zum Zorn reizen, trägt das Böse nicht nach.

Sie freut sich nicht über das Unrecht, sondern freut sich an der Wahrheit.

Sie erträgt alles, glaubt alles, hofft alles, hält allem stand.

Die Liebe hört niemals auf. Prophetisches Reden hat ein Ende, Zungenreden verstummt, Erkenntnis vergeht.

Denn Stückwerk ist unser Erkennen, Stückwerk unser prophetisches Reden.

Wenn aber das Vollendete kommt, vergeht alles Stückwerk.

Als ich ein Kind war, redete ich wie ein Kind, dachte wie ein Kind und urteilte wie ein Kind. Als ich ein Mann wurde, legte ich ab, was Kind an mir war.

Jetzt schauen wir in einen Spiegel und sehen nur rätselhafte Umrisse, dann aber schauen wir von Angesicht zu Angesicht.

Jetzt erkenne ich unvollkommen, dann aber werde ich durch und durch erkennen, so wie auch ich durch und durch erkannt worden bin.

Für jetzt bleiben Glaube, Hoffnung, Liebe, diese drei; doch am größten unter ihnen ist die Liebe.

Du siehst, meine wundervolle Carol, es gibt nur eine einzige Sache, die wirklich von Bedeutung ist. Bist du eine liebevolle Person? Wenn du es bist, hast du die größte Gabe Gottes zur Veranschaulichung gebracht. Nichts anderes ist von Belang. Nichts. Weder wie gut du redest, wie schnell du denkst, wie gut du ein Gespräch führst. Noch wie viel du weißt, wie wenig du dich irrst, wie groß deine irdischen Errungenschaften sind. Nichts von diesen Dingen ist in den Augen Gottes wirklich von Bedeutung.

Wie kannst du deine Blockade loswerden? Wie kannst du das Gefühl haben, deinen Freunden »gleichwertig« zu sein, was du, wie du im Innern weißt, ja bist? Indem du weißt, dass du in den Augen Gottes jedermann »ebenbürtig« bist. Und dann, indem du gegenüber jedermann deine wundervolle Liebe gleichermaßen zum Ausdruck bringst. Denn so wie du andere liebst, werden sie dich lieben. Und so, wie du andere erkennst, werden sie dich erkennen.

Nun zu deiner Frage hinsichtlich der Kinder, Carol. Ich schlage vor, dass du an der Art, wie du mit deinen Kindern sprichst, etwas änderst. Ich möchte dir ein Buch empfehlen. Es ist das absolut beste Buch, das ich je zu diesem Thema gelesen habe: *Nun hör doch mal zu! Elternsprache – Kindersprache* von Adele Faber und Elaine Mazlish. Schau, dass du es bekommst, Carol. Heute noch. Es sollte sich in der Bibliothek finden.

Dieses Buch empfiehlt, mit Kindern so zu sprechen, dass sie erkennen können, dass man im Lebenskampf auf ihrer Seite steht. Ganz gleich, was sie wollen, sind, tun oder haben – man sollte versuchen, sich auf dieselbe Seite des Problems zu stellen, von der aus sie es betrachten.

Dazu ein einfaches Beispiel: Sagen wir, du hast ein fünfjähriges Kind, und dieses Kind möchte einen Keks haben. Es gibt aber in zwanzig Minuten Abendessen. Als Mutter hast du nun die Wahl. Du kannst dem Kind genau erklären, dass es gleich Abendessen gibt, dass ihm ein Keks vor dem Essen den Appetit verdirbt, und dass es deshalb jetzt keinen Keks haben kann. Damit stellst du dich auf die Gegenseite. Du kannst dich aber auch in die Lage des Kindes versetzen, dich seiner Traurigkeit anschließen und das Kind dazu bringen, das Problem für dich zu lösen. Das macht man, indem man sich auf ein kleines kreatives Gespräch einlässt, etwa so:

Kind: Ich möchte einen Keks haben!

Mama: Weißt du was, Schätzchen? Ich möchte auch einen Keks. Ich liebe Kekse, du nicht auch?

Kind: Jaa!

Mama: Aber wir können jetzt keinen essen.

Kind: Warum nicht?

Mama: Nun, weil das Abendessen bald fertig ist, und wenn wir jetzt einen Keks essen, haben wir dann vielleicht keinen Hunger mehr und essen das Abendessen nicht. Und dann habe ich mir die ganze Arbeit umsonst gemacht. Aber ich bin traurig, denn ich würde wirklich gerne jetzt gleich einen Keks essen. Du nicht auch?

Kind: Ja.

Mama: Kannst du dir irgendetwas ausdenken, damit wir wegen des Kekses nicht so traurig sind?

Kind: Ja! Trotzdem einen essen!

Mama (lacht): Das ist eine Möglichkeit. Aber das können wir nicht. Denk an die Regel. Kein Knabberzeug vor dem Abendessen. Ich mag diese Regel manchmal auch nicht, aber das ist die Regel. Was mach ich denn jetzt also? (Macht ein trauriges Gesicht.)

Kind (will sofort helfen): Sei nicht traurig, Mama. Wir können nach dem Abendessen einen Keks essen. Können wir ihn als Nachtisch nehmen?

Mama: Was für eine großartige Idee! Das ist eine ganz tolle Idee. Wir essen einen Keks nach dem Abendessen! Großartig! Suchen wir uns gleich einen aus und legen ihn neben unsere Teller, damit wir ihn gleich danach essen können!

Dieser kleine Wortwechsel soll zeigen, dass es darauf ankommt zu vermeiden, selbst den Platz des Hindernisses einzunehmen. Wenn das Kind dich als das Hindernis ansieht, das seinem Wunsch im Wege steht, kannst du sicher sein, dass es Schwierigkeiten gibt. Wahrscheinlich sehen deine Kinder dich als das

Hindernis an. Du bist das, was ihnen dazwischenkommt. Aus diesem Grund kann es passieren, dass deine Kinder nicht auf dich hören. Wenn ein Kind hingegen sieht, dass das Hindernis nicht zwischen euch, sondern ihr beide davor steht, wird es in der Mehrheit der Fälle zu deinem Helfer bei der Lösung des Problems werden. Das ist ein vereinfachtes Beispiel, aber das Rezept kann praktisch bei jedem Problem angewandt werden, ganz gleich um was es geht und wie alt das Kind ist.

Nun, wenn Mütter oder Väter völlig genervt und fertig sind, bestehen sie auf der Beibehaltung des Hindernisses und verlangen, dass die Kinder zuhören und gehorchen, sonst gibt's was. Das schafft dann eine unglaubliche Reibung zwischen Eltern und Kindern. Aus dem Wortwechsel wird ein gewaltiger Machtkampf und Groll baut sich auf.

Kurzfristig gesehen mag es funktionieren, wenn man die oder der Mächtigere ist. Auf die Dauer gesehen funktioniert es aber nie. Nicht, wenn du dir die Liebe, den Respekt und die Freundschaft deines Kindes bewahren willst; nicht, wenn du eine Beziehung mit deinem Kind haben willst, in der es, wenn es älter ist, tatsächlich mit seinen Problemen zu dir kommt, statt sich an alle mögliche und unmögliche andere Personen zu wenden.

Die zentrale Frage beim Umgang mit Kindern ist immer die: Was würde die Liebe jetzt tun? Und das ist immer auch die zentrale Frage beim Umgang mit Erwachsenen.

Im Gegensatz zur Ansicht der Verfechter der alten Schule ist das kein Verwöhnen oder Nachgiebigsein. Denn dem Kind wurde nicht nachgegeben, es hat nicht bekommen, was es will. Das heißt nur, dass man seinen Standpunkt auf eine Art behauptet, bei der auch das Kind als Person anerkannt wird.

Alles über Zigaretten und Seelengefährten
und Kinder ...

Lieber Neale: Ich bin sehr glücklich darüber, dass ich auf deine ausgezeichneten GMG-Bücher aufmerksam wurde, sie haben mich total begeistert. Ich befinde mich seit fünf Jahren bewusst auf der Suche. Es gab viele Wendepunkte, und manchmal wusste ich noch nicht einmal mehr, was ich glaubte oder was meine Wahrheit ist, aber jetzt erschaffe ich mein wirkliches Ich, und ich glaube, Gott und du, ihr habt eine Menge Fragen und Verwirrungen in mir geklärt. Ich habe ein paar Fragen an dich!

1) Ich bin Raucherin. Mein Glaubenssystem besagt, dass mir das gut tut, indem es mich erdet, und es erlaubt mir zu denken, dass ich dadurch nicht geschädigt werde. Ich habe mich noch nie dem angeschlossen, was die Gesellschaft denkt. Ich bin im Übrigen sehr gesund. Habe ich mir unter anderem auf diese Weise gezeigt, dass ich mir erschaffen kann, was ich möchte, indem ich mich dem Kollektivbewusstsein widersetze?

2) Meine zweite Frage hat mit Wut und Zorn zu tun. Es würde mich sehr freuen, wenn Gott direkt etwas über die Wut auf unsere Lebenspartner sagen würde. Wie kann dieser Kreislauf gestoppt werden? Wie können wir das Muster verändern?

3) Ich würde gerne Gottes Anschauung über Seelengefährten erfahren.

4) Können wir die Energie aus einem vergangenen Leben, in dem wir über eine spezifische Fertigkeit oder Fähigkeit verfügten, in dieses Leben herüberziehen?

5) Ich habe ein Sternenkind, einen elf Monate alten Sohn. Ich frage mich, ob Gott etwas über das Ziel und die Mission der Kinder sagen kann. Ich danke dir für alle deine Antworten. Gott segne dich, Liebe und Licht, Sandi, Klamath Falls, OR.

Liebe Sandi: Uff! Wenn du Fragen stellst, dann stellst du aber auch Fragen! Ich bin mir nicht sicher, ob ich sie hier alle gründlich beantworten kann, da das im Grunde ein ganzes Buch in Anspruch nehmen würde. Aber lass mich dir die Kurzfassung einiger Antworten geben und dich dann auf weiterführende Lektüre verweisen. Erstens zum Thema Zigaretten rauchen. Diese Frage wird mir oft gestellt. Schau, lass mich dir die direkteste Antwort geben, die ich dir darauf geben kann.

1) Wenn du glaubst, dass du eine Bewusstseinsebene erreicht hast, die dich befähigt, dich über das von Millionen und Abermillionen Menschen geschaffene Kollektivbewusstsein hinwegzusetzen, das heißt, wenn du glaubst, dass du buchstäblich eine lebende Meisterin bist, dann kannst du meiner Meinung nach gefahrlos alles tun, was du willst. Du kannst von Gebäuden springen, um zu beweisen, dass du fliegen kannst, dich vor heranfahrende Lokomotiven stellen, um zu beweisen, dass du unverletzlich bist, oder sonst irgendeine Demonstration vorführen, die dir gefällt. Wenn du, Sandi, diese Dinge tun kannst, bist du allerdings die erste Person mit derartigen Fähigkeiten, der ich seit sehr langer Zeit begegnet bin.

Ich denke also, die Antwort auf deine Frage findet sich in deinem Innern. Nur du kannst abschätzen, wo du dich auf der Messskala der Evolution befindest, und nur du kannst für dich entscheiden, was für dich stimmt. In GMG wird einfach darauf hingewiesen, dass der menschliche Organismus für das Aufnehmen von Alkohol oder das Inhalieren von Zigarettenrauch nicht ideal ausgelegt ist. Das heißt, das Instrument wird in seiner Grundstruktur durch eine solche Behandlung beschädigt. Ist es möglich, durch reine Stärke des Bewusstseins die Mechanismen dieser Grundstruktur zu bezwingen und allen uns vorgelegten Beweisen zu trotzen? Man nimmt an, dass es möglich ist. Ist es klug, dies unter Beweis stellen zu wollen? Das ist eine Frage, die nur du beantworten kannst.

2) Was nun deine Frage über die Wut und den Zorn angeht, Sandi, so habe ich wie schon gesagt hier nicht genug Platz, um in aller Gründlichkeit darauf einzugehen. Doch lass mich Fol-

gendes sagen. Im Allgemeinen sind die Leute nur über zwei Dingen wütend. Entweder gibt es etwas, das sie haben wollen und nicht haben, oder sie haben etwas, das sie nicht haben wollen. Ihre Angst ist, dass sie nicht bekommen, was sie wollen, oder dass sie das, was sie haben, nicht loswerden oder sich nicht davon entfernen können. Wut ist verkündete Angst. Wenn wir uns von unseren Erwartungen in Bezug auf diese Dinge verabschieden, und wenn wir unsere Wahlmöglichkeiten auf einfache Vorlieben statt auf Süchte (Dinge, die wir haben müssen) beschränken, dann tun wir einen Riesenschritt weg von der Wut hin zur Meisterschaft. Der Kreislauf und das Muster von Wut und Zorn werden beendet, wenn wir die Vollkommenheit in jedem Moment erkennen und unsere Erwartungen auf null reduzieren.

3) Was die Seelengefährten angeht, so muss ich dir sagen, dass dieses Thema bei weitem zu umfassend ist, um es hier zu beantworten. Aber in GMG Band 3 wird auf diese Frage wunderbar detailliert eingegangen. Mach dir für den Augenblick in diesem Punkt keine allzu großen Sorgen. Achte vielmehr darauf, wer du in Beziehung zu jeder anderen Person und jedem anderen Ort oder Ding in deinem Leben bist. Denk immer daran, dass du dich in einem Prozess befindest, bei dem du die, die du bist und zu sein beabsichtigst, erschaffst und immer wieder aufs Neue erschaffst. Das ist dein Job, gleich ob du ihn in Anwesenheit eines Seelengefährten oder in Anwesenheit von irgendjemand anderem machst. Bleib diesem Ziel treu. Bleib mit dieser Funktion in Verbindung. Bleib dir im Klaren über deine Absicht, und die Intensität einer Verbindung mit Seelengefährten wird keine so große Herausforderung oder nicht mehr so sehr ein Problem für dich sein.

4) Nun fragst du mich, ob man Energie aus vorangegangenen Leben in dieses Leben herüberbringen kann. Ich nehme an, du meinst damit, ob wir, wenn wir in einem früheren Leben ein Klavierspieler oder eine Künstlerin oder ein großer Führer wa-

ren, einiges von diesen Energien in unsere Gegenwartserfahrung einbringen können. Tatsächlich zeigt uns unser gegenwärtiges Leben oft, wie wir in einem früheren Dasein waren. Kinder, die mit drei Jahren eine Begabung für das Klavierspielen zeigen oder mit fünf eine außergewöhnlich hohe Intelligenz an den Tag legen, und Menschen, die plötzlich eine »latente« Begabung oder Fähigkeit entdecken, zapfen eine frühere Erfahrung der Seele an. Können wir das vorsätzlich tun? In *Gespräche mit Gott* wird gesagt, dass du dich in jeder gewünschten Weise erschaffen kannst, du kannst aus früheren Erfahrungen schöpfen oder auch praktisch aus dem Nichts erschaffen.

5) Zu deiner Frage, was Gott mit den Kindern und ihren Zielen und Missionen im Sinn hat – hier muss ich dich von der Vorstellung abbringen, dass da irgendein bestimmtes Ziel oder irgendeine Mission ist. Deine Frage impliziert, dass Gott irgendetwas im Sinn hat, wenn diese Kinder erschaffen werden, und dass sie diesem Ziel dann entsprechen müssen. Lies *Gespräche mit Gott* noch einmal, und du wirst sehen, dass Gott keine solche Mission festgelegt hat. Wenn Gott einem Kind eine bestimmte Mission auferlegen würde, warum sollte er sie dann vor ihm geheim halten? Sinn und Zweck des Lebens ist es, dass *wir* entscheiden, worin unsere Mission besteht und wer wir in Bezug zu ihr sind. Er besteht nicht darin, dass wir herausfinden, welche Mission uns Gott bei unserer Geburt aufgetragen hat. Das Leben ist kein Entdeckungsprozess, es ist ein Schöpfungsprozess.

Danke für deinen Brief, Sandi. Ich wünschte, ich könnte tiefer gehend darauf antworten, aber dazu ist hier nicht genug Platz.

Ein Mann mit einer Tonne Fragen ...

Sehr geehrter Mr. Walsch: Ich möchte mich auf Fragen konzentrieren, die sich für mich in GMG Band 1 ergeben haben. Seite 62f.: An welchem Punkt stellt man seine Hilfe für eine andere Person ein, um nicht in ihren karmischen Weg einzugreifen? Seite 69: Was ist nötig, um persönlich so zu wachsen und sich zu entwickeln, dass man das kollektive Denken verändern kann? Wenn der menschliche Körper erschaffen wurde, um Hunderte von Jahren zu überdauern, was ist die richtige Ernährungsweise, wenn nicht Maßhalten der Schlüssel dazu ist? Oder bezieht sich dies nur auf Alkohol? Was sind Engel? Wenn ich als Meister keine Emotionen zeige, was ist dann Mitgefühl? Wie sieht die Beziehung zwischen Seelen aus, zum Beispiel zwischen Zwillingsseelen? Zu welchem Zweck wurden die Dinosaurier oder überhaupt die Tiere erschaffen?

Wer sind die Wesenheiten in den Büchern, die durch andere Personen gechannelt wurden? Und in welcher Beziehung steht Ihr Buch zum Buch *Das Tor zur Unendlichkeit* von Ruby Nelson, in dem Gott ebenfalls durch eine andere Person sprach? Irgendetwas Wunderbares geht in der Gegend von Saratoga Springs im Staat New York vor sich; abgesehen davon, dass ich hier meiner Frau begegnete, glaube ich, dass ich noch aus einem anderen Grund nach Saratoga geführt wurde, und ich warte gespannt auf die Antwort. Jim, Saratoga Springs, N.Y.

Lieber Jim: Ich danke Ihnen für Ihren faszinierenden Brief. Lassen Sie mich sehen, ob ich Ihre verschiedenen Fragen der Reihe nach beantworten kann.

Sie fragten, an welchem Punkt man die Hilfe für eine andere Person einstellt, um nicht in deren karmischen Weg einzugreifen. Dazu müssen Sie immer sehr sensibel für die andere Person sein und sich deren Willen, sofern Sie ihn erkennen können, zutiefst bewusst bleiben. Deshalb fragen Sie eine andere Person stets, was sie für sich selbst wünscht, und stehen ihr dann bei, indem sie es ihr zukommen lassen. Sie dürfen einer anderen Person nie gegen ihren Willen helfen oder etwas in Bezug auf sie tun. Sie müssen immer vom Ort ausgehen, von dem auch Gott ausgeht, nämlich: »Dein Wille für dich ist mein Wille für dich.« Wenn Sie einer anderen Person einfach beistehen, indem Sie ihrem Willen entsprechen, helfen Sie ihr. Wenn Sie aus der unangebrachten Vorstellung heraus, es besser zu wissen, versuchen, Ihren Willen durchzusetzen, greifen Sie in den karmischen Weg ein.

Sie fragen: »Was ist nötig, um persönlich so zu wachsen und sich zu entwickeln, dass man das kollektive Denken verändern kann?« Sie verändern das kollektive Denken, Jim, wenn Sie dem kollektiven Denken, das heißt allen Menschen, deren Leben Sie berührt haben, zeigen, wer Sie wirklich sind. Indem Sie zeigen, wer Sie wirklich sind und sich in die großartigste Version der größten Vision, die Sie je über sich hatten, hineinbegeben. Wenn Sie diese großartige Vision zur Demonstration bringen, sehen die Leute, wie Sie wirklich sind, und fangen an, ebenfalls auf Ideen über sich selbst zu kommen. Wenn wir andere Menschen auf Grund ihrer Erfahrung mit uns zu Ideen über sich selbst anregen, fangen wir an, das kollektive Bewusstsein zu verändern. Um sich persönlich bis zu diesem Stadium zu entwickeln, ist ganz einfach eine Entscheidung nötig, Jim. Das Leben ist ein Wählen, und was wir zu sein bekunden, ist wer zu sein wir wählen. Unsere Erfahrungen ergeben sich aus unseren diesbezüglichen Absichten, und deshalb lautet die Antwort auf Ihre Frage: Es ist nichts weiter nötig als Ihre Wahl und Entscheidung, es zu tun.

Sie fragen, was die richtige Ernährungsweise ist, wenn der menschliche Körper geschaffen wurde, um einige hundert Jahre zu überdauern. So etwas wie die »richtige Ernährungsweise« gibt es nicht, sondern nur die Ernährungsweise, die Sie, abhängig davon, was Sie tun möchten, wählen. Die Art und Weise, wie Sie essen, Jim, ist ein Verkünden Ihrer Entscheidung, was Sie mit Ihrem Leben machen möchten, um nicht zu sagen, wie lange Sie es leben wollen. Wenn Sie ein sehr langes Leben leben wollen, ist es wahrscheinlich das Beste, alles nur in Maßen zu essen, vor allem rotes Fleisch und andere »tote« Nahrungsmittel. Natürlich würde ich meine Alkoholzufuhr drastisch begrenzen, wenn nicht ganz darauf verzichten. Ich würde auch nicht rauchen und keine Drogen nehmen. Ich würde mich von allem Essen mit hohem Fettgehalt fern halten, weil man kein berühmter Wissenschaftler sein muss, um zu wissen, dass fettes Essen Kreislaufprobleme verursacht, die wiederum zu gesundheitlichen Problemen führen und zu einem vorzeitigen Tod. Ich denke, es sind genügend Informationen über eine gesunde Ernährungsweise im Umlauf, Jim, so dass man zu diesem Thema nicht noch einmal etwas von Gott zu hören braucht. Als wunderbaren und sehr praktischen Ratgeber in dieser Frage lege ich Ihnen *Ernährung für ein neues Jahrtausend* von John Robbins ans Herz.

Als Nächstes fragen Sie, was Engel sind. Die Antwort ist, dass Engel genau das sind: Engel. Das heißt, wundervolle Wesen, mitfühlende, warmherzige und liebevolle Geschöpfe, Aspekte des Göttlichen und Partner im Leben. In GMG Band 3 werden Engel ausführlich erklärt, aber ich kann Ihnen hier in aller Kürze sagen, dass es so etwas wie Schutzengel gibt oder was wir Schutzengel nennen, und dass sie uns, wie zu erwarten ist, bedingungslos lieben.

Sie fragen, was denn Mitgefühl ist, da ein Meister keine Emotion zeigt. Die Antwort ist, dass Mitgefühl keine Emotion, sondern eine Erfahrung ist. Es ist eine Erfahrung, die zu machen und mit anderen zu teilen Sie sich entscheiden. Es sei denn, Sie entscheiden sich nicht dazu.

Sie fragen nach der Beziehung zwischen Seelen. Es gibt so etwas wie Seelenpartner, und jede Menge über diese Verbindungen finden sich ebenfalls in GMG Band 3. Ich hoffe, Sie werden ihn lesen. Für den Moment sollen Sie einfach wissen, dass überall auf der Welt Seelenpartner existieren und dass man mehr als einen Seelenpartner haben kann. Wir alle haben viele, viele Seelenpartner, und das erklärt, warum wir uns in viele, viele verschiedene Menschen verlieben. Lassen Sie diese Liebe für sich zu, wenn Sie sie erleben, lassen Sie sich diese Erfahrung durchleben und nehmen Sie sie in ihrer ganzen Fülle und in ihrem Reichtum an.

Sie fragen, für welchen Sinn und Zweck die Dinosaurier oder irgendwelche anderen Tiere erschaffen wurden. Nichts im Leben hat irgendeinen bestimmten Sinn, wie in GMG ganz deutlich dargelegt wird. Gott hat den Dingen keinen Sinn »zugeordnet«. Die Dinge haben keinen ihnen innewohnenden »Sinn«. Nichts hat irgendeinen Sinn außer dem, den Sie ihm geben, Jim. Lesen Sie noch einmal GMG, und Sie werden das genau verstehen.

Und schließlich fragen Sie nach den Wesenheiten, die von anderen Menschen gechannelt wurden, wie auch nach dem wundervollen Buch von Ruby Nelson mit dem Titel *Das Tor zur Unendlichkeit*. Gott tut sich jeder Person auf die Weise kund, die von ihrem Gefühl her die wirksamste und unmittelbar produktivste ist. Und weil das so ist, nimmt Gott viele Formen an. Doch alles davon ist Gott — jedes kleine Bisschen davon — und es gibt nichts im Universum, das nicht Gott ist. Daher kam *Das Tor zur Unendlichkeit* aus derselben Quelle wie *Gespräche mit Gott,* aber es kam durch einen anderen Filter. Ruby Nelsons Filter mag nicht der gleiche Filter sein wie meiner, noch mögen wir das gleiche Verständnis haben. Wir haben also dieses Problem der Filter, durch die Gott spricht, gleich ob nun diese Filter Ruby Nelson, Neale Donald Walsch oder Matthäus, Markus, Lukas und Johannes heißen. Trotzdem erkennen wir, wenn wir die Schriften all dieser und anderer Menschen sorgfältig analysieren, dass sie erstaunliche Gemeinsamkeiten aufweisen. Vielleicht sollten wir sehr viel mehr Aufmerksamkeit darauf richten. Wenn zwanzig verschiedene Menschen, die einander nicht kennen und zu zwanzig verschiedenen Zeiten auf diesem Planeten leben, im Wesentlichen dieselben Dinge schreiben, dann könnte es doch etwas geben, das wir uns sehr sorgfältig ansehen sollten.

Die Wesenheiten, die durch andere Personen gechannelt werden, sind alle Teil Gottes, der sich in der Fantasie oder in der objektiven Erfahrung jener Channel-Medien in eben den Formen, die sie ihrer Aussage nach annehmen, manifestiert. Mit anderen Worten: Sie sind genau das, was sie sagen, das sie sind. Alles davon ist Teil Gottes, und es gibt nichts, was nicht Teil Gottes ist. Darum geht es in GMG, darum geht es bei der Lehre, darum geht es bei den großen Rätseln des Lebens, und sind diese Rätsel erst einmal gelöst, sehen wir dies sehr klar und deutlich.

Eine letzte Bemerkung, Jim. Sie sagen, Sie wurden nach Saratoga Springs geführt, nicht nur, um dort Ihrer Frau zu begegnen, sondern noch aus einem anderen Grund, und dass Sie »gespannt auf die Antwort« warten. Jim, Sie haben den Kernpunkt von *Gespräche mit Gott* nicht begriffen, wenn Sie nicht verstehen, was ich Ihnen nun sage. Sie sollen nicht gespannt auf »die Antwort« warten, sondern vielmehr die Antwort erschaffen. Die Antwort wird Ihnen nicht aus dem Nichts zukommen; sie wird vielmehr von Ihnen aus dem Nichts erschaffen. Zwischen diesen beiden Dingen besteht ein gewaltiger Unterschied, und wenn Sie diesen Unterschied nicht begreifen, lesen Sie bitte *Gespräche mit Gott* immer wieder, so lange, bis Sie ihn begreifen. Der Punkt, der in GMG sehr gründlich dargelegt wird, ist der: Das Leben ist kein Entdeckungsprozess, es ist ein Schöpfungsprozess. Deshalb erwarten Sie nichts gespannt, Jim, sondern erschaffen Sie inspiriert alles, was Sie in Ihrem Leben wählen möchten und sich wünschen. Danke für Ihren Brief, Jim.

Von Engeln, Tieren und Ärzten

Lieber Mr. Walsch: Ich habe drei Fragen, die sich für mich beim Lesen Ihres Buches ergaben.

1) Es gab in letzter Zeit ein starkes Interesse an und eine Literaturschwemme über Engel. Wie denken Sie über dieses Thema oder was sind Ihre Gefühle dazu?

2) Gott scheint ziemlich strenge Ansichten in Bezug auf den Verzehr von Tieren zu haben, aber mir scheint, dass die Leute schon seit der Zeit des Höhlenmenschen Tiere verspeist haben. Und auch die Tiere fressen Tiere! Seit wann ist dies also nicht mehr ratsam?

3) Ich war wirklich erschüttert, als ich auf Seite 285 in GMG Band 1 las, dass man sich alljährlich einer Vorsorgeuntersuchung unterziehen und verordnete Arzneien einnehmen sollte. Davor auf Seite 84 wird hingegen erwähnt, dass sich das medizinische Establishment gegen neue Heilmethoden und gegen Wunder wehrt.

Ich hatte schon immer das Gefühl, mit dem Betreten einer Arztpraxis meinen Glauben daran aufzugeben, dass mein Körper in der Lage ist, sich selbst zu heilen. Und darüber hinaus habe ich das Gefühl, mich in ein Umfeld zu begeben, in dem Krankheit ein Geschäft und eine überaus starke Glaubensvorstellung ist, womit ich eine Situation schaffe, in der ich mich tatsächlich krank mache. Wenn man zu einem Arzt geht, sagt man damit, »ich bin krank«, und erschafft so die physische Realität der Krankheit. Und was ist mit den Medikamenten, die sie einem geben? Was ist mit der Strahlentherapie? Was für eine teuflische Idee! Lasst uns etwas verordnen, das die Leute höllisch krank macht und wahrscheinlich ohnehin nicht funktioniert! Warum stattdessen den Menschen nicht helfen herauszufinden, warum sie Krebs bekommen haben? Janet, Litchfield, CT.

Liebe Janet:

1) Ich denke, Engel sind sehr real, sehr präsent und überaus wundervoll.

2) Gott hat keine Präferenzen in der Frage, ob wir Fleisch von Tieren verzehren oder nicht. Ihm fällt nur auf, dass wir eine Vorliebe dafür haben, ein langes und gesundes Leben zu führen, und bietet uns seinen Rat an, wie wir dahin kommen können. Und was übrigens Ihre Anmerkung angeht, dass »auch Tiere Tiere fressen«, so sollte darauf hingewiesen werden, dass Tiere oft bei lebendigem Leibe von anderen Tieren gefressen werden, oder eben gerade erst getötet wurden, und dass sie wahrscheinlich nie mit Chemikalien, Konservierungsstoffen, Hormonen usw. voll gestopft wurden, was von den Tieren, die von den Menschen verzehrt werden, nicht behauptet werden kann.

3) Schauen wir uns Ihre »Abhandlung« über Ärzte Punkt für Punkt an.

Erstens sagten Sie, dass Sie schon immer das Gefühl hatten, beim Betreten einer Arztpraxis Ihren Glauben daran aufzugeben, dass Ihr Körper in der Lage sei, sich selbst zu heilen. Wenn Sie schon immer dieses Gefühl hatten und wenn Sie sich weigern, an dem, wie Sie »schon immer fühlten«, etwas zu ändern, dann ist es natürlich auch so. Dann kann es gar nicht anders sein. Andererseits können Sie sich dazu entscheiden, nicht in dieser Weise zu fühlen. Wenn ich eine Arztpraxis betrete, dann mit dem Gefühl, dass mein Körper sich selbst heilen, und dass ein Arzt manchmal auch hilfreich sein kann. Wenn ich einen Flieger nach Dubuque nehme, beeinträchtige ich damit in keiner Weise meine Fähigkeit, Dubuque mit dem Auto zu erreichen. Ich entscheide mich einfach nur für einen anderen Weg (vielleicht einen schnelleren Weg), um dahin zu gelangen, wo ich hin will. Wenn man im Leben eine Wahl trifft, Janet, bedeutet das nicht, dass man eine andere Alternative entwertet. Wenn ich Schokoladeneis wähle, macht das Vanilleeis nicht zu etwas »Falschem«. Es sei denn natürlich, es tut es doch. Es hängt alles davon ab, wie Sie das empfinden.

Als Nächstes sagten Sie, dass Sie sich mit einem Arztbesuch in ein Umfeld begäben, in dem Krankheit ein Geschäft ist. Da denke ich anders. Ich betrachte eine Arztpraxis als einen Ort, wo die dort arbeitenden Leute sagen, Heilen ist unser Geschäft. Von daher sehe ich mich nicht selbst eine Situation schaffen, in der ich mich krank mache, sondern eine, in der ich mich heilen lasse.

Was die Medikamente und Strahlentherapie angeht, so gibt es ebenso viele Menschen, für die sich diese Maßnahmen überaus positiv ausgewirkt haben, wie es Menschen gibt, denen sie nichts gebracht haben. Ich bin nicht bereit, jeglichen Einsatz von Medikamenten auf der Grundlage von irgendjemandes Vorstellung abzulehnen, dass Medikamente nichts taugen. Und ich kenne zu viele Menschen, die von der Strahlentherapie sehr stark profitiert haben – auch einige, die mir sehr nahe stehen –, um diesen Weg einfach so abzutun. Nun fragen Sie, warum man den Menschen nicht stattdessen hilft herauszufinden, warum sie Krebs bekommen haben. Da stimme ich Ihnen zu. Diese Frage sollte gestellt werden. Aber der Mensch, der bereits Krebs hat, möchte vielleicht darüber hinaus noch zusätzliche Hilfe.

Der in GMG dargelegte Punkt ist der, Janet, dass wir uns unsere eigene Realität erschaffen. Dazu finden sich im Buch keinerlei Widersprüche. Wenn Sie in anderer Hinsicht Widersprüche sehen oder wahrnehmen, dann verlassen Sie sich immer auf Ihr eigenes tiefstes Gefühl, Ihre eigene tiefste Wahrheit. Ich bin nicht hier, um Ihnen Ihre eigene Wahrheit auszureden, sondern Ihnen zu helfen, Sie zu ihr zu führen.

Fragen, Fragen und noch mehr Fragen!

Sehr geehrter Mr. Walsch: Ich habe kürzlich GMG Band 1 gelesen und möchte Ihnen sagen, was für ein erstaunliches und inspirierendes Werk es meiner Ansicht nach ist. Ich war verblüfft über die durchgängige, unfehlbare und unanfechtbare Logik, die sich durch den Dialog hindurchzieht, und die (endlich!) die vielen Widersprüche gelöst hat, die sich in den herkömmlichen Deutungen der Bibeltexte finden. Widersprüche, die immer schon an mir genagt haben und verhinderten, dass ich im Erfahren eines Gottes, wie er von den konventionellen Religionen erklärt wird, Geistesfrieden, Freude und Liebe finden konnte.

Nun hatte ich zum ersten Mal das Gefühl, dass die vollständige Wahrheit über Gott und die Beziehung des Menschen zu Gott in einer einzigen Quelle zum Ausdruck gekommen ist. Und zwar so, dass ich auf der Grundlage dessen, was wir immer über Gottes Vollkommenheit und bedingungslose Liebe gelehrt worden sind, instinktiv wusste, dies muss die Wahrheit sein. Einige Informationen, die im Buch erläutert werden, waren mir neu, aber nichts davon überraschte mich, da alles logisch und in sich schlüssig aus den Grundprämissen hervorging, die am Anfang dargestellt werden.

Ich war auch fasziniert davon, wie das Buch die vielen, innerhalb der verschiedenen religiösen, philosophischen und wissenschaftlichen Wissensgebiete verstreuten Wahrheiten zu einem zusammenhängenden Ganzen vereint. Ihr Buch füllt all die Lücken, die sich in diesen anderen Bereichen finden und die (meiner Ansicht nach) dazu führten, dass sie wegen logischer Brüche und Ungereimtheiten in sich zusammenbrachen. Ihr Buch hat den partiellen Wahrheiten Glaubwürdigkeit verliehen, die andernorts zum Ausdruck gebracht werden, und nun kann ich sie im Kontext des Ganzen betrachten.

Es war eine sehr bewegende und erregende Erfahrung, Ihr Buch zu lesen. Ich kann sagen, dass ich, soweit ich mich erinnere, zum ersten Mal wirklich die Liebe Gottes und die Liebe zu Gott fühlte. Aus meinem Innern brach so viel Licht hervor, wie ich es nie zuvor erlebte – sozusagen eine unglaubliche Lichtheit und Leichtigkeit des Seins. Ein unbeschreiblicher Trost. Ich habe vor, das Buch noch einmal zu lesen, damit ich seine Wahrheiten verinnerlichen und auf mein Leben anwenden kann. Ich möchte gerne Ihnen und Gott persönlich für diesen Dialog danken und dafür, dass Sie die Welt daran teilhaben lassen.

Ich habe ein paar Fragen und hoffe, dass Sie darauf antworten werden.

Frage 1) Gott sagt, dass der menschliche Körper nicht für die Aufnahme von Alkohol gedacht war. Haben Sie noch andere Aufklärungen über andere Arten von Nahrungsmitteln erhalten, wie zum Beispiel rotes Fleisch, Geflügel, Fisch, Meeresfrüchte, koffeinhaltige Getränke oder irgendwelche anderen Arten von Konsumgütern?

In den Büchern habe ich keine weiteren spezifischen Informationen dazu bekommen. Jedoch hat uns das Universum mit dem Urteil vieler Gesundheitsexperten versehen, die zu diesem Thema einige gute Beobachtungen und Vorschläge beigetragen haben. Ich weiß nur, dass die Menschen ihre jeweils ganz persönlichen physiologischen Bedürfnisse und Toleranzgrenzen haben. Hören Sie auf Ihren Körper, liebe Linda. Hören Sie auf Ihren Körper.

Frage 2) Haben Tiere Seelen? Wenn ja, wissen sie um Gott? Empfinden sie Liebe? Wenn ja, empfinden sie Liebe zu Menschen?

»Ja« zu allen obigen Fragen. Alles hat eine Seele. Wenn man Seele als göttliche Energie definiert, die allem innewohnt, was die Schwingung des Lebens in sich trägt, dann hat alles eine Seele.

Zusatzfrage: Wie sieht die Beziehung des Menschen zu den Tieren aus?

So, wie sie seiner Absicht nach sein soll. Alle Beziehungen des Menschen werden durch dasselbe entschieden: seine Absichten. Das Leben geht aus den mit ihm verbundenen Absichten hervor. Und jede Absicht ist ein Verkünden und Proklamieren, ein Erschaffen und Erfahren von Wer Du Bist und wer zu sein du wählst.

Frage 3) Weilen Geister (Gespenster) auf Erden? Wenn ja, warum? Und für wie lange? Das heißt: Begibt sich ein Geist, der auf der Erde umherstreift, schließlich an einen anderen Ort, und wenn ja, unter welchen Umständen?

Die Antwort auf jede dieser Fragen lautet ja und nein. Geister tun genau wie wir das, wozu sie sich entschließen. Manche Seelen bleiben, nachdem sie ihren gegenwärtigen Körper verlassen haben, noch eine Weile »in der Gegend«. Manche machen sich sofort zu anderen Erfahrungen auf. Es hängt alles davon ab, was der Geist fühlt und weiß und zu erfahren wünscht. Es gibt keine speziellen notwendigen Bedingungen oder Umstände, damit Seelen etwas Bestimmtes tun können. Geister tun das, was sie wollen. Das nennt man »ein freier Geist sein«. Manche Leute entscheiden sich dazu, so ein freier Geist zu sein, noch während sie sich in ihrem Körper aufhalten.

Frage 4) Was die Geschichte von Noah und die Sintflut angeht: Gab es dieses Ereignis, und wenn ja, wurde es von Gott verursacht? Wenn ja, warum? Und sollte dies der Fall sein, was bedeutet dann der Bund, den Gott nach der großen Flut schloss, und sein Versprechen, so etwas nicht zu wiederholen? So wie die Geschichte in Genesis berichtet wird, hat Gott die große Flut geschickt, um die ganze Menschheit auszurotten, weil der Mensch ganz und gar verdorben war und Gott sehr enttäuscht. Er verschonte nur Noah und seine Familie, weil dieser nicht verdorben, sondern ein gerechter und untadeliger Mann war. Nach der Flut gelangt Gott zur Erkenntnis, dass der Mensch von Natur aus böse ist und nicht für eine Eigenschaft bestraft werden sollte, die ihm nun mal gegeben ist. Dem steht vieles entgegen, was Sie in Ihrem Buch geschrieben haben: 1) Gott würde sich nicht vom Menschen enttäuscht fühlen. 2) Er würde nicht in die Welt des Menschen eingreifen. 3) Er würde nicht danach streben, den Menschen zu vernichten. 4) Er würde nicht glauben, dass der Mensch von Natur aus böse ist. 5) Er würde keine Entscheidung in mangelnder Kenntnis treffen, weil er zum einen trotz allem kein Bedauern empfände und außerdem gar nicht imstande wäre, eine Entscheidung in mangelnder Kenntnis zu treffen. Wenn möglich, hätte ich gerne die Bedeutung der Geschichte von Noah erläutert.

Ich liebe Ihre Formulierung: »Nach der Flut gelangt Gott zur Erkenntnis.« Glauben Sie, dass es in der Abfolge der Ereignisse irgendeinen Zeitpunkt gibt, wo Gott nicht alles versteht?

Geschichten und Mythen, so wie die von Noah, zu analysieren, ist faszinierend, aber es ist wahrscheinlich nicht allzu klug, alles im wortwörtlichen Sinn zu glauben. Wie alle großartigen Geschichten, die von Generation zu Generation weitergegeben wurden, enthalten sie wohl ein Fünkchen Wahrheit. Diese Wahrheit ist das Samenkorn, ist der Keim der Geschichte. Doch im Verlauf der Zeit ist viel zu der Geschichte »hinzugekommen«, um die ursprüngliche Erfahrung als Lerninstrument zu verwenden. Zweifellos gab es eine große Flut auf diesem Planeten. Und zweifellos packte ein weiser Mann und Stammesführer namens Noah alles, was er konnte, zusammen, einschließlich einem männlichen und einem weiblichen Exemplar von jedem Tier, das er auftreiben konnte (denn er gebrauchte wirklich seinen Verstand), und brachte alles an Bord eines Schiffs, um den Aufruhr der Elemente zu überstehen. Dies war seine Art sicherzustellen, dass irgendetwas überleben würde.

Es ist durchaus möglich, dass er eine Vorahnung von der Flutkatastrophe hatte und tatsächlich aus diesem Grund sein Schiff baute. Es sind schon ungewöhnlichere Dinge vorgekommen. Aber Gott hat diese Überschwemmung nicht verursacht, um irgendjemanden zu bestrafen. Er hat sie überhaupt nicht verursacht. Gott verursacht nicht irgendetwas, sondern sieht zu, wie wir es verursachen. Und übrigens schaut er zu, ohne ein Urteil darüber zu fällen. Sie verstehen das Material von GMG in dieser Hinsicht ganz richtig und vollständig. Was die Bedeutung der Geschichte von Noah angeht, so hat sie überhaupt keine Bedeutung außer der, die Sie ihr geben. Und so ist es mit allem im Leben.

Was glauben Sie, was sie bedeutet? Oder besser gesagt, was soll sie Ihrer Entscheidung nach bedeuten?

Frage 5) Meine Frage nach Noah wirft eine allgemeinere Frage auf. Haben Sie vor, noch andere Neuinterpretationen von Bibelgeschichten zu liefern, die gegenwärtig missverstanden oder falsch gedeutet werden (so wie Sie schon die von Adam und Eva, den Zehn Geboten und Jesus Christus übermittelt haben)?

Stellen wir als Erstes klar, dass ich nichts übermittelt und auch keine Neuinterpretationen von irgendetwas angeboten habe. Die Kommentare, auf die Sie sich beziehen, wurden alle durch mich transportiert und kamen von Gott. Von daher stelle ich fest, dass der allgemeine Tenor dieser Fragen in mir ein gewisses Unbehagen auslöst. Es klingt ein wenig so, als wäre ich die Quelle von all dem. Das bin ich nicht. Und mir ist sehr klar, dass ich nur ein Schreiber bin. Ich nehme Diktate auf.

Ob nun meine Quelle noch weitere Kommentare wie jene, die Sie als »Neuinterpretationen« der Bibel bezeichnen, liefern wird, weiß ich nicht.

Frage 6) Manchmal verwendet die Bibel eine scheinbar ganz unzweideutige Sprache, um Gott auf eine Weise zu beschreiben, wie sie sich mit der Beschreibung, die Gott in Ihrem Buch von sich selbst gibt, nicht vereinbaren lässt. In der Bibel beschreibt sich beispielsweise Gott als »eifersüchtiger« Gott oder als ein Gott, der den Menschen sagt, dass sie ihm »gehorchen« müssen. Entweder sind diese »unzweideutigen« Worte unrichtig, eine fehlerhafte Definition, oder sie haben eine andere Bedeutung, die mir entgeht. Mit herzlichen Grüßen, Linda, VA.

Nun Linda, das war ja ein Brief! Vielen Dank! Was Ihre letzte Bemerkung angeht, so haben die Worte in der Bibel keine Bedeutung, die Ihnen entgeht. Sie erkennen durchaus ihre Bedeutung. Die meisten Beschreibungen von Gott in der Bibel sind schlicht und einfach unrichtig.

Medialität, Hölle, weißes Licht

Lieber Neale: Nachdem ich dein Buch zu Ende gelesen hatte, überlief mich ein Schauer nach dem anderen. Ich danke dir dafür, dass du der Bote bist, der du werden solltest. Vor allem danke ich dafür, dass dieses Buch geschrieben worden ist. Denn ich hatte viele von den Fragen, die auch du hattest; und ich habe noch weitere in Bezug auf die mediale Welt.
Meine Fragen sind: 1) Wie wird man medial? 2) Besteht, wie man sagt, die Gefahr, dass »böse« Geister in einen eindringen, wenn man sich nicht in weißes Licht hüllt? 3) Mary Summer Rain berichtet in ihrem Buch *Spirit song: der Weg einer Medizinfrau* darüber, wie sie meditiert und sich an einem Ort befindet, den man »Hölle« nennt. Wenn es keine »Hölle« gibt, was für einen Ort hat sie dann erlebt? 4) Was ist der Sinn und Zweck des weißen Lichts? 5) Ist es okay, ein Medium um Informationen über die eigene Person und geliebte Verstorbene zu bitten? Oder sollten wir

selbst diese Fähigkeit in uns entwickeln? Liebe und Glück, Stephenie, Corona, CA.

Junge Junge, Stephenie, deine Fragen laden zum Schreiben eines ganzen Buchs ein! Frage 1 wird im Grunde in der GMG-Trilogie abgehandelt. Lass mich dir ein paar kurze Informationen dazu geben: Erstens gibt es keinen Weg, um medial zu »werden«. Du bist es bereits. Jedermann ist »medial«, und es gibt keine Möglichkeit, es nicht zu sein. Medial zu sein ist Teil unserer Natur. Es ist unser sechster Sinn. Und in dieser Erkenntnis besteht der erste Schritt dahin, dass wir von unseren medialen Fähigkeiten aktiv Gebrauch machen. Hier kommt nun die Antwort auf deine Frage: Betrachte deine Medialität als natürliche Begabung, erkenne sie an, nimm sie an, mach sie dir zu Eigen. Nutze sie jeden Tag, indem du auf sie achtest; hör auf deine »Intuition« und handle danach so oft wie möglich. Denk nicht nach, wenn du eine plötzliche »mediale Eingebung« hast, handle einfach. Mach es. Je öfter du auf deine medialen »Eingebungen« reagierst, umso mehr lernst du, auf sie zu vertrauen, denn du wirst merken, dass das zu positiven Ergebnissen führt. Hör auf deine Gefühle. Gefühle sind die Sprache der Seele. Wenn es sich so »anfühlt«, als solltest du etwas tun oder unterlassen, dann hör darauf. Es ist deine Seele, die hier zu dir spricht. Erlaube dir auch, dich zu »irren«. Es dauert eine Weile, bis man echte intuitive Weisheit vom Mischmasch an Gedanken, Ideen, Ängsten usw. in seinem Kopf unterscheiden kann. Gib nicht auf, wenn du deinem Gefühl folgst oder deinem ersten Impuls nachgibst und dann merkst, dass du dich »geirrt« hast. Lass dir hier ein bisschen Spielraum. Vor allem am Anfang. Sag das Erste, was dir in den Sinn kommt. Wann immer du eine »Eingebung« hast, sag es. Sag es laut. Geh auf diese Weise »aus dir raus«. Du wirst feststellen, dass du zuweilen vor anderen Leuten das erstaunlichste Zeug heraussprudelst, und manche von ihnen werden dich geradezu geschockt anschauen, weil du mit solchen Einsichten und Informationen daherkommst. Benutze deine mediale Begabung niemals, um dein persönliches Ansehen zu steigern oder um dich zu bereichern. Das wäre nicht viel anders, als wenn du den Sex um deiner persönlichen Macht willen oder um zu manipulieren einsetzen würdest, statt für die reinen und liebevollen Zwecke, für die er gedacht ist. Ich habe festgestellt, dass die mediale Begabung »schwindet«, wenn man sie benutzt, um Aufmerksamkeit auf sich zu lenken oder Geld anzuziehen. Benutze deine mediale Begabung nur zum Dienen und für das Wohl anderer. Dies ist meine persönliche Auffassung, aber schließlich hast du mich ja gefragt!

2) Ich glaube nicht an die oft diskutierte »Gefahr« von »bösen Geistern«, die in mich eindringen – und deshalb tun sie es natürlich auch nicht! Ha! Ich muss darüber lachen, weil ich wirklich nicht weiß, was zuerst da war, die Henne oder das Ei! Ich meine, ich weiß wirklich nicht, ob erst der Glaube daran da war oder aber die Erfahrung. Ich glaube – und die GMG-Trilogie hat mich in diesem Glauben noch bestärkt –, dass unser Denken über eine Sache unsere Realität in dieser Sache erschafft. Wenn wir also denken, dass es so etwas wie »böse Geister« gibt, und wir uns vor ihnen schützen können, wenn wir uns mit »weißem Licht« umgeben, dann wird das unsere Erfahrung sein. Und im Ergebnis wirst du dann genauso wenig von »bösen Geistern« belästigt werden wie ich!

3) Ich habe Mary Summer Rains Buch *Spirit song: der Weg einer Medizinfrau* nicht gelesen, aber meine Frau hat es gelesen und mochte es sehr gern (wie sie alles mag, was Mary Summer Rain geschrieben hat). Ich weiß, dass Mary Summer Rain eine überaus aufrichtige Person ist, außerordentlich ehrlich sich selbst gegenüber, und deshalb bin ich sicher, dass sie genau die von ihr beschriebene Erfahrung gemacht hat. In GMG Band 3 wird ausführlicher über diese »Hölle« gesprochen, an die viele Menschen glauben, und deren Erfahrung manche Personen (so wie Mary) offensichtlich auch gemacht haben, wenngleich

auch nur in kurzen enthüllenden »Heimsuchungen«. Was für einen Ort hat Mary da erlebt? Gute Frage. Du müsstest sie wohl selber fragen. Meiner persönlichen Anschauung nach (die hier völlig bedeutungslos ist, da es Marys Erfahrung war) würde ich vermuten, dass sie einen tief in ihrem eigenen Glaubenssystem erschaffenen Ort aufsuchte — das heißt einen Ort in ihrer persönlichen Realität, denn meiner Überzeugung nach sind Glaubenssysteme Realität. Bei den meisten Menschen mag dieser Ort so tief in ihrem Innern verborgen sein, dass sie vergessen haben, wann sie ihn ursprünglich oder dass sie ihn überhaupt erschaffen haben. Tatsächlich würden sie schwören, dass sie ihn nicht erschaffen haben, sondern dass er existiert. Dass er Wirklichkeit ist. Und für sie ist er das auch.

Die »Hölle« ist schlicht und einfach keine Realität für mich, also begebe ich mich nicht dorthin. Und weder habe ich Angst, dorthin zu kommen, noch werde ich je dorthin gehen, denn es gibt kein »dort«, zu dem ich hingehen könnte! Verstehst du? Natürlich könnte ich in der ganzen Sache völlig falsch liegen, weshalb ich, wenn ich du wäre, mir sehr gut überlegen würde, ob ich mein Glaubenssystem übernehmen sollte.

4) Was soll deinem Wunsch nach der »Sinn und Zweck des weißen Lichts« sein? Erkennst du nicht, dass den Dingen kein spezieller »Sinn« innewohnt? Von allen Dingen, die mir enthüllt wurden, ist dies für die meisten Menschen am schwersten zu verstehen. Ein Ding hat an und für sich genommen keinen Sinn. Jeder Sinn, der irgendeinem Ding zukommt, wird ihm von dir und mir gegeben. Wir entscheiden, was es bedeutet und welchen Sinn es haben soll. Und bevor wir das nicht entschieden haben, hat ein Ding überhaupt keinen Sinn!

Nun stimmt es, dass manchen Dingen schon von jenen, die vor uns kamen und durch das kollektive Einverständnis ihrer Nachkommen, ein Sinn »zugeordnet« wurde. Wir alle begreifen zum Beispiel den Sinn einer Gabel. Oder einer Schaufel. Wir einigen uns also über einige Dinge auf kollektiver Ebene und machen es so möglich, dass das Leben funktioniert. Aber es gibt einige Dinge, über die wir uns nicht einig werden können, ganz gleich wie viele Menschen sich »davor« schon Gedanken und Vorschläge gemacht haben. Was ist zum Beispiel der Sinn von Sex? Oder von Macht? Oder von Krankheit? Von Gott? Was ist der Sinn von Musik? Von Kunst? Du siehst also, das weiße Licht hat an und für sich keinen Sinn. Es ist ohne Sinn, wie alles im Leben. Was ist der Sinn deines Lebens? Das entscheidest du! Und wenn du schon dabei bist, dann entscheide auch, worin der Sinn des weißen Lichts besteht.

5) Natürlich ist es okay, ein Medium um Informationen zu deiner Person oder einem geliebten verstorbenen Menschen zu bitten! Warum sollte das nicht okay sein? Das ist zumindest meine Meinung. Jemand anders mag dir da vielleicht etwas anderes sagen. Verstehst du? Es gibt nur Ansichten, die darüber bestimmen. Und es wird auch für dich so sein, wie es deiner persönlichen Ansicht entspricht. Glaubst du denn, Gott hat hier eine »Regel« aufgestellt? Faaaalsch. Gott hat keine Regeln in Bezug auf irgendetwas aufgestellt! Das ist die ganze Botschaft der GMG-Bände!

Fragen über Zeit, Gespenster und »Schicksal«

Sehr geehrter Mr. Walsch: Ich habe Ihre Bücher wirklich sehr genossen. Das Einzige, das zu verstehen mir wirklich schwer fiel, war die Konzeption von »Zeit«. Ich kann dem Gedanken einfach nicht folgen, dass, wenn man 300 verschiedene Leben gelebt hat, sie alle zur gleichen Zeit existieren. Ich denke, es ist erstaunlich, was Sie in GMG sagten, aber sehr schwer zu begreifen. Wie kann denn unsere Seele in all diesen Körpern zugleich existieren? Auch gibt es Geister oder Gespenster, nicht wahr? Möglicherweise Seelen, die noch eine Mission zu erfüllen haben, bevor sie zum Licht finden können? Oder haben sie sich verirrt oder befinden sie sich in einem Wartezustand? Befinden sie sich in einer anderen Dimension? Warum halten sie sich hier auf? Was, wenn überhaupt, sollten wir tun, um ihnen zu helfen? Gibt es Poltergeister? Und schließlich: Ich habe immer an »Schicksal« geglaubt. Dass man geht, wenn die Zeit gekommen ist, dass man geht, wenn man abberufen wird, ganz egal, was man tut und wo man ist. Ich weiß, wenn jemand ums Leben gekommen ist, sagen die Leute: »Ach, wäre er doch bloß nicht in dieses Flugzeug gestiegen, dann wäre er noch hier.« Doch ich meine, wenn deine Zeit gekommen ist zu gehen, dann spielt es keine Rolle, ob du in einem Flugzeug sitzt oder in deinem Garten arbeitest oder in einer Schlange vor dem Bankschalter stehst. Donna, Virginia Beach, VA.

Liebe Donna: Gute Fragen. Besprechen wir sie der Reihe nach. Was die Sache mit der Zeit angeht, so versuchen Sie nicht, sie mit dem Verstand zu begreifen. Denken Sie daran: Um wirklich Erleuchtung zu erlangen, müssen Sie »nicht bei Verstand« sein. Damit meine ich, Sie müssen bereit sein, sich aus Ihrem »Verstandesbereich« herauszugeben, Sie müssen mit dem Versuch aufhören, sich Ihren Weg in den Himmel zu denken.

Ein großer Teil dieser uralten Weisheiten widerspricht aller Logik. Wir können es nicht enträtseln. Wir denken und denken und denken darüber nach, und es ergibt einfach keinen Sinn. Wir versuchen, es so zu drehen, dass es einen Sinn ergibt, und wir scheitern. Der Grund dafür ist der, dass wir aus einer äußerst beschränkten Sichtweise über diese Dinge nachdenken, was zu einem äußerst beschränkten Verständnis führt.

Sie müssen »aus der Denkschublade raus«, Donna, um einige dieser Konzepte begreifen zu können. Und das bedeutet, dass Sie nicht versuchen, »es sich zusammenzureimen«, sondern dass Sie einfach akzeptieren, was sich »richtig anfühlt«, was Sie auf tiefer Ebene zufrieden zu stellen scheint, auch wenn es oberflächlich betrachtet keinen Sinn ergibt.

Also versuchen Sie nicht, diese ganze Sache mit der Zeit korrekt auf die Reihe zu bringen. Lesen Sie den entsprechenden Abschnitt immer mal wieder durch und nehmen Sie sich raus, was Ihnen richtig erscheint und sich für Sie richtig anfühlt. Wenn es Sie weiterhin verwirrt, bleiben Sie bei der Verwirrung. Lassen Sie das für Sie in Ordnung sein. Wir bestehen oft so sehr darauf, alle Antworten auf der Stelle parat zu haben, dass wir uns nicht genügend Zeit zum tiefen Nachdenken lassen. Wir geben uns auch nicht die Möglichkeit, zu intuitiven Erkenntnissen zu kommen, ohne uns mit den Dingen verstandesmäßig beschäftigt zu haben. Bleiben Sie einfach eine Weile bei der Sache.

Einige der größten Genies unserer Zeit kamen erst zu ihren außergewöhnlichsten Schlussfolgerungen, nachdem sie sich Jahre »bei einem Problem aufgehalten« hatten. Und das machte ihnen nichts aus. Sie waren daran gewöhnt, »nicht über das nachzudenken, worüber sie nachdachten«, wenn Sie verstehen, was ich meine. Und dann eines Tages, nachdem sie es viele Monate oder sogar Jahre lang nach hinten ins Regal gestellt hatten – bingo! – war die Antwort da!

Geben Sie also Ihr Bedürfnis oder Ihren Versuch auf, etwas vollständig zu wissen oder ganz und gar zu verstehen. Lassen Sie einfach los, Donna, lassen Sie es für den Moment in Ordnung sein, dass Sie keine Antwort haben. Schaffen Sie Raum, damit die Antwort kommen kann.

Was Ihre Frage nach den Gespenstern angeht, so glaube ich, dass es Geister gibt, die sich auf unserer Ebene aufhalten und bewegen. In GMG Band 3 wird auf das Warum und Wer sie sind eingegangen.

»Schicksal«, um nun auf diesen Punkt einzugehen, ist das Ergebnis unseres kollektiven Bewusstseins. Ganz streng genommen gibt es so etwas wie Schicksal nicht. Das heißt, es ist nicht so, dass eine Sache auf ganz bestimmte Weise verlaufen muss. Wer sollte eine solche Entscheidung fällen? Ganz bestimmt nicht Gott, denn GMG macht klar, dass Gott hier keine Vorlieben hat. Damit bleiben nur noch wir übrig. Wir sind diejenigen, Donna, die durch die Gedanken, die wir auf kollektiver Ebene hegen, unser eigenes »Schicksal« bestimmen. Unser Kollektivbewusstsein erschafft einen großen Teil unserer individuellen Realität. Und weil das so ist, sieht es für uns so aus, als sei sie etwas Vorherbestimmtes. Doch wenn das Leben auf irgendeiner Ebene vorherbestimmt ist, wäre Gottes größtes Versprechen eine Lüge. Gott sagt, dass wir die Schöpfer unserer eigenen Realität sind. Wenn das stimmt, kann »Schicksal« im Sinne von Vorherbestimmung keine Realität sein.

Fragen zu Gebeten, zum Buch Hiob, zur Wahrheit in der Bibel und zur Sexualität

Lieber Neale: 1) Warum wird in deinem Buch oder in der Bibel nie die Zeit erwähnt? 2) In deinem Buch steht, dass die Aussage »Ich Bin« das Universum in Gang setzt. Wann wird ein solches Gebet beantwortet — nach Tagen, Wochen, Monaten, Jahren? Und wer entscheidet über das Wann? 3) Das Buch Hiob in der Bibel — ist das eine Erfindung? Hat Hiob all das Leid selbst über sich gebracht (hat er es sich selbst erschaffen)? 4) Welche Bücher, Verse in der Bibel sind wahr? Und 5) In *Gespräche mit Gott — Band 1* (S. 105, 306ff.) sagt Gott, dass Sex großartig, wundervoll ist, dass wir uns ihm hingeben, dass wir unseren Spaß haben sollen. Doch auf Seite 86 sagt er, dass wir auf Erden nichts unternehmen, um der Tatsache ein Ende zu setzen, dass täglich vierzigtausend Menschen verhungern, während wir jeden Tag fünfzigtausend Menschen auf die Welt bringen, damit sie ein neues Leben beginnen. Da scheint es mir ein kleines Problem zu geben. Wenn du Sex hast (aufregend, anregend, machtvoll usw.), dann erschaffst du diese fünfzigtausend neue Leben. Gott/du sagen nichts über Geburtenkontrolle, Abtreibungen, um diese Seelen vom Eintritt in die Welt abzuhalten, von den Krankheiten, die wir jetzt haben, gar nicht zu reden. Auch wird nichts darüber gesagt, ab wann man mit dem Sex anfangen kann. Ist zehn zu früh? Fünfzehn? Achtzehn? Verstehe mich bitte nicht falsch. Ich liebe Sex. Ich finde ihn großartig. Aber hier haben du und Gott einige Fragen offen gelassen. Marge, Buchanan, MI.

Liebe Marge: Deine Fragen sagen mir, das GMG bewirkte, was man mit jedem Buch anstrebt und erhofft: Dass es die Leute innehalten lässt und zum Nachdenken anregt. Denk nun bitte daran, dass ich es bin, der hier antwortet. Diese Antworten stellen keine direkt und ohne Filter empfangenen Erwiderungen von Seiten der Gottheit dar. Wenn wir uns darin einig sind, will ich dir auf der Grundlage dessen, was ich in den letzten drei Jahren als Folge des Dialogs gelernt habe, meine Eindrücke mitteilen.

1) Ich kann dir nicht sagen, warum in der Bibel nie über die Zeit gesprochen wird (obschon ich dir sagen kann, dass das nicht die einzige gewaltige Komponente unserer Lebenserfahrung ist, die in diesem Buch nicht zur Kenntnis genommen wurde). Aber in GMG Band 2 wird das Thema Zeit ausgiebig erläutert.

2) Als dieselbe Frage an Jesus gerichtet wurde, gab er zur Antwort: »Bittet, dann wird euch gegeben; sucht, dann werdet ihr finden; klopft an, dann wird euch geöffnet. Denn wer bittet, der empfängt; wer sucht, der findet; und wer anklopft, dem wird geöffnet.« Und: »Alles, worum ihr betet und bittet – glaubt nur, dass ihr es schon erhalten habt, dann wird es euch zuteil.« Du musst die gewaltige Wahrheit dieser Aussagen akzeptieren. Es ist eine metaphysische Realität. Noch ehe du gefragt hast, wird Gott dir bereits »geantwortet« haben! Das ist so, weil die Antwort schon in der letzten Wirklichkeit existiert. Denn indem du über sie nachgedacht hast, hast du sie erschaffen. Und Schöpfung und Manifestation finden im selben Augenblick

statt. Es gibt nur einen Moment, einen Augenblick. Das heißt, Zeit in Form eines linearen Ausdrucks existiert so nicht. Das führt uns zu deiner ersten Frage zurück, welche in GMG Band 2 gründlich beantwortet wird.

Nun, da dein Gebet bereits beantwortet worden ist, ist das richtige Gebet nie ein Bittgebet, sondern immer ein Dankgebet. Okay? Und jetzt kommt der Hammer, Marge. Hier ist die direkte Antwort auf deine Frage. In dem Maß, wie du akzeptierst und glaubst, dass dein Gebet schon eine Antwort erfahren hat, erschaffst du das Maß, in dem du die Antwort als in deiner gegenwärtigen Realität manifest geworden erfährst. Anders gesagt und in den Worten des »Ich Bin«-Paradigmas ausgedrückt: Solltest du über das Bewusstsein eines Christus verfügen, würdest du sofortige Resultate erleben. Jesus ist übrigens bei weitem nicht die einzige Person, die erlebt hat, dass sich ihr Wille in dem Moment, in dem er bekannt wurde, in physischer Form manifestierte. Auch andere haben dies zuwege gebracht. (Siehe die *Autobiographie eines Yogi* von Paramahansa Yogananda; studiere das Leben von Sai Baba.) Viele Avatare und Meister haben sofortige Resultate, sofortige Heilungen, sofortige Antworten auf Gebete bewirkt.

Manchmal ist es auch die Frage, ob sich alle Aspekte deines dreiteiligen Wesens in Einklang befinden und sich hinsichtlich einer Sache einig sind, denn dies hat sehr viel damit zu tun, wie rasch und erfolgreich du eine Erfahrung in deine Realität verbringst (oder, wenn du so willst, ein Gebet von Gott beantwortet bekommst). Die Frage ist sehr komplex, und wahrscheinlich werde ich ein Büchlein darüber schreiben müssen.

3) Ich weiß nicht, ob das Buch Hiob eine »Erfindung« ist oder nicht, aber ich habe den Verdacht, dass es nicht zur Gänze auf Tatsachen beruht. Es hat den Anschein, als ob ein überaus wohlmeinender Mensch es zu Papier brachte, um die Macht des Glaubens und die Verheißungen der Geduld angesichts endlosen Leidens aufzuzeigen. Andererseits hat es ja vielleicht einen

Mann namens Hiob gegeben, und vielleicht hatte er endlose Probleme, und der Bericht darüber ist die Wahrheit, die ganze Wahrheit und nichts als die Wahrheit. Der weitaus interessantere Aspekt deiner Frage scheint mir ihr zweiter Teil zu sein: Hat er das Leid selbst auf sich gezogen? Angenommen, die ganze Sache hat sich wirklich ereignet, hat er sie dann erschaffen? Die Antwort darauf lautet natürlich ja. Auf einer bestimmten Ebene erschaffen wir alle jeden einzelnen Moment, den wir erleben, auch den, dass du diese Frage zu Papier gebracht hast und ich darauf eingegangen bin.

Nun erschaffen wir manche Dinge auf bewusster und manche auf unterbewusster Ebene (was den Anschein erweckt, dass wir sie überhaupt nicht »erschaffen« haben). Manche Dinge erschaffen wir allein, manche erschaffen wir mit einigen anderen und manche erschaffen wir im Verein mit vielen, vielen anderen mittels dessen, was wir Kollektivbewusstsein nennen. Aber immer sind wir am Erschaffen. Die Frage ist nicht, ob wir dies wirklich erschaffen. Die Frage ist nicht einmal, warum wir dies erschaffen. Die einzig wichtige Frage ist: Wer bin ich jetzt angesichts dieser Schöpfung? Denn alles an Schöpfung existiert als eine Arena, in der wir, selbst Geschöpfe in ihr, aufgefordert und dazu ermuntert werden, diese Frage zu beantworten.

Der Prozess, mittels dessen wir Dinge (Ereignisse, Gelegenheiten, Ergebnisse usw.) erschaffen, ist bei weitem zu komplex, um hier auf ihn einzugehen. Er wird außerordentlich detailliert in GMG erklärt. Diese Abschnitte verdienen es, sehr achtsam gelesen zu werden.

4) Es ist mir unmöglich, mich hinzusetzen und die Bibel, Buch um Buch, Kapitel um Kapitel, Vers um Vers, durchzuforsten, um festzustellen, welche Teile dieses Buches »wahr« und welche »unwahr« sind. Offensichtlich ist für manche Leute alles »wahr«, und für andere alles »unwahr«, und für die meisten ist es ein bisschen von beidem. Marge, es ist wichtig zu begreifen, dass nichts »wahr« ist in dem Sinn, wie du dieses Wort ver-

stehst. Das heißt, im Universum existiert keine objekive Wahrheit. Die einzige »Wahrheit« ist die subjektive Realität – mit anderen Worten, das, was du und ich wahrnehmen. Denn was immer wir im »objektiven Universum« beobachten, wird durch unser Beobachten beeinflusst.

Mir ist klar, dass ich mich jetzt auf das Gebiet der Quantenphysik begebe (und damit vielleicht tiefer auf diese Frage eingehe, als du wolltest), aber wenn du je Seelenfrieden finden willst, ist es äußerst wichtig, dass du diesen Punkt in dein Verständnis integrierst: »Wahre Wahrheit existiert nicht.« Und das deshalb, weil wir, sogar auf der Gottesebene (ganz besonders auf der Gottesebene), alles erfinden. Um mehr darüber zu erfahren, solltest du das wundervolle Buch *Das Universum ist ein grüner Drachen* von Brian Swimme lesen.

Nun, Marge, die Frage ist nicht, welche Verse in der Bibel wahr sind. Die Frage ist: Welche Verse sind für dich wahr? Ich finde wirklich überall in der Bibel großartige Wahrheiten und enorme Weisheit – unglaubliche Erkenntnisse. Aber es gibt auch manche Stellen, bei denen ich zusammenzucke und feststelle, dass die Bibel mich hier nicht anspricht. Übrigens sagte man dasselbe über *Gespräche mit Gott,* was gut, was wundervoll ist. Es wäre mir äußerst unangenehm, ein Buch produziert zu haben, dem jedermann bis auf den letzten Buchstaben zustimmt. Kannst du dir die Verantwortung vorstellen, die das bedeuten würde? Nein, viel lieber ist mir, wenn du für das verantwortlich bist, was du dort findest. So soll es sein. Und dasselbe gilt ganz offensichtlich auch für die Bibel.

5) Kommen wir nun zu deinen Fragen in Bezug auf Sex. Ich sehe hinsichtlich dieses Themas in GMG keine Widersprüche in Gottes Botschaft. An keiner Stelle ruft dieses Buch zu einem verantwortungslosen sexuellen Verhalten auf. Doch irgendwie scheinen manche Leute Gottes Aufforderung, beim Sex »Spaß zu haben«, sich dem Sex so oft hinzugeben, wie man möchte, seine Freuden kennen zu lernen, zu erleben und mit anderen zu

teilen, mit diesem wundervollen Geschenk zu spielen, wie in dem Buch ganz direkt gesagt wird — irgendwie scheinen sie das als Genehmigung für verantwortungsloses Handeln zu verstehen. Niemand hat irgendetwas dergleichen angedeutet. Diese Verbindung — zwischen Spaß, Freude, Spiel und Verantwortungslosigkeit — hast du selbst in deinem Kopf hergestellt. Irgendjemand hat dir erzählt, dass Spaß am Sex zu haben, mit Freuden an sexuellen Aktivitäten teilzunehmen, mit Sex zu spielen, unverantwortliches Verhalten bedeutet oder unvermeidlich dazu führt. Ich für meine Person bin nicht bereit, diese Verbindung herzustellen. Und schon gar nicht automatisch, wie deine Frage anklingen lässt.

Genau diese Lehre — dass freudige, spielerische, ungezügelte Sexualität und volle, opulente sexuelle Ausdruckskraft unvermeidlich zu verantwortungslosem Verhalten führen — hat den Großteil dieser Welt (und ganz entschieden den überwiegenden Teil der westlichen Welt) in eine chronische Paranoia versetzt. Eine Paranoia übrigens, die ein kollektives (und massives) Schuldgefühl um einen Aspekt des Menschseins auftürmte, der nie für Schuldgefühle vorgesehen war.

Die menschliche Sexualität ist Freude, ist ein Geschenk, ist ein augenzwinkerndes Feiern des Lebens selbst. Sie war nie dazu gedacht, vertuscht, weggepackt, aus dem Blickfeld gerückt, in höflicher Gesellschaft nur verlegen angesprochen und nie ohne Angespanntheit, Scham und im besten Fall Vorsicht ausagiert zu werden. Sie war dazu gedacht, sich ihr liebevoll, offen, ehrlich, lächelnd, freudig, ungezwungen und unerhört glücklich hinzugeben. Nimm zur Kenntnis, dass nirgendwo das Wort »verantwortungslos« auftaucht. Und Liebe, Offenheit, Ehrlichkeit, Lachen, Freude, Ungezwungenheit oder unerhörtes Glück sind keineswegs Synonyme für »Verantwortungslosigkeit«. Im Buch wird im Zusammenhang mit Sex von Freude, Freiheit und Glück gesprochen — und davon ausgegangen, dass die Leser dies auch so verstehen.

Was die Frage angeht, ab welchem Alter ein Kind die Freuden der Sexualität »genießen« sollte, so lautet die Antwort: Von Anfang an. Tatsache ist, dass Kinder das auch tun. Fast von Anfang an. Wir verklemmte Erwachsene sind es, die den Kindern (sogar Kleinkindern) einschärfen, sich »da nicht anzufassen«, »da nicht hinzuschauen«, nicht einmal Notiz davon zu nehmen, dass »das da« existiert. Wir verklemmte Erwachsene sind es, die dem Kind unsere Schuld- und Schamgefühle, unsere Verlegenheit, unsere sexuellen Probleme und Störungen aufbürden. Das Kind hat kein sexuelles Problem. Das Kind ist nicht sexuell gestört. Erst nachdem es den Erwachsenen zugehört und sie beobachtet hat, fängt es an, Signale aufzufangen, die ihm zu verstehen geben, dass an der Sexualität irgendetwas »Unrechtes« ist, dass man um Himmels willen noch nicht einmal »Penis« oder »Vagina« sagen sollte. Deshalb werden alle möglichen kitschigen Ausdrücke erfunden, die ein zweijähriges Kind hören und benutzen darf, damit es bloß nicht, Gott bewahre, das richtige Wort in den Mund nimmt. Wenn unsere Kinder nicht einmal »Penis« sagen dürfen, ist es kein Wunder, wenn unsere Gesellschaft eine derart verquere Einstellung zur Sexualität hat!

Und es wundert auch nicht, dass unsere schmählichsten Schimpfworte einem der außergewöhnlichsten Erfahrungsbereiche entnommen sind, die dem Menschen zugänglich sind.

Meine Antwort auf deine Frage, Marge, ist also eine, die du vielleicht nicht hören möchtest. Zu keinem Zeitpunkt ist es für ein Kind zu früh, mit Freude Erfahrungen mit seiner Sexualität zu machen. Damit ist selbstverständlich nicht der Geschlechtsverkehr gemeint. Gemeint ist hier ein zur Kenntnisnehmen, ein Ehren und Feiern, dass wir alle, Mama und Papa eingeschlossen, menschliche Wesen sind, und dass die Sexualität ein vergnüglicher Bestandteil unseres Menschseins ist und keiner, für den man sich genieren und schämen muss. Es gibt Möglichkeiten, zu dieser Erfahrung, die unseren Magen in Aufruhr versetzt, unser Herz klopfen lässt und uns den Verstand raubt, zu dieser wundervollen, aufregenden Erfahrung der Entdeckung des eigenen Ichs und des anderen, zu ermuntern, sie zu fördern, zu erschaffen und zuzulassen und zugleich die Grenzen absolut zu wahren, die Altersgemäßheit, Ehrlichkeit, Liebe (zu sich selbst und anderen), Integrität, Verantwortungsbewusstsein und das Feiern des Lebens setzen. Leider, Marge, haben die meisten Eltern nicht nach solchen Möglichkeiten Ausschau gehalten; in den meisten Kulturen wurde nicht einmal ein solcher Versuch unternommen. Meinst du nicht auch, dass es endlich Zeit wird, es zu tun?

Wenn kleine Kinder dazu ermuntert werden, in angemessener Weise Erfahrungen mit den Freuden ihrer eigenen Sexualität und der aller menschlicher Wesen zu machen und ihr Ausdruck zu geben, dann machen sie ihre konkreten und ausgiebigsten Erfahrungen in dem Alter, in dem es für sie das Richtige ist. Und jeder junge Mensch hat da seinen eigenen Zeitpunkt, Marge. Kann sein, dass jemand erst mit siebzig voll einsteigt, denn es gehört zu diesem Mysterium und zur unendlichen Anziehungskraft dieser Erfahrung, dass wir, auch wenn wir älter werden, darin eine neue Schönheit, ein neues Wunder, eine neue Offenheit, eine neue Verletzlichkeit, ein neues Vertrauen, eine neue Freude, eine neue Verspieltheit, eine neue Tiefe der Liebe und der Fähigkeit, Liebe zu geben und miteinander zu teilen, entdecken. Aber nicht und niemals, wenn unser Ausgangspunkt Scham, Schuldgefühl und Verlegenheit ist.

Fragen zur Sündhaftigkeit, zu Nahtod-Erlebnissen, zum Wahrheitsgehalt der Bibel und zum Sinn des Lebens

Liebe Mrs. & Mr. Walsch: Ich wende mich an Sie beide, weil großartige Paare zusammenarbeiten, und ich mir nur Antworten wünsche, gleich von wem. Ich habe Unseren Vater um Führung gebeten und die Antwort war immer, dass ich Ihnen schreiben soll, damit auch andere Menschen an den Antworten teilhaben können.

Ich wurde von einem selbst ernannten Prediger der Pfingstbewegung aufgezogen, der mich sexuell missbrauchte. Ich habe zwanzig Jahre lang ein selbstzerstörerisches Leben geführt und oft Selbstmordversuche unternommen. Bei einem dieser Versuche bin ich, wie ich glaube, Gott begegnet. Vor sechs Jahren versuchte ich, meinen Stiefvater umzubringen, und hatte einen totalen Nervenzusammenbruch. Ich wurde in eine Nervenheilanstalt gesteckt und als manisch-depressiv diagnostiziert. Dort fiel mir allmählich auf, wie viele psychisch kranke Patienten nicht nur vor dem Teufel, sondern auch vor Gott entsetzliche Angst haben.

Seit ich (viele Male) GMG Band 1 und 2 gelesen habe, bin ich psychisch stabil und versuche jetzt, psychisch Kranken zu helfen. Mein Mann und ich treffen übers Jahr Tausende von Menschen (wir ziehen alle paar Monate um), die zumeist den Südlichen Baptisten und der Pfingstbewegung angehören. Um ehrlich zu sein, werden die meisten von ihnen sehr sauer, wenn ich über GMG spreche, doch dann kommen sie immer wieder und stellen Fragen – Fragen, die ich nicht beantworten kann. Ich hatte großes Glück, mit so vielen Menschen über GMG sprechen zu können, und ich habe es erlebt, dass Leute Dank Ihnen und Unserem Vater ihr ganzes Leben geändert haben. Aber ich brauche ein paar Antworten.

Hier nun die Fragen. Wenn es die Sünde nicht gibt, wofür ist Jesus dann gestorben? Wie erklären wir uns Menschen, die Nahtod-Erlebnisse hatten und behaupten, in der Hölle gewesen zu sein? Wenn nicht alles wahr ist, was in der Bibel steht, welche ihrer Texte sollen wir dann studieren? Sollen wir nach wie vor den Zehnten bezahlen? Ich habe gelernt, dass man den Zehnten bezahlen soll, und zwar an dem Ort, an dem man belehrt wurde. Sind Sie darauf eingerichtet, den Zehnten in Empfang zu nehmen? Es ist dumm, wenn andere Leute mir diese Fragen stellen und ich sie nicht beantworten kann, und möglicherweise nehme ich ihnen eine Chance, Unseren Vater kennen zu lernen.

Wie entdecke ich den Sinn meines Lebens? Ich weiß, dass Der Vater meine Selbstmordversuche aus einem bestimmten Grund vereitelt hat. Ist mit anderen sprechen und teilen genug? Was kann ich tun, um noch mehr zu helfen? In liebevoller Freundschaft, auf Bitten hin keine Namensnennung, WA.

Meine liebevolle Freundschaft: Meine Frau Nancy hat mich gebeten, Ihnen zu antworten, und das tue ich jetzt. Gehen wir auf Ihre Fragen der Reihe nach ein.

Wenn es die Sünde nicht gibt, wofür ist Jesus dann gestorben?

Jesus ist gestorben und wieder auferstanden, damit wir die Wahrheit über ihn — und damit auch über uns — erfahren. Dieser Akt sollte demonstrieren, Wer Wir Wirklich Sind. Jede Handlung ist ein Akt der Selbst-Definition. Das gilt für Sie ebenso, wie es für Jesus galt. Jesus war ein göttlicher Meister, der ein absolutes Verständnis von der Wahrheit, von sich und von Gott besaß. Er wollte diese Wahrheit mit der ganzen Welt teilen. So sagte er: »Ich und der Vater sind eins.« Er erklärte uns zu seinen Brüdern, und man hörte ihn fragen: »Heißt es nicht: ›Ich habe gesagt: Ihr seid Götter?‹« Und in Hinblick auf seine vollbrachten Wunder sagte er: »Warum seid ihr so erstaunt? Diese Dinge und noch mehr werdet auch ihr tun.«

Jesus starb nicht für unsere Sünden, sondern vielmehr um zu demonstrieren, dass wir ohne Sünde sind. Wir sind als Abbild Gottes geschaffen, und Jesus versuchte immer wieder, uns das zu sagen. Aber nur wenige glaubten ihm. Er wusste, dass nur ein konkretes Demonstrieren der Göttlichkeit überzeugend wirken würde. Und ganz richtig, er überzeugte viele Menschen davon, dass er Gott ist, aber sehr vielen entging der springende Punkt, nämlich dass wir es alle auch sind. Wir fingen an, ihn anzubeten, aber das war es nicht, was er beabsichtigt hatte.

Wie erklären wir uns Menschen, die ein Nahtod-Erlebnis hatten und behaupten, in der Hölle gewesen zu sein?

Gott sagt, dass wir in den ersten Augenblicken nach dem »Tod« das erleben werden, was wir zu erleben erwarten. Wenn wir Angst haben, »in die Hölle zu kommen«, werden wir dieses Ergebnis in unserer Realität erschaffen. Doch wir brauchen uns keine Sorgen zu machen, weil wir unsere selbst erschaffene »Hölle« nur so lange erleben werden, bis wir sie nicht mehr haben wollen, bis wir nicht mehr an sie glauben. Das ist der Augenblick, in dem wir dieser Erfahrung ein Ende setzen. Übrigens ist das hier auf Erden nicht viel anders. Wir können meinen, dass wir in einer echten Hölle leben, und dann diesbezüglich unsere Wahrnehmung ändern, was zur Folge hat, dass sich für uns unsere ganze Erfahrung verändert.

Wenn nicht alles wahr ist, was in der Bibel steht, welche ihrer Texte sollen wir dann studieren?

Studieren Sie alles darin, was Sie wollen. Wenn Sie nur »wahres« Zeug studieren dürften, würde das die Hälfte der Geschichts- und Sozialkundebücher in unseren Schulen ausschließen sowie den überwiegenden Teil der Zeitungsartikel, die heutzutage geschrieben werden. Lesen Sie die Bibel so oft Sie mögen, und fragen Sie Ihr Inneres, was für Sie wahr und stimmig ist. Verfahren Sie genauso bei *Gespräche mit Gott* und irgendwelchen anderen spirituellen Weisheitsbüchern.

Sollten wir nach wie vor den Zehnten bezahlen?

Das ist eine häufig gestellte Frage. Viele Menschen möchten wissen, ob »gutes spirituelles Benehmen« von ihnen verlangt, Beiträge an Kirchen oder karitative Organisationen abzuführen. Stellen wir als Erstes etwas klar: Es ist nicht so, dass Sie irgendetwas tun »sollten«. Wer sollte das »verfügen«? Den Zehnten abzugeben ist ein sehr effektives Mittel zur Steigerung Ihrer finanziellen Fülle, denn was Sie einem anderen geben, geben Sie sich selbst. Wenn Sie sich selbst zeigen, dass Sie in der Fülle leben, werden Sie sich als in der Fülle lebend erfahren. Deshalb ermuntern die meisten spirituellen Bewegungen und fast alle Religionen zum Spenden des Zehnten in der einen oder anderen Form. Nicht, weil Sie damit ein »gutes« Verhalten an den Tag legen, sondern weil das, was Sie geben, zu Ihnen zurückkommt. Und ja, die ReCreation Foundation, die eine gemeinnützige Stiftung ist, erhält jeden Monat solche Spenden von Menschen aus aller Welt, die sich dazu entschlossen haben, das zu unterstützen, was sie als eine Quelle spiritueller Inspiration ansehen.

Wie entdecke ich den Sinn meines Lebens?

Sie können ihn nicht entdecken. GWG sagt, dass das Leben kein Entdeckungsprozess, sondern ein Schöpfungsprozess ist. Im Leben ist so lange kein Sinn, wie Sie ihm nicht selbst einen zuordnen. Wer sonst sollte ihm einen geben? Gott? Und wenn er ihm einen Sinn gegeben hätte, würde er ihn vor Ihnen geheim halten? Hier ist eine große Weisheit: Wir warten darauf, dass Gott uns unseren Sinn im Leben zeigt, und Gott wartet darauf, dass wir ihn ihm zeigen.

Ich weiß, dass Der Vater meine Selbstmordversuche aus einem bestimmten Grund vereitelt hat. Ist mit anderen sprechen und teilen genug? Was kann ich tun, um noch mehr zu helfen?

Es gibt nichts, was Sie tun müssen, um zu helfen, weil niemand Ihre Hilfe braucht. Es gibt nur einen Grund, um etwas zu tun: Um zu verkünden und zu erklären, auszudrücken und zu erfahren, zu erfüllen und zu werden, Wer Sie Wirklich Sind. Erfahren Sie, wenn Sie Ihre Weisheit mit anderen teilen und ihnen helfen, Wer Sie Sind? Dann tun Sie es. Wenn nicht, dann tun Sie es nicht, weil Sie es sonst am Ende nur ganz widerwillig tun werden, und damit ist niemandem geholfen.

Meine Freundin, lesen Sie GMG noch einmal, denn darin finden sich alle Antworten. Alles, was ich hier gesagt habe, steht in der Trilogie. Es ist nicht nötig, irgendjemand von irgendetwas davon zu überzeugen. Alle Menschen gelangen zur Wahrheit, wenn sie dazu bereit sind. Schauen Sie einfach zu und

65

warten Sie es ab. »Wenn der Schüler bereit ist, tritt der Lehrer in Erscheinung.« Warten Sie darauf, dass der »Schüler« bereit ist.

Wie können Gottes Gesetze konkret angewandt werden?

Lieber Neale: Könntest du bitte etwas klären, das mich verwirrt? Den Zehnten abgeben. Ich habe jahrelang den Zehnten abgegeben, als ich Mitglied einer fundamentalistischen Kirche war, ich weiß also, was das bedeutet. In den letzten Jahren habe ich mindestens zehn Prozent meines Bruttoeinkommens weggegeben, zumeist an Quellen spirituellen Wachstums. Ich habe die unterschiedlichsten Schriften gelesen, und sie waren sich durchwegs darin einig, wie wichtig es ist, wenigstens zehn Prozent an das Universum zurückzugeben. Doch scheint man sich nicht einig darin zu sein, wohin man es geben soll.

Du hast auch davon gesprochen, dass dieses Abgeben der Quell der Dinge ist, die wir unserer Entscheidung nach in noch größerem Umfang erleben oder bekommen möchten. Wenn ich also mehr Geld in meinem Leben haben will, muss ich denen geben, die weniger haben. Ist dies dem Zehnten, den ich abgebe, zuzurechnen oder ist das eine Extraangelegenheit? Ich bin bereit, *Habitat for Humanity* Beiträge zukommen zu lassen, weil ich gerne ein Haus besitzen möchte. Aber sollten diese von meinem Zehnten abgehen oder darüber hinaus entrichtet werden?

Und wenn ich ein Haus besitzen möchte und mich dafür bedanke, dass ein Haus auf mich zukommt, wie spezifisch muss ich in Bezug auf das, was ich gerne hätte, sein? Schränken Spezifizierungen Gott ein? Gehe ich davon aus, dass Gott weiß, was ich gerne haben möchte? Ist Unbestimmtheit für Gott/das Universum brauchbar? Noch einmal, ich erhalte von verschiedenen Stellen unterschiedliche Botschaften. Gott segne dich, Neale! Brenda, Vancouver, B.C.

Meine liebe Brenda: Gott segne dich auch! Weißt du, du stellst ein paar der wichtigsten Fragen im Zusammenhang mit der praktischen Anwendung höchster spiritueller Gesetze im Alltagsleben.

Erstens, was den Zehnten angeht. Der Grund, warum wir den Zehnten abgeben, ist der, dass wir etwas demonstrieren wollen. Wir demonstrieren damit systematisch das, was wir in Bezug auf Geld für unsere Wahrheit halten, so wie unser ganzes Leben eine Demonstration unserer Wahrheiten in Bezug auf alles ist. Die Menschen, die den Zehnten spenden, die regelmäßig Geld an andere abgeben, sind die einzigen Menschen, denen sehr klar ist, dass da, wo das herkam, noch mehr ist. Aus dieser Klarheit entsteht die Demonstration, und aus der Demonstration entsteht das präzise Erleben dessen, worüber man sich im Klaren ist.

Natürlich bringt uns das direkt zur uralten Frage zurück: Was war zuerst da, die Henne oder das Ei? Im Fall der universellen Gesetze oder der metaphysischen Prinzipien, wie ich sie nenne, lässt sich diese Frage beantworten. Die Demonstration geht der Erfahrung immer voraus. Das heißt, du wirst erleben, was du demonstrierst.

Deshalb sag ich: Gib das, was du dir für dich selbst wünschst, einem anderen. Aber da gibt es auch eine Falle. Wenn du etwas tust, um ein bestimmtes Ergebnis herbeizuführen (zum Beispiel Geld spenden, um mehr Geld in dein Leben zu bringen), wirst du dieses Ergebnis nicht herbeiführen und kannst das Ganze eigentlich von Anfang an sein lassen. Denn der Grund, aus dem du eine solche Demonstration unternehmen willst, sagt etwas über dich aus: dass du nicht alles hast, was du dir im Augenblick wünschst, dass du mehr brauchst oder möchtest. Diese Motivation für dein Handeln — das, was in GMG Band 1 der »stiftende Gedanke« genannt wird — ist das, was deine Realität erzeugt. Du wirst dann also, ganz gleich, wie viel du gibst, die Erfahrung machen, dass du nicht »genug« hast und »mehr möchtest«.

Wenn du andererseits etwas unternimmst, um damit zu demonstrieren, dass ein Ergebnis schon bewirkt worden ist (zum Beispiel monatlich zehn Prozent deines Einkommens spendest aus dem tiefen Gefühl und Wissen heraus, dass für dich immer genug da ist, um anderen etwas abzugeben, dass »da, wo das herkam, noch mehr ist«), dann wirst du auf eine noch umfassendere Weise die Erfahrung dieser Wahrheit machen.

Denk daran: Du erzeugst nicht die Wahrheit, du erkennst sie und erkennst sie an. Verstehst du?

Es gibt keine »Regel« im Universum, die bestimmt, auf welche Ebene man die Demonstration unternehmen muss, um die Erfahrung einer universellen Wahrheit zu machen. Daher gibt es keine Antwort auf deine Frage, wie hoch deine finanziellen Beiträge als Rückfluss an das Universum ausfallen müssen. Ich für meinen Teil gebe immer dort und dann, wenn ich mich damit wohl fühle und auch das Gefühl habe, mir gegenüber ehrlich zu sein. Ich gebe nicht, um »Reichtum« zu erzeugen. Ich gebe einfach aus der Beobachtung heraus, dass der Reichtum schon erzeugt worden ist.

Regeln wie das strenge Gebot, zehn Prozent deiner weltlichen Güter wegzugeben, sind für die, die Regeln brauchen, um grundlegende Wahrheiten umzusetzen. Sie sorgen für Disziplin. Sie bieten eine Richtlinie an. Meister und Meisterinnen sind sich ihre eigene Disziplin. Sie schaffen sich ihre eigenen Richtlinien.

Das bedeutet also, Brenda, dass du von deiner Fülle geben kannst, so wie du entscheidest. Wenn du bei strikten zehn Prozent bleiben möchtest, würde ich alles einrechnen, was du zur Unterstützung des Wohls anderer weggibst, einschließlich des Beitrags für *Habitat for Humanity*. Was mich angeht, so habe ich das vor ein paar Jahren folgendermaßen gehandhabt. Ich habe ein grobe »Einteilung der Bonbons« vorgenommen. An meine Ortskirche drei Prozent meines wöchentlichen Einkommens; an das *Children's Miracle Network* (das ich unterstützen möchte) jede Woche zwei Prozent; an das örtliche medizinische Hilfsprogramm für die Bedürftigen jede Woche zwei Prozent; für den Notfall-Sonderfonds für Familie und Freunde jede Woche zwei Prozent; eine Rücklage für Entscheidungen und Beschlüsse in letzter Minute jede Woche ein Prozent. Voilà! Da hast du deine zehn Prozent!

Was den zweiten Teil deiner Frage, die Frage nach der »Unbestimmtheit« angeht, so gilt hier in etwa dasselbe. Manche Lehrer sagen: »Erlege Gott keine Schranken durch allzu große Spezifizierungen auf.« Andere Lehrer sagen wiederum: »Sei spezifisch bei den Dingen, die du wählst!« Ich verstehe deine Frustration. Und deshalb wird dich das, was ich hier sage, sehr erleichtern: Es spielt keine Rolle.

Schau, Brenda, es ist ja nicht so, dass Gott deine Bitte nur akzeptiert, wenn du sie nach bestimmten Richtlinien vorträgst. Das würde uns direkt zu den alten Religionen zurückbringen, die lehren, dass es nur einen einzigen Weg zu Gott gibt und der ganze Rest von uns in der Hölle landet. So ist es nicht. Das ist eine riesige Lüge. Und hier gilt dasselbe.

Noch bevor du bittest, weiß Gott, was du wünschst. Du möchtest irgendetwas in allgemeinerer Form visualisieren, wie zum Beispiel »das genau richtige und perfekte Auto«? Mach das. Du möchtest spezifisch werden? Auch das ist in Ordnung. Visualisiere ein großes rotes Auto mit schwarzer Innenausstattung. Sieh das Armaturenbrettdesign vor deinem inneren Auge. Sprich die Nummer des Modells laut aus, wenn du möchtest. Aber jetzt kommt der Trick, das Geheimnis: Sobald du es ans Universum »hinausgegeben« hast, lass los. Das heißt, löse dich von irgendwelchen Erwartungen an ein Ergebnis. GMG Band 1 lehrt, dass es beim Streben nach Erleuchtung nicht darum geht, dass man allen Wünschen entsagt, sich von aller Leidenschaft fern hält, jede Entscheidung vermeidet. Es geht darum, dass man sich seine Leidenschaft für die Sache bewahrt. Ja, es wird geradezu dazu ermuntert, weil Leidenschaft, so wird in dem

Buch gesagt, die Maschine der Schöpfung antreibt; aber es weist uns auch an, nicht an einem bestimmten Ergebnis zu hängen und uns von ihm abhängig zu machen. Rufe herbei, was du wählst, sagt GMG, und nimm dann im Wissen, dass alles perfekt ist, mit Dankbarkeit und Liebe an, was das Universum dir zukommen lässt.

Und versuche dir auch Folgendes klar zu machen, Brenda: Es gibt nichts, was das Beste für dich ist. Das »Beste für dich« ist ein relativer Begriff; es hängt von vielen Faktoren ab, die dir vielleicht nicht alle auf bewusster Ebene bekannt sind. Deshalb versucht eine Meisterin nie herauszufinden, was das »Beste« für sie ist. Sie weiß ganz einfach, dass das, was das »Beste« ist, das ist, was jetzt ist.

Müssen wir zur Jungfrau Maria beten?

Lieber Mr. Walsch: Wie wichtig ist es, zur Jungfrau Maria und den verschiedenen Heiligen zu beten? Wie kann ich, ganz spezifisch und konkret, jeden Augenblick im Wissen leben, wer ich bin und wer ich sein möchte? Wenn ich darum bitte, reich zu sein, wie *handle* ich dann als Erstes? Tausend Dank! Amor, Northridge, CA.

Liebe Amor: Wie wichtig ist es Ihrer Meinung nach, zur Jungfrau Maria und zu anderen Heiligen zu beten? Verstehen Sie nicht? Sie erfinden das alles. Wir alle machen es so. Jeder von uns erschafft seine eigene Realität, und dann machen wir uns daran, sie zu leben. Das ist die ganze Botschaft von GMG. Wir sind die Schöpfer unserer eigenen Realität, die Erzeuger unserer eigenen Erfahrung. Glauben Sie, dass es wichtig ist, zur Jungfrau Maria und zu anderen Heiligen zu beten? Wenn ja, dann ist es auch so. Ich weiß, dass Gott unsere Gebete hört, ganz gleich, wie wir sie senden. Es gibt keine »richtige« und keine »falsche« Art, sich Gott zu nähern. Es sind keine Vermittler nötig, aber das heißt nicht, dass wir uns nicht ihrer bedienen können.

Die Antwort auf Ihre zweite Frage ist, dass Sie als Erstes entscheiden müssen, Wer Sie Sind und wer Sie sein wollen. Das ist eine Wahl, die willkürlich von Ihnen getroffen wird und sich hoffentlich auf die großartigste Version der größten Vision, die Sie je von sich hatten, gründet. Das ist die Entscheidung, zu der Sie in GMG aufgefordert werden. Wenn Sie diese Entscheidung getroffen haben, dann streben Sie danach, sie mit jedem Wort, jedem Gedanken und mit jeder Handlung auszuleben. Kann sein, dass Sie manchmal Ihrer Vision nicht ganz gerecht werden, aber das sollte für Sie in Ordnung sein. Nehmen Sie es einfach zur Kenntnis und entscheiden Sie sich aufs Neue.

Was die Frage nach dem Reichtum angeht, so handeln Sie jeden Tag so, wie ein reicher Mensch handeln würde. Geben Sie Geld. Wenn Sie an der Ecke des Supermarkts eine Person mit einem Schild stehen sehen: »Arbeite für Essen«, dann drücken Sie ihr eine gefaltete Dollarnote in die Hand. Wenn Sie den alljährlichen Spendenaufruf einer von Ihnen unterstützten Organisation erhalten, schicken Sie Ihre Spende sofort und verdoppeln die Summe, die Sie letztes Jahr spendeten. Seien Sie in dieser Woche bei der Kollekte in der Kirche oder Synagoge nicht mit einem Fünf- oder Zehndollarschein zufrieden. Geben Sie zehn Prozent Ihres wöchentlichen Einkommens. Das heißt nicht, dass Sie über all dem Bankrott gehen müssen. Es ist nicht wichtig, wie viele Nullen hinter der ersten Zahl stehen. Das Prinzip ist es, das zählt. Wenn Sie das Prinzip der Fülle anwenden, welches besagt, »dass da, wo das herkam, immer noch mehr ist«, fangen Sie an, sich darauf zu trimmen, dass Ihre Gedanken, Worte und Taten das mit diesem Prinzip verbundene Ergebnis herbeiführen. So einfach ist das.

Über das Erschaffen unserer Träume
und die Frage, ob sie sich erfüllen

Lieber Neale: Meine Frage hat mit dem Erschaffen unserer Träume zu tun. Man sagt oft, dass man »loslassen« muss, doch wie soll ich loslassen, was ich in meinem Leben erschaffen möchte? Meine Träume scheinen sich nie ohne eine Menge Hingabe an sie zu erfüllen. Ich habe eine Menge Träume losgelassen, und das hat nur zu einem sehr enttäuschenden Leben geführt. Auch möchte ich wissen, wie kann man von Gott — oder sagen wir Schokolade — wirklich Kenntnis haben, wenn man nur eine Vorstellung davon, aber keine Erfahrung damit hat? Und ganz ähnlich, wie kann ich wirklich glauben, dass das Universum gerecht und fair ist, wenn ich nicht die Erfahrung mache, dass es auch so ist? Ich denke, wenn ich mich zu diesem Glauben zu überreden versuche, ist das eine Form von Selbsttäuschung. M. H., Chicago, IL.

Liebe M. H.: In der Tat ist das Leben, so wie es die meisten von uns leben, eine Form von Selbsttäuschung. In der letzten Wirklichkeit ist nichts, was wir sehen, wirklich real, und das, was wirklich real ist, können wir nicht sehen. Deshalb ist es so wichtig, nicht »dem Anschein nach« zu urteilen. Lass mich auf den Anfang deines Briefes zurückkommen und dann sehen, ob wir uns bis zu seinem Ende vorarbeiten können.

GMG mag ja ein bisschen anders sein als die herkömmlichen Weisheitsbücher, aber es sagt nichts darüber, dass man seine Träume »loslassen« soll. Ganz im Gegenteil bringt es sehr klar zum Ausdruck, dass es ohne Leidenschaft für etwas mit dem Leben nicht so weit her ist. Allerdings sagt es auch, dass wir gut daran täten, von unseren Erwartungen und unserem Bedürfnis nach bestimmten Ergebnissen zu lassen. Vielleicht hältst du das für einen Widerspruch in sich, und als solcher mag er sich auch ausnehmen, solange man sich die Sache nicht genauer ansieht.

Ein Beispiel: Nehmen wir an, eine Person hat den Traum, die ganze Welt zu verändern; unser globales Bewusstsein darüber, wie wir unserer Wahl nach miteinander leben wollen, zu verwandeln; das Muster unserer weltweiten Erfahrung von Gott umzuformen. Es gab immer Leute mit einem solchen Traum, die ihn nie »losließen«, auch wenn es danach aussah, dass er sich wohl kaum verwirklichen lassen würde. Während sie also an ihrem Traum festhielten, hatten sie jedoch schon längst irgendwelche Bedürfnisse nach einem bestimmten Ergebnis aufgegeben. Somit ist es der ständige Traum, der den Motor ihrer fortlaufenden Erfahrungen antreibt, nicht das Eintreten oder Nichteintreten eines bestimmten Ergebnisses.

Diese Menschen träumen also immer von diesem Ereignis, ganz gleich ob tatsächlich ein Ereignis eintritt oder nicht. So gesehen ist ihre Arbeit nie erledigt, denn selbst wenn sie schließlich die Welt verändern sollten, werden sie doch immer weiterhin davon träumen, sie zu verändern. Mit anderen Worten, ganz egal, wie gut die Dinge sich entwickeln, sie haben diese Vorstellung, dass die Dinge immer noch mehr verbessert werden könnten! Der Traum hat nie ein Ende und die Mission ist nie wirklich erfüllt, weil es der Traum ist, der diese Menschen antreibt und motiviert, nicht seine Erfüllung! Mutter Teresa war ein solcher Mensch. Und auch Martin Luther King. In unserer Welt gibt es viele solche Menschen. Vielleicht wohnt einer nebenan oder sogar in deinem Haus.

Und so, wie es sich mit diesen Menschen verhält, verhält es sich auch mit Gott. Gottes Traum, wenn du so willst, ist der, dass wir alle eines Tages vollkommen verwirklicht sind. Doch in dem Augenblick, in dem dies geschieht, wird eine neue Definition der Bedeutung von »vollkommen verwirklicht« geschaffen, denn sonst wäre das Spiel beendet! Und das Spiel des Lebens kennt keine abgelaufene Spielzeit, hier ertönt nie der Schlusspfiff. Darum tun wir gut daran, wenn wir uns von Ergebnissen unabhängig machen, um zum Gefühl von Glück, gelassener

Heiterkeit und innerem Frieden in Bezug auf das Leben zu gelangen. Aber es ist keinesfalls von Vorteil, wenn wir uns von unserem Traum, Ergebnisse zu erhalten, lösen. Das ist Bestandteil dessen, was in GMG als göttliche Dichotomie bezeichnet wird.

In seinem außergewöhnlichen Buch *Ein Handbuch zum Glücklichsein: höheres Bewusstsein und ganzheitliche Lebensplanung* hat der verstorbene Ken Keyes Jr. dieses Prinzip in Alltagssprache übersetzt, als er schrieb, dass wir erst dann echte emotionale Freiheit erlangen, wenn wir unsere »Bedürfnisse« in »Vorlieben« umwandeln und damit unsere emotionalen Abhängigkeiten ausschalten. Ich betrachte Kens Buch als eines der hilfreichsten, das je geschrieben wurde, und möchte dich sehr dazu ermutigen, es zu lesen.

Du fragst auch, wie man von »Gott Kenntnis haben« soll, wenn er nur eine Vorstellung, aber keine Erfahrung ist. GMG legt dar, dass die meisten Menschen erst, wenn sie die Erfahrung einer bestimmten Sache machen, von ihr auch Kenntnis haben, von ihr auch wissen. Erleuchtung aber verlangt von uns, dass wir etwas erst »wissen«, um es dann zu erfahren! Wenn du zum Beispiel weißt, dass es im Leben immer klappen wird, wird es wahrscheinlich auch immer klappen. Wenn du weißt, dass die Welt ein freundlicher Ort ist, wird sie sich dir gewöhnlich auch so zeigen. Wenn du um Gott weißt, wirst du ihn erfahren. Und wenn du einfach weißt, dass deinem Bittgebet entsprochen wird, dann wird ihm auch entsprochen. Es wäre gut, M.H., wenn du in GMG die Passagen noch einmal lesen würdest, in denen es darum geht, etwas zu »wissen«, bevor man es auf der Erfahrungsebene kennen lernt.

Eine Möglichkeit, Gott »kennen zu lernen«, ist die, sich jeden Tag Zeit zu nehmen, um still zu meditieren. Es kann natürlich sein, dass es zu gar nichts führt. Und wenn du auf bestimmte Ergebnisse fixiert bist, wirst du vielleicht bald entmutigt und enttäuscht sein. Nur, wenn du dich davon frei gemacht hast, wenn die Ergebnisse überhaupt nicht der Punkt sind, wird deine Meditation heiter und gelassen sein. Und in dieser gelassenen Heiterkeit findet man Gott.

Eine andere Möglichkeit, Gott kennen zu lernen, ist die, eine andere Person Gott kennen lernen zu lassen. Die Erfahrung, zu der du eine andere Person ermutigst, unterstützt du auch in dir selbst. Das ist deshalb so, weil es da draußen niemand anderen gibt. Verbring also deine Zeit nicht damit, dass du dich fragst, wie du Gott kennen lernen kannst. Verbring sie mit der Überlegung, wie du ein Instrument sein kannst, mittels dessen andere Gott kennen lernen können. Denn was du anderen bringst, das bringst du dir selbst. Und das ist eine große Wahrheit.

Was ist der Sinn des Lebens?

Lieber Neale: Ich habe ein paar Fragen an dich.
1) Was hat das für einen Sinn, Hunderttausende von Malen zu leben und zu sterben? Es scheint ein endloser Kreislauf zu sein. Wohin führt das letzten Endes?
2) Als ich in New York deinen Vortrag besuchte, hast du mein Buch signiert und hineingeschrieben: »Ich sehe, wer du bist, und liebe, was ich sehe.« Was bedeutet das? Was ist dieses »Wer ich bin«, das du da siehst?
3) Worin besteht der Sinn unseres Lebens? Wie findet man ihn heraus?
4) Wie kann ich ein Gespräch mit Gott führen? Ich würde gern eine innige Beziehung mit ihm haben und ein ganz persönliches Gespräch mit ihm führen. Holly, Piscataway, NJ.

Liebe Holly: Ich habe ein paar Antworten für dich.
1) Dieses Leben und Sterben hat keinen Sinn außer dem, den du ihm gibst. Das Leben ist ohne Sinn, ist sinnlos. Wenn du also denkst, dass du dich auf eine Erfahrung eingelassen hast, die

keinen Sinn hat, dann hast du Recht. Das ist Gottes größtes Geschenk an uns. Siehst du, wenn Gott dem Leben einen bestimmten Sinn gegeben hätte, dann müsste das Leben diesem Sinn folgen. Dann müsste für alle der Sinn ihres Lebens der gleiche sein! Gott hat in seiner unendlichen Weisheit das Leben mit keinem Sinn versehen, damit jede und jeder von uns es mit ihrem oder seinem eigenen Sinn erfüllt und so bestimmt und erschafft, verkündet und erklärt, zum Ausdruck bringt und erfährt, Wer Wir Wirklich Sind. Somit könnte man vermutlich sagen, der Sinn des Lebens besteht darin, dass du erschaffst und erfährst, Wer Du Wirklich Bist. Es geht nicht darum, zu entdecken, Wer Du Bist, sondern darum, dass du es erschaffst. Denn siehst du, es gibt nichts zu entdecken. Im Wesentlichen bist du solange nichts, wie du nicht entscheidest und erschaffst, Wer Du Bist.

Im Wesentlichen bist du nichts. Das meine ich ganz buchstäblich. Die Essenz von dir – das, was du bist – ist gar nichts. Das heißt, du bist nicht irgendein bestimmtes Ding. Du bist kein Ding! Wusstest du das, Holly? Du bist kein Ding! So fängst du an – indem du gar nichts bist. Und dann entscheidest und erklärst, erschaffst und wirst du das, was du sagst, dass du es bist.

Das ist Gott im Akt des »Gottens«! Das ist das, was passiert, Holly! Verstehst du das? Gott erschafft und erfährt Gott selbst durch dich.

Das ist letztlich gesehen der »Sinn des Ganzen«. Oder genauer gesagt, das ist der Prozess, der sich vollzieht. Das ist es, was stattfindet, was sich begibt. Ich meine auch das buchstäblich. Wir sind, was sich in Raum und Zeit »begibt«. Wie wir dann unseren Platz dort einnehmen, was zu sein und zu tun wir wählen, liegt völlig bei uns und hängt davon ab, was Gott unserem Wunsch nach sein soll. Also wohin führt dieser Kreislauf? Sag du es mir, Holly. Denn tatsächlich sagst du es mir, jeden Tag, mit deinem Leben. Dein Leben ist deine Entscheidung darüber, wohin das alles führt.

2) Das »Wer du bist«, das ich in New York sah, Holly, ist eine Schöpfung des Wunders und der Schönheit, ein Wesen, das kurz davor steht, zu neuen Realitäten, neuen und höheren Erfahrungen seines wundersamen Selbsts aufzubrechen. Ich sah ein Kind Gottes, Holly. Ich sah eine leibhaftige Göttin. Siehst du das nicht, wenn du dich selbst anschaust?

3) Siehe meine Antwort zu Frage 1. Du »findest ihn nicht heraus«, Holly. Du triffst hier eine Entscheidung. Das Leben ist kein Entdeckungsprozess. Es ist ein Schöpfungsprozess. Wir warten immer darauf, dass Gott es uns sagt, es uns zeigt, und Gott wartet darauf, dass wir es ihm sagen, dass wir es ihr zeigen. Verstehst du, Holly? Wir warten auf den Einen, Der Auf Uns Wartet.

Hör auf zu warten, Holly. Und hör auf zu fragen. Fang an zu proklamieren, zu verkünden. Das Leben ist keine Frage, Holly. Das Leben ist eine Verkündung.

4) Du hast es gerade eben getan, Holly. Du hast es gerade getan.

Was ist Gottes wahrer Name?

Lieber Neale: Es gibt so viele Fragen, die ich dir gerne stellen würde. Meinem Gefühl nach wurde die Bibel von der religiösen Ordnungsmacht zu Christi Zeiten redigiert. Jesus sagte uns, dass wir uns vor den Pharisäern, Sadduzäern und Schriftgelehrten hüten sollen. Und nach seinem Tod lehrten die Jünger Jesu nicht, was er sie gelehrt hatte, weil sie Angst hatten, vom religiösen Establishment jener Tage umgebracht zu werden. Sie haben aus Angst nicht einmal heimlich gelehrt.

Die katholische Kirche, die nach Jesu Tod entstand (übrigens ist Jesus nicht tot, er ist in einer anderen Dimension noch immer im Fleische lebendig, ist unsterblich), wollte die Kontrolle über die Massen erlangen. Denn wenn du über die Spiritualität eines

Menschen Kontrolle hast, hast du auch die Herrschaft über seinen Geist und Körper, dann hast du vollständige Macht über einen Menschen. Mit anderen Worten, Gier, totale Macht. Die Wahrheit wurde bis heute unterdrückt, doch das ICH BIN (Gott) enthüllt sie nun im neuen Zeitalter (das New Age ist übrigens kein Kult, es ist ein Erwachen).

Ich glaube, dass Jesus von den Ägyptern, Hindus, den großen Weisen Indiens, Nepals, Tibets, Ladakhs, Persiens und vielleicht noch anderen lernte. Ich bin auf der Suche nach der Wahrheit. Kannst du mir helfen, sie zu finden? Was ist der wahre Name des ICH BIN?

In deinem Buch erwähntest du, dass sich Meister auf unserer Erde befinden. Wie wird jemand zum Meister? Welche Bücher muss man lesen, studieren — was auch immer? Walt, Olympia, WA.

Lieber Walt: Du schreibst, dass du auf der Suche nach der Wahrheit bist, und fragst mich, ob ich dir helfen kann, sie zu finden. Die Antwort lautet: Nein, ich kann dir nicht helfen, deine Wahrheit zu finden, die kannst nur du finden. Du musst dich nach Innen begeben und dort die Wahrheit suchen. Sie existiert nicht außerhalb deiner selbst.

Mich fasziniert speziell deine zweite Frage. Was ist »der wahre Name Gottes«? Bitte lies noch einmal GMG Band 1, wenn du noch mehr Klarheit in Bezug auf das brauchst, was ich dir nun sagen werde. Gott hat keinen »korrekten« Namen. Gott hat nur den Namen, den du ihm gibst, und dieser Name wechselt von Zeit zu Zeit, von Ort zu Ort, von Person zu Person. Für Gott ist das ganz in Ordnung, doch für den Menschen keineswegs, wie wir alle wissen. Glaubst du, nachdem du *Gespräche mit Gott* gelesen hast, dass es nur eine »korrekte« Art gibt, Gott anzusprechen, und dass es für Gott nicht in Ordnung ist, wenn wir uns auf irgendeine andere Art an ihn wenden? Wenn du das glaubst, musst du das Buch noch einmal lesen.

Du fragst in deinem Brief, wie man ein Meister wird. Auch hier verweise ich dich noch einmal auf GMG. Ich denke, dass darin die Schritte zur Meisterschaft ziemlich gut erläutert werden. Doch brauchst du keine Bücher, ja auch nicht GMG zu lesen, und du musst auch nicht irgendeine bestimmte Schule besuchen. Das Leben ist keine Schule, und es gibt nichts, was du lernen musst, es gibt nur die Gelegenheit, das zu sein und zu demonstrieren, was du bereits weißt. Viel Glück auf deiner Reise, Walt!

Gab es je eine Welt ohne Kummer und Leid?

Lieber Neale: Ich habe gerade dein erstes Buch fertig gelesen — es ist wirklich ein ungewöhnlicher Dialog. Es sind inspirierende Offenbarungen. Die Konzeption vom »Bin-Nicht« in den Gefühlen, Gedanken, im Erleben und Wort konnte in dieser umfassenden Vision nur von einer Person kommen, wie du es bist. Dankgebete und nicht Bittgebete helfen uns, das Muster des stiftenden Gedankens zu verändern. Die Definition der Heiligen Dreieinigkeit — Wissen, Erfahren, Sein —, wie sie dein Gott-Selbst vorgetragen hat, öffnet einem wirklich die Augen: das Physische, das Nicht-Physische, das Metaphysische. Wir sind Seelen, hören aber nie auf die Seele. Dein Dialog mit dem Allmächtigen ist eine liebevolle Darlegung, die man erst nach mehrmaliger Lektüre richtig wertschätzen kann. Hier meine Fragen an dich:
1) Wo im Körper ist der Sitz der Seele? 2) Sind Geist, Intellekt und Empfindungsvermögen eigenständige, von der Seele getrennte Einheiten, oder sind sie die drei Aspekte der Seele? 3) Welche Art von Beziehung besteht zwischen Bemühen und Schicksal? 4) Wird ein fröhliches Leben geschaffen oder ist es vorbestimmt? 5) Gab es je eine Welt ohne Kummer und Leid? Kann sie wiederhergestellt werden? Wenn ja, von wem? 6) Welche Rolle spielt die Meditation als Heilmethode? Worüber sollte

man meditieren? 7) Gibt es irgendwelche in die Seele eingebrannte Eindrücke, die nicht auszulöschen sind? Wiederholen sich diese zyklisch in den verschiedenen Leben? 8) Was ist Gottes ewig fortbestehendes Werk? Ist es die Erschaffung der neuen Welt? *Wenn ja, wann?* Mit herzlichen Grüßen und in Liebe, Atam, Patiala, Indien.

Mein lieber Freund von jenseits des Ozeans, es freut mich, dass du das GMG-Material interessant und nützlich fandest. Ich werde meine Antworten entsprechend deinen Fragen beziffern, damit du sie problemlos zuordnen kannst.

1) Im Gegensatz zur landläufigen Meinung ist die Seele nicht an einem bestimmten Ort im Körper angesiedelt. Es gibt keinen Ort im Körper, wo die Seele nicht ist. Es wäre falsch zu sagen, dass sich die Seele zum Beispiel hinter dem »Dritten Auge« befindet, in der Mitte der Stirn knapp über und zwischen den Augen, aber nicht in der linken großen Zehe. In GMG Band 3 wird gesagt, dass sich die Seele gar nicht im Körper befindet, sondern vielmehr der Körper *in der Seele!* Mit anderen Worten, die Seele beherbergt den Körper, nicht umgekehrt. Das krempelt unser bisheriges Verständnis völlig um. Eine weiter gehende Erläuterung findest du im entsprechenden Abschnitt in Band 3. Die Seele umgibt und durchdringt also den ganzen Körper. Sie befindet sich im Ohr und im Knie, im Nacken, im Fußknöchel und im Magen. Aber wenn du die Seele wirklich sehen möchtest (o ja, das geht!), dann schau einfach tief in die Augen deiner Geliebten. Und du wirst die Seele auch sehen, wenn du, in einem Spiegel, in deine eigenen Augen schaust. Aber pass auf. Wenn du nicht daran gewöhnt bist, kann es sehr zermürbend sein.

2) Die Seele ist die Gesamtsumme aller Gefühle, die du jemals (in diesem und in allen anderen Leben) hattest. Von daher könnte ich deinen Gedanken akzeptieren, dass die Seele Geist, Intellekt und Empfindungsvermögen mit einschließt.

3) So etwas wie Schicksal im Sinne von Bestimmung gibt es nicht. Wenn es das gäbe, müsste jemand entscheiden, was er für dich will. Doch das kannst einzig du entscheiden. Wenn du nun deine eigenen Entscheidungen in Bezug auf dich so willensstark, so unerschütterlich auslebst, dass ihre Ergebnisse unvermeidlich zu sein schienen, mag es sich für andere wie Schicksal ausnehmen. Sie sind jedoch das Resultat deiner Absichten. Der Ausdruck »Schicksal« suggeriert, dass da eine Kraft, eine Energie, ein Prozess im Universum am Wirken ist, über den du keine Kontrolle hast. Das ist angesichts dessen, Wer und Was Du Bist nicht möglich. Entweder sind wir die Schöpfer unserer eigenen Erfahrungen oder wir sind es nicht. Sind wir es nicht, dann können wir dem »Schicksal« unterworfen sein. Aber beides geht nicht. Meine Information ist die, dass das Göttliche Eine, welches das Wir Alle ist, in jedem Moment erschafft. Das bedeutet, dass jede und jeder von uns, als individueller Aspekt des göttlichen Einen unsere persönliche und kollektive Realität erschafft und miterschafft. Das lässt keinen Raum für »Schicksal« im oben definierten Sinn, denn das würde bedeuten, dass einer von uns (Gott, das Universum, jemand oder etwas) für einen anderen von uns ein Endergebnis (und noch dazu ein unvermeidliches) erschafft. Dies ist unmöglich.

4) Nichts im Leben ist vorherbestimmt, wie gerade erklärt.

5) In unserem physischen Universum gab es nie eine Welt ohne Kummer und Leid, denn in einer solchen Welt könnte es auch keine Freude geben. Wenn es nichts außer Freude gibt, können wir nicht die Erfahrung von Freude machen oder wissen, was sie ist. Erinnere dich an die Lehre in GMG: In der Abwesenheit dessen, was du nicht bist, ist das, was du bist, nicht. Lies das Kinderbuch *The Little Soul and the Sun,* um mehr darüber zu erfahren.

6) Ich bin mir nicht sicher, ob die klassische Medizin bereits einen klar definierten Ort ausgemacht hat, wo sie die Meditation zu einer Heilmethode erklären kann, aber ich denke mir, der Tag

kann nicht allzu fern sein. Was die Frage angeht, worüber man meditieren soll, so gibt es keine »korrekte« Antwort darauf. Meditiere über was immer du möchtest oder über gar nichts. Du weißt, du kannst buchstäblich über »das Nichts« meditieren. Was mich betrifft, so konzentriere ich mich auf die Stelle, die man das Dritte Auge nennt, bis ich ein blauweißes tanzendes Licht, eine Flamme sehe. Das versetzt mich in Ekstase.

7) Kein in die Seele eingebrannter Eindruck kann gelöscht werden. Das ist ein Computer ohne Löschtaste. Solche Eindrücke wiederholen sich oft als Erfahrung in den verschiedenen Leben, wie du es ausdrückst.

8) Gott hat kein ewig fortbestehendes »Werk«. Gottes ewige Freude besteht darin, dich mit den Werkzeugen und Gelegenheiten auszurüsten, die dir erlauben, dich selbst in jedem Augenblick in der großartigsten Version der größten Vision, die du je über Wer Du Bist hattest, zum Ausdruck zu bringen und zu erfahren. Gottes großartige Funktion besteht darin, sich selbst zu feiern, sich selbst auf der Erfahrungsebene kennen zu lernen, sich selbst zum Ausdruck zu bringen, sich selbst in dir, als du und durch dich aufs Neue zu erschaffen. Das ist Gott »gottend«!

Über den Erhalt von Botschaften und das Finden zum rechten Lebensunterhalt

Ich frage mich, ob Sie eine spezielle Organisation haben? Was tut sie? Und wie haben Sie Ihre Botschaften erhalten? Haben Sie einfach die Augen geschlossen, auf eine Botschaft gewartet und diese dann niedergeschrieben? Ich lebe in einem kleinen Dorf inmitten der Berge hier in der Schweiz. Ich bin auf der Suche nach einer guten Arbeit, aber ich habe keine Ahnung, was für eine Art von Arbeit für mich gut wäre. Ich würde gerne für eine bessere Welt arbeiten, und sehe mich deshalb ständig nach etwas um, aber ich weiß nicht, nach was! In Liebe, Angelique, Schweiz.

Liebe Angelique, gehen wir eine Frage nach der anderen an. Wir haben eine gemeinnützige Stiftung, die ich und ein paar Freunde gegründet haben. Sie heißt The ReCreation Foundation und hat zum Ziel, die Leute sich selbst zurückzugeben. Wir halten überall Vorträge und führen Retreats, Seminare und Workshops durch. Wir bringen auch Broschüren heraus und produzieren Videos und Hörkassetten, um den Menschen zu helfen, die mit der Botschaft in Kontakt bleiben wollen, die sie in *Gespräche mit Gott* gefunden haben. Was die Frage angeht, wie ich die Botschaften erhalten habe, so wird dies in GMG Band 1 ziemlich ausführlich beschrieben. Doch will ich Ihnen hier kurz gefasst sagen, dass ich mich einfach hinsetzte, meist in der Stille der Nacht, Fragen aufschrieb und dann Antworten in Form von Gedanken in meinem Kopf erhielt, die ich dann auf meinem gelben Notizblock niederschrieb. Oft lag ich in Streit mit diesen Gedanken und stellte weitere Fragen oder bestand auf einer Klärung. Dieser Dialog ist in dem Buch genau so wiedergegeben, wie er in der Stille der Nacht in meinem Geist stattfand. Nichts wurde redigiert, nichts wurde geändert, nichts wurde ausgelassen. Ich brauchte nicht die Augen zu schließen und auf eine Botschaft zu warten, da sie, sobald ich meine Frage gestellt oder meinen Kommentar abgegeben hatte, sehr rasch kam. Tatsache ist, die Botschaften kamen so schnell, dass ich kaum mit meinen Gedanken mitkam, und ich schrieb ja alles mit der Hand. Wenn es zu schnell ging, bat ich mein Inneres, das Tempo etwas zu drosseln, und dann kamen die Gedanken tatsächlich etwas langsamer. Es scheint, dass Gott sehr entgegenkommend ist!

Was Ihre Suche nach der richtigen und für Sie perfekten Arbeit angeht, so möchte ich vorschlagen, dass Sie noch einmal die Kapitel in GMG durchlesen, die sich mit dem rechten Lebensunterhalt befassen. Sehen Sie zu, dass Sie einen Ort des Seins und nicht einen Ort des Tuns in Ihrem Leben erschaffen und eintreten. Wenn Sie erst einmal voll und ganz die Erfahrung dieses Orts des Seins machen, den zu erschaffen Sie gewählt haben, wird das richtige und angemessene Tun in Ihrem Leben in Erscheinung treten. Wenn Sie zu diesem Thema gerne eine detailliertere und ausführlichere Erklärung hätten, dann besorgen Sie sich unser Büchlein *Bring Licht in die Welt*. Viel Glück, Angelique.

Welche Risiken sind es wert, eingegangen zu werden?

Lieber Mr. Walsch: Ich habe gerade auf der Zugfahrt von New York hierher die Lektüre von GMG Band 1 beendet. Ich danke Ihnen — und Gott — für dieses Buch! Es wird nicht das einzige Mal sein, dass ich es lese. Diese Gespräche bestätigen Gedanken, mit denen ich mich schon seit Jahren befasse. Es ist schön, sie so klar formuliert zu sehen, damit sie für viele Menschen zugänglich sind.

Ein paar Fragen: Haben Sie Gott nach dem Weihnachtsfest gefragt? Ob wir es anders feiern sollten, als wir es heutzutage feiern? Wie kann man das Gedankengut von GMG verbreiten? Gibt es eine Zusammenfassung der Kernpunkte in einer kostengünstigen Broschüre? Wie können wir mit anderen in diesem oder irgendeinem anderen Universum kommunizieren? Wie können wir Sprachbarrieren und Vorurteile überbrücken? Wie können die Menschen über den Tellerrand ihrer unmittelbaren Umstände hinausblicken? Wie können wir sagen, welche Risiken es wert sind, eingegangen zu werden? Mit freundlichen Grüßen, Marshall, Mechanicville, NY.

Lieber Marshall: Was das Weihnachtsfest angeht, so habe ich diesen Punkt in meiner Unterhaltung mit Gott nicht angesprochen. Aber ich habe eine Bemerkung dazu. Sie schreiben: »... ob wir es anders feiern sollten.« In GMG wird gesagt, dass es in

Gottes Welt kein »du solltest« oder »du solltest nicht« gibt. Ich stelle mir also vor, dass Gott sagen würde: »Feiere es so, wie du gerne möchtest.« Es hängt alles davon ab, welche Erfahrung Sie Ihrer Wahl nach machen wollen; wie Sie sich selbst sehen; welche Aussage Sie mit Ihrem Leben über sich machen möchten. Alles, was wir tun, ist eine Aussage über uns selbst, einschließlich wie wir oder ob wir überhaupt Weihnachten feiern.

Was Ihre anderen Fragen angeht: Wie kann man das Gedankengut von GMG verbreiten? Ich weiß nicht, aber was immer Sie tun, passen Sie auf, nicht allzu »professionell« vorzugehen. Gibt es eine kostengünstige Broschüre mit einer Zusammenfassung der Kernpunkte? Ja, die beiden Büchlein *Bring Licht in die Welt* und *Erschaffe dich neu* fassen die Kernpunkte von GMG zusammen.

Wie können wir mit anderen in diesem oder irgendeinem anderen Universum kommunizieren? Das Kommunizieren ist leicht. Denken Sie einfach darüber nach. Das meine ich wortwörtlich. Denken Sie einfach darüber nach, was Sie kommunizieren möchten. Denken Sie an die Botschaft und denken Sie an die Person, der Sie sie schicken möchten. Wenn diese Person gegenwärtig keine physische Form angenommen hat (das heißt, wenn sie das ist, was man »tot« nennt), erhält sie die Botschaft sofort. Wenn sie sich in einem physischen Körper aufhält, ist der Datenempfang für sie vielleicht etwas schwieriger, abhängig von der Dichte ihres Umfelds (einschließlich ihrer spirituellen Umgebung, Überzeugungen, Ängste usw.). In diesem Fall stellt sich aber auch die Frage, warum nicht einfach mit ihr in Kontakt treten und laut mit ihr sprechen?

Wie können wir Sprachbarrieren und Vorurteile überbrücken? Dadurch dass wir die höchste Wahrheit verstehen, akzeptieren und umsetzen: Wir sind alle eins. Die Welt würde sich schon morgen verändern, wenn wir uns ganz einfach an diese Wirklichkeit halten würden. Es sind die Gedanken des Getrenntseins − voneinander und von Gott −, die all unser Elend, unseren Schmerz, unsere Angst, unsere Einsamkeit und unser Leiden – und unsere ganze Selbstgerechtigkeit erzeugen.

Wie können die Menschen über den Tellerrand ihrer unmittelbaren Umstände hinausblicken? Indem sie sich nicht auf Ergebnisse fixieren. Wenn man sich keine Sorgen um das Endergebnis macht, muss man sich auch keine Sorgen um das momentane Geschehen machen. Man sieht das Leben in einem größeren Kontext. Man sieht sein Ziel in einem umfassenden Zusammenhang. Dann bringt man seine gegenwärtige Erfahrung in einen neuen Gesamtkontext. Man transformiert sie ganz buchstäblich. Man sieht sie nicht mehr als ein Problem an. Und wenn man sie nicht länger als Problem betrachtet, hört sie auf, ein Problem zu sein. Man hat sich »darüber erhoben«. Man ist darüber hinausgegangen.

Wie können wir sagen, welche Risiken es wert sind, eingegangen zu werden? Wenn wir das sagen könnten, gäbe es keine »Risiken«. Das Leben ist ein Abenteuer. Sie wollen Garantien? Dann nehmen Sie am falschen Spiel teil. Doch es gibt eine Möglichkeit, immer zu bekommen, was man sich wünscht, nämlich die, sich immer zu wünschen, was man bekommt. Das ist Weisheit. Das ist Meisterschaft. *Gespräche mit Gott* skizziert sehr detailliert den Prozess, mittels dessen wir uns alles erschaffen können, was wir wählen. Dieser Prozess funktioniert. Und er wird auch für Sie sehr wirkungsvoll sein, es sei denn, er ist es nicht. Jeder von uns entwickelt sich, entfaltet sich, ist am Werden. Manchmal setzen wir den Erschaffungsprozess so kraftvoll, so effektiv ein, dass wir über uns selbst erschrecken!

Manchmal scheinen wir das, was wir uns wirklich wünschen, nicht zur Manifestation bringen zu können, ganz gleich wie sehr wir uns bemühen. Es sind hier viele Faktoren im Spiel. Lesen Sie GMG noch einmal. Es erklärt dies alles. Und wenn es darum geht, Risiken einzugehen, dann entsinnen Sie sich der wundervollen Worte des französischen Dichters und Philosophen Apollinaire, die in GMG stehen:

»Kommt an den Rand der Tiefe.«
»Wir können nicht. Wir fürchten uns.«
»Kommt an den Rand der Tiefe.«
»Wir können nicht. Wir werden fallen!«
»Kommt an den Rand der Tiefe.«
Und sie kamen.
Und er stieß sie.
Und sie flogen.

Jemand sagte einmal: »Nenn deine Ängste Abenteuer.« Das gefällt mir.

Über Naturkatastrophen
und das Wesen der Musik

Lieber Mr. Walsch: Als Erstes möchte ich Ihnen dafür danken, dass Sie genügend Vertrauen in sich setzten, um auf Gott zu hören, und dass Sie den Mut aufbrachten, Ihre wundervollen Bücher zu schreiben und herauszubringen. Hier sind meine Fragen: 1) Warum ereignen sich bestimmte Naturkatastrophen nur in bestimmten Gegenden des Landes? So scheint zum Beispiel Nebraska Tornados zu bekommen, L.A. Erdbeben usw. Ist das nur auf die jeweiligen geophysikalischen Gegebenheiten zurückzuführen, oder spielen auch irgendwelche negativen Schwingungen eine Rolle, die durch Ereignisse in der Vergangenheit ausgelöst wurden, oder irgendetwas dergleichen? 2) Was ist die wahre Beziehung zwischen Musik und Gott? Wie kann Musik, wenn überhaupt, uns allen dienlich sein? Vielen Dank für Ihre Zeit und Aufmerksamkeit. Frieden, Mary, RI.

Liebe Mary: Sie haben mir ein paar Fragen gestellt, die bisher noch nie an mich gerichtet wurden. Um Ihre erste Frage zu beantworten: Durch Ereignisse in der Vergangenheit ausgelöste negative Schwingungen sind nicht die Ursache von Tornados in Nebraska und Erdbeben in Los Angeles. Hier sind physikalische Gesetze des Universums am Wirken, die Auswirkungen erzeugen. Das Gesetz der Schwerkraft ist ein solches Gesetz. Die geophysikalischen Phänomene, die Sie erwähnen, sind die Ausformungen dieser Gesetze. Wie alle physikalischen Effekte können die Gesetze umgangen oder bezwungen werden. Wenn wir dies tun, erschaffen wir uns wieder aufs Neue.

Kommen wir nun zu Ihrer Frage nach der Musik: Alles im Leben ist Schwingung. Musik ist eine Schwingung, die wir nicht mit den Augen sehen, aber die wir hören können. Musik ist ein Dialekt in der Sprache Gottes. Auf mathematische Prinzipien gegründet (wie alles im Universum), ist Musik die klangliche Manifestation der höheren Schwingungen des Lebens. Wie ist die Musik Ihnen dienlich? So wie Sie es Ihrer Wahl nach haben möchten. Ihre Schwingung kann beruhigend oder aufwühlend, sie kann dunkel ahnungsvoll oder inspirierend sein. Bestimmte Arten von Musik können, wie auch bestimmte Lichtschwingungen, alle Zellen durchdringen und sich heilend auf sie auswirken.

2
Spiritueller Weg – Spirituelles Leben

Seit vielen Jahren bin ich nun schon bestrebt, einen spirituellen Weg zu gehen. Es war nicht leicht. Es hätte leicht sein sollen – sollte das zu Gott Kommen nicht das Allerleichteste sein? –, aber es stellte sich als äußerst schwierig heraus. Bis vor kurzem.

Ich erkenne nun, dass das so war, weil mir in fast all diesen Jahren nicht klar war, wo mein spiritueller Weg lag. Ich wusste, dass ich irgendeinen Weg gehen wollte, also ging ich einen, den andere mir vorgaben. Erst kürzlich beschloss ich, dem Weg meines Herzens zu folgen. Erst kürzlich begriff ich, dass es okay ist, das zu tun.

Das war eine ungeheure Offenbarung. Sie hat mein Leben verändert. Gott würde nicht sauer auf mich sein, wenn ich einen Fehler machte, irgendetwas missverstand, vom Weg abkam, das Boot verpasste. Ich würde nicht ewig im Höllenfeuer brutzeln müssen, wenn ich es nicht schaffte, die eine wahre Religion ausfindig zu machen und zu übernehmen, wenn ich Gott nicht auf die richtige Weise oder überhaupt nicht huldigte.

Wie sieht es also aus, wenn man den spirituellen Weg geht? Blicken Sie auf Ihr eigenes Leben, um die Antwort zu finden. Sie sind den spirituellen Weg schon seit Ihrer Geburt gegangen. Schon vor Ihrer Geburt. Es gab keine Möglichkeit, den spirituellen Weg nicht zu gehen, weil es gar keinen anderen Weg gibt. Alles im Leben ist spirituell, und jeder Schritt, den Sie tun, ist ein Schritt auf dem spirituellen Weg. Sie sind ein spirituelles Wesen, und alles, was Sie denken, sagen und tun, ist ein spirituelles Ereignis.

Wo wird Sie Ihr Weg heute hinführen? Wo immer er Sie hinführt, ich bin sicher, es wird ein großes Abenteuer sein. Das Leben ist vielerlei, aber nur selten langweilig.

Gib nicht auf, darauf zu warten,
dass Gott antwortet

Lieber Neale: Ich bin äußerst frustriert. Ich bin überaus verwirrt. Ist Gott nun der Gott der Bibel (rachsüchtig, verurteilend, nachtragend), oder ist er der Gott deiner Bücher (es ist mir völlig schnuppe, was du in deinem Alltag treibst und erlebst, geh raus und spiel)? Ich fühle mich gebrochen. Ich fühle mich einsam. Ich habe mein ganzes Leben lang gebetet und spürte nie seine Gegenwart, bekam nie eine Antwort. Ich bin das ganze Spektrum an Bittgebeten um »Dinge« durchgegangen bis hin zu dem, was ich jetzt brauche: inneren Frieden. Ich habe die Bibel gelesen, ich habe geweint, ich habe gebettelt, ich habe geschrien, ich war wütend, alles vergeblich. Ich habe aufgegeben. Ich habe Gott, in Jesu Namen, gebeten, sich meines Lebens anzunehmen. Ich habe ihm gesagt, wie müde ich bin — alles vergeblich. Ich habe 150 Dollar für ein Mantra, 250 Dollar für einen Psychiater bezahlt — nichts! Ich habe jahrelang versucht zu meditieren, aber ich schaffe es nie, meine Gedanken zur Ruhe zu bringen, nie! Mein Selbstekel nimmt immer mehr zu. Ich habe keine Ahnung, warum ich das hier geschrieben habe. Ich suche immer noch und suche und suche. MM, Silverthorne, CO.

Nun, MM, das hört sich genau nach der Verfassung an, in der ich mich befand, als ich anfing, meine Gespräche mit Gott zu führen. Das ist super! Es gibt keinen besseren Ausgangsort als es satt zu haben. Das ist der Ort für Neuanfänge. Das ist der Ort des Loslassens. Das ist der Ort des »Aufgebens«. Du gibst auf, was bisher stattfand, und machst dich bereit, eine neue Realität zu erschaffen.

Ich weiß, was du im Moment durchmachst, und was du all die vielen Jahre durchgemacht hast. Jetzt, wo du dabei bist, alles aufzugeben, gibt es noch eine weitere Sache, von der ich gerne möchte, dass du sie auch noch aufgibst, und dann wirst du total bereit sein. Ich möchte gerne, dass du deine Vorstellung aufgibst, dass du keine Antwort finden kannst. Ich bin hier, um dir zu sagen, dass du das kannst. Gott wird dich nie im Stich lassen, und wenn du bislang keine Antwort von Gott erhalten hast, dann nicht, weil er nicht geantwortet hat, sondern weil du, wie ich auch, nicht imstande warst, die Antwort zu vernehmen. Aber vertrau mir. Gott antwortet. In diesem Moment, jeden Tag und jeden Augenblick deines Lebens.

Ich möchte hier aber gerne einen Blick auf deine Charakterisierung Gottes werfen, denn ich denke, dass du sie ziemlich missverstanden hast. GMG Band 1 paraphrasierend schreibst du, Gott sei es völlig schnuppe, was du so im Alltag treibst und erlebst, er möchte einfach, dass du rausgehst und spielst. Diese Charakterisierung ist nicht zutreffend, und ich möchte nicht, dass du an ihr festhältst. Gott liegt an deiner Erfahrung, Gott ist es nur gleich, wie du dich daranmachst, sie zu erschaffen.

Stell dir liebende Eltern vor, die ihren Kindern beim Spielen im Garten zusehen. Es ist ihnen egal, ob die Kinder Fangen oder Verstecken spielen. Es ist ihnen gleich, was für Spiele erfunden werden. Aber es liegt ihnen daran, dass die Kinder gefahrlos spielen können und eine vergnügte Zeit haben. Also sorgen sie dafür, dass der Garten Sicherheit bietet, und dass sie, sollten die Kinder sich verletzen oder um Hilfe rufen, da sind und hinlaufen und nachsehen können, was los ist, um alles wieder ins Lot zu bringen. Mit Gott verhält es sich nicht viel anders. Er gibt uns die Spielzeuge, mit denen wir die wundervollsten »Spiele« (sprich: Leben) gestalten können, und einen sicheren Ort, wo wir spielen können. Dann lässt er uns unsere Erfahrungen machen, und es ist ihm völlig gleich, ob wir Fangen oder Verstecken spielen. Aber wenn wir um Hilfe rufen, ist Gott da − sofort da −, um alles ins Lot zu bringen.

Das ist keiner, dem unsere alltäglichen Erfahrungen »schnuppe« sind. Das ist einer, der uns ausreichend liebt, um uns die Freiheit zu geben, alles zu tun, was wir möchten, und der uns verspricht, für uns da zu sein, wenn wir ihn brauchen. Hört sich für mich nach einem ziemlich tollen Gott an.

Also fordere Gott auf, dir zu antworten. Bitte Gott, dir ein Zeichen zu geben, dir etwas Hilfe zuteil werden zu lassen und dir eine spezielle Erkenntnis zu vermitteln, die dir im Moment helfen könnte. Aber pass gut auf. Die Antwort könnte in anderer Form kommen, als du erwartest. Sie könnte in Form des Textes des nächsten Songs erfolgen, den du hörst, der Geschichte des nächsten Films, den du siehst, des Inhalts des nächsten Buchs, das dir in die Hände fällt. Sie könnte in der beiläufigen Äußerung eines Freundes enthalten sein, dem du auf der Straße begegnest, oder der Gedanke sein, der dir mitten in der Nacht kommt. Also pass auf! Schau! Höre! Denn du kennst weder die Stunde noch die Gestalt, in der Gott kommt, dich zu ermutigen.

Raus aus dem »Höllenort«

Lieber Neale: Ich habe mir gerade deine Hörkassette *The Bend Tape* angehört und möchte dich wissen lassen, dass ich das für einen wundervollen Vortrag halte. Aber ich bin verwirrt! Auf dieser Kassette sagst du, das Gerede vom Erschaffen der Erfahrung einer Erkältung oder Grippe oder Scheidung oder Entlassung sei »New Age Gequatsche«. Doch in deinem Newsletter schreibst du, dass wir uns unsere eigene Realität erschaffen. Was denn nun? Erschaffen wir diese Scheidung, Erkältung, Grippe, Entlassung oder nicht?

Meine andere Frage hat mit der Hölle zu tun. In GMG sagst du, so ein Ort wie die »Hölle«, an den sich die Seele nach dem Tod begibt, würde nicht existieren. Aber ich habe in einer Talkshow eine Frau gesehen, die von ihrem Nahtod-Erlebnis berichtete, bei dem sie Dämonen und knurrenden Wesen begegnete und eine höllenähnliche Szenerie vorfand. Ich bin mir sicher, dass sie das, was sie da berichtet hat, auch erlebte. Wie kannst du ihre Erfahrung erklären? Vielen Dank, Neale. Chuck, MO.

Lieber Chuck: Du stellst ein paar ziemlich schwierige Fragen. Ich wollte bei diesem Vortrag nicht verneinen, dass wir unsere eigene Realität erschaffen, denn das tun wir. Mit »New Age Gequatsche« meinte ich den Fall, wenn wir uns wegen einer Erfahrung schlecht fühlen und dann jemand daherkommt und uns diesen Fakt unter die Nase reibt. Mit anderen Worten: Es ist für eine Person, die gerade eine negative Erfahrung macht, nicht eben hilfreich, wenn man sagt: »Weißt du, das hast du dir alles selbst erschaffen.« Es ist das Letzte, was jemand in einem solchen Moment zu hören kriegen muss oder möchte. »Kleb erst das Heftpflaster drauf, dann hau ihnen die Weisheit um die Ohren«, sage ich immer.

Zu deiner zweiten Frage: In der letzten Wirklichkeit gibt es keinen Ort der »Hölle«. Aber im Leben nach dem Tod kannst du, genau wie in diesem Leben, jede von dir gewählte Erfahrung erschaffen. Wenn du sagst, es gibt eine »Hölle«, wirst du die Erfahrung von »besagter Hölle« machen! Doch sobald du diese Erfahrung satt hast, bringst du sie zum »Verschwinden«, indem du dich dazu entschließt, »zu machen, dass du aus diesem Höllenort rauskommst«. Manche Leute treffen vielleicht nicht die Wahl, »zu machen, das sie da rauskommen«, weil sie glauben, dass sie die Hölle verdienen. Wenn du das glaubst, wirst du die »Höllenerfahrung« auch machen. Doch der Punkt ist der, dass es einen solchen Ort wie die Hölle nicht gibt. Erstaunlicherweise hat der Papst, in Umkehrung von zweitausend Jahren katholischer Lehre, kürzlich genau das verkündet.

Darüber ist in Band 3 von *Gespräche mit Gott* sehr viel mehr zu erfahren, wie auch in Vincent Wards Film mit Robin Williams *Hinter dem Horizont*. Wenn du eine unglaubliche metaphysische Erfahrung machen möchtest, dann schau dir diesen Film an. Er stellt viele von den Wahrheiten in GMG Band 3 auf wundervolle Art dar, einschließlich der Tatsache, dass wir sowohl jetzt wie auch nach unserem »Tod« unsere eigenen Realitäten erschaffen, und, wenn das unsere Wahl ist, wir »zu einer neuen Runde« zurückkehren und andere Körper annehmen und manchmal sogar wieder dieselben Leute in unser Leben rufen. Es ist einer der mutigsten Filme Hollywoods zum Thema Leben nach dem Tod und umfassendere Wirklichkeiten unseres Universums. Seine Bilder sind atemberaubend, die Spezialeffekte sind verblüffend, es ist einfach ein ganz außergewöhnlicher Film. Etwas Ähnliches hast du noch nicht gesehen.

Erschaffen wir uns vor unserer Geburt unsere Realität?

Lieber Neale: Danke, dass du die Wahrheit auf so direkte und leicht lesbare Art vermittelst. Deine Bücher waren wirklich ein Segen in meinem Leben. Meine Frage: Denkst du auf Grund der Informationen, die du in deinen Gesprächen erhalten, und der Dinge, die du daraus geschlossen hast, dass wir manche große Ereignisse in unserem Leben schon vor unserer Inkarnierung erschaffen haben? Ich meine damit jene Meilensteine, die den Verlauf unseres Lebens wirklich verändern. Oder hast du das Gefühl, wir erschaffen alles, was in unserem Leben geschieht, dann, wenn es geschieht?
Vielen Dank, dass du dir die Zeit für eine Antwort nimmst. Vor einem Jahr ereignete sich etwas sehr Schmerzliches in meinem Leben, und ich habe manchmal immer noch damit zu kämpfen, es zu akzeptieren. In Dankbarkeit, Jane, Mill Valley, CA.

Du hast eine sehr gute Frage gestellt, Jane. Doch sie geht von der Annahme aus, dass es so etwas wie Zeit gibt. Ich möchte dir vorschlagen, noch einmal zu lesen, was in GMG Band 2 zu diesem Thema steht. Danach wirst du ein bisschen besser verstehen, was ich dir hier sagen werde. Jane, alles ereignet sich gleichzeitig. Somit haben wir im weitesten Sinn Ereignisse und Erfahrungen vor unserer Inkarnierung erschaffen, und wir erschaffen sie auch im Verlauf unseres irdischen Daseins. Beide Antworten stimmen. Beide sind korrekt. Der Trick dabei ist der, in diesem Widerspruch zu leben. Ich weiß, dass wir in unserer Welt, in unseren Konstruktionen, keine Widersprüche haben möchten, aber die letzte Wirklichkeit ist voll davon, meine Freundin.

Was dein Bemühen angeht, die schmerzliche Erfahrung, die du vor einem Jahr machtest, zu akzeptieren, so wird dir der Versuch herauszufinden, wann oder warum sie erschaffen wurde, wohl wenig helfen. Die wirkliche Frage ist: Was will ich damit anfangen? Und wer bin ich in Beziehung dazu? Also, wer bist du, Jane? Wer bist du und wer willst du deiner Wahl nach in Beziehung zu der Erfahrung, die du durchgemacht hast, sein? Das ist die Frage und die einzige Frage, die zählt. In ihrer Beantwortung, Jane, wird deine Heilung liegen.

Würde die »Kenntnis des Plans« unsere Erfahrung zunichte machen?

Sehr geehrter Mr. Walsch: Ich möchte Ihnen gerne für GMG danken. Ich habe es dreimal gelesen und war jedes Mal berührt. Es ist ein so gutes Gefühl zu wissen, dass Gott kein Tyrann ist. In Kapitel 1 spricht Gott davon, dass wir unsere Erinnerung an Wer Wir Sind aufgeben müssen, um erfahren zu können, Wer Wir Sind. Wird unsere Erfahrung durch die Kenntnis der Wahrheit oder die Enthüllung dieser Information verändert und/oder zunichte gemacht? Und warum scheinen Menschen, die sich auf dem spirituellen Weg befinden — die aus dem Reich des Absoluten in das Reich des Physischen kommen — ihr Leben mit der Suche nach dem Absoluten zu verbringen, also nach dem, woher sie kamen?

Ich wäre Ihnen sehr dankbar, wenn Sie mir irgendetwas dazu sagen könnten. Möge das Licht der Sonne immer auf Sie scheinen und Ihr Herz von Frieden erfüllt sein. In Liebe, Phillip, Jonesboro, TN.

Lieber Phillip: Sie stellen zwei sehr tiefgründige Fragen, und ich gratuliere Ihnen zu Ihrem tiefen Verständnis des Materials von GMG. Sehen wir, ob ich mit einer anständigen Antwort aufwarten kann.

Lassen Sie mich Ihre zweite Frage zuerst beantworten. Ich erlebe es nicht so, dass wir unser Dasein mit der Suche nach dem Absoluten verbringen. So wie ich es erlebe, verbringen wir es mit der Suche nach uns selbst. Ich beobachte, dass wir in der Tiefe unseres Innern danach hungern, zu erkennen und zu erfahren, Wer Wir Wirklich Sind. Und wenn wir dies erst einmal erkannt und erfahren haben (was viele Leben dauern kann), dann sind wir bestrebt, die zu erschaffen, die wir wirklich sind, und uns wieder aufs Neue zu erschaffen. Uns wird das Geschenk des Vergessens gegeben, damit wir die Erfahrung des Wiedererschaffens des Selbsts machen können. Wir können uns nicht selbst als etwas erschaffen, das wir, wie wir wissen, schon sind. Doch es ist uns auch nicht möglich, »das nicht zu sein«. Also machen wir das Nächstbeste. Wir vergessen, was wir sind, und können uns auf diese Weise dann, wenn wir dazu bereit sind, uns an unsere Erfahrung zu erinnern, uns wieder erschaffen; und das gewöhnlich auf der nächst höchsten Ebene.

Was Ihre erste Frage angeht: Ja, unsere Erfahrung wird verändert, wenn uns der größere Plan enthüllt wird. Unsere Erfahrung, unser Erleben wird durch alles, was uns geschieht, verändert. Tatsächlich geht es ja genau darum bei allem Geschehen. Aber unsere Erfahrung wird damit nicht »zunichte gemacht«. Denken Sie daran, Sie erschaffen alles, was Sie erleben. Sie ziehen es jeden Moment zu sich heran, und alles, was ein jeder Moment enthält, ist dazu da, dass Sie es als das perfekte Werkzeug bei der perfekten Erschaffung Ihres perfekten Selbsts einsetzen. In Ihrem Erschaffen steckt Perfektion, und von daher ist es perfekt, dass Sie Ihr Selbst dahin gebracht haben, sich an das zu erinnern, was Sie vergessen hatten. Auch das Timing dieser Erfahrung war zweifellos perfekt. Ich kann Ihnen gar nicht sagen, wie viele Briefe ich bekommen habe, in denen mir Leute berichten, dass ihnen *Gespräche mit Gott* genau zum richtigen Zeitpunkt auf die genau richtige Art und Weise zugekommen ist. Es überrascht mich nicht.

Denken Sie auch daran: Die Informationen, die Ihnen in GMG enthüllt wurden, nehmen Ihnen nicht Ihren freien Willen. Sie können sich dazu entscheiden, sie zu glauben oder nicht. Sie können mit dem Buch anfangen, was Sie wollen. Sie geben dem Buch die Bedeutung, die es für Sie hat und erschaffen somit das, was es für Sie ist. Sie sind ein Schiedsrichter im Spiel des Lebens.

Kann man den Erleuchtungsprozess beschleunigen?

Lieber Mr. Walsch: Gibt es irgendeine Möglichkeit, den Erleuchtungsprozess zu beschleunigen? Zum Beispiel durch irgendeine Abkürzung oder durch den Einsatz der machtvollen »ICH BIN«-Befehle? Steve, Saline, MI.

Lieber Steve: Der mir bekannte schnellste Weg zur »Beschleunigung« des Erleuchtungsprozesses ist der, ernstlich damit zu beginnen, die großartigste Version der größten Vision, die Sie je über sich und Wer Sie Sind hatten, herbeizubeschwören.

Wie sieht sie aus? Wie würden Sie sich kleiden? Was würden Sie essen? Wohin würden Sie gehen? Mit wem würden Sie sich herumtreiben? Welche Dinge würden Sie tun? (Und nicht tun?) Was würden Sie sagen? Beantworten Sie sich diese Fragen sehr genau. Wie würden die Antworten darauf im Kontext Ihrer höchsten Vorstellung von sich selbst aussehen? Schreiben Sie die Antworten auf. Erklären Sie sie sich selbst, wenn nötig seitenlang. Wenn Sie dieses Bild gezeichnet haben, dann treten Sie darin ein. Tragen Sie die Kleidung. Machen Sie die Dinge. Sagen Sie die Worte. (Hier kommen die »ICH BIN«-Befehle ins Spiel!) Und sagen und denken Sie nichts anderes.

Das wird sich anfangs ziemlich anmaßend ausnehmen, denn glauben Sie mir, Ihre höchste Vorstellung von sich selbst ist ziemlich hoch. Und die Leute in Ihrem Umfeld werden sich fragen, was in Sie gefahren ist. Ignorieren Sie sie. Vergessen Sie sie. Sie wissen nichts von diesem Wer Du Bist. Aber denken Sie an Folgendes: Wenn Sie sich in Ihre Vision hineinbegeben, werden sich die Leute links und rechts von Ihnen abwenden. Sie könnten sich von denen verlassen fühlen, von denen Sie sich am meisten geliebt glaubten. Selbst Ihre Familienangehörigen könnten Sie stark kritisieren. Ich weiß noch, wie schwierig es war, den eigentlich leichten Schritt zur Veränderung meiner Essgewohnheiten zu unternehmen. Die Hälfte meiner Familie machte Witze über mich. Es war verrückt. Man hätte meinen können, ich hätte eine riesige Sünde begangen, bloß weil ich meine Nahrung umstellte. Aber sehen Sie – was ihnen im Grunde auf die Nerven ging, waren die Nahrungsmittel, die ich nun bevorzugte, denn das betrachteten sie als eine Kritik an ihrer Person, obgleich ich nichts dergleichen tat.

Wenn Sie sich angegriffen fühlen, dann denken Sie daran, dass ein Angriff ein Hilferuf ist. Gehen Sie einfach Ihren Weg. Machen Sie Ihr Ding. Heben Sie Ihre Vision auf eine immer noch höhere Ebene und leben Sie nach ihrem Diktat. Seien Sie bestrebt, alle anderen wissen zu lassen, was Sie über sich selbst erfahren haben, was aus Ihnen geworden ist. So wie Sie ein Geschenk von einer Million Dollar mit anderen teilen würden, so teilen Sie auch das Geschenk Ihres Selbsts – Ihres neuen Selbsts – mit all denen, deren Leben Sie berühren.

Ihr Leben wird nie wieder so sein, wie es war. Alle Schwere wird daraus verschwinden. Sie werden sich auf der Überholspur hin zur Erleuchtung bewegen.

Wenn Sie das Gefühl haben, Sie möchten trotzdem noch ein praktisches und handliches Werkzeug, dann schlage ich Ihnen das *Arbeitsbuch zu Band 1* vor. Wenn Sie alle Übungen, Prozesse und Aufgaben darin von Anfang bis Ende absolvieren, werden Sie sich Instrumente und Mechanismen zu Eigen machen, mit deren Hilfe die Weisheiten in *Gespräche mit Gott* in Ihrem Alltagsleben wirksam werden können — was natürlich auch Ihre Reise zur Erleuchtung beschleunigen wird.

Sei in dieser Welt, aber nicht von ihr

Lieber Neale: Wie bleibt man mit dem Gegenwartsgeschehen in Kontakt, ohne seine Mitte, seinen Ort des inneren Friedens zu verlieren? Um so viele Nachrichten wird künstliche Spannung erzeugt und Wirbel gemacht, damit sich die Zuschauer aufregen und die Zuschauerquoten steigen. Natürlich stehen Tod und Gewalt bei »den Nachrichten, die die Leute wollen«, wie man behauptet, ganz oben auf der Liste. Ich habe das Gefühl, vor und nach den Nachrichten meditieren zu müssen. Ich bin ganz sicher, dass es da etwas in meinem Innern gibt, eine Art Filter, um sich davon lösen zu können und nicht durch manipulative Taktiken eingefangen zu werden. Dein Kommentar dazu? John, Enfield, NH.

Lieber John: Sei »in dieser Welt, aber nicht von ihr«, das war schon immer die Herausforderung. Dein Gedanke zu meditieren ist hervorragend. Meditiere, meditiere, meditiere. Jeden Morgen und jeden Abend, und auch jeden Nachmittag, wenn du kannst. Das Meditieren setzt dich deinem Innern aus, der auf der Erfahrungsebene wahrgenommenen Wahrheit über dich. Und das wird, wie du schon erwähnst, die Dinge ausbalancieren, denen du in der Außenwelt ausgesetzt bist und die eine Lüge über dich sind. Denk immer daran. Das, was außerhalb von dir ist, ist die Lüge über dich. Alles außerhalb deiner innerlichsten Erfahrung ist eine Illusion. Etwas, das erfunden worden ist. Es wurde durch das Kollektivbewusstsein erschaffen, und du kannst darauf einwirken, aber es ist nicht das Wer Du Bist.

In meiner Welt arbeite ich daran, alles, was ich in mein System einbringe, einer Kontrolle zu unterziehen. Nicht nur das Essen, sondern auch die Gedanken und Bilder. Letzteres ist vielleicht noch wichtiger. Deshalb sehe ich mir keine Filme an, von denen ich annehme, dass sie mich nicht bereichern. Und wenn ich mir einen Film anschaue und mitten drin merke, dass er mich nicht bereichert, dann gehe ich. Ich stehe auf und verlasse den Raum. Aus demselben Grund lege ich auch ein Buch weg. Und ebenfalls aus demselben Grund nehme ich Abstand von bestimmten Gedanken.

An Tagen, in denen ich mich besonders »offen« fühle, nehme ich auch keine Zeitung in die Hand. Ich kann das spüren. Ich fühle diese Offenheit. Es ist eine emotional-psychisch-spirituelle Nacktheit. Es ist kein schlechtes Gefühl. Es ist ein gutes Gefühl. So wie körperliche Nacktheit. Ich fühle mich fast immer gut, wenn ich körperlich nackt bin. Tatsache ist, dass ich mich gar nicht mehr erinnern kann, wann ich das letzte Mal nackt war und mich dabei nicht sehr gut und wohl fühlte. Viele Menschen fühlen sich unbehaglich, wenn sie nackt sind, aber ich nicht. Das ist einfach so bei mir. Und so fühle ich mich auch manchmal auf emotionaler und psychischer Ebene. Es ist ein gutes, es ist ein freies Gefühl, aber da ist auch eine gewisse Verletzlichkeit, die von mir verlangt, dass ich sehr genau darauf achte, was in meinen Raum gelangt. Wenn ich also diese Art von Offenheit spüre, begebe ich mich nicht einmal in die Nähe einer Zeitung. Ich suche mir stattdessen ein gutes Buch. Ich höre wundervolle Musik. Oder noch besser, ich treffe die Wahl, in diesen Augenblicken etwas von mir *weg* statt zu mir hin fließen zu lassen. Ich setze mich hin und schreibe. Vielleicht einen Brief an einen Freund. Vielleicht meinen Newsletter.

Also John, mein Rat an dich ist folgender: Hör auf, Zeitung zu lesen, hör auf, dir die Nachrichten im Fernsehen anzusehen, hör auf, dich dieser Energie oder irgendwelchem negativen Material auszusetzen, bis du die Fähigkeit entwickelt hast, dich »zuzumachen«. Das heißt, auf deinen geistigen Befehl hin dein sensitives Feld, deine Aura, zu verschließen. Manchmal müssen wir das tun, um »in dieser Welt zu sein, aber nicht von ihr«. Es ist eine Fertigkeit, eine Fähigkeit, die wir entwickeln. Tatsächlich bilden die meisten von uns sie sehr früh heraus. Für den überwiegenden Teil der Menschen besteht die Herausforderung darin, »aufzumachen«, sich für die höheren Bereiche, die sanfteren Energien und die feineren Nuancen des Lebens zu öffnen. Sei deshalb dankbar, mein Freund, dass für dich die Herausforderung im Gegenteil besteht.

Warum gibt es Grausamkeit gegenüber von Tieren?

Lieber Neale: Ich verstehe Missbrauch und Grausamkeit im Zusammenhang mit dem Menschen — soweit sich das überhaupt verstehen lässt —, aber GMG Band 1 erwähnt in diesem Zusammenhang nicht die Tiere. Wenn ich Zeitung lese oder Nachrichten höre, lese oder höre ich Tag für Tag, wie Menschen Tiere quälen und töten und verstümmeln. Auf größerer Ebene haben wir Schlachthäuser, Hühnerfarmen usw. Die Tiere sind unschuldige Opfer. Ich kann den Gedanken an die Qualen, die sie erleiden müssen, nicht ertragen. Und für was? Bitte doch Gott darum, dies für mich zu erklären — und mir zu sagen, was ich tun kann, um zu helfen, okay? Vielen Dank. Lori, Kalispell, MT.

Meine liebe Lori: Nichts im Universum ist richtig oder falsch. Ein Ding ist einfach das, was es ist. »Richtig« und »falsch« sind Etiketten, die wir den Dingen anheften, um zu definieren, Wer Wir Sind. Und wir machen das jedes Mal, wenn wir ein Ding oder eine Sache überhaupt irgendwie benennen. Es entstehen jedoch Probleme, wenn viele Angehörige einer bestimmten Gesellschaft eine bestimmte Sache als »falsch« bezeichnen und die Gesellschaft dann zur Überzeugung gelangt, dass diese Sache von ihrer Natur her falsch ist. Sie vergisst dann, dass sie das so entschieden hat. Mit anderen Worten, sie hat es erfunden. Aus dem Nichts heraus. Und die meisten Menschen können dieses Maß an Verantwortung nicht ertragen und tun deshalb so, als ob jemand anders es erfunden hätte. Gewöhnlich Gott. Gott hat das entschieden. Gott hat das so gesagt. Jetzt sind sie nicht mehr dafür verantwortlich. Sie befolgen nur die Anordnungen Gottes. Doch Gott hat nichts von den Dingen angeordnet, die der Mensch seiner Wahl nach von sich selbst fordert. Das ist ein Mythos.

Ich habe meine Antwort mit dieser kleinen Lektion eingeleitet, damit wir in Bezug darauf, was mit den Tieren gemacht und was ihnen angetan wird, nicht ins Verurteilen geraten. Im Geist eines Meisters ist kein Platz für Verurteilung. Da ist nur Beobachtung. Der Meister beobachtet, aber er verurteilt nie. Der Meister sieht sich erst die Handlung, dann das Ergebnis an. Der Meister begnügt sich damit, den Schüler die Ergebnisse seines Handelns erfahren zu lassen, statt ihn zu korrigieren. Wenn der Schüler lange genug negative Ergebnisse erfährt, wird er zum Meister kommen und sagen: »Meister, ich schade mir dauernd durch dieses Tun. Wie kann ich aufhören, mir auf diese Weise zu schaden?« Der Meister wird nicht mit einer Antwort darauf reagieren, sondern nur die Frage wiederholen. »Das ist eine gute Frage«, wird er sagen. »Wie kannst du aufhören, dir auf diese Weise zu schaden?« Der Schüler wird dann allein auf die Antwort kommen, sie in seinem Innern finden und auf diese

Weise zur Weisheit gelangen. Wenn ihm der Meister die Antwort gegeben hätte, wäre der Schüler zu Wissen gekommen. Doch der Meister verfolgte die Absicht, den Schüler zur Weisheit gelangen zu lassen. Wissen und Weisheit sind nicht dasselbe.

Wenn ich ein Meister wäre, würde ich dir jetzt mit deiner eigenen Frage antworten. »Das ist eine gute Frage«, würde ich sagen. »Wie kannst du helfen, dass der Grausamkeit gegenüber von Tieren ein Ende gesetzt wird?« Du würdest dann auf deine eigene Antwort kommen; die Antwort, die für dich passt, die für dich wahr ist. Dazu kommst du, wenn du dir die Frage oft genug stellst; wenn du bei der Frage verweilst und wenn du die Antworten, die dir kommen, lebst. Bald − früher oder später − wirst du auf die Antwort kommen, die für dich wahr ist. Und das ist die einzige Antwort, die zählt, Lori. In Wahrheit ist dies die einzige Antwort, die es gibt.

Das gilt nicht nur in Hinblick auf deine Fragen und Sorgen wegen der Tiere, sondern für jede Frage, die irgendjemand irgendwann stellt. Leider sind wir sehr ungeduldig geworden und wollen die Antworten auf alle Rätsel des Lebens wissen. Wir wollen nicht warten. Wir wollen sie nicht selbst herausfinden müssen. Und schon gar nicht wollen wir für das Ergebnis in die Verantwortung genommen werden. Also haben wir uns angewöhnt, bei *anderen* nach der Antwort zu suchen. Ich habe diese »anderen« hervorgehoben, weil wir sie für die halten, die die Antwort haben.

Und nirgends im Leben tun wir das beständiger und schneller, als wenn es um die Religion und die Suche nach der höchsten Wahrheit geht. Statt mit Hilfe unserer Erfahrung nach unserer eigenen höchsten Wahrheit zu suchen und sie zu finden, erlauben wir anderen, uns zu sagen, was die Wahrheit ist. Wir erlauben es ihnen nicht nur, wir verlangen es von ihnen. Wir hüllen sie in Gewänder und verbrennen Räucherwerk und sprechen in gedämpftem Ton mit ihnen und betteln dann darum, dass sie uns sagen, was so ist. Und dann machen wir etwas ganz Ungewöhnliches: Wenn wir mit dem, was die Robenträger uns zu sagen hatten, einverstanden sind, machen wir aus ihnen Heilige und befolgen ihre Lehren buchstabengetreu (ob sie nun für uns funktionieren oder nicht). Wenn wir mit ihren Lehren aber nicht einverstanden sind, bezeichnen wir sie als Gotteslästerer und kritisieren sie heftig. Es kann sogar sein, dass wir versuchen, sie umzubringen. Und so glauben und machen wir, was wir ohnehin glauben und machen wollen, vermeiden aber, die Verantwortung dafür zu übernehmen.

Ja, die Menschen tun den Tieren einige schreckliche Dinge an. (Sie tun auch den Menschen einige schreckliche Dinge an, aber wie du schon sagst, ist das eine andere Geschichte.) Gott darum zu bitten, die Gründe dafür zu erklären, wäre so, als bitte man ihn, den Ursprung und den Aufbau des Universums zu erklären. Beide Fragen sind gleichermaßen komplex. Abgesehen davon wäre Gott der Erste, der darauf hinweisen würde, dass die Erklärung dafür irrelevant ist. Die einzig relevante Erörterung ist die Frage: Was kannst du tun, um zu helfen? Meine Antwort lautet: Tu, was du tun möchtest.

Es gibt zahllose Möglichkeiten, wie du dir Gehör verschaffen, auf die Situation einwirken, andere dazu bringen kannst, bestimmte Verhaltensweisen zu ändern oder aufzugeben. Aber denk an Folgendes: Dein Erfolg oder Misserfolg bei diesem Unterfangen sollte und darf nie am Umfang gemessen werden, in dem du eine Verhaltensveränderung bewirkst. Möglicherweise hast du ganz am Ende unterm Strich gar nichts bewirkt. Das ist nicht entscheidend. Der Punkt ist, dass du eine klare Aussage über Wer Du Bist machst. Darin liegt die Befriedigung. Da liegt der Sieg. Das ist der ganze Grund, um zu leben; um zu sein, was du bist; um zu tun, was du tust; um zu haben, was du hast. Das ist der einzige Grund, um überhaupt etwas zu tun. Denk daran.

Ich möchte mein Verhalten ändern,
scheine es aber nicht zu schaffen!

Lieber Neale: Ich habe Schwierigkeiten, und ich frage mich, ob du mir helfen könntest. Das Problem ist, ganz ehrlich gesagt, meine Persönlichkeitsstruktur. Ich scheine jeden anzufauchen, alle mundtot zu machen, habe überhaupt keine Geduld mit ganz alltäglichen Begebenheiten und mache das Auskommen mit mir ganz generell ziemlich schwierig.

Erstaunlicherweise ist all das noch schlimmer geworden statt besser, seit ich dein Buch gelesen habe. Ich meine, ich war schon immer ein ungeduldiger Typ und habe andere häufig ins »Unrecht« gesetzt. Doch nachdem ich GMG Band 1 gelesen hatte, beschloss ich das zu ändern, denn ich war überzeugt, dass das nicht die Person war, die ich sein wollte. Ich ging sogar so weit zu verkünden, dass ich mich nie wieder anderen und ihren Bedürfnissen gegenüber unsensibel verhalten würde — um dann prompt genau das zu tun, und noch schlimmer als zuvor. Ich scheine nicht imstande zu sein, dieses schroffe Verhalten abzustellen!

Ich weiß, dass tief in meinem Innern eine Person steckt, die jedermann lieben könnte — und manche Menschen tun das auch, ob du es glaubst oder nicht. Doch während ich durchaus etwas Liebe in meinem Leben zu spüren bekomme, habe ich doch das Gefühl, dass mich im Grunde niemand wirklich mag. Da gibt es einen Unterschied, und ich fühle, dass die Leute, sofern sie nicht zu meinem engsten und innersten Kreis gehören und wissen, Wer Ich Wirklich Bin, mich nicht mögen. Und, wie ich schon sagte, scheint es weniger denn je in meiner Macht zu stehen, mein unliebsames Verhalten abzustellen. Kannst du helfen? Ich dachte, dein Buch hätte mir großartige Einsichten geschenkt, aber wenn ich versuche, sie umzusetzen, geht alles den Bach runter. Nick, Kansas City, MO.

Lieber Nick: Danke für deine Offenheit. Es verlangt Mut und Stärke, einen Blick auf sich selbst zu werfen und sich offen und freimütig einzugestehen, was sich abspielt. Das ist kein kleiner, sondern ein riesiger erster Schritt (einer, den nicht viele Menschen tun), und ich zolle dir meine Anerkennung.

Lass mich dir als Erstes sagen, dass es mich nicht überrascht, wenn die Dinge noch schlimmer werden, bevor sie sich bessern. GMG lehrt, dass in dem Augenblick, in dem du verkündest, etwas zu sein, zu tun oder zu haben, alles in den Raum kommt, was im Gegensatz dazu steht. Denn in der Abwesenheit dessen, was du nicht bist, kann Was Du Bist nicht existieren. Lies diesen Satz ruhig noch einmal, Nick, damit du ihn auch wirklich verstehst.

In der Abwesenheit von kalt ist warm nicht. In der Abwesenheit von oben ist unten nicht. In der Abwesenheit von kurz existiert die Erfahrung von lang nicht und kann auch nicht existieren. Also wird dir das Universum immer die Erfahrung dessen, was du nicht bist, bringen, um einen Kontext herzustellen, in dem du auf großartigere Weise Was Du Bist erfahren kannst.

Nun gibt es einen Ausweg aus diesem Dilemma. Es gibt fünf magische Worte, welche dir helfen werden, dich im nächsten Augenblick des Jetzt in der großartigsten Version der größten Vision, die du je über Wer Du Bist hattest, wieder aufs Neue zu erschaffen. Diese Worte schaffen einen neuen Kontext, in den du deine gegenwärtige Erfahrung (wie immer sie auch aussehen mag) stellen und in dem du deine nächste Verhaltensweise hervorbringen kannst. Hier sind diese fünf magischen Worte: Was würde Liebe jetzt tun?

Wenn du jedes Mal, wenn irgendetwas in deinem Leben passiert, ganz einfach fünf Sekunden lang innehältst und dir diese Frage stellst, wirst du einen neuen Kontext herstellen, in dem du dir deine Antwort überlegen kannst. Wenn deine Antwort auf die Situation mit deiner Antwort auf die Frage übereinstimmt, wird sich dein Verhalten ändern. Nicht jedes Mal und vielleicht auch nicht beim ersten Mal. Aber für eine kleine Weile, und das reicht aus, dass du (und andere) in deiner persönlichen Dynamik eine Veränderung wahrnehmen wirst – eine sehr konkrete Veränderung.

Denk daran, jeden Augenblick und alles, was er dir bringt, zu segnen, vor allem wenn er dir Schwierigkeiten bringt. Wenn du auf Situationen triffst, die dich normalerweise dazu veranlassen würden, ungeduldig oder kurz angebunden oder aggressiv zu werden, dann segne den Moment und sei ehrlich dankbar. Erblicke darin die Chance. Nimm das Geschenk wahr. Und verwandle es in ein Geschenk nicht nur für dich, sondern auch für andere. Sie werden durch dein neues Ich beschenkt werden.

Erklärung des Gesetzes der Gegensätze

Lieber Neale: Im *Arbeitsbuch zu Band 1* von GMG steht auf Seite 75: »In dem Augenblick, in dem Sie erklären, irgendetwas zu sein, wird alles, was im Gegensatz dazu steht, in Ihr Leben eintreten.« Ist das ein Test? »Das Ding, das du dich nennst, rufst du für dich hervor«, sagtest du in Newsletter Nr. 18. Doch du sagst auch: Nenne dich etwas, bezeichne dich als etwas, das du sein möchtest. Meinst du, dass ich, wenn ich sage: »Ich bin Liebe, ich bin Gesundheit, ich bin reich« davon ausgehen kann, dass das Gegenteil, dass das, was im Gegensatz dazu steht, eintritt? Ich bin verwirrt. Ich nenne mich diese Dinge, weil ich das, »was im Gegensatz zu jedem Einzelnen davon steht«, schon erlebt habe. Warum wird das »Gegenteil« passieren oder in Erscheinung treten? Janet, Sierra Madre, CA.

Weil, Janet, in Abwesenheit dessen, was du nicht bist, das, was du bist, nicht ist. Das ist das Gesetz des Universums. Solange du dich in dem aufhältst, was ich das Reich des Relativen nenne (im Gegensatz zum Reich des Absoluten), wirst du dich nur dann als Was Du Bist erfahren können, wenn deine Welt und Umgebung auch das enthält, was du nicht bist.

Du könntest dich zum Beispiel nicht als das erleben, was man »groß gewachsen« nennt, wenn nicht auch das existierte, was wir »klein« nennen. In der Abwesenheit von »klein« existiert »groß« nicht und kann auch nicht existieren. Nicht als Erfahrung. Es kann eine Idee, eine Vorstellung sein, aber es kann nicht auf der Erfahrungsebene erlebt werden. In der Abwesenheit von »oben« gibt es nicht so etwas wie »unten« (was die Astronauten und Kosmonauten konkret erlebt haben!). In der Abwesenheit dessen, was wir »schlecht« nennen, wäre das, was wir »gut« nennen, nur ein Fantasiegespinst. »Gut« könnte nicht auf der Erfahrungsebene erlebt werden. Deshalb gibt es, im absolut höchsten Sinn, so etwas wie »schlecht« nicht, denn selbst das, was »schlecht« für dich ist, ist auch »gut« für dich. Das ist ein Geheimnis, das alle Meister und Meisterinnen kennen. Das ist der Schritt, der fehlte, als du dich in der Vergangenheit »schon mit dem Erleben des Gegensatzes« dessen, was du wählst, befasst hast.

Wenn du weißt, dass die »schlechten« Erfahrungen und Auswirkungen in deinem Leben nur da sind, damit du erfahren kannst, Wer Du Wirklich Bist, dann fängst du sehr rasch an, ihnen keine Beachtung mehr zu schenken. Wenn etwas »Schlechtes« passiert, denkst du nicht weiter darüber nach. Selbst dein erster Gedanke dazu ist schon ein anderer. Statt das Geschehen zu verdammen, statt es anzuprangern, bist du auf sublime Art tatsächlich dankbar dafür. Das ist der Schritt, der fehlte, als du dich in der Vergangenheit »schon mit dem Erleben des Gegensatzes« dessen, was du wählst, befasst hast.

Zu dieser Dankbarkeit gelangt man durch einen wunderbaren Prozess, den ich Kontextumstellung nenne. Wenn du das, was sich in deinem Leben ereignet, in einem neuen Kontext siehst, wirst du dankbar für das, was du zuvor verdammt hast.

Es ist ein Wunder an Transformation. Du veränderst einfach deine Auffassung von einer Sache und damit auch deine diesbezügliche Erfahrung. Äußerlich ändert sich nichts. Die Umstände und Bedingungen deines Lebens bleiben vielleicht erst einmal völlig unverändert. Aber die Erfahrung, die du mit ihnen machst, ist eine völlig andere. Und dies ist ein großes Geheimnis: Wenn sich die Erfahrung, die du mit ihnen machst, verändert, wenn du anfängst, sie anders zu nennen (sie Geschenke und nicht einen Fluch nennst), dann ändern sich allmählich auch deine äußeren Bedingungen und Umstände. Denn das, was sich in deinem Außen befindet, verändert sich erst, wenn sich das verändert, was sich in deinem Innern befindet. Das nennt man das Leben von innen nach außen leben.

Deshalb, Janet, segne, segne, segne deine Feinde und bete für deine Verfolger. Denn was Gott in GMG Band 2 sagte, ist wahr: »Ich habe euch nur Engel gesandt.« Und wenn es den Anschein hat, als falle dein Leben auseinander, dann denk daran, dass es sich vielleicht in Wirklichkeit zusammenfügt – und das zum ersten Mal.

Über das Universum verfügen

Lieber Neale: Danke dafür, dass du GMG Band 1 geschrieben hast. Mit zweiundfünfzig strebe ich immer noch nach meinem Traum! Hasse es, aufzugeben. Sollte ich? Ist am Habenwollen etwas Negatives? In Liebe, Julie, Austin, TX.

Liebe Julie: Etwas »haben wollen« ist nicht so gut, weil es die Erfahrung erzeugt, dass du das, was du wählst, »nicht hast«. Lass es mich erklären. Jeder Gedanke, jedes Wort und jede Tat von dir hat schöpferische Kraft. Wenn du nun den Gedanken hast, dass du etwas »haben willst«, bringst du diesen Gedanken in deiner Erfahrungswelt hervor. Das heißt, du wirst es erleben, dass sich dieser Gedanke in deiner Realität manifestiert. Wenn du denkst, »ich will etwas haben«, wirst du genau diese Erfahrung machen: die Erfahrung, dass du es haben willst! Wenn du hingegen denkst, »ich habe etwas«, wirst du dir genau diese Erfahrung zukommen lassen: die Erfahrung, es zu haben. Verstehst du? Worte sind sehr wichtig. Gedanken haben schöpferische Kraft. Deshalb sage ich immer, ich wähle, statt ich »will haben«. Etwas wählen bedeutet eine sehr viel kraftvollere Aussage. Sie ist eine Anweisung. Sie ist ein Auslöser.

Manche Leute haben Probleme damit, weil es den Anschein hat, als gäbe man Gott Befehle. Doch genau dazu fordert Gott uns auf. Stell dich vor die große Auswahl, die das Leben bietet, und wähle. Gib deine Bestellung auf. Sag dem Universum ganz genau, was du dir aussuchst. Tu deine Vorlieben kund. Verfüge über Gott nach Belieben.

Ich weiß, das klingt wie Blasphemie. »Wir sollen von Gott fordern?« Doch ich sagte nicht »fordern«. Ich sagte »verfügen«. Nur wenn du selbst ein Gott wärest, könntest du das verstehen. Denn Götter verfügen, und geringere Wesen fordern. Du hast keine Forderungen, du hast nur Verfügungen. Verfüge über das Universum. Nur zu. Es ist da, damit du darüber verfügen kannst. Es — das ganze Universum — ist dir als Werkzeug zur Verfügung gestellt worden, damit du dich in der großartigsten Version der größten Vision, die du je über Wer Du Wirklich Bist hattest, wieder aufs Neue erschaffen kannst.

Deshalb, Julie, vermeide es, etwas »haben zu wollen«. Denn wenn du sagst, dass du etwas »haben willst«, kann es passieren, dass es dir wirklich daran »mangelt«. Wähle lieber. Verfüge. Rufe hervor. Und wie kannst du am besten deine nächste von dir gewählte Realität »hervorrufen«? Sprich ein Dankgebet dafür, dass sie dir bereits gegeben wurde. Das bekräftigt die Wahrheit der Aussage: »Alles, worum ihr betet und bittet — glaubt nur, dass ihr es schon erhalten habt, dann wird es euch zuteil.« In der *Gespräche mit Gott*-Trilogie findet sich noch sehr viel mehr über die Dankbarkeit — nicht Arroganz, sondern Dankbarkeit — als Schöpfungsinstrument. Vielleicht findest du es nützlich, dir dieses Material noch einmal anzusehen.

Wie kann ich ein Wunder geschehen lassen?

Lieber Neale: Ich bin irgendwie ein Einzelgänger, der nur die Hilfe Gottes erbittet und sonst von niemandem. Ich bin intelligent, stark, weiß eine Menge und habe eine sehr gute Beziehung zu Gott, was für mich schon seit meiner Kindheit ganz natürlich ist. Die Einzelheiten in GMG Band 1 bestätigten nur, was ich schon lange, bevor ich dieses Buch las, als Wahrheit erkannt hatte. Ich habe immer und immer wieder versucht, ein ganz bestimmtes Wunder von Gott zu erhalten, es ist aber bis heute noch nicht in meiner Realität eingetroffen.
Welchen Rat kannst du mir geben? Ich brauche da wirklich deine Hilfe! Schon seit sehr langer Zeit fühle ich in meinem Herzen, dass ich mich für dieses Wunder nur an Gott zu wenden brauche. Alle meine Bemühungen schlugen fehl, aber mein Wille, Erfolg zu haben, ist ungebrochen. Wie rufe ich die Sache, die ich mir am meisten wünsche, in meine Realität? Johnny, per E-Mail.

Lieber Johnny: Der schnellste Weg, irgendetwas vom Universum zu erhalten, ist der, es jemandem zu geben. Die magischen Worte, die in *Gespräche mit Gott* dieses Thema ansprechen und damit auch eine Antwort auf deinen Brief geben, lauten: »Sei die Quelle.« Mit diesen drei Worten hat Gott für uns alle eine Formel skizziert, die es uns ermöglicht, Wunder in unserem Leben zu bewirken, zu denen wir unserem Gefühl nach ansonsten nicht kämen.

Ich vermute, du konntest das von dir schon so lange Jahre erwünschte Wunder noch nicht manifestieren, weil du dich auf einer tiefen Ebene nicht würdig fühlst, es zu erhalten; oder vielleicht glaubst du, dass es einfach nicht geschehen kann. Das sind ganz verbreitete Gedanken, die viele Menschen, um nicht zu sagen die meisten Menschen hegen, und genau aus diesem Grund erleben die meisten auch keine Wunder in ihrem Leben. Tatsache ist, dass derartige Unternehmungen Gottes Wunder genannt werden, eben weil sie sich so selten im Leben der Menschen ereignen. Es ist nicht so, dass Gott nur selten eine Gunst erweist, sondern vielmehr so, dass Menschen nur äußerst selten imstande sind, diese Gunst ganz ungehindert in Empfang zu nehmen. Da die Menschen keinen Weg fanden, Gottes Wunder problemlos entgegenzunehmen, hat Gott einen Zusatzplan entwickelt. Er erlaubt uns, selbst ein Wunder zu sein, durch das die gleichen Wunder anderen geschenkt werden können.

Deshalb brauchst du nichts weiter zu tun als Folgendes: Ich weiß nicht, was du von Gott erbittest, aber was immer es auch ist, finde einen anderen Menschen auf dieser Welt, der es im Augenblick braucht, und sei die Quelle dieses Wunders für einen anderen. Du wirst dann feststellen, dass dir das, was durch dich hindurchfließt, gegeben wird. Denn was du einem anderen gibst, hast du dir selbst gegeben. Mach das beständig. Gib dich nicht mit einem Mal zufrieden. Finde vier, fünf, sechs, acht oder zehn andere Menschen, die dieses Ding, das du deiner Aussage nach für dich selbst wünschst, brauchen, nach ihm verlangen, es sich verzweifelt wünschen. Finde einen Weg, es ihnen zu geben.

Was du einem anderen gibst, gibst du dir selbst. Der Grund dafür ist die höchste Wahrheit, die sich in den Weisheiten von *Gespräche mit Gott* findet. Die Wahrheit ist: Es gibt nur einen von uns. Wenn du also ausgehend von deiner Güte einem anderen gibst, was du gerne erhalten würdest, wird es dir gegeben, weil du es gar keinem anderen als dir selbst geben kannst.

Und es gibt da noch ein sehr vernünftiges metaphysisches Prinzip und einen metaphysischen Grund, weshalb einem anderen zu geben dazu führt, dass man bekommt. Du hast noch nicht jene Erfahrung gemacht, die ich die Erfahrung des »Habens« nenne. Jede Zelle deines Körpers streitet die Wahrheit ab, dass du das, was du bekommen möchtest, schon hast. Doch in dem Moment, in dem du das, was du haben möchtest, einem anderen gibst, der es sich ebenfalls wünscht, in genau diesem Moment machst du die Erfahrung, dass du es hast. Dieses Signal brauchen deine Körperzellen, um anzufangen, das in physischer Form zu manifestieren, was du erstrebst. Vertrau mir, es funktioniert!

Ein anderer Grund, warum du nicht die Erfahrung machen kannst, das von dir Gewünschte zu haben, könnte mit dem in GMG erörterten Prinzip zu tun haben, dass wir unmöglich haben können, was wir haben wollen. Gott wird uns nie geben, was wir haben wollen, weil der Akt des Habenwollens das, was wir haben wollen, von uns wegstößt. Er stößt es von uns weg, weil wir mit diesem Akt dem Universum verkünden, dass wir es jetzt nicht haben. Und das ist natürlich das Gegenteil von dem, was auf höchster Ebene wahr ist.

Lass es, etwas haben zu wollen ...
denn was du haben willst,
wird dich haben lassen wollen

Lieber Neale: Ich finde GMG hervorragend. Doch eine kleine Sache bereitet mir ein Problem. Du sagst, dass die Bitte um etwas, das wir »haben wollen«, Mangel reflektiert, und dass das Universum uns dann diese Mangelerfahrung zukommen lässt. Und später auf Seite 86 (Band 1) lesen wir, wie Gott sagt: »Ich will, was ihr wollt.« Das lässt darauf schließen, dass Gott möchte, dass es uns an dem fehlt, was wir haben wollen. Die von dir geforderte semantische Präzision deutet auf einen Gott oder ein Universum von »fundamentalistischer, sich engstirnig an den Buchstaben haltenden« Denkart hin. Man sollte doch annehmen, dass ein kosmischer Geist versteht, was wir mit unseren Formulierungen meinen. Zum »Manifestieren« muss noch mehr gehören als das. Bitte geh auf die Frage des Manifestierens einer neuen Realität ein. ArDee, San Francisco, CA.

Lieber ArDee: Zwischen der Tatsache, dass es einen Mangel widerspiegelt, wenn du etwas »haben willst«, und der Aussage Gottes, »Ich will, was ihr wollt«, besteht kein Widerspruch. Was diese Aussage im Grunde meint, ist, Gott fehlt, was dir fehlt. Oder anders ausgedrückt: Die Erfahrung, die du machst, ist die Erfahrung, die Gott macht. Und warum das? Wie kann das sein? Ganz einfach. Du und Gott sind eins. Es gibt keine Erfahrung, die du machst, die Gott nicht auch macht. Andererseits gibt es viele Erfahrungen, die Gott macht und du nicht! Das heißt, in Wahrheit machst du sie auch, weil du ein Teil des Gottes bist, der sie macht, aber du bist dir ihrer nicht bewusst. Dein Gewahrseinsvermögen ist beschränkt. Gottes nicht.

Wenn du sagst: »Ich will etwas haben« ist das eine Erklärung gegenüber dem Universum, dass du dieses Etwas jetzt nicht hast. Denn wenn du es hättest, würdest du es nicht haben wollen. Nun ist diese Aussage des »Nicht-Habens« eine sehr kraftvolle Aussage. Sie besitzt schöpferische Kraft. Ja, alle deine Gedanken, Worte und Taten besitzen schöpferische Kraft. Auch Gottes Aussage »Ich will, was ihr wollt« ist eine Aussage von schöpferischer Kraft. Gott sagt hier im Grunde: »Ich erschaffe, was ihr erschafft.« Und das ist zutiefst wahr. Deshalb ArDee, bitte nicht in der Form, dass du etwas haben willst. Formuliere vielmehr jeden Wunsch als eine Aussage der Dankbarkeit. Wie zum Beispiel: »Gott, ich danke dir, dass du mir das jetzt bringst.«

Kennst du das machtvollste Gebet, das ich je gehört habe? Es besteht aus einem Satz. Hier ist es. Präge es dir ein: *Gott, ich danke dir, dass du mir hilfst zu verstehen, dass dieses Problem bereits für mich gelöst ist.*

Wenn du dich später auf die Meisterschaft zu bewegst, wirst

du anfangen, jeglichen Wunsch von etwas, das du jetzt nicht hast, aus deiner Erfahrungswelt zu verbannen. Das heißt, du wirst allmählich verstehen, dass das, was du im Moment hast, vollkommen ist. Das ist eine sehr hohe Verständnisebene, und eine sehr nützliche. Sie lässt dich in jedem Augenblick und unter jeglichen Umständen zum Glück finden. Das ist die wahre Meisterung des Lebens. Denk daran, ArDee, das Ding, dem du dich widersetzt, bleibt bestehen. Deshalb sei dankbar für das, was du jetzt hast. Und schätze noch viel mehr all die »guten« Dinge in deinem Leben, ganz gleich wie gering ihr Anteil an deiner Gesamterfahrung sein mag. Denn was du wertschätzt und dankbar würdigst, das erweiterst du, weil das Wertschätzende und dankbar Gewürdigte das ist, was wächst und sich weiter entwickelt.

Mögest du nie wieder irgendetwas von irgendjemandem erbitten!

Sehr geehrter Mr. Walsch: Ich finde es interessant, dass Sie trotz aller Dinge, die Ihnen von Gott über unsere Fähigkeit offenbart wurden, alles, was wir uns wünschen, in dieser Realität zu manifestieren, von Ihren Lesern Geld verlangen — also benötigen —, um den Newsletter herauszubringen. Könnte man rechtens sagen, dass Sie vom Standpunkt des »Habenwollens« oder des »Mangels« an diese Situation herangehen? Könnte es sein, dass Sie noch immer nicht glauben, dass Sie die Macht oder Fähigkeit besitzen, das nötige Geld zu manifestieren, um die Druckkosten für den Newsletter zu übernehmen? Oder glauben Sie, dass diese Manifestation sich dergestalt äußert, dass Sie die Leute um Spendenbeiträge bitten? Mir scheint, der tiefe Glaube, welcher »Dinge« aus dem Nichts ins Hier und Jetzt zu bringen vermag, ist durch den logischen Verstand ersetzt worden, der eine Geldquelle (die Leserschaft) ausfindig macht. Irgendwie scheint mir das nicht im wahren Einklang mit der Essenz von GMG zu stehen. Oder vielleicht liegt es nur an meiner Interpretation der Worte. Jedenfalls ist dies hier nicht als Kritik gemeint, es ist nur eine Beobachtung. Mit freundlichen Grüßen, Lorna, Kanada.

Liebe Lorna: Natürlich ist die Bitte an die Leser um Spendenbeiträge eine Form des Manifestierens. Was sollte es sonst sein? Die Tatsache, dass wir alle Schöpfer sind und für alle reichlich da ist, bedeutet nicht, dass wir am Esstisch niemanden mehr bitten dürfen, uns das Salz zu reichen. Wenn ich beim Essen bin und beschließe, dass ich noch mehr Salz möchte, und wenn ich sehe, dass sich der Salzstreuer am anderen Ende des Tischs befindet, dann macht es für mich keinen Unterschied, ob ich aufstehe, um den Tisch gehe und ihn mir hole, oder ob ich einfach jemanden bitte, ihn mir zu reichen. Wenn ihn mir jemand reicht, habe ich einen Weg gefunden, an ihn heranzukommen. Ich habe ihn, hier direkt vor meiner Nase, manifestiert! Erst war er am anderen Ende des Tischs, und jetzt steht er direkt vor mir! Das ist keine weniger legitime Art des Manifestierens als irgendeine andere.

Haben Sie die Lehren von GMG wirklich dahingehend verstanden, dass wir für den Rest unseres Lebens niemanden mehr um irgendetwas bitten? Dann möchte ich eine Sache klarstellen: Um etwas bitten heißt nicht, zu verkünden, dass wir es »benötigen«. Es bedeutet nur ein Verkünden, dass wir die Wahl getroffen haben, es jetzt zu haben. Da besteht ein gewaltiger Unterschied.

Wir geben jeden Monat Hunderte Exemplare des Newsletters an Menschen, die ihn sich nicht leisten können. Sie bitten uns um ein Stipendiatenabonnement, und wir schicken ihnen den Newsletter. Und ja, es braucht Geld, um das tun zu können. Und ja, wir bitten von Zeit zu Zeit das Universum, uns dieses Geld in Form von Spendenbeiträgen von unseren Lesern zukommen zu lassen. Und ja, wenn Sie uns sechs Dollar schicken möchten,

Lorna, werden wir sie gerne in Empfang nehmen. Die Verschickung des Newsletters kostet uns sehr viel mehr als sechs Dollar pro Abonnement, aber wir haben diese Summe gewählt, weil wir sahen, dass wir mit etwa sechzigtausend Dollar von unseren Schulden herunterkommen können; deshalb haben wir unsere Leser um die sechs Dollar gebeten. Viele von ihnen schicken sie uns auch, und wir sind euch allen sehr dankbar für die Bereitschaft, mit uns dieses Wunder zu vollbringen. Ist das nicht die reine Manifestation eines Universums der Fülle? Aber klar doch.

Wie bleibt man auf dem spirituellen Weg?

Lieber Neale: Ich stelle fest, dass ich von meinem »spirituellen« Weg abdrifte. Irgendwelche Vorschläge? Debi, Medford, MA.

Liebe Debi: GMG spricht diese Frage sehr direkt an. Danach gefragt, wie wir auf dem spirituellen Weg bleiben können beziehungsweise die Erfahrung von allem machen können, was wir uns in diesem Leben wünschen, sagt Gott: »Gib, was du für dich selbst wählst, einem anderen.« Dies funktioniert, weil da draußen außer dir kein anderer ist, Debi. Deshalb lässt du dir das, was du einem anderen zukommen lässt, selbst zukommen. Du denkst vielleicht, dies ergibt keinen Sinn, aber probier es mal aus. Du wirst bald entdecken, dass es eine »Zauberformel« ist. Deshalb haben alle Meister in der einen oder anderen Form gelehrt: »Alles, was ihr von anderen erwartet, das tut auch ihnen.«

Also ist mein Rat einfach und präzise. Du möchtest nicht vom spirituellen Weg abdriften? Halte einen anderen davon ab, vom spirituellen Weg abzudriften! Wenn du einem anderen dieses Geschenk spiritueller »Beständigkeit« gibst, wirst du feststellen, dass du es in dir selbst gefunden hast.

Denn hier ist ein großes Geheimnis: Du kannst nichts weg-

117

geben, was du nicht hast. Und du wirst immer eine Menge von dem haben, was du einem anderen gibst. Das Universum unterstützt stets Großzügigkeit.

Einen Glaubenssprung machen,
wenn du pleite bist

Lieber Neale: Als du davon sprachst, dass die Foundation sechzigtausend Dollar Schulden hat und ihr von uns, die wir den Newsletter bekommen, sechs Dollar erbittet, erinnerte ich mich sofort daran, dass ich im letzten Jahr einer der Newsletter-Stipendiaten war. Obwohl meine finanzielle Lage immer noch kritisch ist, habe ich doch weiterhin Vertrauen in den »perfekten Plan« und glaube vor allem an dieses von dir erwähnte machtvolle Gebet: »Danke Gott, dass du mir hilfst zu verstehen, dass dieses Problem bereits für mich gelöst wurde.«

Dieses Gebet hat sich für mich wiederholte Male bestätigt. Doch im Moment habe ich noch hundert Dollar auf dem Konto und derzeit nichts in Aussicht, was an meiner Einkommenslage etwas ändern könnte, die sich in den letzten dreißig Monaten bei null bewegte. (Offensichtlich erschaffe ich mich selbst auch als Organisation, die nicht darauf angelegt ist, finanziellen Gewinn abzuwerfen.) Ich habe GMG schon dreimal gelesen, aber immer noch Probleme, mir alles zu merken und auf andere zu beziehen. Um mir in dieser Hinsicht zu helfen, hätte ich mir gerne das *Arbeitsbuch zu Band 1* gekauft, doch die dafür benötigten dreizehn Dollar waren in meinem Budget nicht drin. Nun braucht die Foundation Hilfe und ich denke, es ist an der Zeit, dies als Priorität anzusehen. Wenn ich das Arbeitsbuch für 12,95 Dollar kaufe, bekommt die Foundation davon 4,95 Dollar. Wenn ich noch 1,05 Dollar drauflege, leiste ich im Grunde meinen Beitrag von sechs Dollar für die Foundation und bekomme gleichzeitig mein ersehntes Arbeitsbuch! Dann habe ich noch sechsundachtzig

Dollar auf dem Konto. Was soll's? Dieses Problem wurde auch schon früher für mich gelöst.

Ich hoffe, das hilft. Ich bin zuversichtlich, dass Tausende einen Beitrag leisten werden, da du, Neale, deine Frau Nancy und die Mitarbeiter von ReCreation uns allen so viel gegeben haben. Liebe und Licht, Jeff, Grangeville, ID.

Lieber Jeff: Dein Brief ist eine Inspiration für mich und ein Beispiel für die Art Reaktion, für die Nancy und ich und alle hier bei ReCreation so dankbar sind. Ich danke dir sehr. Und nachdem ich dies nun ausgesprochen habe, möchte ich dich auch wissen lassen, dass sie in mir ein bisschen Angst auslöst. Ich hasse es, wenn meine persönlichen Ängste hochkommen. Aber ich habe festgestellt, dass Offenheit der beste Umgang damit ist.

Meine Angst ist, dass andere Menschen deinen Brief lesen und mich dann einer Sache beschuldigen werden, derer auch viele andere, die um finanzielle Hilfe für ihre Organisationen bitten, beschuldigt werden. Die Anschuldigung lautet, dass wir alle auffordern, einen »Glaubenssprung« zu machen, zu glauben, dass »Gott schon für alles sorgen wird«, und dass sie uns deshalb Geld schicken sollen, egal ob sie es haben oder nicht.

Viele Menschen denken, dass das etwas Skrupelloses hat, und ein Teil von mir möchte dem zustimmen. Deshalb würde ich nie sagen: »Schick uns Geld, gleich ob du welches hast oder nicht. Gott wird dafür sorgen.« Das ist keine Bitte, die ich je äußern, oder Aussage, die ich je machen würde. Wenn wir um sechs Dollar als »Heftpflaster« bitten, dann wollen wir, dass nur jene sechs Dollar schicken, die sicher sind, dass sie es sich leisten können, und dann auch nur, wenn sie ein gutes Gefühl dabei haben.

Nachdem ich das nun alles gesagt habe, möchte ich aber nicht die wahre und wirkliche Botschaft von *Gespräche mit Gott* negieren. Und diese Botschaft besagt: Gott sorgt für uns, wenn wir glauben, dass er es tut. Alle Dinge werden sich am

Ende zum Perfekten wenden. Und wenn wir ohne Erwartungen durch unser Leben gehen, leben wir ein wahrhaft heiliges und vor den Fallgruben der Enttäuschung und Verzweiflung geschütztes Leben. Denn wir haben um nichts gebeten, ohne das wir nicht auskommen könnten – und die Wahrheit ist, dass wir angesichts dessen, Wer und Was Wir Sind, ohne alles auskommen können.

Das ist ein sehr wichtiges Thema, und ich möchte hier gar nicht näher darauf eingehen. Ich wollte nur im Zusammenhang mit Jeffs Brief etwas klarmachen: Niemand soll das Gefühl haben, uns Geld schicken zu müssen, um damit zu beweisen, dass er die Weisheit von GMG glaubt und akzeptiert. Meiner Ansicht nach begeben sich religiöse und spirituelle Organisationen auf genau diese Art in Schwierigkeiten, und das möchte ich auf keinen Fall.

Nachdem nun alles auf dem Tisch ist, möchte ich dir sagen, Jeff, dass dein wundervoll transparenter, offener, ehrlicher Brief und deine Geste des guten Glaubens, des guten Willens und der Güte mir immer als beeindruckendes Beispiel für die Umsetzung von Prinzipien in Handeln im Gedächtnis bleiben wird. Ich werde heute Nacht ein paar zusätzliche Momente im stillen Gebet mit Gott verbringen und sie bitten, sich sanft deiner Umstände anzunehmen und zu tun, was getan werden kann, um deinen Glauben und dein Vertrauen zu belohnen. Sei also auf ein kleines Wunder gefasst.

Braucht ihr mehr Geld in eurem Leben?
Dann hört euch das an ...

Lieber Neale: Ich bin so aufgeregt, dass ich kaum weiß, wo ich anfangen soll! Erstens und vor allem anderem möchte ich dir sehr dafür danken, dass du den Mut hattest, *Gespräche mit Gott* zu veröffentlichen; und ich möchte Gott dafür danken, dass er sich mit dir in einer so verständlichen Sprache unterhalten hat. Ich habe GMG Band 1 und 2 immer wieder gelesen und studiere derzeit Band 1 mit Hilfe des *Arbeitsbuchs*.

Gestern Abend studierte ich Kapitel 11 im Arbeitsbuch, »Das Geld-Spiel«. Ich bin einundsiebzig Jahre jung und beziehe von der Sozialhilfe monatlich 378 Dollar. Ich lebe mit meiner Tochter, ihrem vierzehnjährigen Sohn und ihrer fünfjährigen Tochter zusammen. Meine Tochter müht sich als »Brötchenverdienerin« der Familie ab, und ich glaube, mein Teenagerenkel hat — wahrscheinlich stärker als wir anderen — immer das Gefühl gehabt, dass »nie genug« da war.

Nachdem ich dieses Kapitel durchgelesen hatte, sah ich in meiner Geldbörse nach und gab ihm von den acht Dollar, die sich darin befanden, fünf. Heute Morgen ging ich zum Supermarkt, um Wasser zu holen, das ich normalerweise aus den davor aufgestellten Automaten beziehe (unser Wasser aus der Wasserleitung ist nicht trinkbar). Aber die Ladenfront wurde frisch gestrichen und die Automaten waren zugedeckt, also musste ich in den Laden gehen. Hier in Nevada stehen überall Spielautomaten, auch in den Supermärkten. Ich beschloss zu spielen und vier Vierteldollar einzusetzen — und sie vervielfachten sich.

Gleich daneben stand ein »Deuce's Wild«-Spielautomat. Ich mag diese Art nicht besonders und spiele kaum je an ihnen — aber etwas zog mich zu ihm hin. Ich steckte fünf Vierteldollarmünzen hinein, hatte vier Treffer und bekam insgesamt zweihundertfünfzig Dollar heraus!

Als ich danach zum Augenarzt ging, um meine Kontaktlinsen abzuholen, die mich, wie ich glaubte, fünfzig Dollar kosten würden, sagte man mir, dass ich sie schon im Oktober des letzten Jahres bezahlt hatte! Als ich von zu Hause wegging, hatten meine Tochter und ich weder die vierzig Dollar, die wir einer Lagerfirma schuldeten, noch Geld, um ein paar Nahrungsmittel einzukaufen. Als ich nach Hause kam, gab ich ihr hundert Dollar, und wir gingen los, um unsere Lagergebühren zu bezahlen (wir haben dort Möbel eingelagert, weil wir ein paar Monate wegen eines Brands obdachlos waren — aber das ist eine andere Geschichte). Wir machten Halt bei der Bank, um Geld einzuzahlen. Während ich damit beschäftigt war, bekam meine Tochter auf Grund einer Werbeaktion auf dem Parkplatz gratis Kinokarten. Als wir zur Lagerfirma kamen, musste meine Tochter statt vierzig nur dreizehn Dollar zahlen. Um von Gott und seinem Sinn für Humor zu reden — er lachte den ganzen Tag und sagte: »Hab's dir ja gesagt — hab's dir ja gesagt!«

Ja Gott, das hast du — es ist immer genug da! Ich weiß, das ist erst der Anfang und ich muss immer wieder den Prozess von Gedanke, Wort und Tat umkehren, bis dieser nutzlose ursprüngliche Gedanke ganz und gar durch den ersetzt ist, der mir am dienlichsten ist.

Da ist aber auch eine Frage, die ich dir gerne stellen würde. Ich glaube, dass ich nun seit gut über zwanzig Jahren ein ausgefülltes, aktives und gesundes Leben führe, das mindestens noch dauern kann, bis ich hundertzwanzig bin. Doch wenn wir fähig sind, ewig zu leben, und uns auch dazu entscheiden, würde dann nicht die Erde überbevölkert werden? Und wenn das so ist, was werden wir dann unternehmen? Werden unsere Wissenschaftler Möglichkeiten finden, in den Meeren zu leben, oder werden wir unseren Planeten verlassen? Gott segne dich, Neale, für all deine Arbeit. Ich habe so eine Ahnung, dass der hundertste Affe nicht mehr weit weg ist. In Liebe, Joyce, Henderson, NV.

Meine liebe, liebe Joyce: Dein Brief ist die größte Inspiration, die ich seit langer Zeit erhalten habe! Ich bin begeistert, wie du festgestellt hast, dass die Prinzipien funktionieren, und mir stockt der Atem vor Erstaunen über das Tempo, mit dem Gott es dir demonstriert hat!

Was deine Frage angeht, so ist mehr als genug Platz im Universum für alle menschlichen Wesen, die sich dazu entscheiden, ewig zu leben (tatsächlich leben wir ja alle »ewig«, aber ich weiß, wie du es meinst). Doch die Erde wird überbevölkert werden, wenn jeder hier bleiben will. Und deshalb müssen wir einen anderen Ort finden, wo wir leben können, und Möglichkeiten entwickeln, dorthin zu gelangen. Bis dahin aber wird es uns nicht dienlich sein, weiterhin die Bevölkerung auf diesem Planeten in einem Ausmaß anwachsen zu lassen, das in keinem Verhältnis zu unseren Ressourcen steht.

Letztlich werden die Wissenschaftler einen Weg finden, uns zu anderen Orten im Universum gelangen zu lassen. Aber für den Augenblick täten wir gut daran, mit unseren Ressourcen zu haushalten, und genau das tun wir gegenwärtig nicht. Mein Freund Dennis Weaver, der Schauspieler und Umweltaktivist, ist Gründer und Präsident des Institute of Ecolonomics (Dennis hat dieses Wort aus *ecology* und *economics* zusammengesetzt, um damit eine neue Sicht auf die ökologischen und ökonomischen Herausforderungen unserer Zeit zu signalisieren) und hat eine Menge Informationen, wie wir das machen können. Du kannst mit ihm Kontakt aufnehmen unter: The Institute of Ecolonomics, P. O. Box 257, Ridgway, CO 81432.

Warum altert unser Körper, wenn er dazu geschaffen wurde, ewig zu halten?

Lieber Neale: Ich freue mich sehr, dass ich dein Buch entdeckt habe. Ich habe es schon zweimal gelesen und möchte es noch einmal lesen. Es beantwortet mir viele Fragen, und ich bin froh, dass Gott so ist, wie er ist. Ich fühle mich jetzt besser, was das Leben und den Tod angeht. Eine Frage habe ich: Wenn unser physischer Körper geschaffen wurde, um ewig zu halten, wie kommt es dann, dass wir mit dreißig oder so schon graue Haare bekommen, und wie kommt es, dass unser Augenlicht schwächer wird? Sara, Sault Ste. Marie, Ontario, Kanada.

Lieber Neale: Ich bin siebzehn Jahre alt und habe gerade Band 1 von *Gespräche mit Gott* zu Ende gelesen und ein paar Fragen im Zusammenhang mit dem Buch. In dem Buch sagt Gott, dass unser Körper eigentlich ewig halten sollte, nicht nur sechzig bis achtzig Jahre, sondern ewig, und dass wir ihn mit Alkohol zerstören. Meine Frage ist also: Wenn unser Körper wirklich ewig halten sollte, werden wir dann alt und faltig aussehen oder jung? Melissa, Perth, Westaustralien.

Liebe Sara und Melissa: Zwei so ähnliche Fragen aus so weit voneinander entfernten Ländern! Ich stelle fest, dass jeder Mensch den »Alterungsprozess« durchläuft. Selbst die, die sich die »Unsterblichen« nennen und dem Glauben anhängen, dass wir darauf angelegt sind, ewig in physischer Gestalt zu leben, bekommen schließlich graue Haare und Falten und machen eines Tages die Todeserfahrung durch. Ihr stellt also eine sehr gute Frage.

Ist es möglich, dass in der gesamten Geschichte der Menschheit nur eine Hand voll – und ich meine, drei oder vier Menschen – über ein Bewusstsein verfügten, das ihnen erlaubte, ewig in physischer Form zu leben? Ich sage euch, was ich denke (und ich möchte daran erinnern, dass diese Antwort – und alle Antworten auf diese Briefe – von mir stammen, nicht von »Gott«). Ich lasse euch hier nur meine Meinung zukommen. Ich produziere hier keine »inspirierten Texte« und tue auch nicht so.

Ich denke, unser Körper altert, weil er das soll. Wie schnell er altert, ist allerdings eine andere Sache. Ich nehme an, wir könnten das so genannte »Alter« um Jahre, Jahrzehnte, ja vielleicht unendlich lang hinausschieben. Das würde jedoch eine dramatische Veränderung unserer Lebensweise erfordern; es würde eine Art von Lebensführung voraussetzen, wie sie offensichtlich nur sehr wenige Menschen bereit waren, einzugehen. Aber auch »heilige« Menschen – Menschen, die auf diese und auf spirituelle Dinge achten – scheinen zu altern und zu sterben, wie der Rest von uns auch. Da fällt mir Paramahansa Yogananda ein. Und auch Bhagwan Shree Rajneesh (Osho). Man sagt, dass Menschen wie sie ihren Körper willentlich verlassen haben. Das heißt, sie trafen die Entscheidung, dass ihr Leben im Körper beendet sein sollte. Vielleicht ist es so. Aber entschieden sie sich auch dazu, graue Haare, einen Schmerbauch und Zipperlein und Schmerzen zu bekommen, als sie genau wie »der Rest von uns« älter wurden?

Nun, GMG bejaht das. Es sagt, dass wir alle wählen, was wir erfahren. Wodurch sich die Frage ergibt, warum sie das hätten wählen sollen? Und warum sollten wir es wählen? Ich muss mir diese ganze Frage umfassender ansehen.

3
Physische Gesundheit

Wir schenken unserer Gesundheit nicht genügend Aufmerksamkeit. Nicht als Einzelpersonen und mit Sicherheit schon gar nicht als Nation. Unsere Gesundheit ist der wichtigste Einzelfaktor unseres physischen Lebens, und die meisten von uns vernachlässigen sie.

In *Gespräche mit Gott* wird die Beobachtung gemacht, dass unser Planet von fühlenden Wesen bevölkert wird, die eher primitiver Natur sind, und dass sich die hoch entwickelten Wesen des Universums durch ein bestimmtes Verhalten von den primitiven Wesen unterscheiden. Hoch entwickelte Wesen »beobachten, was so ist, und tun das, was funktioniert«.

Wir tun das nicht.

Wir beobachten, was so ist, und sehen es nicht, oder schlimmer noch, geben vor, dass es nicht so ist. Oder wir beobachten, was so ist, und tun nicht, »was funktioniert«, weil uns einfach an dem, was so ist, nichts liegt. Oder wir beobachten, was so ist, und sagen, dass uns daran liegt, aber wir tun nichts, um auch zu zeigen, dass uns daran liegt.

Das stimmt vor allem und speziell dann, wenn es um unsere Gesundheit geht. Die meisten von uns erschaffen ihre Gesundheit nicht, wir reagieren auf sie. Kürzliche Untersuchungen ergaben, dass fünfzig Prozent aller Todesfälle und siebzig Prozent aller Krankheiten in den USA selbst herbeigeführt wurden. Das heißt, diese Krankheiten hätten vermieden werden können. Das heißt, diese Todesfälle hätten sich nicht auf Grund dieser Ursachen ereignen müssen.

Und was sind diese Ursachen? Sie könnten alle in einer großen (und peinlichen) Kategorie zusammengefasst werden: mangelnde Selbstdisziplin. Speziell: falsche Ernährung, mangelnde

Körperbewegung, Tabak- und Alkoholmissbrauch; auch persönliche Lebensgewohnheiten, die zu Stress führen.

Kürzlich hielt ich ein zweitägiges Seminar über die Botschaften von GMG ab. Der Raum war voll von, meinem Gefühl nach, sehr bewussten Menschen, aber ich war erstaunt, wie viele von ihnen (fast die Hälfte) in den Pausen nach draußen gingen, um eine Zigarette zu rauchen. Ich beobachtete, dass fast alle bei jeder Mahlzeit rotes Fleisch aßen. (Ich werde nicht erwähnen, was sie in ihre Mägen stopften, als es ans Dessert ging.)

Und als wir dann in einer Gruppendiskussion über Lebensgewohnheiten sprachen, konnte ich erkennen, dass sich viele Teilnehmer (tatsächlich die meisten) noch immer ein Leben voller Abgabetermine und Druck schufen, ohne berufliche oder persönliche Erfüllung. Alles das führt zu Stress.

Robert Roth berichtet in seinem außergewöhnlichen Buch *A Reason to Vote* Erschreckendes: Stress steht als Ursache von chronischen Krankheiten heute in den USA an erster Stelle; etwa vierzig Prozent unserer Bürger (das sind über hundert Millionen Menschen) leiden an irgendeiner chronischen Störung, und es ist vorherzusehen, dass diese Zahl noch steigt.

Roth definiert eine chronische Krankheit als eine, für die es nach Aussage der modernen Medizin keine Heilung gibt. Dazu gehören Herzkrankheiten, Asthma, Arthritis, Migräne, Diabetes, Multiple Sklerose, Schilddrüsenerkrankungen, Alzheimer und Parkinson – schreckliche Krankheiten, die Jahre dauern und oftmals immer wieder auftretende Schmerzen verursachen. Neunundsechzig Prozent aller Patienten liegen im Krankenhaus, um wegen chronischer Krankheiten behandelt zu werden.

Leider können die Krankenhäuser nichts weiter als eine schmerzlindernde Behandlung anbieten. Nur wenige haben Behandlungsansätze, die sich der Ursache all dieses Krankseins zuwenden, obwohl ihnen allen – wie auch den Menschen, die an einer chronischen Krankheit leiden – die Ursache bekannt ist.

Wir haben heute in den USA kein Gesundheitsfürsorgesystem, sondern ein Krankheitsfürsorgesystem. Es ist bestrebt, sich um Leute mit Krankheiten zu kümmern. Es tut nichts, um den gesunden Menschen zu helfen, sich ihre gute Gesundheit zu bewahren, obwohl das die effektivste Methode wäre, den Gesundheitszustand der Nation zu verbessern und die Kosten des Gesundheitswesens zu senken. Trotz entsprechender Beweise bleibt in den USA die Behandlung von Krankheiten die Priorität, es werden weniger als ein Prozent unseres jährlichen Billionenbudgets für die Gesundheitsvorsorge aufgewendet.

Was hier Not tut, ist Erziehungs- und Überzeugungsarbeit. Und meiner Ansicht nach ein spiritueller Wandel. Allzu viele Menschen, die sich als »spirituell« bezeichnen, sind nicht spirituell genug, um sich optimal um ihren Körper kümmern zu wollen. Und ich fürchte, dass auch ich zu dieser Gruppe zählte. Doch wenn wir uns als Spezies wirklich weiterentwickeln wollen, könnte es uns nützlich sein, wenn wir diesen ersten und elementarsten Schritt innerhalb des Evolutionsprozesses unternähmen, nämlich uns am Leben zu erhalten und das lange Zeit.

Es gibt Anzeichen, dass wir damit anfangen. Trotz der Tatsache, dass weder die staatliche Gesundheitsfürsorge noch die privaten Krankenkassen die Kosten für alternative Heilmethoden übernehmen, geschieht etwas Verblüffendes. Zum ersten Mal in der Geschichte sind im letzten Jahr mehr Amerikaner zu Ärzten gegangen, die alternative Heilmethoden anwenden, als zu Schulmedizinern. Dieser Trend ist Folge eines größeren öffentlichen Bewusstseins über die Verfügbarkeit und Wirksamkeit dieser alternativen Ansätze.

Was jetzt Not tut, wenn sich die Menschen für eine Weiterentwicklung hin zur nächsten Ebene entscheiden, ist ein umfassendes Engagement. Damit sind Sie und ich gemeint.

Wenn Sie rauchen, wollen Sie vielleicht jetzt damit aufhören.

Wenn Sie Alkohol trinken, möchten Sie sich vielleicht jetzt auf einen sehr gelegentlichen Schluck beschränken.

Wenn Sie jeden Tag rotes Fleisch essen, möchten Sie das vielleicht zurückschrauben.

Wenn Sie sich wenig körperlich bewegen, möchten Sie vielleicht mit einem regelmäßigen Training beginnen.

Wenn Sie sich die meiste Zeit besorgt, unter Druck und gestresst fühlen, möchten Sie es vielleicht mit ein bisschen Meditation versuchen. (Etwa jeden Tag.)

Alles das sind Vorsorgemaßnahmen. Sie werden Ihnen helfen, sich nicht der Gruppe chronisch Kranker anzuschließen. Und wenn wir schon von Vorsorge sprechen, lassen Sie sich doch ab und zu ein bisschen massieren, nicht nur, wenn Sie gerade Schmerzen haben. Gönnen Sie sich immer mal wieder eine Ganzkörpermassage. Und fragen Sie den Chef, ob nicht ein- bis zweimal in der Woche eine Massagetherapeutin ins Büro kommen könnte, um diese netten kleinen fünfzehnminütigen Arm-, Rücken- und Nackenmassagen zu verabreichen. Schauen Sie zu, wie der Stresslevel rapide sinkt und sich die Produktion steigert.

Informieren Sie sich über Akupressur und Akupunktur. Gehen Sie zu einem Aromatherapeuten. Machen Sie jemanden ausfindig, der Reflexzonenmassage beherrscht. Suchen Sie einen kompetenten Heilpraktiker oder homöopathischen Arzt.

Und bringen Sie Ihre Ernährungsweise in Ordnung. Sie haben es schon so lange versprochen.

Sie können noch eine ganze Menge mehr tun. Sie können anfangen, es so zu machen wie die hoch entwickelten Wesen. Beobachten Sie, »was so ist« (Rauchen verursacht Krebs, stärkehaltige Nahrung macht dick, der ständige Verzehr von rotem Fleisch ist schlecht für Sie etc.), und tun Sie dann, »was funktioniert«. Treffen Sie die Entscheidung, dass Ihnen wirklich an Ihnen liegt. Oder beschließen Sie, dass Ihnen wirklich an Ihren Liebsten liegt – die wollen, dass Sie Ihren Körper noch sehr lange nicht verlassen.

Auf eine bessere Gesundheit und gesündere Lebensgewohnheiten – für uns alle.

Was bedeutet »Das, was ihr anschaut, das verschwindet«?

Lieber Mr. Walsch: Ich wollte keine New-Age-Literatur oder spirituellen Bücher mehr lesen. Meine Suche, meine Gebete usw. brachten nichts. Aber ich genoss Ihr Buch durch mein Gelächter und meine Tränen hindurch. Ich verstehe nicht: »Wenn du etwas anschaust, verschwindet es.« Bitte erklären Sie das noch einmal. Mein ganzes Leben ist großer Mist, den ich gerne hinter mir ließe. Ich habe seit dreiundzwanzig Jahren Gesundheitsprobleme. Ich hatte immer Gesundheitsprobleme. Ich bin nicht krankenversichert, also bleibe ich zu Hause und leide. Wenn Sie Heilungen vornehmen, dann helfen Sie mir bitte. Liebe und Segen, Ruth, Oceanside, CA.

Meine liebe Ruth: Dieses Zitat, »Etwas, dem ihr euch widersetzt, das bleibt bestehen. Das, was ihr anschaut, das verschwindet«, findet sich auf Seite 158 von GMG Band 1. Lesen Sie diesen Abschnitt, der auf Seite 157 beginnt, noch einmal, denn er erklärt ganz gut, warum und in welcher Hinsicht es wahr ist, dass »das Ding, dem du dich widersetzt, bestehen bleibt«. Der zweite Teil der Aussage, »Was du anschaust, das verschwindet«, bedeutet, dass etwas, dem du direkt ins Gesicht blickst, seine trügerische Form verliert. Jeder Mensch, der schon einmal der Angst ins Antlitz gesehen hat und sich dann unverletzt von ihr entfernte, versteht diese Aussage sehr gut. Ganz ähnlich schauen sich Leute den Schmerz an und bringen ihn zum Verschwinden, einfach nur dadurch, dass sie ihn sich anschauen. Das meint, dass sie ihn untersuchen, erkunden, ihn sich eingestehen und nicht versuchen, sich ihm zu widersetzen.

Jeder Akt, sich einem Ding zu widersetzen, kann ihm nur mehr Stärke verleihen. Der Mensch im Zahnarztstuhl, der verzweifelt die Armlehnen umklammert, kann ein Lied davon singen. Der Mensch, der auf diesem Stuhl Platz nimmt, sich in den

Schmerz sinken lässt, mit ihm mitgeht, ihn sich anschaut, ihn einfach wahrnimmt und ihm nicht mehr Macht einräumt, als er tatsächlich hat, entdeckt, dass er ihn mit erstaunlicher Leichtigkeit mindern, ja oft ganz beseitigen kann. Werdende Mütter, die sich in der Lamaze-Methode geübt haben, tun das beim Geburtsvorgang.

Wenn Sie sich etwas anschauen, irgendetwas, berauben Sie es seiner eingebildeten Übermächtigkeit, Härte, Schmerzlichkeit und reduzieren es auf einen bloßen Schatten seines vormaligen Selbsts. Tatsächlich können Meister und Meisterinnen jede unerwünschte Erfahrung eliminieren.

Es tut mir Leid, dass Sie schon so lange Zeit die Erfahrung von Krankheit machen. Doch würde ich Sie auch hier dazu ermuntern, sich dem nicht zu widersetzen. Beachten Sie, dass Sie dies über sich gebracht haben (Sie haben auf einer höheren Ebene diese Entscheidung getroffen). Bedanken Sie sich und seien Sie froh, denn Sie haben die richtigen und perfekten Bedingungen geschaffen, unter denen Sie die nächst höhere Version von Wer Sie Wirklich Sind erschaffen und erfahren können.

Dazu gäbe es noch sehr viel mehr zu sagen, Ruth, aber lassen Sie mich unseren kurzen Austausch folgendermaßen zusammenfassen: Machen Sie sich Ihre Krankheit zu Eigen. Umarmen Sie Ihre Krankheit. Lieben Sie sie in Stücke. Ja, lieben Sie sie zu Tode. Sie mögen vielleicht nicht in der Lage sein, die konkrete Situation zu beheben, aber ich kann Ihnen mit Gewissheit sagen, dass Sie in sich die Macht und Kraft haben, die Situation auf ganz neue Weise zu erleben; als eine Situation, die nicht Plage und Kummer für Sie bedeutet, sondern die Ihnen eine Chance bietet. Christopher Reeve, der Schauspieler, der von einem Pferd stürzte, tut jetzt genau das. Er ist ein lebendiges Beispiel für das, wovon ich rede. Das können Sie auch, Ruth. Sie müssen nicht. Niemand wird es von Ihnen verlangen. Aber Sie können.

Was würde Gott zu jemandem sagen, der Aids hat?

Lieber Neale: Ich habe GMG letzte Woche in einem Buchladen gekauft und entdeckt, dass es ein wirklich wundervolles Buch ist. Es scheint eine Menge neuer Vorstellungen bzw. New-Age-Gedanken, auf die ich schon früher gestoßen bin, zu klären. Ich arbeite ehrenamtlich mit Menschen, die Aids haben. Ich habe Gedanken von Marianne Williamson, *Ein Kurs in Wundern*, Louise Hay, Bernie Siegel und anderen übernommen, die versuchen, Aidskranken zu helfen. Wie lässt sich die Botschaft von GMG auf Aids beziehen?

Wenn ich das richtig verstehe, besagt GMG, dass Gott nicht möchte, dass irgendjemand leidet. Dass Gott im Grunde weder etwas möchte noch nicht möchte. Er/Sie hat uns einfach das unbegrenzte Potenzial gegeben, zu erschaffen, was immer wir wollen. Weder gibt es ein »Richtig« oder »Falsch« bei den Erfahrungen, die wir erschaffen, noch kann einem »Opfer die Schuld gegeben« werden. GMG spricht davon, dass manche Dinge vom Kollektivbewusstsein und nicht so sehr vom Individuum erschaffen werden. Ist Aids möglicherweise eines dieser Dinge, und wären wir dann nicht als Gesellschaft im Ganzen aufgefordert, ins Kollektivbewusstsein hineinzusehen und bestrebt zu sein, unseren höchsten bedingungslos liebenden und mitfühlenden Gedanken Ausdruck zu geben? Und was würde Gott zu der Einzelperson sagen, die mit Aids ringt? (Natürlich meine ich den in GMG offenbarten Gott und nicht den zornigen, sich auf Angst gründenden Gott so mancher Religionen.) Mit besten Wünschen, Jeff, per E-Mail.

Hallo, Jeff: Wir wissen, dass Gott eines nicht sagen würde, nämlich dass Aids seine Strafe für unser Verhalten oder seine Rache für unsere sexuellen Vergehen oder unsere Promiskuität ist. Alles, was wir auf diesem Planeten erschaffen, erschaffen wir individuell und kollektiv mit unseren Gedanken, Worten und Taten. Der Grund für dieses Erschaffen? Das ist in jedem der Fälle ein anderer. Doch das Kollektivbewusstsein ist sehr stark. »Wo immer zwei oder mehr versammelt sind« bedeutet nicht nur immer positive, sondern auch so genannte negative Ergebnisse. Mit anderen Worten: Wenn genügend Menschen »falsche Gedanken« hegen und wenn das zufällig dieselben Gedanken sind, kannst du darauf wetten, dass sie sich in unserer physischen Realität fortpflanzen werden.

Ich glaube, die globale Erfahrung, die wir die Aids-Seuche nennen, ist das Ergebnis eines globalen Bewusstseins, das den menschlichen Ausdruck von Sexualität schon seit so langer Zeit mit Schuldgefühl, Angst und Scham umgeben hat. Diese negative Hülle, in die so viele Menschen auf der Welt den Sex gesteckt haben, umgibt und durchdringt jede unserer Erfahrungen in diesem Bereich. Der Hass in der Welt, der auf eine bestimmte Gruppe von Menschen gerichtet ist – und der Hass, den so viele Angehörige dieser Gruppe gegen sich selbst richten – mag dazu geführt haben, dass diese Gruppe ganz besonders von Aids betroffen ist.

Das individuelle Bewusstsein muss sehr stark sein, um das Kollektivbewusstsein überwinden zu können. Ein Bewusstsein auf der Ebene des Christusbewusstseins vermag es offensichtlich. Und man muss sich auch nicht immer oder meistens auf dieser Ebene befinden. Wunderheilungen haben sich ereignet, wenn sich jemand auch nur für einen Augenblick auf die Ebene des Christusbewusstseins begab. Doch ich möchte auf das hinweisen, was GMG über Heilung und physische Leiden usw. sagt: Wenn sich ein physisches Leiden erst einmal manifestiert hat, ist es eine außerordentlich große Herausforderung, es zum »Verschwinden« zu bringen. Das müssen wir wissen, damit wir uns nicht in allen möglichen Dummheiten verfangen. Andererseits wissen und begreifen wir, dass es möglich ist, Aids oder ein anderes unerwünschtes Leiden zum Verschwinden zu bringen.

Aber als Allererstes würde ich sagen: »Das Ding, dem du dich widersetzt, bleibt bestehen. Deshalb dränge nicht so hart gegen die Erfahrung an, die du machst. Trete vielmehr liebevoll in deine eigene Schöpfung ein und triff ganz einfach die Wahl, sie auf die profitabelste und evolutionärste Art und Weise zu durchleben. Wenn das Spontanheilung bedeutet, gut. Wenn nicht, auch gut. Wenn es bedeutet, daran zu sterben, nun, dann auch gut.«

Dieser Ort des »Mir ist jedes Ergebnis recht« ist der Ort, wo wir zum inneren Frieden, zur inneren Klarheit finden. Und nicht zufällig werden von diesem Ort des inneren Friedens und der inneren Klarheit aus Wunder geschaffen. Also das Erste ist: Kämpfe nicht gegen das Erschaffene an; mach es nicht zu etwas Unrechtem. Nimm einfach zur Kenntnis, »was ist«. Umarme es. Liebe es.

Das heißt nicht, dass man alle Hoffnung auf Genesung, jeden Wunsch nach Besserung, jeden Gedanken an Heilung aufgibt. Es bedeutet so etwas Ähnliches wie das, was manche New-Age-Vertreter mit dem Spruch »Lass los und Gott zu« meinen. Mit anderen Worten: Okay, du hast dieses Ding erschaffen, entweder durch das Kollektivbewusstsein oder dein eigenes Bewusstsein. Jetzt lass Gott es zu seinem besten Ergebnis bringen, und wisse, dass genau das geschehen wird. Dies ist noch immer der beste Rat: Sei nicht bestrebt, irgendetwas an dem, was geschieht, zu ändern; sei bestrebt, deine Erfahrung von dem, was geschieht, zu verändern.

Was würde Gott zu einem Menschen sagen, der Aids hat? »Ich liebe dich. Jetzt geh und liebe dich selbst. Und bring dir selbst und all denen, deren Leben du berührst, das ganze Maß deines Gutseins, deiner Größe, deiner Göttlichkeit. Segne alle, deren Leben du berührst, mit dem inneren Licht der Wahrheit. Heile die, die um dich sind, von jedem falschen Gedanken. Denn was du einem anderen gibst, das gibst du deinem Selbst. Und habe keine Angst, zu mir heimzukehren. Weder jetzt noch jemals. Denn ich werde dich nicht im Stich lassen und dir nie etwas anderes als Freude und Staunen über dein Hiersein bereiten. Durchlebe jetzt also deine Erfahrung. Tritt in sie ein, geh durch sie hindurch, und komm auf der anderen Seite so, wie du eben herauskommst, wieder heraus. Aber tu es lächelnd und mit Liebe zu dir und zu allen. Dann kann dich nichts tangieren, und du wirst ein Heiliger sein. Und alle, die dich kennen, werden gesegnet sein. Und ist dies nicht das, wozu du hergekommen bist?«

Sollten wir Vegetarier sein?

Lieber Neale: GMG ist ein beeindruckendes Buch. Ich bin ein Schüler von *Ein Kurs in Wundern*. Ich möchte dich bitten, Gott eine Frage zu stellen. Ist Gott der Meinung, dass wir Vegetarier sein sollten? George, Harvard, MA.

Lieber George: Gott ist nicht der »Meinung, dass wir irgendetwas sollten«. Gott hat in der Sache keine Vorliebe. Doch wenn man GMG sorgfältig liest, wird klar, dass die meisten von uns angesichts dessen, wo wir unserer Aussage nach hingelangen wollen (das heißt zu vollkommener Gesundheit), sich nicht in die richtige Richtung bewegen. Wir sagen, wir wollen nach Seattle, sind aber auf dem Weg nach San José!

Wir führen unserem Körper alle möglichen Gifte zu und essen Speisen, die einer bestmöglichen Gesundheit nicht förderlich sind. Soweit ich die Sache verstehe, gelangen wir zur bestmöglichen Gesundheit, wenn wir lebendige und nicht tote Nahrung zu uns nehmen. Das heißt, nicht das Fleisch von toten Tieren, sondern lebendige Organismen, die wir in unseren Gärten, an Bäumen und auf Feldern wachsen lassen. Denkt Gott, dass das das richtige Handeln ist? Nun, in Gottes Welt gibt es so etwas wie »richtig« und »falsch« nicht – nur das, was in Hinblick darauf, was man zu tun versucht, funktioniert und nicht funktioniert. Lebendige Nahrung führt zu mehr Leben, tote Nahrung führt zu mehr Tod. So einfach ist das.

Ärzte sind okay und können helfen

Lieber Neale: GMG Band 1 hat mir Einsichten in Bezug auf Fragen vermittelt, die mir lange Zeit großen Kummer bereiteten. Vielen Dank, Neale! Ich habe eine Frage hinsichtlich einer Aussage auf Seite 285: »Du beugst den Zusammenbrüchen nicht durch regelmäßige, alljährliche Untersuchungen vor ...« Meine erste Frage: Wie können regelmäßige Untersuchungen Zusammenbrüchen vorbeugen? Sagte Gott nicht, dass wir uns unsere Zusammenbrüche durch unsere Wahl erschaffen? Und wenn das so ist, was nützt dann im Grunde eine Untersuchung? Zweitens: In GMG wurde kurz erwähnt, dass das medizinische Establishment aus finanzieller Gewinnsucht den Menschen absichtlich bestimmte Heilmittel vorenthält. Gott weiß, dass es nicht unser bestes Interesse im Sinn hat. Warum empfiehlt Gott dann regelmäßige Untersuchungen? Nochmals vielen Dank, in Liebe, Holly, Sherman Oaks, CA.

Liebe Holly: Ja, Gott sagte, dass wir uns unsere Zusammenbrüche erschaffen. Und einer der Wege, auf denen wir das tun, ist der, dass wir uns nicht um unseren Körper kümmern. Regelmäßige Untersuchungen werden empfohlen, weil, wie das Buch ganz klar darlegt, ein Unterschied zwischen dem medizinischen Establishment als Kollektiv und dem einzelnen Arzt besteht. Nur sehr wenige Menschen handeln als Einzelne genauso wie im Kollektiv. Die Menschen benehmen sich in der Menge anders. Das gilt ebenso für Ärzte wie für jeden anderen. Der Besuch beim Arzt kann zu vorteilhaften Ergebnissen führen. Und meiner Erfahrung nach tut es das in der Mehrheit der Fälle auch. Das Buch möchte nicht den einzelnen Arzt herabwürdigen, sondern nur zu einigen Standpunkten des Ärztestands als Kollektiv einen Kommentar abgeben.

Kümmert es Gott, wie wir mit unserem Körper umgehen?

Lieber Mr. Walsch: Mich beunruhigt etwas, was ich in GMG Band 1 auf Seite 285 und den nachfolgenden Seiten lese. Warum kümmert es Ihrer Meinung nach Gott, wie wir mit unserem Körper umgehen, nicht aber was wir mit unserem Geist anstellen (Fernsehen, Gewalt usw.)? Und warum soll man sich nur von Alkohol fern halten? Warum nicht auch von Kaffee, Marihuana, Heroin usw. (die alle »den Geist schädigen«). Carolyn, West Harwich, MA.

Liebe Carolyn: Gut! Die Worte auf diesen Seiten sollten Sie auch »beunruhigen«. Wie es im Buch auf Seite 287 heißt: »Sie sollte dich auch wachrütteln.« Und dann: »Manchmal muss man eine Person, die tief schläft, etwas unsanfter wecken.« Aber mich interessiert, wie Sie zur Schlussfolgerung kommen, dass es »Gott kümmert, wie wir mit unserem Körper umgehen, nicht aber, was wir mit unserem Geist anstellen (Fernsehen, Gewalt usw.)«. GMG spricht sich ganz klar gegen die Gewalt im Fernsehen aus, und das ganze Buch dreht sich um unseren Umgang mit unserem Geist!

Was nun Ihre zweite Frage angeht, so findet sich auf den Seiten 285 und 286 eine vehemente Aussage über den schlechten Umgang mit unserem Körper. »Du ernährst ihn nicht richtig, wodurch du ihn noch mehr schwächst. Dann stopfst du ihn mit allen möglichen Giftstoffen voll und mit den absurdesten Substanzen, die sich Nahrung nennen.« Ich denke, Kaffee, Marihuana und Heroin fallen in diese Kategorien, auch wenn sie nicht so spezifisch erwähnt werden wie der Alkohol. Ich denke, die meisten Leserinnen und Leser begreifen dies als allgemeine Aussage über unseren Umgang mit unserem Körper, die keineswegs nur den Missbrauch von Alkohol zum Gegenstand hat, oder?

Die Einnahme von Medikamenten verlangsamt nicht die »evolutionäre Entwicklung«

Lieber Neale: Ich habe diesen Brief viele Male umgeschrieben, weil mir immer wieder neue Themen einfallen, die ich gerne von dir ein wenig beleuchtet hätte. Zuerst möchte ich sagen, dass deine Bücher sehr schön sind und in uns das wiedererwecken zu scheinen, was die meisten unter all diesen Schichten von Schrott schon für wahr halten. Das Traurige daran ist, dass es sich um Grundwahrheiten handelt, und du und andere die Botschaft trotzdem durch eine Menge Störungen und Widerstände hindurch nach außen tragen müssen.

So viele von uns sind in einem ständigen Hin und Her zwischen alltäglichem Überleben und dem Versuch, dem Leben eine gewisse Bedeutung zu geben, gefangen. Warum sind Kopf, Seele und Herz bei uns so gepanzert und beschwert? Mir ist klar, die Antwort ist ein endlos verflochtenes Netz, und vielleicht ist der Ursprung von allem unser so überaus törichter stiftender Gedanke, dass alles, was wir tun oder sagen, zum Vorteil unseres »Images« sein muss oder uns zumindest nicht töricht aussehen lassen darf. Wo beginnen wir mit dem Aufdröseln dieser absoluten Absurdität, die wir in diesem Ding namens Leben erschaffen haben? Du hast über die Möglichkeit, ewig zu leben, geschrieben. Ehrlich gesagt erschreckt mich diese Vorstellung. Was ist aus »Wenn die Seele bereit ist, den Körper zu verlassen, dann tut sie es, ganz egal was ist« geworden? Das scheint gar nicht zu einem ewigen Leben zu passen, es sei denn, du redest von einer völlig anderen

Existenz als der uns gegenwärtig bekannten. Bitte geh darauf ein. Noch eine Sache: Die Hälfte der Bevölkerung dieses Landes scheint auf Prozac oder einem anderen Antidepressivum zu sein (und die andere Hälfte sollte es wahrscheinlich nehmen). Auch ich war drauf, bis ich beschloss, die Dinge auf die harte Tour zu lösen. Ich muss zugeben, dass das Medikament mich, solange ich es nahm, zu der Person machte, die ich immer sein wollte, aber hat das keine Auswirkung auf den evolutionären Entwicklungsprozess? Wenn so viele Menschen diese Abkürzung nehmen, um sich wohl zu fühlen und in der Verdrängung zu leben … na, du weißt schon. Irgendwelche Kommentare dazu? In der Hoffnung auf ein neues Morgen, Vesna, San Pedro, CA.

Hallo, Vesna: Ich lese aus deinem Brief eine gewisse Frustration heraus. Lass uns sehen, ob wir ein wenig davon aufdröseln können. Du hast Recht. Viele Menschen sind in einem ständigen Hin und Her zwischen einem Leben des »Überlebens« und einem, das Bedeutung hat, gefangen. Doch ich lade dich dazu ein, eine der Mutigen zu sein – eine Person, die sich dazu entscheidet, sich ein Leben statt nur einen »Lebensunterhalt« zu schaffen. Der Grund, warum die meisten Menschen nicht diese Wahl treffen, ist der, dass sie einem stiftenden Gedanken anhängen, der besagt, dass sie das nicht können. Es schwirren eine Menge solcher stiftender Gedanken da draußen herum. Gedanken wie: »Geld wächst nicht an den Bäumen«, »Du kannst den Kuchen nicht gleichzeitig aufessen und behalten« und Hunderte andere. Sie alle stützen die Vorstellung, dass wir den Auswirkungen des Lebens unterworfen sind, statt deren Ursache zu sein. Wo fangen wir mit dem Aufdröseln der absoluten Absurditäten an? Bei dem Buch, Vesna. Nimm dein Exemplar von GMG zur Hand und lies es immer wieder, bis du dir seinen Inhalt gut eingeprägt hast.

Zwischen den beiden Aussagen, dass der menschliche Körper dazu angelegt ist, ewig zu halten, und dass die Seele den Körper verlässt, wenn sie dazu bereit ist, ganz egal was ist, besteht kein Widerspruch. Die Frage sollte lauten: Was bringt die Seele zu ihrer großen Bereitschaft, den Körper zu verlassen? Die Antwort ist auf traurige Weise offensichtlich. Weil der Inhaber des Körpers sich so schlecht um ihn gekümmert hat, dass die Seele keinen Wunsch hat, noch länger in ihm zu verweilen. Warum sollte sie auch, wenn es neue, gesündere Körper gibt, in denen sich das Abenteuer fortsetzen lässt?

Ja, die Hälfte der Bevölkerung der Vereinigten Staaten ist auf Prozac oder etwas Ähnlichem, und ich empfehle ganz gewiss nicht die Einnahme von verschreibungspflichtigen Pillen in großen Mengen. Andererseits stimmt es nicht, dass die Einnahme von rezeptpflichtigen Arzneien, wenn sie wirklich helfen, den evolutionären Prozess irgendwie verlangsamen. Ich bin nicht bereit, jede Person, die Prozac nimmt, als einen Menschen zu charakterisieren, der einfach eine »Abkürzung« nimmt, um sich »gut zu fühlen« und »in der Verdrängung zu leben«. Es kann durchaus sein, dass sie lediglich ein biochemisches Ungleichgewicht in ihrer physiologischen Struktur zu korrigieren versucht, nicht damit sie sich »gut«, sondern damit sie sich normal fühlen kann. Und nicht, um »in der Verdrängung«, sondern um in Frieden leben zu können.

Nun will ich einräumen, dass viele Menschen mit verschreibungspflichtigen Medikamenten Missbrauch treiben, aber du zeichnest hier ein ziemlich grobes Bild, Vesna, und ich muss dich da ein bisschen bremsen. Aber ich wünschte mir (und ich bin sicher, du schließt dich mir darin an), dass sich unsere Ärzte und medizinischen Institutionen stärker mit alternativen Methoden befassen und sie mehr anwenden würden, so zum Beispiel Meditation, Akupunktur, Akupressur, Chiropraktik und Heilmassage. Ich hege keinen Zweifel daran, dass unser Bedarf an verschreibungspflichtigen Medikamenten erheblich sinken würde, wenn von diesen und anderen alternativen Möglichkeiten mehr Gebrauch gemacht würde. Und ich hege auch keinen

Zweifel daran, dass das nur gut für uns wäre. Aber niemand soll denken, dass das Einnehmen von Medikamenten seine oder ihre »evolutionäre Weiterentwicklung verlangsamt«. So ist es nicht.

Warum möchten Leute das Leben nicht zu seinen eigenen Bedingungen leben und nehmen deshalb Drogen?

Lieber Mr. Walsch: Ich kann Ihnen gar nicht sagen, wie tief GMG Band 1 auf mich gewirkt hat. Ich kämpfe nun schon seit siebenundzwanzig Jahren immer wieder mit meiner Drogensucht. Dieses Buch gab mir so viel Inspiration und Hoffnung. Es half mir zu erkennen, warum Menschen zu Drogen greifen (in meinem Fall verschriebene), um sich der Welt zu stellen, und warum sie es so schwierig finden, das Leben zu seinen eigenen Bedingungen zu leben. Ich bin fast zweiundvierzig Jahre alt und hatte gerade einen Rückfall, nachdem ich über sechzig Tage clean war (was für mich schon ein Wunder an sich ist), und ich brauche Gottes Hilfe so dringend. Ich brauche seine Worte der Weisheit, damit sie mir Stärke geben. Gott lässt das Sich-Entscheiden so einfach klingen, und ich bin sicher, dass es auch so sein sollte. Aber ich könnte hier ganz bestimmt noch mehr Inspiration und Wissen gebrauchen. Ich hoffe, Sie können mit Gott in Einzelheiten darüber sprechen. Ich weiß, es gibt eine Menge Leute wie mich hier draußen, die von seiner Weisheit profitieren würden. Susan.

Liebe Susan: Aus Ihrem Brief geht nicht klar hervor, ob Sie ausschließlich rezeptpflichtige Pillen nehmen oder auch Drogen von der Straße. Sie erwähnten in Klammern verschriebene Drogen, sprechen aber dann davon, dass Sie einen »Rückfall hatten, nachdem Sie über sechzig Tage clean waren«. Solche Worte werden normalerweise nicht von einer Person gebraucht, die gerade festgestellt hat, dass sie wieder zu Medikamenten greift, nachdem sie ein paar Monate lang die Finger davon gelassen hat. Das sind Worte, die ich immer wieder von Leuten höre, die sich auf der Straße Drogen besorgen. Aber vielleicht meinten Sie auch, dass sich Ihre Drogensucht auf verschreibungspflichtige Medikamente bezieht. Wie dem auch sei, Ihre Frage und Bitte um Hilfe berührt eine Situation, mit der Hunderttausende von Menschen konfrontiert sind. Also schauen wir uns die Sache an.

Ich glaube, Susan, dass die Menschen Drogen (verschriebene und andere) missbrauchen, weil sie das Gefühl haben, sich nirgendwo anders hinwenden zu können. Sie werden von chemischen Substanzen abhängig, weil sie anderswo nicht das finden konnten, was ihnen diese Substanzen verschaffen: Wohlbefinden oder zumindest ein Gefühl von Losgelöstsein und momentaner Befreiung von emotionalen und/oder körperlichen Schmerzen, die sie in ihrem Leben erfahren.

Selbst die Menschen, die sich von so genannten Freizeitdrogen angezogen fühlen (und behaupten, dass sie sie nur nehmen, weil ihnen das Gefühl »high zu sein« Vergnügen macht), verkünden damit, dass sie keine anderen Möglichkeiten gefunden haben, zu dem Gefühl zu kommen, das ihnen diese Drogen verschaffen. Und so kehren sie natürlich immer wieder zu ihren Drogen (oder Drinks oder sexuellen Kicks oder was sonst) zurück. Alles abhängige Verhalten ist eine solche Verkündigung. Es ist eine Erklärung, die besagt: »Ich habe die Kontrolle über mein Leben und meine Fähigkeit verloren, mir das zu erschaffen, was ich wirklich wähle.«

Alle menschlichen Erfahrungen lassen sich in zwei Kategorien unterteilen. Das heißt, wir erleben uns selbst jeden Augenblick auf eine von zwei möglichen Arten. Wir sind entweder 1) originär/kreativ bzw. ursprünglich/schöpferisch oder 2) nicht originär/reaktiv bzw. nicht ursprünglich/reagierend. Das sind die beiden Arten des Selbstausdrucks, durch die wir uns als Wer

Wir Wirklich Sind und Wer Zu Sein Wir Wählen erfahren. Mit anderen Worten: Diese Formen des »Selbstausdrucks« sind nichts weiter als von uns gewählte Seinsweisen.

Und nun kommt der wichtige Teil. Wir »müssen« nicht irgendetwas »sein«. Wir haben die Möglichkeit der Wahl. Wir haben die Möglichkeit der Entscheidung. Es gibt nichts, was wir angesichts einer Person, eines Orts oder einer Sache unbedingt sein müssen. Wir brauchen nicht ärgerlich zu sein, wir brauchen nicht traurig zu sein, wir brauchen nicht glücklich, wütend oder irgendetwas im Besonderen zu sein. Wir haben in allem die Wahl.

Nun gründet sich unsere Wahl fast immer darauf, wie wir die Daten und Informationen, die wir empfangen, wahrnehmen. Auf unsere Wahrnehmungen gegründet wählen wir (eigentlich ziemlich willkürlich) einen Seinszustand, in den wir uns dann begeben. Er ist der Ort, an dem wir für den Moment »leben und atmen und unser Sein haben«. Wenn wir einen Seinszustand »haben«, haben wir einen »Zustand des Seins« – und nennen ihn »wir« oder »ich«. Es ist eine Entscheidung, die wir treffen. Es ist unsere Wahl. Und wir treffen diese Entscheidung und Wahl jede Minute eines jeden Tages. Wenn wir diese Beschlüsse und Entscheidungen ausleben und in Handlungen umsetzen, sprechen die Sozialwissenschaftler von unserem »Verhalten«.

Ich habe beobachtet, dass es mehrere Arten von Verhalten gibt: a) seltenes, b) gelegentliches, c) regelmäßiges, d) gewohnheitsmäßiges, e) zwanghaftes oder f) Sucht-Verhalten.

Wenn wir nun auf unsere zwei Erfahrungskategorien zurückkommen, sehen wir, dass in Hinblick auf die Kategorie 2 (nicht originär/reaktiv) alle dieser Verhaltensarten (a bis f) dann und wann bei Menschen beobachtet werden können. Was jedoch Kategorie 1 (originär/kreativ) angeht, kann man hier nur die ersten drei Verhaltensarten (a bis c) beobachten. Sobald ein Verhalten gewohnheitsmäßig oder zwanghaft oder zur Sucht wird, ist es nicht länger ein ursprünglicher/schöpferischer Ausdruck des Selbsts, sondern es ist nicht ursprünglich/reagierend geworden.

In der ersten Kategorie legen wir ein Verhalten an den Tag, das *ganz ursprünglich* erschaffen wird, um dem Augenblick zu entsprechen. Das heißt, wir begrüßen den Augenblick, und die Daten und Informationen, die er uns präsentiert, so, als wäre er brandneu – als wäre er noch nie zuvor auf diese Weise erlebt worden. Und wir kreieren buchstäblich auf der Stelle eine ursprüngliche Art, damit umzugehen, eine ursprüngliche Art, darauf zu reagieren; eine ursprüngliche Art zu »sein«. Das bedeutet nicht, dass wir niemals so »handeln«, wie wir schon zuvor gehandelt haben. Es kann zum Beispiel sein, dass wir immer nett reagieren, oder mit Geduld oder freundlich, verständnisvoll und liebevoll. Die Art und Weise, wie wir uns »zeigen«, kann durchaus mit unserer langfristigen Vorstellung von uns selbst in Einklang stehen. Dann nimmt sich unser Verhalten möglicherweise wie ein »regelmäßiges« Verhalten aus, obwohl unser Selbstausdruck immer originär bzw. ursprünglich ist.

In der zweiten Kategorie legen wir ein Verhalten an den Tag, das *wieder*erschaffen wird, um dem Augenblick zu entsprechen. Das heißt, wir begrüßen den Augenblick, und die Informationen und Daten, die er uns präsentiert, so, als wäre er derselbe Augenblick, den wir schon einmal erlebt haben. Wir erschaffen buchstäblich auf der Stelle eine nicht ursprüngliche Art, damit umzugehen; eine nicht ursprüngliche Art, darauf zu reagieren; eine nicht ursprüngliche Art, zu »sein«. Kurzum, wir re-agieren. Wir handeln so, wie wir schon zuvor gehandelt haben. Unser Verhalten wird zu einem »gewohnheitsmäßigen«, dann zu einem »zwanghaften« und schließlich zu einem »Sucht«-Verhalten, weil unser Selbstausdruck immer nicht originär bzw. nicht ursprünglich ist.

Die Worte »kreativ« und »reaktiv« sind im Grunde die gleichen Worte, nur ist ein Buchstabe verschoben worden, um ihnen jeweils andere Bedeutungen zu geben. Die Buchstaben wurden manipuliert, damit unterschiedliche Ergebnisse herauskommen. Und das stimmt auch für die mit diesen Worten assoziierten Handlungen. Wenn wir kreativ und wenn wir reaktiv sind, sind wir im Wesentlichen das Gleiche: Beobachter der Ereignisse in unserem Leben. Nur die Emotionen wurden verlagert, wodurch die Ereignisse unterschiedliche Bedeutungen bekommen. Die Daten und Informationen wurden manipuliert, damit unterschiedliche Ergebnisse herauskommen.

Unser menschlicher Körper ist im Grunde nichts weiter als ein Datenempfänger. Mittels unserer Sinne empfangen wir diese Daten und nehmen sie wahr. Wir versuchen, in dem Ganzen einen Sinn zu sehen — und vergessen dabei, dass die Daten nicht von irgendwo sonst herkommen, sondern dass wir selbst sie erzeugt haben.

Die meisten von uns denken, dass das Leben uns passiert, nicht dass es wegen uns passiert. Wir betrachten Menschen, Orte und Ereignisse als außerhalb von uns angesiedelt, als etwas von uns Getrenntes. Aber in Wahrheit gibt es nichts außerhalb von uns selbst, nichts von unserem Selbst Getrenntes. Es gibt keine Person, keinen Ort und kein Ereignis, das nicht Teil von Wer Wir Sind ist. Und solange wir denken, dass es das doch gibt, werden wir uns immer vorstellen können, dass jemand anderer oder etwas anderes »uns das antut«; dass es Leute, Ereignisse oder Umstände im Außen gibt, über die wir keine Kontrolle haben, die aber Kontrolle über uns haben. Das ist die Illusion, der wir anhängen und in der wir leben. Das ist der Ort der Hilflosigkeit, der unsere Verzweiflung erzeugt und unsere verzweifelten Verhaltensweisen, zu denen ganz offensichtlich auch der Drogenmissbrauch gehört.

Drogenmissbrauch ist ein Sucht-Verhalten, also Typ f. Und da die Verhaltensarten d, e und f nur dem Selbstausdruck der Kategorie 2 angehören können, ist der Drogenmissbrauch ein nicht ursprünglicher/reagierender Ausdruck des Selbsts. Ja, es ist so, dass das Sucht-Verhalten ein extrem reagierendes Verhalten ist.

Ein reagierender Selbstausdruck ist ein Ausdruck, der der Illusion entspringt, dass man keine Wahl hat. Wir würden diese Seinsweise nicht wählen, wir würden dieses Verhalten nicht an den Tag legen, wenn wir glaubten, hier eine Wahl zu haben. Doch so denken wir nicht, und deshalb wählen wir auch keine neue Art zu sein, sondern verhalten uns weiterhin auf die alte Art und Weise. Wir legen weiterhin alte Verhaltensweisen an den Tag. Kurzum, wir handeln immer wieder so, wie wir zuvor gehandelt haben. Wenn wir das auf eine für uns nicht mehr kontrollierbare Weise machen, gehen wir von einem gewohnheitsmäßigen zu einem zwanghaften und dann zu einem Sucht-Verhalten über.

Warum missbrauchen Menschen Drogen? Weil sie so komplett vergessen haben, Wer Sie Sind, dass sie glauben, total die Kontrolle über ihre Selbsterfahrungen verloren zu haben. Sie sind von der Wahl zu keiner Wahl, und vom authentischen zum unauthentischen Selbst-Ausdruck übergegangen. Das heißt, sie legen Verhaltensweisen – Seinsweisen – an den Tag, die nicht die Wahrheit über sie sind.

Ich habe mir die Zeit genommen, etwas darzulegen, das Sie vielleicht für ziemlich offensichtlich halten. Aber Sie wären überrascht, wie viele Menschen all das nicht für offensichtlich halten. Und natürlich haben diese Aussagen mit sehr viel mehr als nur dem Drogenmissbrauch zu tun. Wir sprechen hier alles gewohnheitsmäßige, zwanghafte und süchtige Verhalten an, vom Nägelkauen über die Sexsucht und Nikotinabhängigkeit bis hin zu allen möglichen Verhaltensweisen, die eine Lüge über uns erzählen.

Die Heilung von Süchten jeglicher Art ist auf der spirituellen Ebene zu finden. Obwohl wir damit kläglich scheitern, versuchen wir nach wie vor, die Leute mit physischen Mitteln vom Drogenmissbrauch zu kurieren, einschließlich der Anwendung physischer Gewalt. (Tatsache ist, dass wir in unserem Land versuchen, alles auf diese Weise zu kurieren.) Eines Tages werden wir begreifen, dass die Heilkur spiritueller und nicht physischer Natur ist. Davon gehen viele der so genannten Zwölf-Schritte-Programme schon lange aus, weshalb sie auch so erfolgreich sind.

Doch selbst Zwölf-Schritte-Programme beginnen manchmal an einem Punkt, den ich als semantisch falsch betrachte. Manche fangen bei etwas an, das ich als semantische Lüge über uns empfinde, und sie fordern uns auf, diese Lüge zu wiederholen und als das Mittel zu betrachten, das uns den Weg zur Genesung finden lässt. Diese Lüge, die erste Aussage, die zu machen wir gebeten werden, ist die, dass wir gegenüber unserer Sucht machtlos sind, dass wir das Problem nicht alleine lösen können. In Wahrheit ist dies der einzige Weg, wie wir dieses Problem lösen werden.

Manche dieser Programme, die uns auffordern, unser Leben und unseren Genesungsprozess Gott zu überantworten, fangen meiner Ansicht nach am falschen Ort an und führen uns an den falschen Ort. Sie beginnen damit, dass sie uns annehmen lassen (und in manchen Fällen von uns das Eingeständnis verlangen), dass wir und Gott voneinander getrennt sind. Doch genau diese Illusion des Getrenntseins nimmt uns die Macht und Kraft, unserer Sucht ein Ende zu setzen. (Deshalb sagen übrigens viele Absolventen eines Zwölf-Schritte-Programms nie, dass sie »geheilt« sind, sondern erklären immer, auf dem Weg der »Genesung« zu sein.)

Ja, nutzen Sie die Macht Gottes in Ihrem Leben, um ein Problem zu lösen, von dem Ihnen gesagt wird, dass Sie es ohne die Macht Gottes nicht lösen können. In diesem Punkt sind die Zwölf-Schrittler und ich uns einig. Aber verlagern Sie nicht die Macht Gottes nach außen. Und achten Sie darauf, nicht eine Art von Abhängigkeit (von Drogen oder von Alkohol) durch eine andere Art von Abhängigkeit (von einer Gruppe oder von Treffen) zu ersetzen.

Nun mag es Ihnen helfen, als ersten Schritt zur Unabhängigkeit ein Zwölf-Schritte-Programm zu benutzen. Und wenn das so ist, dann segnen Sie es für seine Existenz; ehren Sie es für den Ort, an den es Sie führen kann oder vielleicht schon gebracht hat. Aber treffen Sie nie die Wahl, die Heilung durch das Heftpflaster zu ersetzen.

Sie fragen, warum Menschen Drogen benutzen, um sich der Welt zu stellen, und warum sie es so schwierig finden, das Leben zu seinen eigenen Bedingungen zu leben. Menschen tun das, weil sie ihre wahre Natur, ihre wahre Beziehung zu Gott und den wahren Grund für ihr Sein nicht erfassen. Sie verstehen das Leben und was es damit auf sich hat nicht, und sie wissen nichts von ihrer höheren Natur und vom größeren Sinn und Zweck ihres Daseins. Sie sind von der umfassenderen Realität völlig abgeschnitten und leben deshalb ein Leben auf einer sehr physischen Ebene. Sie betrachten sich als den Auswirkungen ihres Lebens unterworfen und nicht als Ursache ihres Lebens. Und deshalb erfahren sie sich, zumindest ohne ihre wie auch immer gearteten Abhängigkeiten, als hilflos und hoffnungslos.

Nun möchte ich hier ein Wort an jene Menschen richten, die rezeptpflichtige Medikamente oder Drogen auf angemessene und verantwortungsbewusste Art nehmen. Brechen Sie die Behandlung nicht ab, weil Sie meinen, Sie haben die Kontrolle über Ihr Leben verloren. Wenn Sie die verordneten Medikamente auf angemessene Weise einnehmen, haben Sie Ihre Macht nicht an sie abgegeben. Sie werden vielmehr durch sie befähigt. Gehen Sie nur sicher, dass Sie wissen, was Sie da nehmen, und warum und ob Sie sie tatsächlich brauchen. Aber lehnen Sie sie nicht ab oder halten Sie sich nicht für »falsch«, bloß weil Sie plötzlich meinen, dass »erleuchtete Menschen keine Medikamente oder Drogen nehmen«. Erleuchtete Menschen erschaffen ihr Leben so, dass es funktioniert. Das Wunder von heute besteht darin, dass wir es gemeinsam erschaffen haben. Das schließt die vielen wahren Wunder der konventionellen Medizin mit ein.

Doch es gibt viele Menschen, die Drogen in jeglicher Form missbrauchen, und es gibt einen Weg, ihnen beizustehen. Erinnern Sie sich einfach an die Wahrheit und bekräftigen Sie sie. Erkennen Sie die Wahrheit, und die Wahrheit wird Sie frei machen. Die Wahrheit ist, dass Sie und Gott eins sind; dass es zwischen Ihnen und ihm/ihr keine Trennung gibt; dass Sie ein göttliches Wesen sind und dieses gegenwärtige Leben benutzen, um zu wählen und zu erklären, zu verkünden und zu sein, auszudrücken und zu erfüllen, Wer Sie Wirklich Sind. Sie werden alle Personen, Orte oder Dinge, die Sie zur Erfüllung dieses Ziels brauchen, zu sich heranziehen. Verdammen Sie deshalb nichts, segnen Sie alles, und wenn Ihnen Ihre gegenwärtige Erfahrung nicht gefällt, dann wählen Sie aufs Neue.

Sie können Ihre Erfahrung eines jeglichen Moments und sich selbst in diesem Moment verändern, ohne etwas an dem, was Sie als außerhalb von Ihnen existent wahrnehmen, zu ändern. Außerhalb von Ihnen muss sich nichts bewegen oder verändern. Nur das, was im Innern ist, wird etwas Neues. Und doch wird sich, wenn Sie eine neue innere Vorstellung von sich selbst haben, früher oder später auch Ihre alte äußere Realität verändern. Das ist unausweichlich.

Sie wollten Ihrer Sucht ein Ende setzen, Susan? Erschaffen Sie eine neue Vorstellung von sich selbst und halten Sie an ihr fest. Begreifen und verstehen Sie auf tiefere und umfassendere Weise, Wer Sie Sind. Gelangen Sie zu einer größeren Klarheit darüber, wer zu sein Sie wählen. Lesen Sie Band 1 von *Gespräche mit Gott* immer wieder, bis Sie seine Lehren verinnerlicht und verwirklicht haben.

Und machen Sie sich Folgendes klar, damit Sie sich nicht einbilden, allein zu sein: Die meisten Menschen haben Süchte. Sie erkennen sie bloß nicht als solche an. Wenn man nach Drogen oder Alkohol oder Essen süchtig ist, dann wird das von der Gesellschaft genau als das anerkannt, was es ist: als eine Sucht. Doch wenn einer sexsüchtig ist, sagt man vielleicht, dass er gerne flirtet oder promiskuitiv ist, dass er gerne verführt oder »hinter den Weibern her ist«. Und wenn jemand von Zustimmung abhängig ist, bezeichnet man ihn vielleicht als »hart arbeitend« oder als »Team-player« (oder falls diese Sucht ihn permanent unglücklich macht, als »gestört«). Wenn man nach Zigaretten oder Tabak süchtig ist, nennt man es ganz einfach eine »schlechte Angewohnheit«. Und so geht es immer weiter und weiter. Wir bezeichnen unsere Verhaltensweisen als alles Mögliche, nur nicht als das, was sie sind: Süchte.

Wir können unseren Süchten ein Ende setzen, wenn wir in unserem Selbstausdruck von Kategorie 2 zu Kategorie 1 übergehen. Wenn wir vom Reagieren zum Schöpferischen überwechseln. Wenn wir vom Nicht-Ursprünglichen zum Ursprünglichen übergehen, also jeden Moment — und uns selbst in Bezug dazu — neu betrachten und erschaffen. Wenn wir die großartigste Version der größten Vision, die wir je von uns selbst hatten, leben. Wenn wir diese Vision erschaffen, sofern wir das nicht bereits getan haben, und uns dann immer weiter in sie hineinbegeben und in ihr erweitern. Darum geht es beim Wiedererschaffen. Sinn und Zweck dieses Lebens ist, sich selbst in jedem Moment des Jetzt wieder aufs Neue zu erschaffen, um das eigene Selbst auf immer herrlichere Weise zu erfahren und kennen zu lernen und somit Gott zu verherrlichen.

Ich hoffe, dies hat geholfen. Ich weiß, es wird sich nicht alles über Nacht verändern (es sei denn, natürlich, es tut es doch), aber ich hoffe, es hat geholfen. Nicht nur Ihnen, Susan, sondern auch den Tausenden anderen, die mit angesehen haben, wie ihr Leben von einem Verhalten bestimmt wird, über das sie scheinbar wenig oder gar keine Kontrolle haben. Seht jeden Moment als neuen Augenblick an. Betrachtet jede Begebenheit als Gelegenheit, sich auf neue und umfassendere Art zu erschaffen und zu erfahren. Trefft eine Entscheidung darüber, wer und was ihr seid und wer ihr eurer Wahl nach sein wollt. Seid euch darüber im Klaren. Und haltet daran fest, ganz gleich was ist.

4

Sein contra Tun – Was soll ich mit meinem Leben machen

Haben die vergangenen Monate Ihren Erwartungen entsprochen? Wenn ja, gut für Sie! Wenn nicht, warum nicht? Könnte es sein, dass Sie sich in Ihren Absichten nicht ganz klar waren? GMG sagt, dass das Leben aus unseren damit verbundenen Absichten hervorgeht. Haben Sie sich zu Beginn dieses Jahres an einen Ort absoluter Klarheit über die Absichten, die Sie mit dem Jahr verbinden, begeben? Sind Sie sich jetzt im Klaren?

Jetzt ist ein guter Zeitpunkt zur Überprüfung, zur Bestandsaufnahme, um zu sehen, wie die Dinge sich entwickeln. Und um Ihre Absichten für den Rest des Jahres zu erneuern. Denn bevor Sie es sich versehen, wird das neue Jahr da sein. Ein weiteres Jahr wird vergangen sein. Werden Sie Ihrem Lebenstraum näher gekommen sein? Der Verwirklichung Ihrer Lebensvision?

Setzen Sie sich hin und machen Sie eine Aussage über diesen Traum und diese Vision. Vielleicht wollen Sie sie schriftlich formulieren. Geben Sie eine Erklärung ab über das, was Sie wählen. Und achten Sie darauf, dass daraus nicht allzu viel »Tun« wird. Lassen Sie das, was Sie wählen, Erklärungen des »Seins« sein. Denn das ganze Leben existiert als Gelegenheit für Sie, die Erfahrung zu machen, dass Sie sind, Wer Sie Wirklich Sind. Und Wer Sie Sind hat, wie ich schon so oft sagte, nichts mit dem zu tun, was Sie tun. Viele von Ihnen sind noch im Tun und Machen befangen. Sie meinen, dass das Glück aus etwas hervorgeht, was Sie tun. Doch wahres Glück in jedweder Form kann nur dem Sein entspringen. Für Ihre Seele zählt das, was Sie sind. Denn Ihre Seele ist Sein auf höchster Ebene.

Treffen Sie also eine Entscheidung darüber, was zu sein Sie bestrebt sind. Versuchen Sie »glücklich« zu sein? Hoffen Sie,

»sicher und geborgen« zu sein? Trachten Sie danach, »ruhig und gelassen« zu sein? Ist es Ihr Wunsch, »liebevoll« zu sein? Werden Sie sich über Ihre Absicht klar, und begeben Sie sich dann in jeden Augenblick des Jetzt. Seien Sie darauf vorbereitet, diesen Moment mit Ihrer in Aktion umgesetzten Absicht zu erfüllen. »Tun« Sie nichts, was nicht mit Ihrer Absicht übereinstimmt, sich nicht in Einklang mit ihr befindet.

Wenn Sie von Ihrer Absicht herkommen, werden Sie feststellen, dass bestimmte Verhaltensweisen allmählich von Ihnen abfallen. Ihr Leben wird eine Veränderung erfahren, es wird eine größere Bewegung stattfinden, ein Bewusstseinssprung auf die nächste Ebene. Und darum geht es in Ihrem gegenwärtigen Leben — dass Sie sich auf die nächste Ebene begeben.

Sein oder Nichtsein...
das ist hier die Frage

Lieber Mr. Walsch: Ich habe eine Frage und wäre sehr dankbar, wenn Sie mir hier helfen könnten. Ich bin mir sicher, dass viele von uns einen Punkt im Leben erreicht haben, an dem wir einfach nicht wissen, »Wer Wir Sein Wollen«. Können Sie mir in dieser Hinsicht irgendwelche Anleitungen zukommen lassen? Ich habe eine lange Liste von »Wer Ich Gewesen bin«, aber diese Schuhe passen mir nicht mehr besonders gut. Waynella, Dallas, TX.

Liebe Waynella: Wenn Sie nicht wissen, Wer Sie Sein Wollen, wer soll es dann wissen? Aber wenn Sie angesichts der endlosen Möglichkeiten, die das Universum bietet, einfach keine Wahl treffen können, dann versuchen Sie es damit: Kehren Sie die Frage einfach um. Wer wollen Sie nicht sein? Hören Sie einfach auf, die zu sein, die Sie nicht sein wollen, dann werden Sie automatisch die sein, Die Sie Sein Wollen.

Denken Sie daran, Waynella, dieses »Wer«, das Sie »sein«

wollen, ist keine Person, keine Beschäftigung, keine Sache, die Sie »tun«. Es ist etwas, das Sie wählen zu »sein«. Wir sprechen hier über ein »Sein«, nicht über ein »Tun«. Ich habe zum Beispiel vor langer Zeit die Wahl getroffen, nicht länger ein Ding namens egoistisch oder verletzend, unfreundlich oder unsensibel, selbstbezogen oder bedürftig zu »sein«. Mein Körper brauchte lange Zeit, bis er die Botschaft kapierte. Er war immer noch dabei, Dinge zu »tun«, die diesen unerwünschten Seinszuständen entsprangen. Aber dann veränderten sich die Dinge ganz langsam und allmählich. Ich fing an, Verhaltensweisen abzulegen, die ich nicht mehr haben wollte; Verhaltensweisen, die mich nicht in der Weise repräsentierten (mich nicht so wieder-gaben), wie ich meiner Wahl nach »sein« wollte.

Heute bin ich ein ganz anderer Mensch als der, der ich noch vor wenigen Jahren war. Und ich stelle fest, dass mein Körper als Folge dieses neuen Seinszustands, in den ich gefallen bin (man kann hier wirklich von »fallen« sprechen), Dinge »tut«, die nur ein Körper macht, der nicht all diese unerwünschten Dinge »ist«. Das Tun entspringt dem Sein, und das ist immer so, auch wenn nur sehr wenige Menschen dies wirklich wissen oder verstehen.

Ich bin mir nicht sicher, ob wir beide über dasselbe reden; aber ich bin mir sicher, dass *Gespräche mit Gott* davon redet, wenn das Thema »Wer Du Wirklich Bist« erörtert wird. Sie sind kein menschliches Tun, Sie sind ein menschliches Wesen. Wenn es das ist, wovon Sie in Ihrem Brief reden, dann wird die Entscheidung, wer Sie »sein wollen«, nicht annähernd so schwierig sein. Und Sie werden entdecken, dass Sie, sobald Sie werden, was Sie »sein wollen«, anfangen, Wege zu finden, das zu »tun«, was Sie immer mit Ihrem Leben »tun« wollten. Es überrascht mich immer wieder zu sehen, wie viele Menschen als Folge ihrer Entscheidung, zu »sein«, Wer Sie Wirklich Sind, zu ihrer rechten Lebensweise und zu ihrem rechten Lebensunterhalt gelangen, sich die für sie richtige und perfekte »Karriere« erschaf-

fen. Tatsache ist, dass ich genau auf diese Art dazu kam, das zu
»tun«, was ich heute tue.

Ich möchte also gerne, Waynella, dass Sie das hier begreifen:
Es fängt alles mit dem Sein an. Da findet sich die Antwort auf
Ihre Frage. Hören Sie mit dem Versuch auf, das richtige und
perfekte Ding zu »tun«, und beginnen Sie mit dem Versuch, das
richtige und perfekte Ding zu »sein« zu erschaffen. Das für Sie
perfekte »Tun« wird sich daraus ergeben. Das verspreche ich
Ihnen.

Ich weiß nicht, was ich wählen soll!

Lieber Neale: Einige Jahre lang habe ich nun schon in mehreren
Restaurants in Branson, Missouri, gearbeitet und bin inzwischen
mit dieser Branche äußerst unzufrieden geworden. Ich fühle
mich sehr zu alternativen Heilweisen hingezogen, vom Massieren über Ernährung und Yoga bis hin zur transpersonalen
Psychologie, seelsorgerischer Beratung und Kräuterkunde. Ich
möchte meinen Beruf wechseln! Ich weiß nicht, was ich von den
oben aufgeführten Möglichkeiten wählen soll. In der Meditation
scheine ich keine Antwort auf meine Frage zu bekommen. Könntest du daher bitte Gott fragen, was das Beste für mich ist, und
wo die besten Schulen dafür wären? Ich bin fünfunddreißig und
die Zeit wird knapp. Ich brauche Hilfe von Gott, um die richtige
Entscheidung zu treffen und in beruflicher Hinsicht meine Lebensaufgabe zu finden. Auch wollen meine Freundin und ich in
Richtung Westen umziehen, können uns aber nicht entscheiden,
was die beste Gegend für uns wäre. Kannst du helfen? In der
Gaststättenmaloche festsitzend … Chuck, Branson, MO.

Lieber Chuck: Viele Menschen möchten wissen, was das Beste
für sie ist, was sie mit ihrem Leben »machen« sollen. Jedermann
ist auf dieses »Machen und Tun« konzentriert, aber das ist der

falsche Platz für diese Konzentration. Es ist dein Sein, Chuck, das dich festsitzen lässt, nicht dein Tun. Du sitzt auf Grund dessen, was du »bist« – und nicht »bist« – in deiner gegenwärtigen »Tätigkeit« fest. Ändere dein Sein, und du wirst dein Restaurantding nicht mehr sehr viel länger »machen«.

Ich möchte gerne, dass du ein Büchlein liest, das ich geschrieben habe, *Bring Licht in die Welt*. Es erklärt diese ganze Sache mit dem »Tun« und »Sein« auf außergewöhnliche Weise und ist besonders für Leute wie dich gedacht; für Leute, die das Gefühl haben, in einem Beruf oder einer endlosen Suche nach dem »richtigen« Beruf »festzusitzen«.

Es wäre sehr ungewöhnlich, wenn du beim Meditieren eine Antwort auf deine Frage bekämest, weil es beim Meditieren nicht darum geht, dass das Universum oder Gott deine Fragen beantworten. Bei der Meditation geht es darum, dass du mit Wer Du Wirklich Bist in Berührung kommst, und danach verflüchtigen sich alle Fragen. Wenn du dich mit einer Frage im Kopf in die Meditation begibst, gehst du die Meditation falsch an. Mach deinen Geist leer, dann begib dich in Meditation. Vergiss deine Fragen, dann begib dich in Meditation. Verlange nicht nach »Antworten«, dann begib dich in Meditation. Bei der Meditation geht es nicht darum, Antworten zu bekommen. Bei der Meditation geht es darum, dass man an einen Ort gelangt, wo Antworten und Fragen eins sind.

Verstehst du das? Hörst du, was ich sage? Aus der Leere wird eine Antwort kommen, wenn überhaupt eine »Antwort« kommt, und nicht aus dem Raum der Erwartung. Wenn du eine Antwort erwartest, wirst du sie nicht bekommen. Du wirst sie deshalb nicht bekommen, weil die Meditation kein mentaler Prozess ist: Sie ist die Abwesenheit eines mentalen Prozesses! Es überrascht mich also nicht, dass du in deiner Meditation keine Antwort erhältst.

Was deine Bitte angeht, »Gott zu fragen«, was »das Beste« für dich ist, so möchte ich, dass du hier versuchst, etwas zu begreifen, das dein Leben verändern könnte. Es gibt nichts, was »das Beste für dich« ist. Es gibt nur das, was dir in Hinblick darauf, was du zu sein versuchst, dienlich und nützlich ist. Und die Frage, was du zu sein bestrebt bist, ist keine Frage, die Gott je beantworten wird. Denn würde Gott diese Frage beantworten, dann würde er damit den ganzen Sinn und Zweck deines Lebens durchkreuzen. Du bist zu diesem Zeitpunkt und an diesem Ort in deinen Körper eingetreten, um genau jene Entscheidung zu treffen, die du jetzt Gott bittest zu fällen! Du bist auf dieser Erde, mein Freund, um zu entscheiden und zu erklären, zu erschaffen und zu erfüllen, auszudrücken und zu werden, Wer Du Wirklich Bist. Du bist mit einem reinen Schöpfungsprozess befasst; du bist Gott »gottend«! Und weiß Gott, Gott würde dir da nie hineinreden und sagen, wie du das zu machen hast! Der Punkt bei der ganzen Geschichte ist der: Du entscheidest! Du wählst. Du erschaffst. Und nicht Gott entscheidet und wählt und erschafft für dich! Ich kann und werde Gott nicht fragen, was das Beste für dich ist. Und du solltest ihn auch nicht fragen. Du solltest Gott sagen, was das Beste für dich ist, und dann zusehen, wie Gott in Aktion tritt!

Gott ist nicht einer, der gerne gefragt und gebeten wird. Gott ist einer, der es gerne gesagt bekommt. Und hier liegt das größte Missverständnis aller Zeiten über Gott. Die Leute glauben, wir sollen Gott um das, was wir wollen, oder bei Entscheidungen um Hilfe »bitten«. Gott sagt aber: Nein, macht das nicht. Bittet mich nicht. Denn dieses Bitten ist eine Aussage, dass ihr das, was ihr wollt, oder die Antworten auf eure Fragen jetzt nicht habt; und was ihr eurer Erklärung nach nicht habt, das kann ich euch nicht geben. Denn euer Wort ist Gesetz, euer Gedanke hat schöpferische Kraft, eure Handlungen sind produktiv, sie produzieren, Wer und Was Ihr Jetzt Seid. Deshalb fragt und bittet nicht, sondern trefft eine Wahl.

Das einzige Problem bei dieser Sache mit dem Wählen ist, dass wir uns dann nicht mehr auf Personen oder auf Quellen außerhalb von uns stützen können, die uns die »Antwort geben«, uns sagen, was »richtig« ist, oder entscheiden, was »das Beste« ist. Wir müssen unsere Entscheidungen in einem Vakuum fällen und dann dafür die Verantwortung übernehmen. Und der größte Teil der Menschheit verbringt seine Zeit damit, genau das zu vermeiden.

Nun, Chuck, du schreibst, dass du »fünfunddreißig bist und die Zeit knapp wird«. Da muss ich ein bisschen kichern, denn wenn deine Zeit knapp wird, dann ist meine definitiv erschöpft! Deine Zeit fängt erst an. Ich fordere dich also auf, damit aufzuhören. Hör auf, dir all diese Überzeugungen zu kreieren, die dir nicht nützlich und dienlich sind. Deine Lebensaufgabe ist nichts, was du »findest«, sie ist etwas, das du »erschaffst«. Erschaffe sie, Chuck, hör auf mit dem Versuch, sie »zu finden«. In *Gespräche mit Gott* wird gesagt, dass das Leben kein Entdeckungsprozess, sondern ein Schöpfungsprozess ist. Das ist der wichtigste Satz, den du je lesen wirst.

Inzwischen weißt du schon, was ich zur »besten Gegend« für euch sagen werde. Es gibt keine »beste Gegend«. Die »beste Gegend« ist genau da, wo du sagst, dass sie ist. Erschaffe sie, Chuck. Hör auf mit dem Versuch, sie zu finden. Ich werde dich stärken, aber ich werde dir keine Antwort geben. Wenn ich dir eine Antwort geben würde, würde ich dir ermöglichen zu glauben, dass ich die Antwort hätte, die du nicht hast. Dann könntest du weiterhin in der Überzeugung leben, dass du die Antworten nicht hast, dass aber alles im Leben ganz prima läuft, wenn du jemanden finden kannst, der sie hat. Das werde ich dir nicht ermöglichen, Chuck. Und du kannst dich darauf verlassen, dass ich es nie tun werde.

Kann ich nicht einfach
»Gott es tun lassen«?

Lieber Neale: Die Bände von *Gespräche mit Gott* sprechen mich auf einer Ebene an, auf der ich einen Zusammenschluss von Göttlichem und Menschlichem erkenne. Ich habe jedoch Schwierigkeiten, eine Sache zu begreifen. Ich verstehe, dass ich der Geist des Schöpfers bin, welcher sich in mir ausdrückt, und ich von daher — ganz konkret, in Wirklichkeit und Wahrheit — der Geist Gottes Bin und als solcher ein Leben der »Vollkommenheit« hier auf Erden erschaffen kann. So verstehe ich auch, dass alles andere in meinem Leben eine Fehlschöpfung ist und ich alles einfach aufgeben und die Wahl treffen kann, das zu erschaffen, was nach meinem Dafürhalten gottgleich ist. Doch auf Seite 35 von Band 1 lese ich: »Es bekümmert mich nicht, was du tust, und das zu hören ist für dich hart.« Und kurz davor: »... dein Wille für dich ist Gottes Wille für dich.«
Was geschieht, wenn wir die geistige Einstellung haben: »... nicht mein Wille, sondern Gottes Wille geschehe«? Was geschieht, wenn wir uns dazu entscheiden, Gott für uns entscheiden zu lassen, und Gott sagt: »Es bekümmert mich nicht, was du tust?« Was passiert dann mit dem Willen, der Vorstellung, der Bitte, wenn wir zu Gott sagen, wähle du für uns, aber Gott sagt, wähle du für dich?
Bitte erkläre das. Mögest du in allem, was du wählst, in Fülle gesegnet sein, und ich schicke dir viel Licht für deine Reise! Yvonne, Don Mills, Ontario, Kanada.

Liebe Yvonne: Du hast eine sehr gute Frage gestellt. Wenn du die Entscheidung triffst, Gott für dich entscheiden zu lassen, hast du im Wesentlichen die Segel eingeholt, das Ruder verlassen und lässt dein Boot auf stürmischer See dahintreiben. Das ist deshalb so, weil Gott in den Dingen keine Vorlieben hat und wirklich und wahrhaftig für dich wählt, was du für dich wählst.

Oder anders ausgedrückt, wenn Gott in dieser Sache tatsächlich eine Vorliebe hätte, dann die: dass du die Wahl triffst. Wenn du nun keine Wahl treffen möchtest, dann haben wir ein kleines Problem.

Du kannst natürlich deine Zukunft den Winden des Schicksals überlassen. Diese können dich in einen sicheren Hafen treiben oder auch Schiffbruch erleiden lassen. Wenn du nicht weißt, nicht die geringste Vorstellung hast, was du wählen sollst und alles dem Zufall (das heißt Gott) überlässt, dann lieferst du dich in der Konsequenz den Gedanken von jedermann in deinem Umfeld (das Wer Gott Ist ist) und deines eigenen Unterbewussten aus.

Als Erstes wird sich dann dein kreatives Selbst an deinen ursprünglichen stiftenden Gedanken wenden, um eine Anweisung zu erhalten. Dann wirst du ein Ergebnis produzieren. Du wirst es nur nicht bewusst tun. Du wirst es unbewusst tun und dann behaupten, das Geschehene war »Schicksal« oder »der Wille Gottes«.

Deine Zukunft wird nicht nur durch deinen stiftenden Gedanken, sondern auch vom Kollektivbewusstsein deiner Umwelt beeinflusst werden; das heißt von den anderen menschlichen Wesen, die dein Leben bevölkern, von den Mitreisenden auf deinem Weg, und, bis zu einem gewissen Grad, von allen Menschen auf Erden, deren versammelte Einstellungen und Meinungen nur allzu oft unser aller Kollektiverfahrung erschaffen.

Da sich diese Gedanken der anderen Menschen ganz erheblich voneinander unterscheiden können, wirst du dir vielleicht ein bisschen angeschlagen und mitgenommen vorkommen. Manifestieren wird sich das in deinem Gefühl, in der Frage, was du nun tun sollst, hin und her gerissen zu sein. Unentschlossenheit im Leben bringt nur noch mehr Unentschlossenheit hervor. Und außerdem wirst du bald entdecken – und das ist die Dichotomie –, dass keine Entscheidung auch eine Entscheidung ist. Die Wahrheit ist, dass du immer entscheidest und von daher auch immer erschaffst. Die Frage ist nur, welche Methode du benutzt.

Meine Empfehlung: Triff in allem eine bewusste Wahl.

Wie man sich in einen »Seinszustand« begibt

Lieber Neale Donald Walsch: Ich nahm am Seminar »Wie man Menschen liebt und damit davonkommt« teil. Damals »wählte« ich, Liebe und Wahrheit zu sein, so wie Sie Weisheit und Klarheit gewählt haben. Mir scheint, dass sich die Liebe in meinem Leben inzwischen leichter demonstrieren lässt als die Wahrheit. Ich denke, dass ich von Natur aus ein liebevoller Mensch bin und das Lieben eine nicht so große Herausforderung darstellt wie das Wahrhaftigsein. Ich merke, dass ich meine Wahrheit ständig selektiere und bearbeite, und habe beschlossen, mir dessen mehr bewusst zu werden.

Beides, Weisheit und Klarheit, sind in Ihrer Arbeit so wunderbar augenfällig. Ich kann mir gar nicht vorstellen, wie es ist, wenn eine Person bei null anfängt, es ihr sowohl an Weisheit wie an Klarheit mangelt, und sie dann auf Grund eines Entscheidungsprozesses plötzlich anfängt, diese Qualitäten zu entwickeln und vor den Augen der Welt zu demonstrieren.

Ich weiß, dass mir jeder Augenblick eine weitere Gelegenheit bietet, die höchste Version meiner großartigsten Vision zu erschaffen. Ich möchte Sie fragen, ob Weisheit oder Klarheit für Sie natürlicher waren, und wie Sie sich durch den Prozess arbeiteten, das zu sein, was Ihnen nicht so leicht fiel? Könnten Sie mir sagen, wie das bei Ihnen mit der Entscheidung, Weisheit und Klarheit zu sein, war? Kam das alles gleich von Anfang an ganz natürlich?

Ihre Weisheit und Klarheit haben auf sanfte und großartige Weise mein Leben berührt und sich zutiefst auf mein Verständnis, worum es im Leben geht, ausgewirkt. Danke dafür, dass Sie sind, wer Sie sind. Danke für die Bücher. Danke für das Angebot dieser wunderbaren Retreats bei ReCreation. Und das ist meine Wahrheit über Sie! Donna, N. Grosvenordale, CT.

Liebe Donna: Das sind sehr liebenswürdige Worte, die Sie für mich haben. Tatsache ist, dass man »bei null anfangen« und auf Grund eines Entscheidungsprozesses jegliches Sein erschaffen kann, das man wählt. Es gibt keinen Seinszustand, der sich nicht leicht herstellen lässt. Alle Seinszustände sind für alle Menschen offen und zugänglich, es ist nur eine Sache der Wahl. Die Entscheidung, Weisheit und Klarheit zu sein, war für mich wundervoll. Ich habe mich in meinem ganzen Leben noch nie so erfüllt gefühlt. Ja, es stellte sich gleich von Anfang an alles ganz natürlich ein, aus dem von mir bereits erwähnten Grund. Jeder Seinszustand wird sich auf ganz natürliche Art bei jenen einstellen, die ihn für sich beanspruchen. Der Trick ist, dass man ihn für sich in Anspruch nimmt und weiß, dass er zu einem gehört. »Ich bin Liebe«, »Ich bin Mitgefühl«, »Ich bin Geduld«, »Ich bin das Glück in Person«, alle diese und andere derartige Aussagen sind überaus machtvoll. Es sind Entscheidungen. Wir können in jedem Augenblick unseres Lebens von »einer Entscheidung ausgehen«. Da wir, im Gegensatz zu den Dingen, die wir außerhalb von uns selbst erschaffen, Seinszustände in unserem Innern erschaffen, können wir jederzeit in sie eintreten und brauchen nichts außerhalb von uns selbst, um sie zu manifestieren.

Karrierestart mit 72?

Lieber Walsch: Ich muss Ihnen sagen, dass GMG Band 1 und 2 die besten und vernünftigsten Bücher sind, die ich je gelesen habe. Mein Mann ist gerade gestorben und hat auf Grund seiner ärztlichen Behandlungen große Schulden hinterlassen. Haben Sie daher irgendwelche Karriereideen für eine zweiundsiebzig Jahre alte Frau? Sagt Gott irgendetwas zum Thema später Start? (Kein Name angegeben.)

Nun, meine Freundin: Es gibt ganz gewiss keine zeitliche Begrenzung, um noch Spaß haben oder etwas leisten und erreichen zu können. Schreiben wäre zum Beispiel etwas, das Sie jederzeit tun können. Und ich glaube, dass eine Zweiundsiebzigjährige einiges zu sagen hat, was viele Menschen interessieren würde. Sie könnten auch malen. Sehen Sie sich Whistlers Mutter an. Oder geben Sie Privatunterricht in irgendetwas, das Sie gut können. Oder seien Sie eine »professionelle Großmama« für eine Familie oder Organisation. Oder tun Sie einfach irgendetwas, das Sie gerne machen möchten. Aber Sie müssen nicht mit zweiundsiebzig noch arbeiten gehen, wenn das nicht Ihre Wahl ist. Es gibt eine Menge Möglichkeiten, von diesen Arztrechnungen befreit zu werden. Wenn das Ihr Anliegen ist, dann übergeben Sie die Sache Gott. Und denken Sie an mein »magisches Gebet«, wie ich es nenne: Danke Gott, dass du mir geholfen hast zu verstehen, dass dieses Problem schon für mich gelöst worden ist.

Ich muss bleiben,
um »meine Lektion zu lernen«

Lieber Neale: Ich habe GMG letzten Freitag beendet und nutzte dann das Wochenende, um es sich setzen zu lassen. Du musst wissen, dass ich in der Welt des Unternehmertums lebe, eine Situation, mit der ich schon seit vier Jahren ringe. (Ich bin ausgestiegen, kam zurück, stieg wieder aus, kam diesen März zurück, nur um dann im April wieder gegen die Wand zu laufen. Das heißt, mir wurde plötzlich klar, warum ich eigentlich davor aus-

gestiegen war, und merkte, dass die jetzige Situation noch quä-
lender – und schlechter bezahlt – ist als die vor vier Jahren.)
Als sich die Botschaft des Buches gesetzt hatte und ich mit einem Freund, der einen ähnlichen Weg geht, darüber sprach,
wurde mir klar, dass ich mich direkt mit dem Thema, das mich
diese Unternehmenswelt zu lehren hat, auseinander setzen
muss. Und das nicht nur, um zum Gewahrsein zu gelangen, sondern auch um das Examen zu bestehen oder mit der Erfahrung
anders umzugehen. Erst dann werde ich imstande sein, diese
Welt zu verlassen und das zu tun, was ich wirklich gerne tun
möchte. Aber davor muss ich sie im Frieden und nicht im Zorn
verlassen. Das heißt, erst den Zorn verlassen, dann die Unternehmenswelt. Liebe für Neale und alle, AJ.

Du hast geschrieben: »Mir wurde klar, dass ich mich direkt mit
dem Thema, das mich diese Unternehmenswelt zu lehren hat,
auseinander setzen muss. Und das nicht nur, um zum Gewahrsein zu gelangen, sondern auch, um das Examen zu bestehen.«
Als Erstes, AJ, besteht für die Unternehmenswelt keine Notwendigkeit, dich irgendetwas zu lehren. Und auch für dich besteht keine metaphysische oder sonstige Notwendigkeit, irgendetwas zu lernen. Das ist keine Schule. Das Leben ist keine Uni-
versität, wo du dein Abschlussexamen machst und entweder
bestehst oder durchfällst. Das, was du glaubst lernen zu müssen, wozu du hierher (auf diesen Planeten, in die Unternehmenswelt) gekommen bist, weißt du bereits. Deine Aufgabe ist
es nun zu demonstrieren, was du schon weißt. Wenn zu den
Dingen, die du bereits weißt, gehört, dass die »Unternehmenswelt« nicht das ist, Wer Du Bist, dann bleibt nur noch eines zu
tun: Demonstriere es. Und das geschieht nicht dadurch, dass du
auf irgendeine »Lehre« oder »Lektion« wartest! Lies das Buch
noch einmal. Dir ist seine wichtigste Botschaft entgangen.
Die Hälfte aller Leute in unserer Gesellschaft rechtfertigt ihre gegenwärtige Unzufriedenheit (und ihre Störungen) mit der

Rationalisierung, dass »ich hier wohl irgendetwas zu ›lernen‹ habe«. Es gibt nichts zu lernen. Es gibt nur das Handeln auf Grund dessen, was man bereits weiß. Das heißt, in der Wahrheit handeln. Ich nenne das, die Wahrheit statt eine Lüge leben. Terry Cole-Whittaker schenkte mir einmal eine Plakette, auf der stand: »Lieber Neale, du bist einer der Mutigen — einer, der sich dazu entschieden hat, sich ein Leben statt nur einen Lebensunterhalt zu erschaffen.« Auf diese Plakette bin ich sehr stolz. Wenn du weiter in deinem Job bleiben möchtest, weil du das Geld zu brauchen meinst oder aus welchem Grund auch immer, dann bleibe um Himmels willen. Aber bleib nicht, weil du glaubst, du müsstest es, um irgendeine kosmische Lektion aufzuschnappen, die dich die Unternehmenswelt zu lehren hat!

Lass mich noch ein paar Bemerkungen zu dem Thema machen: Warum kann ich in dieser Welt nicht tun, was ich wirklich liebend gern tun würde, und damit meinen Lebensunterhalt verdienen? Mit dieser Haltung hast du deine äußere Erfahrung mit deiner inneren Wirklichkeit in Einklang gebracht. Es ist eine Rationalisierung, die seit Anbeginn der Zeit ein jeder als Rechtfertigung für sein Verharren in einer Situation benutzt, die ihm nicht taugt oder ihn unglücklich macht: Wir haben »Lektionen zu lernen« und dürfen uns dem nicht entziehen. Du tätest gut daran, die Möglichkeit in Betracht zu ziehen, dass du gar nichts zu lernen hast, sondern nur demonstrieren musst, was du zu diesem Thema schon weißt. GMG lehrt, dass das Leben keine Schule, sondern eine Arena ist, in der du die Gelegenheit hast, Wer und Was Du Bist zu sein und zu erfahren.

Nun ist klar, was du nicht bist, nämlich ein Mitglied der Unternehmenswelt. Man weiß immer, dass man etwas nicht ist, wenn der Bauch dagegen rebelliert. Du weißt es instinktiv, wenn etwas für dich nicht stimmt, nicht wahr ist. Deinen Verstand kannst du zum Narren halten, nicht aber deinen »Bauch«. Ist das nicht erstaunlich? Und noch erstaunlicher ist, wie oft wir es versäumen, auf dieses innere Leitsystem zu hören. Viele

Menschen verbringen ihr halbes Leben mit dem Tun von Dingen, die sie nicht ausstehen können. Warum? Weil sie irgendwie glauben, sie müssten es, weil alles Teil des Plans ist, weil sie ein Versprechen gegeben haben, weil sie eine Lebenslektion lernen.

Vielleicht ist es an der Zeit, dass du dich von solchen Vorstellungen verabschiedest. Es gibt keinen »Plan«. Das »Versprechen«, das du tatsächlich einhalten musst, ist das gegenüber dir selbst. Und was du meinst, lernen zu müssen, das weißt du bereits. Deshalb tust du, was du tust, und erleidest dieses ganze Unglück und diese ganze Unzufriedenheit ganz umsonst.

Wenn sich erweist, dass die Dinge im Geschäftsleben anscheinend nicht so sind, wie du sie dir erbeten hattest, hast du »Tun« mit »Sein« verwechselt und darin ein Scheitern gesehen. Lass mich hier einfach ein Prinzip formulieren, das ich auf einen Satz beschränken kann: Dem Sein entspringt das Tun, nicht umgekehrt. Anders formuliert: Sagen wir, du hast das Gefühl, ein Schriftsteller zu sein. Du wärest wirklich glücklich, wenn du das »tun« könntest, was man »schreiben« nennt. Es könnten Gedichte, Prosa, Romane sein, was immer. Du willst einfach nur schreiben. Aber du kannst es nicht »tun«, weil du »in der Unternehmenswelt gefangen bist« oder in welcher speziellen »Falle« auch immer steckst. Du kannst also nicht schreiben, um damit deinen Lebensunterhalt zu verdienen, und deshalb »bist« du nicht das, was man »glücklich« nennt.

Dieses Paradigma besagt, dass das »Sein« dem »Tun« entspringt und von ihm abhängig ist. Diese Annahme ist falsch. In der letzten Wirklichkeit ist es genau umgekehrt. Dein Tun beziehungsweise deine Tätigkeit ist eine Demonstration dessen, was du jetzt (bewusst oder unbewusst) bist.

Wenn du das »sein« willst, was man einen Schriftsteller nennt, dann »sei« es — ganz gleich, was du »tust«. Mit anderen Worten, du könntest als Tellerwäscher arbeiten und trotzdem das »sein«, was man einen Schriftsteller nennt. (Die Hälfte der

Schriftsteller New Yorks lebt so.) Anders ausgedrückt: Schriftsteller schreiben, um glücklich zu sein, ganz gleich, was sie tun, um sich über Wasser zu halten! Ein echter Schriftsteller hört nie auf zu schreiben, ganz gleich, was er tut, ganz gleich, wo er arbeitet, ganz gleich, wie wenig Zeit er hat. Es ist immer Zeit zu Sein Wer Du Bist, denn Zeit zu Sein Wer Du Bist ist jederzeit.

Also schreibe, schreibe und schreibe noch mehr! Schreibe Tag und Nacht! Im Bus! Auf dem Klo! In den Kaffeepausen und am Ende des Tages. Schreibe. Schreibe! Schreibe über das, was du an der Welt gut und schön und wundervoll findest. Oder über das, was deiner Meinung nach geändert werden muss, wenn dir das lieber ist. Schreibe einfach deine Wahrheit und schreibe sie getreulich. Dann schick es weg. Und schick es immer wieder weg. Schreib und schick es weg, immer wieder! Tage. Wochen. Monate. Jahre. Beharre gegenüber dem Universum darauf, dass du bist, wer du bist, ganz gleich, wie es »aussieht«, was du »tust«.

Die Euphorie, zum Selbst und zu Gott zu finden

Liebster Neale: Halleluja! Eben am Ende meiner Lektüre von GMG Band 2 halte ich deine Hand in erneuerter Hoffnung für die Zukunft und mit neuem Lebenswillen. Danke für dein Mitteilen, Erhellen und Kämpfen für die Wahrheit, die Weiterentwicklung, das Erreichen unseres höheren Selbsts.
Ich muss dir allerdings sagen, dass ich mich an keinen Rand des Abgrunds gedrängt fühlte, keine Bereiche der »Unbehaglichkeiten« fand, nur reinen Trost und »allerhöchste Bestätigung«, so wie ich sie nie zuvor erfahren habe. Alles, was ich schon immer wusste, erklang nun laut und wahr. Ich hatte nur noch keine bestimmte Richtung und brauche nun noch ein wenig länger, um zu entscheiden, was genau ich tun werde.

Vor der Begegnung mit deinen Büchern wollte ich aus totaler Frustration und Herzenspein sterben. Seit 1990 habe ich alles immer nur halbherzig erlebt. Ich wurde immer stumpfer, wollte nur sterben, wirklich! Eine Zeit lang habe ich *Ein Kurs in Wundern* studiert und befolgt. Dieser und andere Wege haben mir große Heilung und Zeit zum Nachdenken, Studieren und Weiterentwickeln gebracht. Ich habe das Gefühl, Gott hat auf jedem Schritt des Weges meine Hand gehalten bis hin zu deinen Büchern. Die so einfach, eindrucksvoll, unglaublich sind und bestätigen, was ich schon weiß.

Ich bin so froh, einen Mann zu hören, der Frauen mit Achtung begegnet und ihre Bedeutung und ihren Wert zu schätzen weiß. Das gibt mir große Hoffnung, dass ein »neuer Mann« am Horizont auftaucht, so wie ich ihn in unserer Gesellschaft oder im Rahmen meiner Erfahrungen mit Männern nie erlebt habe. Nancy muss sehr stolz auf dich sein und es nicht kalt oder einsam in deinem Schatten finden.

Für mich bleibt jetzt wohl unterm Strich, dass ich entscheide, was ich mit dem neuen Ich anfangen will, das nun dank deiner leben möchte. Ich brauche Zeit, um ein paar Gesundheitsprobleme zu bereinigen, die das Ergebnis davon sind, dass ich so lange Zeit sterben wollte. Jetzt, wo ich leben möchte, muss ich sie ausräumen. Wie dankt man einem Mann, der einen vom Wunsch zu sterben zum Wunsch zu leben gebracht hat? Es finden auch eindrucksvolle Veränderungen in mir statt, zumeist im Sinne dieser »allerhöchsten Bestätigung«. Gott hält deine Hand und wird deine Bemühungen segnen, da habe ich keinen Zweifel. Gott hat uns alle durch dich gesegnet. Viel Liebe und Dankbarkeit, Kathie, Pocatello, ID.

Meine liebe Kathie: Danke für deinen wundervollen Brief. Du brauchst mir nicht dankbar dafür zu sein, dass ich dich vom »Wunsch zu sterben« zum »Wunsch zu leben« gebracht habe. Das war das Werk Gottes. Genauer gesagt, das Werk des Gottes in dir. Also danke dir selbst, dass du dich zu einer größeren und großartigeren Wahrheit gebracht hast, und danke dem Gott deines Verständnisses, wenn das für dich funktioniert, dafür, dass er die Rolle gespielt hat, die Gott gespielt hat.

Denn Gott hat dir das Licht gezeigt. Du hast das Licht gesehen, Kathie. Und es ist das Licht, das in dir brennt und darauf wartet, dass du es mit anderen teilst. Stell dein Licht nie wieder unter den Scheffel. Lass es vielmehr hell auf alle scheinen, deren Leben du berührst. So wirst du Licht in die Welt bringen, und Leben werden durch dich bereichert werden und durch Gott-in-dir, der durch dich und als du wirkt, um alle daran zu erinnern, Wer Sie Wirklich Sind.

In deinem Brief schwingt die Euphorie eines neu geborenen Menschen. Du bist wahrhaftig wieder geboren worden. Ich bin Gott für dieses Geschenk an dich dankbar. Nur eines würde ich für dich wählen, dass du es änderst. Du schreibst, jetzt bleibt wohl »unterm Strich« für dich zu entscheiden, was du tun willst. Ich würde hier eine Änderung vorschlagen. Lass dein nächstes Ziel die Entscheidung sein, was du sein möchtest. Du wirst dein Glück im »Sein«, nicht im »Tun« finden, und das ist ein außerordentlich wichtiger Unterschied. Wenn es daran irgendetwas gibt, das du nicht verstehst, dann besorge dir unsere beiden Broschüren *Bring Licht in die Welt* und *Erschaffe dich neu*. In ihnen wird der Unterschied zwischen »Sein« und »Tun« erklärt und gezeigt, wie man diese Weisheit im Alltagsleben umsetzt.

Ich freue mich sehr, dass das Material von *Gespräche mit Gott* sich für dich als so nützlich erwiesen hat und du Freude aus ihm gewonnen hast. Sei gesegnet, Kathie. Sei gesegnet.

Schau dir an, was du hervorrufst!

Lieber Mr. Walsch: Ich bin zweiundvierzig Jahre alt, ein Exsträfling, -drogensüchtiger und -alkoholiker. Mein Leben hat sich
durch das Zwölf-Schritte-Programm der Anonymen Alkoholiker
geändert. Man hat mir Ihr Buch *Gespräche mit Gott* gegeben,
und ich habe es in zwei Wochen dreimal gelesen. Mein Leben ist
jetzt besser als je zuvor, aber ich muss noch klarer wissen, wie ich
meinen Glauben stärken kann. Ich habe Probleme, eine Arbeitsstelle beizubehalten, selbst wenn es nur Halbtagsarbeit ist. Ich
denke, das Wort »asketisch« in Ihrem Buch trifft gegenwärtig auf
mich zu, denn ich lebe mit meiner Mutter in einer kleinen Woh-
nung, schlafe auf dem Boden, gehe zu AA-Treffen und arbeite ab
und zu. So geht das nun seit sieben Monaten Abstinenz, und ich
möchte einen Job finden und etwas tun, das mir Freude macht
und womit ich Geld verdienen kann, aber alles, was ich mache,
ist studieren, lesen, beten, meditieren und zu AA gehen. Ich bin
über meinen spirituellen Fortschritt begeistert, aber ich sage mir,
ich muss da raus und arbeiten. Das Problem: In diesem Bereich
überwältigt mich die Angst. Hilfe! In Liebe, Gerald, CA.

Lieber Gerald: Sie müssen sich aufraffen und Ihr Leben wieder
in Gang bringen. Wie ich das sehe, ist Ihr Problem ein dreifa-
ches. Erstens denken Sie, dass Sie allein sind. Zweitens denken
Sie, dass Sie etwas falsch machen können. Drittens haben Sie
keine Ahnung, was Sie zu tun versuchen. Gehen wir die Dinge
der Reihe nach an.

1) Wenn Sie die Vorstellung haben, Gerald, dass Sie sich dieser nächsten Herausforderung – sich unabhängig zu machen
und wieder zum Leben beizutragen – allein zu stellen haben,
dann scheint das ein sehr hoher Berg zu sein, den es zu erklim-
men gilt, und natürlich haben Sie Angst davor. Auch mich würde die Angst packen, wenn ich dächte, ich müsste durch das,
was als Nächstes auf mich zukommt, ganz allein durch. Aber

Angst, Gerald, ist ein falscher Augenschein, der real erscheint. Die Wahrheit ist, Gott ist immer mit Ihnen. Gott ist Ihr bester Freund. Und Gott wird Sie nie verlassen, ganz gleich, was geschieht. Der Trick besteht nun darin, dass Sie das wissen und verstehen und Gott in Anspruch nehmen, wenn es hart hergeht oder Angst aufkommt. Ich werde Ihnen hier dasselbe »magische Gebet« zukommen lassen, das ich schon früher erwähnt habe, und das für mich so gut funktioniert, dass es schier nicht auszuhalten ist!

Lieber Gott, hilf mir zu verstehen,
dass dieses Problem
schon für mich gelöst worden ist.

Können Sie die Macht und Kraft dieses Gebets erkennen? Das Schöne daran ist, dass es einen sofort zur Dankbarkeit bringt. Du bittest und flehst nicht mehr, du gibst deiner Dankbarkeit Ausdruck. Du bedankst dich bei Gott für das, was für dich bereits wahr ist. In diesem Augenblick des Glaubens hast du deine Wahrheit hervorgebracht, denn es ist so, wie alle Meister gesagt haben: Wie du glaubst, so wird dir geschehen.

2) Sie stellen sich vor, dass Sie hier möglicherweise einen Fehler machen könnten, und das hält Sie vom Sprung ins Wasser ab. Doch was, wenn ich Ihnen sagen würde, dass alles, was passiert, vollkommen ist? Es gibt keine Fehler, und Sie können nichts vermasseln. Also nichts wie ran! Und hören Sie auf, sich Sorgen zu machen, dass Sie es irgendwie falsch anstellen könnten. Wenn Sie eine Arbeitsstelle annehmen und dann gefeuert werden, dann ist es eben das, was passiert. Nehmen Sie sich das nicht so zu Herzen. Eine Menge größerer Männer als Sie und ich, Gerald, sind im Laufe ihrer Karriere gefeuert worden. Jeder Manager eines Baseballteams in diesem Land weiß schon im Moment seiner Jobübernahme, dass er gefeuert werden wird! Und die meisten werden innerhalb von drei bis fünf Jahren geschasst ... manche in noch kürzerer Zeit! Was lernen wir da-

raus? Wenn du Angst hast, »gefeuert« zu werden, halte dich vom Baseball fern!

Also wir lernen daraus: Na und? Dann werden Sie eben gefeuert. Finden Sie eine neue Anstellung. Und werden Sie wieder gefeuert. Na und? – Früher oder später werden Sie zu Ihrer Kombination von Glaube und Einverstandensein mit dem Ergebnis, wie immer es aussehen mag, finden. Diese wird Ihnen die nötige Zuversicht schenken, um das Spiel weiterhin spielen zu können. Man nennt dies das Spiel des Lebens, und das können Sie nicht verlieren. Es sieht nur so aus, als könnte das passieren, weil Sie und die meisten von uns auf die Meinung anderer hören. Lassen Sie das. Hören Sie damit auf. Seien Sie großartig! Und wenn Sie drei Anläufe dazu brauchen oder dreißig, hören Sie auf, sich vorzuwerfen, dass Sie etwas »falsch« gemacht haben.

3) Die schwierigste Herausforderung im Leben ist die, etwas zu tun versuchen und dabei gar nicht zu wissen, was man da zu tun versucht. Damit meine ich, Sie müssen sich darüber klar sein, auf was Sie aus sind, was Sie in Ihrem Leben zu »sein« bestrebt sind. Und darum herum müssen Sie Ihre Absichten festsetzen. Dann können Sie Ihr Ziel erreichen. Aber Sie können nicht ans Ziel gelangen, wenn Sie kein Ziel haben. Das mag Ihnen geradezu lächerlich offensichtlich vorkommen, aber Sie würden sich wundern, wie viele Menschen versuchen, ein Ziel zu erreichen, das sie sich noch nicht klar gesteckt haben.

Was nun Ihr Ziel angeht, so formulieren Sie es erst als Seinsaussage. Was möchten Sie in Ihrem Leben sein? Suchen Sie sich einen Seinszustand aus und lassen Sie sich auf ihn ein. Wollen Sie »liebevoll« sein? »Gesund«? »Fürsorglich«? »Weise«? »Stark«? Alles, was hier aufgezählt wurde? Wenn Sie sich einen Kontext für Ihr Leben wählen und schaffen und sich dann in ihn begeben, werden Sie feststellen, dass Sie ihn nur sehr widerwillig wieder verlassen werden. Ein Mensch, der zum Beispiel die Wahl trifft, »gesund« zu sein, wird, wenn überhaupt, nur sehr widerwillig rauchen und trinken und ungesunde Nahrung zu sich nehmen. Ein Mensch, der beispielsweise wählt, »mitfühlend« zu sein, würde nicht an einer alten Dame vorübergehen, die sich auf der Straße mit ihrer Einkaufstasche abmüht, ohne ihr anzubieten, sie für sie zu tragen. Diese Art von Dingen. Unsere Vorstellung von uns selbst erschafft einen Kontext, innerhalb dessen wir dann unser Leben zu leben beginnen.

Was ist Ihre Vorstellung von sich, Gerald? Wie sieht die großartigste Version der größten Vision aus, die Sie je von Wer Sie Sind hatten? GMG fordert uns ständig dazu auf, sie zu erschaffen. Wenn Sie erst einmal entschieden haben, worin diese besteht, werden Sie wissen, was Sie hier tun, und Sie werden feststellen, dass Sie immer weniger und weniger andere Dinge tun. Erschaffen Sie einen Kontext, in dem Sie Ihr Leben leben wollen. Geben Sie sich einen Sinn, eine Bedeutung. Geben Sie sich eine Aufgabe, eine Mission. Nennen Sie sich irgendetwas! Nennen Sie sich einfach irgendetwas. Nennen Sie sich »tapfer«, oder nennen Sie sich »mutig«. Nennen Sie sich »gut« oder »liebenswürdig«. Nennen Sie sich »intelligent« oder »reich«. Oder nennen Sie sich das alles zusammen und noch mehr. Das Ding, das Sie sich nennen, rufen Sie hervor. Mir ist aufgefallen, dass Sie sich in Ihrem Brief als einen »Exsträfling, -drogensüchtigen, -alkoholiker« bezeichnen. Hören Sie damit auf, Gerald. Das ist nicht, wer Sie sind. Hören Sie damit auf. Nennen Sie sich etwas anderes. Wie Sie sich nennen, wie Sie sich rufen, das ruft Sie, und Sie werden so magisch davon angezogen wie ein Nachtfalter von der Flamme. Das Ding, das Sie sich nennen, rufen Sie für sich hervor. Das Ding, das Sie sich nennen, das ruft Sie, das zieht Sie an.

5

Gefühle und Gedanken –
Geistige Gesundheit

Wenn ich eine Liste mit Dingen erstellen sollte, die mein Leben stark beeinflussen, müsste ich Gefühle und Gedanken ganz obenan stellen. Gefühle und Gedanken sind nicht dasselbe, was aber nicht jedermann klar ist.

Gedanken sind Aktionen von schöpferischer Kraft. Die meisten Menschen sehen das so nicht, aber genau das sind sie. Jeder Gedanke erschafft. Das sollte auf jedem Badezimmerspiegel gekritzelt stehen, an jedem Kühlschrank mit einem Magneten befestigt, an jeder Stoßstange als Aufkleber zu lesen und auf Ihr linkes Handgelenk tätowiert sein.

Jeder Gedanke erschafft.

Was er erschafft, liegt natürlich an Ihnen. Aber dass er erschafft, ist keine Frage. Selbst nicht gerade metaphysisch oder spirituell gesinnte Wissenschaftler und Ärzte räumen in wachsender Zahl ein, dass unser Denken über eine Sache unsere Erfahrung von dieser Sache beeinflusst – ja es vielleicht sogar, auf einer bestimmten Ebene, erschafft. Das ist eine Aussage mit gewaltigen, ja umwerfenden Implikationen.

Gefühle sind die Sprache der Seele. Wollen Sie Ihre Wahrheit über etwas, dann schauen Sie sich Ihre Gefühle dazu an. Wenn Sie nicht wissen, was Sie fühlen, wenn Sie anscheinend nicht feststellen können, was Ihre innerste Wahrheit ist, dann achten Sie auf Ihren Bauch beziehungsweise Magen. Machen Sie den Bauchtest, wie ich es nenne. Verweilen Sie bei einem Thema oder einem Problem. Tun Sie nun so, als hätten Sie diesbezüglich Ihre Entscheidung getroffen. Agieren Sie im Geist Ihren Entschluss aus. Haben Sie ein flaues Gefühl im Magen? Verhält er sich ruhig? Bibbert es in Ihnen vor Aufregung? Kocht es in

Ihnen vor Wut? Achten Sie auf Ihre Reaktionen. Der Bauch weiß es. Der Bauch lügt nie.

Gefühle und Gedanken gehören zu unseren wertvollsten Werkzeugen. Sie helfen uns, unsere gegenwärtige Wahrheit in Erfahrung zu bringen und unsere nächste Wahrheit zu erschaffen. Mehr kann man nicht verlangen.

Das Geschenk, nach dem Sie
Ausschau halten, sind Sie

Mr. Walsch: Ich schreibe an Sie im Bewusstsein, dass mein Brief wahrscheinlich nicht von Ihnen gelesen wird und wenn doch, ich vielleicht nie eine Antwort erhalte. Doch habe ich das Gefühl, es besteht eine geringe Möglichkeit, dass ich mich irre, und so schreibe ich diesen Brief trotzdem. Lassen Sie mich bitte die Hintergründe erläutern. Bevor ich Band 1 von *Gespräche mit Gott* las, war es mir ein Herzensanliegen, ein Buch zu finden, das mir sagen konnte, was ich wissen wollte. Ich lese kaum, nur Bücher, die mich wirklich sehr interessieren.

Durch Ihr Buch fand ich zur Hoffnung, dass das, was ich schon immer wusste, wahr ist, und ich einen Ausweg aus meinem verpfuschten Leben finden kann. Ich will Sie nicht mit einer langen Geschichte langweilen, sondern nur eine kurze Frage stellen: Was mache ich, wenn ich das Buch gelesen, seinen Inhalt studiert, seine Einzelheiten als etwas akzeptiert habe, das ich schlucken kann, aber immer noch in dem verpfuschten Leben stecke, in dem ich mich vorher befand? Im Buch wird darauf hingewiesen, dass einige es lesen werden und es ihnen nicht helfen wird. Ich fühle mich durch mein Leben und sein Scheitern niedergedrückt, was zur Folge hat, dass ich nicht positiv eingestellt bin. Wut und Zorn im Innern zerreißen mich. Ich wäre sehr dankbar, wenn Sie irgendwelche Vorschläge hätten! Mit freundlichen Grüßen, Johnny, SC.

Lieber Johnny: Wut und Zorn sind verkündete Angst. Wovor fürchten Sie sich? Wenden Sie sich als Erstes dem zu und heilen Sie es. Was immer Sie beim Sprechen auf das Wort »ich« folgen lassen, wird Ihre Realität werden und bleiben. Das Wort »ich« ist wie der Geist in der Flasche, Johnny. Es ist Magie und bringt Ihnen das, was sich daran anschließt. Nun sagen Sie in Ihrem Brief, dass Sie sich durch Ihr Leben und sein Scheitern niedergedrückt fühlen. Na schön, okay. Das ist Ihre Wahrheit. Das ist das, was Sie über sich denken. Aber nun lade ich Sie zu einem neuen Gedanken ein. Ich lade Sie dazu ein, eine andere Realität über Sie zu bekräftigen. Wie wäre es damit: Ich fühle mich durch das Leben und seine wunderbaren Geschenke aufgerichtet und erhoben! Mit jedem Tag spüre ich mehr und mehr Auftrieb. Jeden Tag empfange und gebe ich noch mehr Geschenke als je zuvor. Mein ganzes Leben ist ein Geschenk, das ich anderen zukommen lasse. Ein Geschenk der Liebe und Freude und Güte und Freundlichkeit; ein Geschenk des Friedens und der Hoffnung und des guten Willens gegenüber jedermann. Das ist mein Geschenk an die Welt und an mich, ganz gleich was in meinem Leben passiert, und ich feiere es prachtvoll und in Würde. Wiederholen Sie für sich die nächsten hundertzwanzig Tage diese Aussage fünfmal am Tag, und dann erzählen Sie mir, dass sich für Sie nichts geändert hat. Ich wette mit Ihnen, dass es anders kommt.

Wie man negative Gedanken beseitigt

Lieber Neale: Ich habe deine Bücher gelesen, deine Tonbandkassetten gehört und deine Broschüren gelesen, und ich danke dir dafür, dass du diese äußerst wichtigen Informationen an uns alle weitergegeben hast. Meine Frage betrifft diese negativen, hässlichen Gedanken, die »aus dem Nichts« in meinem Geist auftauchen. Diese Gedanken, Meinungen, Reaktionen spiegeln nicht die Person wider, die zu sein ich gewählt habe. Bevor ich dein Buch gelesen hatte, fragte ich mich, ob mir der »Teufel« diese üblen Gedanken eingab. Nun bin ich beruhigt, dass es den Satan nicht gibt, würde aber dennoch gerne diese negativen Gedanken ausmerzen. Ich meine hier nicht unsere inneren Selbstgespräche. Und wenn Gott durch unsere Vorstellungskraft und Fantasie zu uns spricht – kommen diese schlechten Gedanken von ihm oder von mir? Kelly, St.Louis, MO.

Liebe Kelly: Negative Gedanken sind immer auf Angst gegründet. Sie haben selten irgendetwas mit der Realität zu tun. Sie teilen uns nur mit, wovor wir uns fürchten, und das, wovor wir uns fürchten, bedroht uns selten im gegenwärtigen Augenblick.

Alle Negativität ist verkündete Angst. Das gilt auch für alle Wut und allen Zorn. Negativität tritt auf, wenn wir etwas nicht haben, das wir haben wollen, oder wenn wir etwas haben, das wir nicht haben wollen. Die Herausforderung besteht in der Beseitigung der Negativität. Und das können wir entweder dadurch bewirken, dass wir einfach haben wollen, was wir jetzt haben, oder nicht haben wollen, was wir jetzt nicht haben. Du denkst vielleicht, das sei leichter gesagt als getan. Aber ich versichere dir, es ist nicht annähernd so schwierig, wie du vielleicht glaubst.

Um zu wollen, was du jetzt hast, brauchst du nur genau das zu wählen, was du gerade auf dem Teller hast. Auch dann, wenn es etwas ist, das du normalerweise als etwas Negatives bezeichnen würdest. Wähle es trotzdem. Denn erst, wenn du es in der Hand hältst, kannst du es auch loslassen, kannst du es auch loswerden. Das Ding, dem du dich widersetzt, bleibt bestehen. Nur, was du dir anschaust und als dir zu eigen akzeptierst, kannst du ablegen.

Etwas nicht zu wollen, was du nicht hast, ist ebenfalls leicht. Es ist das, was das Gebot, »du sollst nicht nach der Frau oder dem Hab und Gut deines Nächsten verlangen«, uns sagt. Dieses

Gebot findet sich in den meisten Religionen (wenngleich es nicht von Gott erlassen wurde, wie in GMG sorgsam erklärt wird), aber nicht, weil Begehren schlecht oder böse wäre. Es ist nur einfach mental ungesund. Es erzeugt Negativität. Wenn du also negative Gedanken eliminieren möchtest, dann begehre ganz einfach nicht, was du nicht hast. Wähle einfach etwas, das du hast. Und gib anderen, was du dir für dich selbst wünschst. Dein Leben wird sich über Nacht verändern.

Nun zu deiner nächsten Frage, Kelly. Was du als schlechte Gedanken bezeichnest, sind nichts weiter als deine Ängste. Sie kommen nicht von Gott, da Gott nichts fürchtet. Gott spricht zu dir durch deine Vorstellungsgabe und Fantasie, aber du tust es auch. Und glaube mir, du kannst dir alles vorstellen. Auch die wildesten Dinge, vor denen du Angst hast. Also lass den Quatsch. Hör einfach damit auf. Lass es sein.

Wie kann man aufhören, Angst zu haben? Ganz leicht. Denk einfach daran, dass Gott dein bester Freund ist.

Eines Morgens sah ich mir eine von Reverend Robert Schullers wundervollen Predigten in seiner bundesweit ausgestrahlten Fernsehsendung *Hour of Power* an. Er sprach genau über dieses Thema und erklärte, er habe eine narrensichere Methode, die Angst zurückzudrängen. Er hatte kürzlich einen Herzinfarkt gehabt, und die Leute hatten ihm geschrieben und ihn gefragt, ob er denn nicht Angst gehabt habe. Und Bob Schuller antwortete: »Nein, nie.« Und wie hatte er das angestellt? Wie hatte er es geschafft, sich nie in die Angst oder Negativität zu begeben? »Ganz einfach«, sagte er. »Ich benutzte meinen Zauberstab.« Und dieser »Zauberstab«, so sagte er, ist der 23. Psalm. Vor allem der letzte Vers, den er sich, stets zu seinem großen Trost, unendlich viele Male vorsagte: »Lauter Güte und Huld werden mir folgen mein Leben lang, und im Haus des Herrn darf ich wohnen für lange Zeit.«

Nun ist das etwas, das man glaubt oder nicht. Ich für meinen Teil glaube es. Und Bob glaubt es auch. Ich habe die Vorstellung, dass Gott immer auf meiner Seite ist. Sich immer gewahr ist, was ich brauche. Mir immer das beste Ergebnis bereitet. Auch dann, wenn dieses Ergebnis der Tod sein sollte. Und das war auch Reverend Robert Schuller bewusst: Selbst wenn er sterben sollte, würde dies das Richtige und Vollkommene für ihn sein und ihm nichts Schlimmes zustoßen. Wenn du aber den Tod nicht mehr fürchtest, hast du auch keine Angst mehr vor dem Leben. Und das ist eine große Erleichterung. Daraus entstehen nur positive Resultate. In diesem Zusammenhang empfehle ich sehr, Norman Vincent Peales *Die Macht des positiven Denkens* und James Allens *Deine Gedanken, eine schöpferische Macht* zu lesen.

Irgendetwas gibt mir das Gefühl, in der Falle zu sitzen

Lieber Neale: Ich ging zu einem Vortrag von dir. Es war an einem Sonntagabend und eine eher kleine und intime Veranstaltung, und alles, was du sagtest, berührte zutiefst mein Herz. Dann fing ich irgendwann zu weinen an und konnte gar nicht mehr aufhören, bis die Dame, die neben mir saß und die ich noch nie zuvor gesehen hatte, mich umarmte und sagte, alles würde in Ordnung kommen. Ich weiß nicht, warum ich geweint habe.

Mir ist so zumute, als sei meine Seele berührt worden, als seien meine »Flügel« zum Fliegen bereit, aber irgendetwas gibt mir das Gefühl, in der Falle zu sitzen. Ich scheine mich nicht dazu motivieren zu können, die Dinge zu tun, die ich meinem Gefühl nach tun sollte. Ich hatte vor etwa drei Wochen eine sehr eindrückliche spirituelle Erfahrung. Ich hatte das Gefühl, endlich aus einem tiefen Schlaf oder komatösen Zustand erwacht zu sein und konnte buchstäblich fünf Tage lang nicht mehr einschlafen. Die ganze Nacht über war ich auf und las GMG Band 3, chattete im Internet mit Leuten, putzte usw. Und obwohl ich etwas müde war, fühlte ich mich mit jeder Person, mit der ich in Kontakt kam, zutiefst verbunden, von der Postbeamtin über die Dame an der Anmeldung in der Arztpraxis bis hin zu jedem Menschen, dem ich nahe kam. Ich hatte auch ein paar gesundheitliche Probleme in dieser Zeit, aber geistig, emotional und spirituell fühlte ich mich unglaublich! Ich dachte, so fühlt man sich möglicherweise kurz bevor man zu sterben bereit ist.

Dann war dieses Gefühl so plötzlich, wie es gekommen war, wieder verschwunden, nachdem ich eine ganze Nacht geschlafen und beim Arzt erfahren hatte, dass ich außerordentlich gesund bin. Ich habe versucht, dieses ungeheure Gefühl von Liebe und dieses große Verlangen nach Freude in mir und anderen wieder herzustellen. Ich meditiere und bete, um regelmäßig so viel Liebe in meinem Herzen empfinden zu können. Stattdessen empfinde ich eine Menge Zynismus, stehe anderen kritisch gegenüber, fühle mich verloren und bin zuweilen auch ein bisschen wütend. Ich bemühe mich so sehr, ein netter Mensch zu sein, einfach nur Liebe zu »sein«, aber ich schaffe es nicht. Wie komme ich da zu einem Durchbruch, und was hält mich deiner Meinung nach zurück? Warum kann ich nicht einfach so fliegen, wie meine Seele es sich wünscht? Ich hoffe, du hast eine Antwort für mich. Hab vielen Dank, Lois, Cooper City, FL.

Liebe Lois: Solche Erfahrungen, wie du sie beschreibst, sind in einer Phase intensiven spirituellen Wachstums ganz natürlich. In dem Augenblick, in dem du erklärst, dass du irgendetwas bist, wird alles, was nicht so ist, was im Gegensatz dazu steht, in dein Leben treten. Das ist das Gesetz der Gegensätze, das sehr detailliert in GMG erklärt wird. Also denke nicht, dass du irgendetwas »falsch« machst, und unternimm keine so großen Anstrengungen, um eine andere Erfahrung zu machen. Lass die Erfahrung zu, die du machst. Das ist einer der besten Ratschläge, den ich jemandem erteilen kann. Lass dich die Erfahrung machen, die du machst. Denk daran, das Ding, dem du dich widersetzt, bleibt bestehen. Und wenn du dich dann dazu entscheiden solltest, dein Selbst auf neue Weise wieder zu erschaffen, dann triff eine Wahl, wie das aussehen soll, und gib einem anderen das, was du gerne in dir erleben und erfahren möchtest. Tu, was es braucht, damit andere Leute sich als »nette Menschen« fühlen und auch das Gefühl haben können, dass sie »Liebe« sind. Sorge dafür, dass ein anderer die Erfahrung macht, die du selbst gerne machen möchtest.

Vergiss dich selbst mal ganz und gar. In deinem Leben geht es nicht und ging es nie um dich. Es geht um den anderen. Immer um den anderen. Doch hier haben wir die göttliche Dichotomie. Die Erfahrung, mit der du einen anderen versorgst, lässt du dir selbst zukommen. Und das ist so, weil kein anderer im Raum ist. In Wahrheit sind wir alle eins, und was du für einen anderen tust, das tust du für dich selbst. Deshalb heißt die goldene Regel: »Alles, was ihr von anderen erwartet, das tut für sie.«

Neuanfang mit GMG

Lieber Neale: Vor ein paar Jahren sagte ich zu meiner Frau: »Warum machen sich die Leute immer so große Sorgen ums Geld?« Sie packte ihre Sachen und verließ mich. Nun, da steckte natürlich noch mehr dahinter, aber der Schmerz war gewaltig. Da saß ich allein und verlassen, nur ich und GMG Band 1. Doch in der Finsternis, meiner persönlichen Finsternis, erstrahlte ein Leitstern. Denn meine Schuldgefühle, mein Elend, mein Schmerz waren nicht länger gerechtfertigt. In diesem Augenblick konnte ich neu beginnen und leben und wissen, dass ich niemanden verletzt hatte. Ich erkannte, dass ich jeden Augenblick ein neues Leben habe und eine neue Chance, den Schmerz anderer zu lindern, einen anderen aus der Verzweiflung zu holen durch ein freundliches Wort, ein Lächeln, ein Zitat aus deinen Büchern. Was du für mich getan hast, das tue ich für andere. Ich »bin«, was

Gott mich, durch dich, gebeten hat zu sein, um anderen zu helfen zu »sein«. Ich fand mich selbst, tief im Morast begraben, und wusste, wenn ich nur einen, einen einzigen Menschen erreichen konnte, dieser eine Mensch vielleicht ein Lächeln an einen anderen weitergab, und schon würde die halbe Welt verändert sein. Ich brenne vor Leidenschaft zu lieben und von Gottes Liebe zu erzählen und in Stärke dazustehen, während Augen Ausschau halten nach anderen, die ihre Stärke aufbauen. Mein Leben hat sich verändert, ich kann nie mehr zurück. Schau, was du getan hast, Neale Donald Walsch. Schau, was du für meine Seele getan hast und für andere, die ich vielleicht erreiche, und die sich gut fühlen, sehr gut. Liebe und Licht, Marc G. über Internet.

Lieber Marc: Danke für deinen sehr bewegenden Brief. Du hast uns ein wundervolles Beispiel dafür gegeben, wie man die Botschaft dieser außergewöhnlichen Trilogie leben kann.

Wird Gott über meine Gedanken erzürnt sein?

Lieber Neale Donald Walsch: Ich glaube, dass viel Zeit und Mühe und eine Menge Mut nötig sind, um zu lernen, ein souveräner Mensch zu werden, der die komplette Verantwortung für seine Gedanken und alles, was er in seinem Leben hat, übernimmt. Manchmal beunruhigt mich die Vorstellung, dass Gott über meine Gedanken erzürnt sein wird, vor allem, wenn ich anzweifle, was Gott zum Menschen gesagt haben soll. Aus diesem Grund habe ich mir Sorgen darüber gemacht, dass ich Ihr Buch gelesen (das ja schließlich gegen viele unserer biblischen Lehren verstößt) und die Gedanken gedacht habe, zu denen es auffordert. Was sagen Sie dazu? Shelly, Portland, OR.

Lieber Neale: Ich habe dein Buch sehr gern! Aber wie mutig du bist! Wie kannst du solche Dinge denken? Hast du keine Angst, dass Gott sauer auf dich sein wird? Mein ganzes Leben wurde mir erzählt, dass Gott jeden Gedanken hört, jede Tat sieht. Und wenn wir einen unreinen oder ketzerischen Gedanken haben, werden wir bestraft. Ich wurde römisch-katholisch erzogen und kann mich entsinnen, dass mir als Kind eingeschärft wurde, nie den Gottesdienst einer anderen Konfession zu besuchen, denn das war eine »Sünde«. Nun schreibst du hier in deinem Buch eine ganze Menge Dinge, die man eine »Sünde« nennen würde — darunter auch, dass es so etwas wie die Zehn Gebote gar nicht gibt! Fürchtest du dich nicht? Mit freundlichen Grüßen, BW, Milwaukee, WI.

Liebe Shelly und BW: Wenn Gott nicht wollte, dass ihr denkt, dann hätte er euch das Denken nicht ermöglicht. Macht euch keine Sorgen, dass ihr Gott kränken oder beleidigen könntet. Das könnt ihr nicht. Die einzigen Wesen im Universum, die gekränkt und beleidigt werden können, sind die, deren Ego durch Dinge, die über sie gesagt werden, durch Dinge, die getan werden, angekratzt wird. Doch Gottes Ego steht hier nicht auf dem Spiel. Gott steht über dem Ego. Er steht so weit darüber, wie ihr es euch nicht einmal vorstellen könnt. Gott wohnt in reiner Liebe. So ist das. Mehr ist dazu nicht zu sagen. Und die reine Liebe würde euch oder sonst jemanden nie dafür bestrafen, dass ihr euch Fragen stellt, dass ihr denkt, dass ihr irgendeiner Ansicht nachgeht. Das Leben ist da, um zu leben, um zu erschaffen, um Erfahrungen zu machen, und nicht, um unterwürfig den Regeln eines anderen zu gehorchen und in den Gedankengebäuden und Vorstellungen eines anderen (und ganz gewiss nicht denen Gottes) über das, was richtig und falsch ist, zu verharren. Denkt weiterhin eure eigenen Gedanken. Gott möchte es nicht anders haben.

Ich fürchte mich ganz gewiss nicht vor Gott. Was andere Menschen angeht, so bin ich mir da nicht so sicher. Neulich sah ich einen Autoaufkleber, der mich nachdenklich stimmte. »Gott, rette mich vor deinem Volk« stand drauf. Ich mache mir keine Sorgen über Gottes »Reaktion« auf das, was ich denken oder sagen könnte.

Wie man sich der Entmutigung und Enttäuschung erwehrt

Lieber Neale: Wie hört man auf, entmutigt zu sein? Ich meine, es passieren Dinge im Leben, die mich entmutigen oder enttäuschen. Und ich finde, dass es am allerschwierigsten ist, nicht entmutigt oder enttäuscht zu sein. Wie machst du das? Ich hörte dich vor einem großen Publikum sprechen, und du scheinst eine so unglaublich positiv eingestellte Person zu sein. Auch als du anschließend deine Bücher signiertest, sah ich dich lächeln und sehr persönlich auf jeden eingehen. Du nahmst dir auch Zeit, still mit einigen zu sprechen, die, wie man sehen konnte, mit Problemen oder sehr ernsten Fragen zu dir gekommen waren. Wie schaffst du es, so positiv zu bleiben? Jay, Milwaukee, WI.

Lieber Jay: Die Antwort ist natürlich, dass ich es nicht immer bin. Es gibt Zeiten, in denen ich meine schlechte Laune oder düstere Stimmung bekämpfen und daran arbeiten muss, »obenauf« zu bleiben. Diese Zeiten werden zwar tatsächlich immer seltener und liegen immer weiter auseinander, aber sie treten doch auf. Wenn das der Fall ist, versuche ich nicht, sie irgendwie zu umgehen, sondern sie so ehrlich und verletzlich wie möglich zu durchleben.

Ich denke, Verletzlichkeit und Transparenz sind die Schlüsselworte, Jay. Du musst bereit sein, verletzlich und offen zu sein, und vollkommen ehrlich in Bezug auf deine Gefühle und Empfindungen. Wenn man versucht, sie zu verbergen oder zu verdrängen, führt das nur zu mehr – und ernsthafteren – emotionalen Problemen. In solchen Augenblicken kehre ich auch zur Wahrheit über mich selbst zurück; zu all den guten Dingen, die ich über das Wer und Was Ich Bin weiß. Und schließlich, Jay, halte ich meine Kommunikationskanäle zu Gott offen. Ich spreche jeden Tag mit Gott. Ich versuche zu meditieren, wann immer ich kann. Es ist ganz schön schwierig, allzu lange wegen irgendetwas entmutigt zu sein, wenn du mit dem tiefsten Teil deiner Selbst in Berührung bist, mit dem Ort, wo Frieden und Verstehen, Weisheit und Klarheit residieren. Und es ist doppelt so schwierig, schlecht gelaunt oder düster gestimmt zu bleiben, wenn du regelmäßig mit Gott sprichst. Wenn ich also den überwiegenden Teil der Zeit positiv eingestellt bin (und das bin ich), dann deshalb, weil ich versuche, auf das Leben meiner Seele und nicht nur das meines Körpers zu achten.

Tägliche Meditation — ich kenne kein besseres Heilmittel, um sich der Attacken von Selbstzweifel oder der Anfälle von Besorgnis, Angst oder Entmutigung zu erwehren. Ohne Erwartungen zu leben — das ist eine weitere großartige Möglichkeit, Enttäuschungen zu vermeiden.

Zwei magische Werkzeuge, mit denen sich eine Depression beenden lässt

Lieber Neale: Kurz zusammengefasst: Ich habe in meinem Leben ungeheure Herzensqual erfahren und angesichts all dessen nicht erwartet, so die Oberhand über mich zu gewinnen, wie ich es tat. Ich weiß darüber Bescheid, dass wir die »Wahl« haben und was wir alles im Voraus tun, um die Dinge für uns zu arrangieren. Aber vielleicht begreife ich doch nicht so viel, wie ich denke, denn wenn die Situation schwierig wird, kommen zwar die Worte aus meinem Mund, aber ich bin so traurig, dass ich nicht weiß, wie ich da wieder herauskommen soll. Und das kann schon für sich allein sehr beängstigend sein.

Meine Mutter (die auch meine beste Freundin ist) hat mir von deinem Buch erzählt. Als ich es las, fühlte ich große Liebe in meinem Herzen. So nenne ich das, wenn sich etwas für mich richtig anfühlt. Wenn ich dieses »das Herz geht mir auf, ich werde gleich platzen«-Gefühl bekomme — so als würde ich gleich weinen, weil ich von Gefühlen so überwältigt bin —, dann erkenne ich dieses Gefühl als Liebe im reinsten Sinn.

Ich halte dich für einen wunderbar klaren Schriftsteller und schicke dir alle Liebe, die in mir ist, dafür, dass du mich für Dinge erweckt hast, die ich nur eine Weile vergessen hatte. Ich hoffe, alle Menschen erhalten die Möglichkeit, so zu fühlen, wie ich mich im Moment fühle. Es ist wie ein tiefer, reinigender Atemzug, nachdem man eine Stunde lang unter Wasser gewesen ist! StephJ per E-Mail.

Liebe Stephanie: Ich danke dir für diese überaus netten Worte. Sie haben mich sehr berührt und du sollst wissen, dass sie nicht selbstverständlich für mich sind.

Lass mich auf deinen ersten Absatz eingehen: Es ist keine Frage, dass es sehr schwer sein kann, aus einer tiefen Depression wieder herauszukommen. Und mag man auch noch so viel über die »Wahrheiten des Lebens« wissen, dadurch wird die Situation nicht leichter. So will ich dir als Erstes sagen, Stephanie, dass deine Erfahrung weit verbreitet ist. Es gibt Zeiten, in denen viele von uns Lippenbekenntnisse in Bezug auf das, was wir über eine Sache zu »wissen« meinen, ablegen — zum Beispiel über spirituelle Prinzipien —, während wir doch weiterhin so handeln, als wüssten wir gar nichts.

Ich kenne zwei Möglichkeiten, Stephanie, wie man rasch aus der Traurigkeit herauskommen kann. Die erste ist eine »Prozedur«, die mir vor Jahren eine wundervolle Lehrerin beibrachte. Die zweite ist eher eine Sache der »Lebensweise«. Sehen wir uns die erste Möglichkeit an. Wenn du immer wieder von Traurigkeit oder einer Depression gequält wirst, dann besorge dir ein kleines Notizheft und trage es immer bei dir. Nimm es sofort heraus, wenn du spürst, dass die Traurigkeit einsetzt oder du in Depression verfällst, und notiere die Uhrzeit und das Datum und was genau du gerade getan hast, als dich die Traurigkeit überfiel. Schreib daneben eine Punktzahl zwischen 1 und 10, um anzuzeigen, wie traurig oder deprimiert du bist. Schätze das Maß ein. Bist du so stark deprimiert, wie du es je schon einmal warst? Das ist eine 8 oder 9. Noch stärker? Das ist eine 10. Bist du ein bisschen traurig, aber nicht ganz so stark deprimiert? Das ist vielleicht eine 6. Und so weiter.

Warte nun dreißig Minuten ab und »messe« dann wieder. Mit anderen Worten, steck das Notizheft weg, widme dich weiterhin dem, was immer du gerade getan hast (und sei es auch, dass du nur die Wand angestarrt und gar nichts getan hast) und warte, bis eine halbe Stunde vergangen ist. Wenn du eine Uhr mit Alarmfunktion hast, umso besser. Finde jedenfalls eine Möglichkeit, festzustellen, wann dreißig Minuten vergangen sind. Nimm dann wieder dein Notizheft vor und notiere ganz genau, wie du dich gefühlt hast. Stelle fest, wie traurig oder deprimiert du jetzt bist und trage die entsprechende Zahl daneben ein. Steck dein Notizbuch dann wieder weg und widme dich deinen anderen Dingen.

Warte dieses Mal zwanzig Minuten ab, bevor du dein Notizheft wieder hervorziehst und die ganze Prozedur erneut vornimmst. Warte danach fünfzehn Minuten bis zur nächsten Runde. In der folgenden nächsten Stunde machst du das dann alle fünfzehn Minuten, es sei denn natürlich, deine »Punktzahl« ist so niedrig geworden, dass es keinen Grund mehr dafür gibt! Mit Hilfe dieser Prozedur wirst du entdecken, dass es praktisch unmöglich ist, deprimiert zu bleiben, während du dich dabei beobachtest. (Dasselbe gilt übrigens auch für Wut und Zorn.) In GMG wird das mit den Sprüchen ausgedrückt: Das Ding, dem du dich widersetzt, bleibt bestehen. Was du dir anschaust, das verschwindet.

Das zweite kleine Werkzeug, das ich dir an die Hand geben

möchte, ist eine Veränderung in deiner Lebensweise. Wenn du das nächste Mal so traurig bist, dass du gar nicht weißt, wie du da wieder herauskommen sollst, dann finde noch einen anderen Menschen, der ebenso traurig ist. Das sollte angesichts des Zustands, in dem sich die Welt heutzutage befindet, nicht so schwierig sein. Du wirst nicht lange suchen müssen. Mach es dir zur Aufgabe, dieser Person genau das zu geben, was du dir für dich selbst wünschst. Das heißt, gib ihr das, was nötig ist, um sie aus ihrer Traurigkeit herauszuführen. Du wirst feststellen, dass du ein außergewöhnliches Geheimnis aufgedeckt hast. Sei für einen anderen die Quelle dessen, was du gerne selbst erfahren und erleben möchtest.

Es ist ein narrensicheres Rezept, Stephanie, und funktioniert in allem. Wenn du mehr Freundschaft und Gesellschaft in deinem Leben haben möchtest, dann finde jemanden, der sich mehr Freundschaft und Gesellschaft wünscht, und gib sie ihm oder ihr. Du wirst feststellen, dass du sie auch dir selbst gegeben hast. Wenn du dir mehr Liebe in deinem Leben wünschst, finde einen Menschen, der sich mehr Liebe in seinem Leben wünscht, und gib sie ihm. Du wirst feststellen, dass du sie auch dir selbst gegeben hast. Wenn du dir mehr Geduld, Verständnis, Toleranz, ja sogar auch Geld, in deinem Leben wünschst, dann gib diese Dinge jemandem, der sich auch mehr davon in seinem Leben wünscht, und du wirst erleben, dass sie sich auch in deinem Leben vermehren. Wenn du dir mehr Sex in deinem Leben wünschst ... Nun, du hast verstanden! Lächelst du? Du solltest jetzt lächeln, Stephanie. Wir sind hier nämlich ganz schön clever.

Da hast du sie also. Zwei wunderbare Werkzeuge, die ich entdeckt habe, um der Einsamkeit, Traurigkeit oder Depression ein Ende zu setzen. Sechs magische Worte, die dein Leben verändern könnten: Leiste keinen Widerstand. Sei die Quelle.

Was ist der »Gedanke hinter dem Gedanken hinter dem Gedanken«?

Hi. Bitte führe das mit »dem Gedanken hinter dem Gedanken hinter dem Gedanken« noch weiter aus. Und gibt es keine funktionierende Alternative zum »freien Willen«? Irgendetwas, das eine Menge Kummer und Leid eindämmen würde? Aber dann gäbe es nicht »gut oder schlecht« oder »richtig oder falsch«; und Kummer und Leid sind vielleicht nur eine Beurteilung oder eine falsche Bezeichnung? Tom, Edmonton, Alberta, Kanada.

Hallo, Tom: Der »Gedanke hinter dem Gedanken hinter dem Gedanken« ist das, was in GMG als der »stiftende Gedanke« bezeichnet wird. Das heißt, die letzte Schicht der Zwiebelhäute. Lass mich dir ein Beispiel geben. In unseren Fünf-Tage-Intensivretreats äußert häufig irgendein Teilnehmer eine Angst. Ich gehe dann manchmal daran, den stiftenden Gedanken oder den »Gedanken hinter dem Gedanken hinter dem Gedanken« dieser Person aufzudecken. »Was fürchtest du denn, das passieren wird, wenn sich das und das wirklich ereignet?«, frage ich. Und sie oder er sagt es mir dann. Ich frage weiter: »Und was wird deiner Meinung nach dann geschehen?« Wieder sagt die betreffende Person es mir, und ich frage wieder weiter, bis wir auf dem Grund angelangt sind – bis wir zum stiftenden Gedanken vorgedrungen sind. Und das ist es dann, wovor sich die betreffende Person eigentlich fürchtet.

Dies sind die beherrschenden Gedanken in unserem Leben, Tom. Dies sind die Gedanken, die jeden Moment beeinflussen. Und sie nehmen vom gegenwärtigen Augenblick oft etwas weg und verwandeln ihn in etwas, das er gar nicht ist.

Nun hast du auch gefragt, ob es nicht eine funktionierende Alternative zum freien Willen gibt. Warum um alles in der Welt möchtest du, dass es sie gibt? Möchtest du wie ein Automat leben? Frei von Kummer und Leid, aber auch ohne jede Wahlmöglichkeit? Das glaube ich nicht. Keine Wahl zu haben ist ein hoher Preis für das Freisein von Kummer und Leid. Deine letzte Aussage ist korrekt. »Kummer und Leid« ist eine Beurteilung. Es ist die von uns gefällte Entscheidung, dass irgendetwas in Bezug auf uns nicht in Ordnung ist. Wenn wir unsere Ansicht ändern, ändern wir auch unsere Entscheidung und setzen unserem Kummer und Leid ein Ende. Es ist die Veränderung unserer Perspektive, die uns dazu veranlassen kann, unsere Ansicht, unsere Meinung – und damit auch unsere Erfahrung – zu ändern. Genau das hat *Gespräche mit Gott* für viele Menschen bewirkt. Es hat Hunderttausende von Menschen zu einer neuen Perspektive geführt. So gesehen verändert es die Welt.

Du wirst es vielleicht nützlich finden, das *Arbeitsbuch zu Band 1* zu lesen. Es erläutert in allen Einzelheiten den Inhalt von GMG Band 1. Es führt dich Kapitel um Kapitel, Grundgedanken um Grundgedanken, durch den Text, im Verein mit Aufgaben, Übungen und Experimenten, die es dir ermöglichen, ganz so wie in einem Retreat deine inneren Tiefen zu erkunden und Erfahrungen mit deiner Weisheit zu machen. Wenn du nicht schon mit dem *Arbeitsbuch* gearbeitet hast, dann möchte ich dich sehr dazu ermuntern. Es könnte dein Leben verändern, Tom, und du könntest eine Menge »Kummer und Leid« loswerden.

Der Unterschied zwischen Gefühlen und Emotionen

Lieber Neale: Ich möchte gerne einen Dialog über einige Aspekte des Buches, das mich sehr beeindruckt, beginnen. Natürlich gibt es da so viel, und ich habe längst nicht alles gelesen. Nachdem ich meinen »klapp es irgendwo auf und schau, wie du darauf reagierst«-Test absolviert hatte, kehrte ich tatsächlich zum Anfang zurück und fing noch einmal bei der ersten Seite an. Auf jeder Seite finden sich zahlreiche Juwelen, von denen jeder einzelne Gegenstand eines langen Dialogs sein könnte.

Worauf ich im Moment anspringe, ist das Thema »Gefühle« und wie sie uns so viel präziser die Wahrheit übermitteln als das gesprochene Wort. Gesellschaftlich gesehen wurde uns natürlich beigebracht, unsere Gefühle zu hinterfragen oder schlimmer, sie zu verleugnen. Das Paradigma, nach dem wir unser Leben und unsere Organisationen ausrichten, hat (bis heute) das in der linken Gehirnhälfte beheimatete, lineare Denken bestärkt, das besagt: »Wenn ich es nicht sehen, berühren, schmecken, hören oder riechen kann, kann es nicht real sein.« Das »empfindsame, gefühlsmäßige, weiche, intuitive Zeug« wurde hingegen für nichtig erklärt. Was der Grund dafür ist, warum weiße Männer über fünfundvierzig noch immer die Mehrheit der Geschäfte in unserem Land führen. Doch das ändert sich allmählich. Ich glaube, dass auch das weibliche Prinzip in der Geschäftswelt bald allgemeiner akzeptiert werden wird. Natürlich wünsche ich mir das schon seit einiger Zeit, deshalb fällt es mir schwer, hier objektiv zu sein.

Oprah hatte kürzlich in ihrer Show zwei Autoren, die erklärten, wie Eltern ihren Kindern beibringen können, ihre Probleme und Konflikte zu lösen; dazu gehört, dass sie ihnen helfen, erst einmal mit ihren Gefühlen in Kontakt zu kommen, um dann alternative Reaktionsweisen zu erkunden. Es war großartig. Ich habe auch kürzlich ein paar Tonbandkassetten gehört, auf denen erklärt und betont wurde, dass Gefühle sowohl für die Verständigung wie auch für das Eigenverständnis Vorrang vor dem Wort haben. Du kannst dir also vorstellen, dass ich, als ich auf Seite 28 im Buch ankam, schließlich kapierte, dass ich dieser Sache mehr Aufmerksamkeit widmen muss.

Ich stimme dem Buch/Gott zu. (Klingt irgendwie albern.) Meine Frage an dich/die Quelle/Gott: Manche Menschen unterscheiden zwischen Emotion und Gefühl, während andere die beiden Begriffe wechselseitig austauschbar benutzen. Wie siehst du das? Was ist der Unterschied? Carol M.

Liebe Carol: Du hast eine Schlüsselfrage gestellt. Nicht schlecht! Ich hatte zuerst die gleiche Frage, als dieses Material durchkam. Für mich ist der Unterschied nun klar. So wie ich es verstehe, sind Gefühle das, was wir fühlen, und Emotionen das, was als Folge dessen, was wir fühlen, in und mit unserem Körper passieren kann. Beispiel: Du fühlst Angst, und die Emotion, die wir mit dem Wort »verängstigt« benennen, durchzuckt deinen Körper. Vielleicht zieht sich dein Magen zusammen; vielleicht fängst du an zu zittern; vielleicht machst du sogar etwas Dummes.

Der Begriff Emotion scheint als Kürzel für »Energie in Bewegung« zu stehen – das heißt, Dinge die wir mit unserem Körper tun. Oft »zeigen wir unsere Emotionen«. Das heißt, der Körper macht irgendwelche Dinge (hüpft vor Freude), die der Welt signalisieren, was wir fühlen. Ich weiß, der Unterschied ist hier sehr fein. Mir scheint, eine Emotion ist das, was unser Verstand in Reaktion auf das, was wir fühlen, unternimmt (und anschließend dem Körper mitteilt, was er tun soll). Wir »fühlen« etwas und werden dann darüber ganz »emotional«. Das heißt, voll von Energie in Bewegung. Gefühle sind immer echt. Emotionen können manchmal unecht sein.

Ein Beispiel gefällig? Versuch's damit: Weinen ist oft eine emotionale Reaktion auf das Gefühl von Verlust. Und es ist auch oft eine emotionale Reaktion auf das Gefühl großer Erleichterung. Oder ungeheurer plötzlicher Freude. Wenn nun jemand auf der anderen Straßenseite steht und dich weinen sieht, hat er keine Ahnung, was los ist. Er weiß nicht, was du fühlst, er merkt nur, dass du emotional stark bewegt bist. Gefühle sind unsere tiefste Wahrheit. Emotionen sind die mentalen und physischen Manifestationen von Gefühlen, nachdem der Verstand mit der endlosen (und ungemein raschen) Analyse dieser Gefühle durch ist.

Der Verstand weiß überhaupt nichts über Gefühle. Nur das Herz, das Gemüt weiß. Der Verstand denkt natürlich, er weiß

Bescheid, und wartet mit allen möglichen Reaktionen auf. Manche davon stehen tatsächlich in Einklang mit unseren wahren Gefühlen. Manche nicht. In den Augenblicken in unserem Leben, in denen wir vor einer großen Entscheidung oder Wahl stehen, müssen wir deshalb tief in unser Inneres eintauchen und uns unsere wahren Gefühle anschauen. Da liegt unsere Wahrheit, nicht in unseren Emotionen.

Kann ich mich auf meine Gefühle verlassen?

Lieber Mr. Walsch: Ich bin eine ältere Frau (72) und Witwe. Ihr Buch hat mir geholfen, mir über viele Dinge klar zu werden. Ich habe eine Frage: Sollte ich mich nach meinen Gefühlen richten oder nicht? Irene, London, Ontario, Kanada.

Liebe Irene: Ja. Gefühle sind die Sprache der Seele. Wenn Sie die »echte« Wahrheit über etwas wissen wollen, dann schauen Sie, wie Sie sich hinsichtlich dessen fühlen. Vertrauen Sie dann darauf, dass Ihre Gefühle real sind. Ihr Verstand wird versuchen, Ihnen das auszureden. Ihr Verstand wird sagen, dass Ihre Gefühle bloß Ihre Emotionen sind, und dass Sie ihnen, wenn Sie eine wichtige Entscheidung zu treffen haben, nie trauen sollten. In Wahrheit ist genau das Gegenteil der Fall. Vertrauen Sie immer auf Ihre Gefühle. Sie wollen wissen, was Sie fühlen? Hören Sie auf Ihren Bauch. Ich frage in diesem Fall immer: »Was sagt der Bauch?« Wenn Sie ein flaues Gefühl im Magen haben, könnte das »Abenteuer« bedeuten. Wenden Sie sich nicht unbedingt davon ab. Wenn Sie Magenschmerzen bekommen, sagen Sie »nein«. Fühlt sich die Magengegend befriedet und beruhigt an, sagen Sie unbedingt »ja«. Denken Sie daran, der Bauch weiß es.

Was sind das für Gefühle?

Lieber Neale: Auf Seite 132 von GMG Band 2 sagt Gott: »Eine Person kann es, wenn sie sensibel genug ist, *fühlen*, wenn du an sie denkst.« Ich bin so eine Person, die das fühlen kann. Ich war sehr erleichtert, als ich diese Worte las, da ich bis dahin nie eine Erklärung für diese »Gefühle« hatte. Wenn ich versuchte, mit jemandem darüber zu sprechen, starrte man mich im Allgemeinen nur verständnislos an. Jetzt weiß ich, dass ich nicht verrückt bin, sondern nur sensitiv. Ich suche nach mehr Informationen darüber, oder nach jemandem, mit dem ich über diese »Gefühle« sprechen kann.

Wenn diese Gefühle kommen, fühle ich mich sehr einsam. Ich weiß, dass ich mich nicht einsam fühlen sollte, da ich doch wohl die Energie einer anderen Person spüre. Ich denke immer, das sollte mir helfen, mich mit anderen Menschen stärker verbunden zu fühlen, aber das tut es nicht. Es ist so, als sei ich die einzige Person, die einen wunderschönen Sonnenuntergang sehen kann. Manchmal ist es überwältigend. Ich muss den Anblick des Sonnenuntergangs mit jemandem teilen, über die Farben sprechen, wissen, dass noch jemand anders ihn sehen kann.

Als ich diesen Satz auf Seite 132 zum ersten Mal las, dachte ich, nun wüsste ich wenigstens, was mit mir los ist, und das war ein gewisser Trost für mich. Aber nun werden die Gefühle intensiver. Je näher ich Gott komme, desto stärker ist die Energie. Ich bin für jede Hilfe dankbar, die du mir hier geben kannst. Ich möchte es nicht ignorieren, ich versuche, mich darin hineinzufinden und es als einen Teil dessen, wer ich bin, zu akzeptieren. Obwohl ich Trost darin finde, dass ich jetzt wenigstens weiß, was es ist, spüre ich auch, dass da noch mehr dran ist. Mit vielem Dank, Debra, Kimberley, BC, Kanada.

Hi, Debra! Gute Nachrichten! Was du fühlst, ist Liebe. Ich hasse es, die Dinge so zu vereinfachen, aber genau das ist es. Es ist die Energie des Lebens, und die ist reine Liebe. Du fühlst sie von anderen Menschen kommen, auch wenn diese gar nicht bewusst die Absicht haben, sie auszusenden. Du empfängst die Essenz von Wer Sie Sind, und das ist Liebe. Du schreibst: »Je näher ich Gott komme, desto stärker ist die Energie.« Ganz genau, Debra. Jeder Mensch, der jemals wirkliche Nähe zu Gott erfahren hat, hat das Phänomen erlebt, von dem du sprichst. Es ist so, als sei man in die ganze Welt verliebt, und das ist zuweilen »überwältigend«. Natürlich solltest du dies nicht ignorieren. Das wäre so, als würdest du geradezu die Essenz von Wer Du Bist ignorieren.

Da ist tatsächlich noch »mehr dran«. Doch der Grund, warum du dich nicht stärker mit anderen Menschen verbunden fühlst – geschweige denn dieses, was noch »mehr dran« ist, erfährst – ist der, dass du dich nicht wirklich in die zweite Hälfte dieses Prozesses »eingeklinkt« hast. Diese zweite Hälfte wird in GMG als synergetischer Energieaustausch beschrieben und besteht darin, dass du vorsätzlich und bewusst das Gefühl und die Energie, die du empfängst, aussendest. Man kann diese Energie mit Absicht aussenden. Schicke sie an alle Menschen überall und an all die, deren Leben du berührst. Mach das in den nächsten Monaten kontinuierlich und beständig, und du wirst bald feststellen, dass du dich mit anderen stärker verbunden fühlst. Dann wird das ganze Rätsel gelöst sein, und was einst ein Mysterium war, wird sich in die reine Freude der Erfahrung von Wer Du Wirklich Bist verwandeln.

Werde ich je fähig sein,
mich geliebt zu fühlen?

Sehr geehrter Mr. Walsch: In Kapitel 1 von GMG Band 1 sprechen Sie über die Gesetze der Anziehung, dessen zweites besagt, dass man das anzieht, was man fürchtet. Ich habe bemerkt, dass einer der Kerngedanken oder stiftenden Gedanken, den ich lange Zeit hegte, nicht ist, dass ich nicht lieben oder geliebt werden könnte, sondern dass ich nicht fähig bin, dies zu fühlen oder zu erleben. Das zweite Gesetz hat bei mir nunmehr neunundvierzig Jahre lang ziemlich gut funktioniert. Wie kann man sich von einem stiftenden Gedanken dieser Art befreien? Meine zweite Frage: Ich bin mir nicht sicher, dass es ein erlernter Gedanke war, und wenn er das nicht war, woher kam er dann? Mit freundlichen Grüßen, Mike, Camarillo, CA.

Lieber Mike: Ihre zweite Frage zuerst. Es spielt keine Rolle, woher dieser Gedanke kam. Vergeuden Sie Ihre Zeit nicht damit. Wir werden jeden Augenblick jeden Tages auf sehr machtvolle Weise mit Vorschlägen, Daten und Informationen überschwemmt. Woher der Gedanke kam, ist jetzt unwichtig. Kommen wir auf das wesentlichere Thema zu sprechen.

Das Problem, Mike, ist hier, dass Sie versuchen, den Kerngedanken, dass Sie nie Liebe fühlen oder erfahren werden, zu vergessen. Das ist so, als machten Sie den Versuch, nicht an einen rosaroten Elefanten zu denken. Das Ding, dem Sie sich widersetzen, bleibt bestehen. Allein schon der Versuch, diesen Gedanken abzustellen, unterstützt sein Dasein. Konzentrieren Sie sich nicht auf den Gedanken an Ihre Person in einer Liebesbeziehung. Machen Sie sich keine Sorgen um Ihre Erfahrung. Kümmern Sie sich um die Erfahrung anderer. Denken Sie an das fundamentale Gesetz: Was du gibst, empfängst du. Wähle für einen anderen, was du für dich selbst wählen würdest. Ja, sei die Quelle davon.

Meinen Sie, dass sich Ihr Leben irgendwie verändern würde, wenn Sie Ihre ganze Energie auf eine Beziehung richten und alles dafür tun würden, damit die andere Person, die für Sie so bedeutsam ist, Liebe fühlt und erlebt? Sie sagen vielleicht: »Genau das tue ich ja gerade«, und wenn dem so ist, großartig! Verdoppeln Sie nun Ihre Bemühungen. Und nicht nur gegenüber der Person, der Sie sich in romantischer Liebe verbunden fühlen, sondern gegenüber allen, und das fortwährend. Machen Sie das sechs Monate lang, und ich wette, dass Sie Ihren stiftenden Gedanken außer Kraft setzen.

Über ein Kind, das »mit einer Behinderung« zur Welt kam

Lieber Neale Donald: Danke! Danke! Danke, dass du *Gespräche mit Gott* geschrieben hast. In gewisser Hinsicht beneide ich dich und wünsche mir, ich wäre statt deiner die Verfasserin; aber was soll's, wenn wir »alle eins« sind, dann habe ich ja tatsächlich auch daran mitgewirkt, dass es gechannelt, produziert und gedruckt wurde. Ich wünschte mir nur, ich hätte auch einen Anteil an den Tantiemen!

Du hast auf ganz wunderbare Weise viel von meinem eigenen Glaubenssystem niedergeschrieben, und es hat mich sehr bestätigt, es nun gedruckt zu sehen! Ich konnte mich nie in meine Verwandtschaft »einfügen«, die mich zu retten versuchte, obwohl ich mich nie »verloren« fühlte, und mich immer für einen schlechten Menschen hielt, weil ich nicht an die »Hölle«, den Teufel oder auch nur an richtig und falsch glaubte! Es tut gut zu wissen, dass ich nicht die Einzige bin, die so denkt. Wie es scheint, hat auch »Gott« die gleichen Ansichten! Also, ich danke dir, dass du die Botschaft in gedruckte Form gebracht hast.

Ich habe schon immer gesagt, dass ich nach meinem Tod »Gott«, sofern ich sie ausfindig machen kann, eine ganze Liste mit Fragen vorzulegen hätte. Die meisten Fragen hast du nun schon gestellt. Ein paar habe ich aber noch. Wie kommt es, dass mein Kind mit einer Behinderung zur Welt kam? Ich frage mich, ob meine Frustriertheit und Niedergeschlagenheit wegen seines schwierigen und anstrengenden Verhaltens aus der »Angst« kommt, aber Angst wovor? Wenn ich müde und erschöpft bin (physisch, emotional usw.), dann ist da weder Liebe noch Angst, sondern nur ein Mangel an Energie, das heißt, ich bin müde! Friede und Kraft, Avalon B.

Liebe Avalon: Ich danke dir für deinen Brief und deine freundlichen Worte. Die Frage, warum einige Menschen mit physischen Herausforderungen auf die Welt kommen, wird in *Gespräche mit Gott* behandelt. Wir kennen das Vorhaben einer Seele nicht, werden aber dazu ermahnt, nicht zu urteilen und es auch nicht als falsch zu bezeichnen, sondern es einfach als eine gesegnete Erfahrung im Leben dieser Seele anzusehen.

Es ist der Sinn des Lebens, uns allen jede Erfahrung zu bringen, die das menschliche Abenteuer zulässt. Das Auf und Ab, das Linke und Rechte, das Männliche und Weibliche, das Hier und Dort all dessen. Die Seele wird nicht ruhen, bis sie die Gesamtsumme und Substanz an menschlicher Erfahrung, die Totalität all ihrer Möglichkeiten erfahren hat. Vielleicht ist dies der Grund, warum Seelen in manchen Leben in einen Körper eintreten, der das aufweist, was du eine »Behinderung« genannt hast.

Du sprichst deine Frustriertheit an, und ich sage dir, dass alle Frustration im Kontext menschlicher Erfahrung ihren Ursprung in der Angst hat. Ich versichere dir, dass Frustriertheit eine sehr milde Form von Angst ist, aber sie ist trotzdem Angst. Wer von der Liebe ausgeht und nur von der Liebe, erlebt nie Frustration. Diese ist die Angst, dass wir das, was wir tun, nicht fortsetzen können; dass uns die Energie ausgeht; dass alles »einfach zu viel« ist; dass wir am Ende sind. Frustriertheit ist die Ansage an uns selbst, dass wir in die Liebe zurückkehren müssen, um wieder zu unserer »Mitte« zu finden.

Du schreibst, dass in deinen Augenblicken der Frustriertheit weder Liebe noch Angst da sind, sondern nur ein Verlust von Energie; mit anderen Worten, du bist einfach müde. »Müdigkeit« ist kein Zustand, den man in der Anwesenheit von Liebe kennt. Es ist schon vorgekommen, dass zwei zutiefst ineinander verliebte Menschen über längere Zeit hinweg Tag und Nacht wach blieben und einfach nur beieinander waren. Erst wenn sich die Liebe in Angst verwandelt, erschöpft sich die Energie und verlässt das System des menschlichen Körpers.

Mach dir deshalb keine Vorhaltungen, nimm dir das nicht übel. Das ist eine ganz normale menschliche Erfahrung und nichts, dessen du dich schämen müsstest. Nimm, wenn du frustriert bist, einfach zur Kenntnis, dass du frustriert bist, unternimm, was nötig ist, um diese Erfahrung auf eine für dich profitable und dir dienliche Weise zu durchlaufen, und mach dann ohne Selbstvorwürfe mit deinem Leben weiter. Natürlich bist du frustriert. Du hast sehr viel zu tun und dabei eine ganze Menge Herausforderungen zu bewältigen, und die meisten Menschen wären frustriert. Geh dieser Sache nicht allzu tief nach. Da gibt es kein »Rätsel«. Da gibt es nur das, was offensichtlich ist. Und das ist alles perfekt in Ordnung.

6
Beziehungen und Sexualität

Hatten Sie in diesem Jahr einen wundervollen Valentinstag? Februar ist der Monat der Liebe, der Monat, in dem wir einen bestimmten Tag dafür reservieren, besondere Dinge mit der und für die Person zu tun, die uns ganz besonders am Herzen liegt. Wäre es nicht großartig, wenn wir alle eine Person hätten, die uns ganz besonders am Herzen liegt? Nun, das haben wir. Wir haben uns selbst. Die Person, die Ihnen ganz besonders am Herzen liegt, sind Sie. Jawohl, Sie.

Ich weiß, ich weiß. Es klingt banal und abgedroschen, aber es ist wahr. Was ich in Bezug auf das Leben entdeckt habe, was ich beobachtete, während ich mir selbst und im Lauf der Jahre Tausenden von Menschen zugesehen habe, ist, dass es uns am allerschwersten fällt, uns selbst als Person anzuerkennen und wirklich zu lieben. Zutiefst wahr ist aber auch: Solange wir uns selbst nicht wirklich lieben, können wir auch keinen anderen wirklich lieben. Solange wir uns selbst nicht total akzeptieren, können wir auch keinen anderen total akzeptieren. Solange wir uns nicht selbst vollkommen vertrauen und uns ganz und gar kennen, können wir auch keinem anderen vollkommen vertrauen und ihn ganz und gar kennen. Wir können niemandem geben, was wir uns nicht selbst geben können. Und niemand kann von uns erhalten, was wir selbst zu erhalten nicht bereit sind.

Gespräche mit Gott lehrt, dass wir deshalb nicht an die bedingungslose Liebe Gottes glauben können, weil wir uns nicht vorstellen können, dass wir selbst diese bedingungslose Liebe in uns haben. Doch die bedingungslose Liebe ist die einzige Liebe, die es gibt. Alles andere ist unecht, gefälscht, simuliert, weniger als das wahre Ding und damit nicht das wahre Ding.

Wenn Sie jemanden unter bestimmten Bedingungen lieben, lieben Sie gar nicht, sondern treiben bloß einen Handel. Ich gebe dir dies, wenn du mir dafür das gibst. Und am Valentinstag können Sie ein Kärtchen schicken, auf dem steht: »Ich handle dich sehr.« Doch Lieben ist nicht Handel treiben. Lieben ist Lieben, und nichts kommt ihm gleich. Lieben ist sich selbst genug und braucht sonst nichts.

Als ich vor ein paar Jahren psycho-spirituelle Beratungen machte, kam eine Frau zu mir und jammerte über den Zustand ihrer Beziehung. Nachdem ich mir eine Weile angehört hatte, wie schlimm alles geworden war, stellte ich ihr eine einfache Frage:

»Wann haben Sie Ihrem Mann das letzte Mal Blumen mitgebracht?«

»Was?« Sie war ein wenig verblüfft.

»Wann haben Sie Ihrem Mann das letzte Mal Blumen mitgebracht?«, fragte ich noch einmal.

»Äh, nun ... ich glaube, das habe ich noch nie gemacht.«

»Würden Sie gerne?«

»Häh?«

»Lieben Sie Ihren Mann?«

»Ja.«

»Würden Sie ihm gerne Blumen mitbringen?«

»Wissen Sie, ich denke ja. Das wäre nett. Ich habe bloß nie daran gedacht. Ich meine, einem Mann Blumen zu überreichen.«

»Versuchen Sie es mal. Bringen Sie ihm heute Abend einen Blumenstrauß mit.«

»Na gut ... okay«, stotterte sie und wusste nicht, was sie eigentlich von diesem Vorschlag halten sollte. »Meinen Sie, es wird funktionieren?«

»Hängt davon ab, was Sie zu tun versuchen«, sagte ich.

Am nächsten Tag hämmerte jemand gegen meine Haustür. Es war die »Blumen-Dame«, und sie war ganz und gar nicht glücklich.

»Sie sagten, ich solle meinem Mann Blumen mitbringen!«, rief sie und drängelte sich an mir vorbei. »Nun, das habe ich getan, und er sagte nichts weiter als ›Umpf‹. Was soll ich denn damit anfangen?«

»Ich verstehe«, sagte ich. »Und was weiter?«

»Das war eine ganz miese Idee!«

»Warum denn das?«

»Warum denn das? Warum denn das? Ich habe Ihnen doch gerade gesagt, was er gesagt hat! Ist das Ihre Vorstellung davon, wie eine Sache gut läuft?«

»Sie sind über seine Reaktion nicht erfreut?«

»Natürlich nicht! Wären Sie über eine solche Reaktion von Ihrer Frau erfreut?«

»Ich schenke meiner Frau nicht Blumen, damit ich eine Reaktion von ihr bekomme.«

»Was soll denn das heißen?«

»Ich schenke meiner Frau Blumen, um meiner Frau Blumen zu schenken. Die Blumen sind ein Ausdruck meiner Gefühle für sie und nicht für das, was sie nach meinem Wunsch mir gegenüber empfinden soll. Deshalb ist die Handlung mit dem Überreichen der Blumen abgeschlossen. Es ist mir gleich, was sie mit ihnen macht. Es ist mir egal, was sie über sie sagt.«

»Na, dann sind Sie verrückt«, platzte die Lady heraus.

»Vielleicht«, sagte ich mit einem Lächeln, »aber ich bin nicht traurig.«

Wenn wir etwas für einen anderen tun, sollten wir es um der Reaktion willen tun, die dies in uns erzeugt, und nicht für die Reaktion, die wir hoffen im anderen auszulösen. Und die Reaktion in uns sollte eine echte Erfahrung von Wer Wir Sind sein, oder wir sollten die Sache lassen.

Das ist der einzige Grund, um irgendetwas zu tun. Jeder Gedanke, jedes Wort oder Handeln sollte einzig zum Ziel haben, dass es uns eine echte Erfahrung von Wer Wir Wirklich Sind — und wer zu sein wir wählen — bringt.

Wenn wir die höchste Wahl treffen, wenn wir uns dazu entscheiden, unser großartigstes Selbst zu sein, dann erstreckt sich der Segen zu allen hin, deren Leben wir berühren; wir sehen, dass unser bestes Interesse ihr bestes Interesse ist; wir gehen vom Verständnis aus, dass wir alle eins sind. Und damit wird das Eigeninteresse zu einem kollektiven Interesse. Wenn jedes Handeln dem Gedanken entspringt, dass das, was wir zu unserem eigenen höchsten Wohl tun können, das ist, was das höchste Wohl für einen anderen bewirkt, dann erzeugen wir das höchste Wohl für alle.

Was könnte uns dazu bringen, eine solche Realität aufzubauen? Was könnte uns dazu bringen, einen solchen Gedanken zu hegen? Ein klares Verständnis von Wer und Was Wir Wirklich Sind.

All das kam mir am Valentinstag in diesem Jahr zu Bewusstsein, als ich Rückschau hielt auf die vielen Jahre, die geprägt waren von dem, was ich heute als die Fehler und Missetaten in meinem früheren Beziehungsleben ansehe. Ich schien damals nicht zu wissen, wie ich da herauskommen sollte. Ich schien mich in einer Art endlosem Kreislauf des Gestörtseins zu befinden. Dann kam dieses außergewöhnliche Niederschreiben von *Gespräche mit Gott,* und ich lernte in einer Sitzung mehr über Beziehungen als in all den fünfundzwanzig Jahren, in denen ich versucht hatte, sie zum Funktionieren zu bringen. Genau das war natürlich das Problem. Ich versuchte, Beziehungen zum Funktionieren zu bringen, dabei hätte ich versuchen sollen, sie in Freude zu verwandeln.

Ich schätze also für mich ein, wo ich mit meinen Liebesbeziehungen bin und wo ich hin will. Ich nutze diese Zeit, um mich neuerlich darauf zu verpflichten, die großartigste Version der größten Vision, die ich je über mich hatte, zu leben. Ich wollte nur, ich wäre schon vor Jahren dahin gekommen. Dann hätte ich es vermeiden können, eine Menge Leute zu verletzen.

Und wie erging es Ihnen? Sind auch Sie nun bereit, eine Bestandsaufnahme vorzunehmen und einzuschätzen, wie es für Sie und Ihre Partner hinsichtlich Ihrer Beziehungen war und künftig sein wird?

Spielerischer, heiterer Sex: ein Grund für die rote Karte?

Lieber Neale: Es gibt einen Teil in GMG, der in mir Alarm auslöste, und das waren die Dinge, die über das Herumspielen mit dem Sex und der Freude daran gesagt wurden. Wenn man sich die Gesellschaft und den traurigen Zustand der Dinge anschaut, wenn man sieht, wie Sex ohne tiefe Liebe und Engagement zu großem Kummer und Leid, zu Gewalttätigkeit und Verzweiflung geführt hat, dann lässt sich diese Aussage nur schwer nachvollziehen. Mit siebzehn wurde ich schwanger, mit achtzehn war ich Mutter. In diesem Herbst werden der Vater des Kindes und ich fünfzig Jahre verheiratet sein. Wir gehören zu den Gesegneten. Die Geschichte hätte auch als weiterer Fall einer »amerikanischen Tragödie« enden können. Viele arme Seelen, die durch einen One-Night-Stand auf die Erde kamen, sind bitter und sich nach einem Heim sehnend und nach Liebe dürstend aufgewachsen und haben eine völlig andere Einstellung zum Leben. Kannst du zu diesem Thema etwas sagen? Marian, Astoria, OR.

Liebe Marian: GMG deutet keineswegs an, dass man sich ohne Verantwortungsgefühl dem Sex hingeben sollte. Es wird lediglich gesagt, dass man sich ihm auch nicht ohne ein Gefühl von Feiern und Freude, und ja, auch von Spielerischkeit hingeben sollte − so wie man auch mit einem guten Teil gesunder Spielerischkeit am besten ans Leben herangeht.

Marian, so wie ich das sehe, geht es im Buch darum, dass Sex als Erfahrung so viele Menschen verlegen oder ihnen Schuldgefühle macht, und beides ist nicht nötig. Ich fand, Gott gab einen aufschlussreichen Hinweis mit ihrer Beobachtung, dass wir uns nichts dabei denken, rohe Gewalt und rücksichtsloses Töten in unseren Kinos und auf den Fernsehschirmen zu zeigen, aber beim Anblick von fröhlichem Sex überaus selbstgerecht werden. In diesem Punkt sollten wir vielleicht unsere Prioritäten mal anders setzen. Erst wenn wir unserer Gesellschaft erlauben, mehr vom Liebemachen zu halten als vom Kriegführen, werden wir uns als Spezies endlich weiterentwickelt haben.

Ich halte Gottes Aufforderung in GMG, unsere Sexualität zu feiern, für eine wundervolle Idee. Ich denke, wir sollten höllische Freude am Sex haben und damit die Hölle aus dem Sex nehmen.

Was nun diese Sache mit dem Sex angeht

Lieber Neale: Ich liebe die GMG-Bücher. Sie kamen zu einem kritischen Zeitpunkt in meinem Leben bei mir an. Jeder sollte sie lesen und sich aus ihnen herausholen, was immer ihm möglich ist. Aber der Teil mit dem Sex hat mich beunruhigt. Wenn ich die Worte Gottes (in GMG) über Beziehungen richtig deute, dann brauchen wir die Ehe nicht? Dann ist es an der Zeit, weiterzuziehen, wenn eine Beziehung nicht länger eine wahre Aussage über Wer Ich Bin darstellt? Und dann haben wir, wenn wir mit unseren sexuellen Energien das Leben groß feiern, ganz bestimmt auch außereheliche Affären? Wie soll das funktionieren? Mich macht der Gedanke traurig, dass die Ehe nicht länger nötig ist. Warum sollen wir dann Kinder haben? Wie sollen wir sie in der Wärme einer Familie aufziehen? Darf ich dich fragen, was dein beruflicher Hintergrund ist? Verdienst du genug Geld, um jetzt ein komfortables Leben und eine Ehe mit dieser wundervollen Lady zu führen? Wie funktioniert deine Ehe in Bezug auf die oben gestellten Fragen? Sherli, Woodland Hills, CA.

Sherli, ich glaube nicht, dass *Gespräche mit Gott* auch nur implizit andeutet, dass wir die Ehe nicht mehr brauchen. GMG sagt, dass jede Entscheidung, jede Wahl, jeder Gedanke, jedes Wort und jede Tat eine Gelegenheit bietet, bewusst eine Aussage darüber zu machen und zu erschaffen, Wer Wir Wirklich Sind. Wir erschaffen uns in jedem einzelnen Moment des Jetzt wieder aufs Neue. Du deutest die Aussagen von GMG dahingehend, dass es an der Zeit ist, weiterzuziehen, wenn eine Beziehung nicht mehr eine wahre Aussage über Wer Ich Bin darstellt. Doch was ist bedrohlich daran oder fühlt sich »falsch« an? Wenn deine Beziehung nicht mehr widerspiegelt, Wer Du Wirklich Bist — ist es dann nicht zumindest an der Zeit, dich zu fragen, was du noch in ihr machst? Verstehst du die Dinge so, dass das Leben von dir verlangt, in einer Ehe zu bleiben, selbst wenn die Ehe dich umbringt? Auch wenn die Ehe dich dazu bringt, dein Selbst und deine höchsten Vorstellungen von Wer Du Wirklich Bist aufzugeben?

Niemand spricht hier davon, dass man eine Ehe einfach so aufs Geratewohl aufgibt. Wir reden über Beziehungen, die so sehr in Schwierigkeiten geraten sind, dass die eine oder andere Person völlig den Kontakt zu sich selbst verloren hat. Sie haben so viel für die Ehe und ihren Zusammenhalt (oft »um der Kinder willen«, wie du empfiehlst) aufgegeben, dass sie ihre Seele aufgegeben haben. Sie lachen nicht mehr, sie hoffen nicht mehr, sie träumen nicht mehr. Sie führen ein Leben der stillen Verzweiflung, kommen ihren Pflichten nach, erfüllen ihre Verpflichtungen, aber finden niemals Glück.

Es ist überraschend, wie viele Menschen glauben, dass das Leben das von ihnen verlangt. Dass wir das tun müssen, dass das von uns erwartet wird. Und für solche Menschen wirft *Gespräche mit Gott* alles über den Haufen, weil es all diese Grundannahmen rausschmeißt, zu denen auch ganz wesentlich gehört, dass Gott das alles von uns verlangt.

Du sprichst vom Aufziehen der Kinder in der Wärme einer

Familie, aber hast du dich je mit einem Kind unterhalten, das in einer Familie groß wurde, in der es keine Wärme gab? So etwas bringt Kinder hervor, die keine Wärme haben. Und das wiederum führt zu noch mehr Kindern ohne Wärme und zu noch mehr gestörten Ehen, weil ihnen das als Modell, wie man die Dinge machen soll, vorgelebt wurde.

Ich verspreche dir: Die Sünden des Vaters werden auf den Sohn und weiter bis ins siebte Glied überkommen. Das heißt, Sherli, zutiefst gestörte Ehen produzieren gestörte Kinder, die gestörte Ehen produzieren, die gestörte Kinder produzieren, die noch mehr gestörte Ehen und noch mehr gestörte Kinder produzieren. Denkst du nicht, dass das stimmt? Du meinst, ich übertreibe? Schau dich um, meine Freundin. Mach deine Augen auf, und schau dich um.

Doch nichts davon spricht dafür, dass man jedes Mal, wenn es in der Ehe nicht gut läuft, einfach aufspringt und davon rennt. Davon reden wir hier nicht. Wir reden hier davon, dass man aufgeschlossen genug ist, die Möglichkeit einzuräumen, dass es manchmal (für die eigene Person und die Kinder) zerstörerischer sein kann, in einer Ehe zu bleiben, als sie zu verlassen.

Du meinst, dass ein offenes und freimütiges Feiern der sexuellen Energie dazu führt, dass man Affären hat. Doch das wird nur passieren, wenn Wer Man Wirklich Ist und zu sein wählt beinhaltet, dass man die mit dem Ehepartner getroffenen Vereinbarungen bricht und eine heimliche Liaison hat, die, wie man weiß, den Ehepartner zutiefst verletzt. Wenn das aber nicht ist, Wer Man Wirklich Ist, dann wird ein freimütiges und wundervolles Feiern der eigenen sexuellen Energie nicht automatisch bedeuten, dass man Affären hat. Es kann aber bedeuten, dass man ganz schön viel Sex mit dem Ehepartner hat!

Was mein persönliches Leben angeht, ja, ich bin jetzt finanziell gut gestellt, und was meine Beziehung mit Nancy angeht – sie ist in der Tat eine überaus wundervolle Lady – so habe ich nebenbei keine Affären, wenn es das ist, wonach du fragst.

Welche Bedeutung hat das
Eingehen einer Verbindung?

Lieber Neale: Ich hatte das Glück, an einem deiner fünftägigen Intensivretreats teilzunehmen. Wer daran teilnimmt, hat dann die Wahl, sein Leben zu ändern, und weiß auch, wie. Ich danke dir. Ich habe eine Frage, und wenn du es nicht angemessen findest, darauf zu antworten, dann ist das okay.

Ein Herr in den Vierzigern war von seiner Frau gebeten worden, aus dem gemeinsamen Schlafzimmer auszuziehen. Sie war nicht mehr an einer körperlichen Beziehung interessiert. Scheidung war aus Gründen des finanziellen Status und der Gesellschaftsmoral kein Thema. Schließlich verliebten sich der Mann und seine Sekretärin ineinander und waren zwanzig Jahre lang ein Liebespaar. Sie wurde in all dieser Zeit von den Leuten in der Stadt gemieden. Dann starb die Frau des Mannes, und er und die Sekretärin heirateten. Doch es war unglaublich, in welchem Ausmaß sie nach wie vor nicht akzeptiert wurde. Der Mann ist kürzlich verstorben. Die Frau hat weit über zwanzig Jahre lang still gelitten. Meine Frage: Warum wird immer die Frau als die Ehebrecherin angesehen und nie der Mann? Vielleicht kannst du noch etwas zur Bedeutung der Bindung, die die beiden miteinander eingingen, sagen. Mit herzlichen Grüßen an alle deine Mitarbeiter, und Liebe für dich. Du bist wirklich ein Meister. Namaste! Min, York, PA.

Liebe Min: Der Großteil unserer heutigen modernen Gesellschaften gründet sich auf ein patriarchales Weltbild, welches besagt, dass Männer nicht fehlgehen können und Frauen die Verführerinnen und Übeltäterinnen sind. Religionen basieren auf diesem Leitbild, weshalb die meisten von ihnen den Frauen das Recht verweigern, Priesterinnen, Rabbis oder Lehrerinnen in diesem Bereich zu werden. Sie gelten als von ihrem Wesen und ihrer genetischen Anlage her dessen unwürdig. Die ganze

Geschichte vom »Sündenfall Adams« wurde der Verführerin Eva angelastet, und damit war die Bühne dafür vorbereitet, dass jedes Geschlecht seine Rolle so spielte, wie die Männer es verfügten. Vor dem Patriarchat gab es das Matriarchat, in dem die Rollen umgekehrt verteilt waren. Da hatten die Frauen jahrhundertelang die Positionen von Macht und Einfluss inne und die Männer gehörten nur zum Hab und Gut und waren diejenigen, die nicht würdig waren, Priesterinnen zu werden oder das Volk zu regieren.

Wir treten nun endlich in eine Zeit ein, in der wir eine echte Gleichberechtigung der Geschlechter erleben werden und der ganze Unsinn mit der Doppelmoral ein Ende haben wird. Was »die Bedeutung der Verbindung, die die beiden eingegangen sind«, angeht, so bin ich nicht der Richtige, ihr eine zuzumessen. Das war ja stets das Problem. Andere weisen ihr die Bedeutung zu, die sie ihrer persönlichen Meinung nach hat. Aber die einzige Bedeutung dieser Verbindung, die zählt, ist die, die sie für die beiden hatte.

Ist es »okay«, eine Affäre zu haben?

Lieber Neale: Seit zwei Jahren bin ich auf der Suche, versuche ich mein Leben zu verstehen. Mein Mann, mit dem ich seit fünfundzwanzig Jahren verheiratet bin, hatte eine Affäre, die mir so sehr zu schaffen machte, dass ich emotional und physisch krank wurde. Dein Buch war mir ein großer Trost. Wir versuchen weiterhin, unsere Ehe wieder zu kitten. Du schreibst, dass wir alle viele, viele Seelenpartner haben, was erklärt, warum wir uns alle in so viele verschiedene Leute verlieben. Dass wir uns diese Liebe gestatten sollen, wenn wir sie erleben. Dass wir uns erlauben sollen, diese Erfahrung zu durchleben und sie in ihrer ganzen Fülle annehmen und akzeptieren sollen. Soll das heißen, du befürwortest das Eingehen von Affären? Meine andere Frage betrifft Seite 203 in GMG Band 1, wo Gott von »Gott-losen Handlungen« spricht. Was sind gottlose Handlungen, oder was ist ihre Definition? Du kannst nicht wissen, wie wichtig deine Bücher für mich sind, es gibt keine Worte, um zu beschreiben, wie viel Hilfe und Trost sie spenden. Vielen Dank. Carol. New York, N.Y.

Carol: Zu deiner ersten Frage: Nein, ich finde das, was du »Affären« nennst, nicht akzeptabel. Natürlich fälle ich kein Urteil über das Verhalten anderer (und Gott tut das auch nicht). Aber du fragst hier nach meiner Meinung, und meine Meinung und Entscheidung ist, dass Affären inakzeptabel sind. Denn Affären, so wie man sie gemeinhin definiert, beinhalten das Brechen eines Versprechens, das Zunichtemachen einer geheiligten Übereinkunft und einen absolut tiefen Vertrauensbruch.

Was immer an Erfahrung man »sich selbst zukommen lässt«, muss in Integrität stattfinden. Das heißt, wenn man den Wunsch hat, eine andere Person als den Ehepartner zu lieben, muss man zuerst den Ehepartner von dieser Entscheidung in Kenntnis setzen, damit alle am Tisch fünf Karten haben. Wenn du selber fünf Karten hast, deinem so genannten geliebten Partner aber nur vier zuteilst, verhältst du dich meiner Ansicht nach nicht mehr integer. Aber noch mal: Das ist nur meine Ansicht darüber. So halte ich es in meinem Leben. Ich glaube, den Leuten sollte erlaubt sein, jedermann auf jede erdenklich angemessene Art zu lieben. Und für mich ist eine Handlung dann angemessen, wenn sie in vollkommener Integrität unternommen wird. Hilft das irgendwie?

Was deine zweite Frage angeht: Eine »Gott-lose Handlung« ist jede Handlung, die eine Lüge über dich ausspricht, die dich dazu bringt, in deinem Verhalten oder Auftreten weniger zu sein als Wer Du Wirklich Bist. In meinem Leben waren das gewöhnlich Handlungen, die anderen Schaden zufügten. In vielen Fällen wusste ich, dass sie andere schädigen oder verletzen würden, und tat es trotzdem — im Allgemeinen heimlich.

Lieber Neale: Bitte helfen Sie mir, dieses Problem zu verstehen, das da in mein Leben getreten ist. Ich fühle mich schrecklich schutzlos und verunsichert. Im letzten März erzählte mir mein Mann, mit dem ich dreiundvierzig Jahre verheiratet bin, dass er seit sechs Jahren eine Affäre hat. Er verreiste mehrere Male im Monat und arrangierte häufige Besuche bei ihr. Bei ihnen gab es kein dreckiges Geschirr, kein Klingeln an der Haustür, sie konzentrierten sich auf ihr körperliches und emotionales Vergnügen.

Als ich von seinem Betrug erfuhr, löste das bei mir eine katastrophale emotionale Krise aus. Dieses Lügen und Täuschen zerstörten mein Selbstgefühl. Das war das Ende des Lebens, wie ich es kannte, es zerstörte meine Realität des Lebens. Ich war zutiefst davon überzeugt, dass er ein ehrlicher Mann ist. Sein Betrug legte meine Welt in Trümmer, löschte mich aus. Es war ein traumatischer Schock. Ich zählte so auf ihn, wie ich darauf zähle, dass die Sonne im Osten aufgeht. Ehebruch ist eine schreckliche Beleidigung. Es fühlte sich wie der Tod eines Teils von mir an.

Ich trauere um den Verlust meines Vertrauens. Mein Vertrauen hat mich nicht geschützt. Ich weine um den verlorenen Teil meiner selbst, der an ihn geglaubt hat. Es hat mich so sehr mitgenommen, dass ich nicht mehr arbeiten konnte, und ich gab meinen Job auf. Noch mehr Verletzungen waren die Folge. Mein Mann wurde egozentrisch, entwickelte ein aufgeblasenes Ego. Nichts, was ich sagte, zählte. Er ignorierte mich und tat, was er wollte. Seine Hemmungslosigkeit und Nachgiebigkeit gegenüber sich selbst machten ihn blind. Seine verschwenderischen Ausgaben für sein Amüsement, seine grandiosen finanziellen Allmachtspläne, seine »Ich-weiß-alles«-Haltung und sein hemmungsloses Kaufen — all das jagt mir Angst ein.

Als wir heirateten, war er verlässlich, stabil, ehrenhaft, er brachte die Dinge zu Ende. Ich fühlte mich bei ihm sicher aufgehoben. Jetzt fühle ich mich überhaupt nicht mehr sicher. Wie kann ich mich noch selbst achten? Ich blieb passiv, während er unsere ganzen Ersparnisse ausgab. Werden dieser Schmerz und dieser Aufruhr bald ein Ende haben? Werde ich wieder Arbeit finden? Ist dieser Stress die Ursache für die Probleme mit den Füßen, die ich nun habe? Ist ein befriedigendes Eheleben mit meinem Mann unmöglich?

Die Verletzung geht sehr tief. Ich muss mich erholen. Ist dieser Schmerz da, um mir nun bei meiner Weiterentwicklung zu helfen? Meine Ehe bot mit Vorhersehbarkeit und Sicherheit. Werde ich das jemals wieder finden? Mir freundlichen Grüßen, Joan, TX.

Liebe Joan: Ich verstehe, warum Sie so fühlen, wie Sie fühlen, und das, was ich Ihnen nun mitteilen werde, ist vielleicht nicht sehr tröstlich für Sie, aber darf ich es dennoch tun? Sie sind in eine Falle gegangen, in die schon viele geraten sind, wenn sie es so einrichten, dass ein anderer Mensch die Quelle ihres Lebens ist. Es ist eine andere Person, von der sie ihre Sicherheit beziehen, eine andere Person ist die Quelle ihres Geborgenheitsgefühls. »Als ich ihn heiratete«, schreiben Sie, »war er verlässlich, stabil, ehrenhaft, er brachte die Dinge zu Ende. Ich fühlte mich bei ihm sicher aufgehoben.« Das mag schön gewesen sein, Joan, aber das ist nicht die Aufgabe Ihres Ehemanns. Es ist nicht seine Lebensaufgabe, dafür zu sorgen, dass Sie sich bei ihm »sicher aufgehoben« fühlen. Seine Aufgabe ist es, seine Wahrheit zu leben, und Ihre Aufgabe ist es, Ihre Wahrheit zu leben.

In GMG Band 3 findet sich eine klassische Beschreibung genau dieser Situation – der Situation, die Sie nun durchmachen. Wenn ich es nicht besser wüsste, könnte ich schwören, dass Sie das Buch gelesen und dann auf dieser Grundlage Ihre ganze Geschichte konstruiert haben. Wenn Sie die Möglichkeit haben, dann lesen Sie vor allem die Abschnitte in Band 3, in denen es um die Ehe und Ehegelübde und die Verpflichtungen geht, die mit einem »Ehevertrag« einhergehen. Es mag Ihnen auch helfen, wenn Sie die von Gott empfohlenen Ehegelübde lesen, die dort abgedruckt sind. Das ganze Material ist viel zu detailliert, um hier darauf einzugehen, aber ich bin mir sicher, es wird Ihnen nützlich sein, wenn Sie es sich ansehen.

Lassen Sie mich Ihnen sagen, dass ich Ihre gegenwärtigen Gefühle zutiefst verstehe. Die wirkliche Frage ist, wie geht es von hier aus weiter? Ich würde Ihnen dringend empfehlen, als ersten Schritt zu erklären, wer und was die wahre Quelle der Sicherheit, Geborgenheit und des Glücks in Ihrem Leben ist. Das ist nicht Ihr Ehemann. Es mag jahrelang so ausgesehen haben, aber in Wirklichkeit ist es nicht so. Joan, die Quelle von allem, was Sie je in Ihrem Leben wünschen oder brauchen könnten, ist Gott. Also müssen Sie als Erstes zur Quelle zurückkehren.

Das machen Sie, indem Sie tiefer mit Gott und seinem Platz in Ihrem Leben in Berührung kommen. Meditieren Sie jeden Tag (es gibt auch einen wundervollen Abschnitt über das Meditieren in GMG Band 3). Wenn Sie eine Kirche oder Synagoge finden können, die Ihren Bedürfnissen entspricht, und mit deren Lehren Sie einverstanden sein können, dann gehen Sie dorthin. Finden Sie eine Gruppe in Ihrer Gemeinde (oder bauen Sie sie auf), in der Sie sich gegenseitig spirituell unterstützen. Tun Sie, was immer nötig ist, um sich wieder mit dem Teil von sich zu verbinden, der Gott und seinen Platz in Ihrem Leben kennt.

Wenn Sie diese Verbindung wiederhergestellt haben, dann übergeben Sie Ihre Probleme Gott, einschließlich der Fragen, wie Sie überleben sollen, wo Sie wieder Arbeit finden werden (oder ob das überhaupt nötig ist), ob Sie mit Ihrem Mann glücklich sein können usw. Bitten Sie Gott nicht, diese Fragen zu beantworten oder Ihre Probleme zu lösen. Bitten Sie Gott vielmehr darum, Ihnen die Einsicht zu geben, um erkennen zu können, dass Sie die Antworten und Lösungen für Ihre Probleme bereits haben. Hier ist mein Lieblingsgebet: »Gott, hilf mir zu verstehen, dass dieses Problem schon für mich gelöst worden ist.« Das ist ein sehr machtvolles Gebet. Und es führt zu wundersamen Erfahrungen.

Sie fragen, ob Sie sich je wieder selbst achten werden können. Ja, Joan, das werden Sie. In diesem Augenblick, wenn Sie diese Wahl treffen. Sie brauchen sich nur dazu zu entscheiden, sich wieder die Macht über Ihr Leben anzueignen, die Sie an Ihren Mann übergeben haben. Legen Sie sie wieder in Ihre Hände, *wo sie schon immer war* und wo sie hingehört.

Die Macht von Wer Sie Sind wurde Ihnen von Ihrem Schöpfer gegeben, von Gott. Und Gott hat sie Ihnen nie weggenommen, auch wenn Sie sie an einen anderen weggegeben haben. Eignen Sie sich die Macht nun wieder an, und nehmen Sie dabei auch wieder Ihre richtige Beziehung zu Gott, zu Ihrem heiligsten Selbst und zu Ihrem Mann in Anspruch, bauen Sie sie wieder auf. Seien Sie bestrebt, sich von diesem Ort der Heiligkeit, von diesem Wer Sie Sind aus von Ihrer Wut und Ihrem Zorn auf Ihren Mann zu lösen. Denn ich sage Ihnen: Es gibt keine Opfer und keine Bösewichte in dieser Welt, nur Menschen, die auf Grund der Wahrheit, die sie erleben, tun, was sie tun.

Das Problem mit den Menschen, die ihre Wahrheit leben, ist, dass es manchmal — eigentlich sehr oft — dazu führt, dass sie ihre früher gegebenen Versprechen brechen. Denn die meisten wissen nicht, wie sie ihre neu auftauchende Wahrheit in einem Zustand der Integrität leben sollen. Zudem leben wir in einer Gesellschaft, die zur Lüge und Täuschung ermuntert und die Offenheit und das Sprechen der Wahrheit bestraft.

Ihr Mann hat Ihnen endlich die Wahrheit gesagt. Zum ersten Mal seit sechs Jahren haben Sie nun eine ehrliche Grundlage, auf der Sie weiterhin ein gemeinsames Leben aufbauen können, sollte das Ihre Wahl sein. Er benimmt sich seltsam, er verhält sich anders, und auch das hat seinen Grund in seinen neuen Wahrheiten über sein von ihm nun gewünschtes Leben. Denen müssen Sie nicht zustimmen. Aber wenigstens kennen Sie sie nun endlich.

Ob Sie tatsächlich mit dieser »neuen Version« Ihres Mannes leben können, ist eine Entscheidung, die Sie in den kommenden Tagen, Wochen und Monaten treffen werden. Viel wird davon abhängen, wer Sie in Beziehung zu Ihrem Mann zu sein glauben. Meiner Meinung nach, Joan, werden Sie absolut keine Chance haben, je wieder mit ihm glücklich zu leben, wenn Sie ihn weiterhin als Quelle dessen betrachten, was Sie Ihrer Ansicht nach brauchen, um sich in Ihrem Leben sicher, glücklich und geborgen zu fühlen. In dem Maße, wie Sie sich wieder mit der wahren Quelle und dem Teil dieser Quelle, die sich in Ihrem Innern befindet, verbinden, werden Sie mit jedem glücklich sein können.

Abgesehen vom wundervollen Material über Beziehungen in Band 3 möchte ich Sie auch dazu einladen, Joan, noch einmal Kapitel 8 in GMG Band 1 zu lesen. Vor allem jene Abschnitte, in denen darüber gesprochen wird, wie wir uns in unseren Beziehungen Sorgen darüber machen, was die andere Person ist, tut oder hat.

Wie Gott über Scheidung denkt

Lieber Neale: Ich frage mich, wie Gott über die Scheidung denkt. Elizabeth, Jeffersonville, IN.

Liebe Elizabeth: Stellst du dir vor, dass Gott Gedanken über die Scheidung hat, die von den deinen getrennt sind? Wenn dem so ist, dann hast du *Gespräche mit Gott* nicht gelesen. Deine einzige Frage sollte lauten: Wie denke ich über die Scheidung? Übrigens, Elizabeth, wie denkst du über die Scheidung?

Können Geschiedene wieder heiraten?
Erlaubt Gott das?

Lieber Neale: Ich habe gegenwärtig ein Problem mit der Bibel hinsichtlich ihrer Aussagen über Scheidung und Wiederverheiratung. Da wird gesagt, dass es nur zwei Gründe für eine Scheidung gibt: sexuelle Untreue oder wenn ein gläubiger Mensch von einem ungläubigen Menschen verlassen wird. Ich habe meine Frau vor fünfeinhalb Jahren aus keinem dieser beiden Gründe verlassen, und unsere Scheidung erfolgte vor drei Jahren. Nach der Bibel war das Unrecht.

Nun habe ich eine Beziehung mit einer Frau, die ich liebe (auch sie ist geschieden). Wenn wir uns nach der Bibel richten, sieht es so aus, als sollten wir nicht heiraten. Wie steht es mit der Vergebung?

Warum sollten wir keine Ehe eingehen und eine Beziehung entwickeln, die Gott ehrt? Ich vermute, ich suche nach irgendeiner Art Erlaubnis, um unsere Beziehung über den gegenwärtigen Stand der Dinge hinaus zu führen. Jim, Dublin, OH.

Lieber Jim: Das kannst du laut sagen! Genau das ist es, was du willst. Eine Erlaubnis. Wie so viele andere auch hast du das Gefühl, du bräuchtest die Erlaubnis dazu, so zu handeln, wie es dein Herz dir sagt, weil es für dein Herz das Offensichtliche ist. Das ist das größte Hemmnis für das menschliche Glück, das ich je wahrgenommen habe, und es ist unter den Menschen auf Erden verbreitet wie eine Epidemie.

Los, Jim, los! Tu, was dein Herz dir sagt! Es gibt in diesen Dingen nicht »richtig« oder »falsch«. Die Bibeltexte, auf die du dich beziehst, wurden von ängstlichen Männern geschrieben, die bestrebt waren, die Kontrolle über die Masse der Leute zu erlangen, indem sie ihre eigenen Ängste auf andere projizierten. Diese Texte sind nicht maßgeblich. Es gibt einen Ort, wo die Wahrheit lebt, und der befindet sich in deinem Herzen. Höre

215

auf die Gefühle deiner Seele. Jim, du brauchst nicht meine Erlaubnis, um diese Dame so lieben zu dürfen, wie du es wünschst. Du brauchst nur die deine. (Oder vielleicht die ihre?)

Bringen sich Männer mit ihrer sexuellen Aktivität allmählich um?

Neale: Ich danke dir sehr dafür, dass du mir geholfen hast, in der Religion und im Schöpfer einen Sinn zu sehen. Ich liebe deine Bücher und ihre Aussagen. Ich habe sie zweimal gelesen, habe aber ein paar Fragen.

Erstens, warum ist es so wichtig, wieder zu erschaffen, Wer Wir Wirklich Sind? Haben wir nicht, wenn wir schon fünfhundert bis sechshundert Leben hier auf Erden durchgemacht haben, schon alles viele Male erlebt? Warum sollten wir uns also nicht einfach dazu entscheiden, nicht wieder auf diese physische Erde zurückzukehren?

Zweitens, ich unterrichte an einer staatlichen High School und würde gerne wissen, wie ich meine Schüler an deine Bücher heranführen kann, ohne dass ihre Eltern in helle Aufregung geraten. Irgendwelche Vorschläge?

Drittens, es gefällt mir, was deine Bücher über Sex sagen. Aber stimmt es, dass jeder Mensch nur über ein gewisses Maß an Energie (Qi) verfügt, und dass wir Männer jedes Mal etwas davon verlieren, wenn wir Sex haben? So sagt die traditionelle chinesische Medizin. Geh deinen Weg in Schönheit. Charles, Summerdale, PA.

Lieber Charles: Es ist nicht wichtig, dass wir wieder erschaffen, Wer Wir Wirklich Sind. Du hast Recht, wir haben alles schon viele Male erlebt. Aber die meisten von uns hatten auch schon viele Male in ihrem Leben Sex. Und mir fällt auf, dass es uns nicht davon abhält, ihn wieder haben zu wollen.

Der Grund dafür, Charles, dass wir es immer wieder machen, ist der, dass es uns gefällt. Die Erfahrung von Gott »gottend« ist die großartigste Erfahrung, die es gibt! Du magst dich eines Tages dazu entscheiden, nicht wieder auf diese physische Erde zurückzukommen. Dann wirst du es auch nicht. Bis du es dann wieder tust. Und das wirst du. Es sei denn, du tust es nicht. Verstehst du, wie das funktioniert? Du tust, was du tun willst.

Was deine Frage angeht, wie du deine Schüler an GMG heranführen kannst, so habe ich nur einen Vorschlag: Mach es ganz einfach zu deiner Absicht, dass alle Menschen überall irgendwann irgendwie die Botschaft von Gottes Liebe und Gottes Wahrheit erhalten und begreifen. Das Leben geht aus der Absicht hervor, die du für es hegst.

Drittens, ich weiß nichts darüber, dass der Mann beim sexuellen Akt eine bestimmte Art von Energie verliert, von der er nur ein begrenztes Maß zur Verfügung hat. Der Gott meiner Erkenntnis ließ mich wissen, dass wir in einem unbegrenzten Universum leben. Und in jedem Fall wäre die Energie der Liebe und Fortpflanzung die letzte Energie, die er in begrenztem Maß existent haben wollte. Aber deine Aussage lässt in mir eine interessante Frage aufkommen. Wenn es nur einen bestimmten Energievorrat gibt, und wenn der Mann jedes Mal, wenn er Sex hat, etwas davon verliert, was passiert, wenn er einmal zu viel Sex hat?

Billigt Gott die Homosexualität?

Lieber Neale: Ich möchte dir dafür danken, dass du dieses Buch geschrieben hast. Ein Problem hat bei mir zu viel Frustration und zu vielen Fragen geführt: Homosexualität. Hast du zu diesem Thema irgendwelche Informationen erhalten? Ist sie für Gott akzeptabel? Ist sie weder richtig noch falsch? Warum verurteilt die Bibel sie? T.B., Mt. Juliet, TN.

Lieber Neale: Kannst du auf die Konflikte von Schwulen und Lesben zu sprechen kommen? Ich möchte als Schwuler das Gefühl haben, dass ich in den Augen Gottes in Ordnung bin. Meinem Empfinden nach bin ich als Schwuler zur Welt gekommen. Mit der Verurteilung durch die Welt (vor allem durch die »Christen«) werde ich fertig, aber meine Frage: Werde ich aus der Sicht Gottes akzeptiert? Julian, San Francisco, CA.

Lieber T.B. und Julian: Diese Frage ist eine der häufigsten, die mir in den Briefen, die ich bekomme, gestellt wird. Die Menschen machen wegen dieses Problems unglaubliche Qualen durch, und das finde ich sehr traurig. Ich finde es so traurig, weil es so unnötig ist. Gott wird nie wegen irgendetwas ein Urteil über euch fällen, niemals. Lest noch mal *Gespräche mit Gott,* denn offensichtlich ist euch dieser wesentliche Punkt entgangen.

Man könnte sagen, dass die Bibel die Homosexualität nicht verurteilt. Mit gleichem Recht könnte man aber auch behaupten, dass sie es tut. Ob sie sie nun verurteilt oder nicht, ist nebensächlich. Doch wenn sie es tut, dann aus dem gleichen Grund, aus dem alle Verurteilungen existieren: Angst. Was wir fürchten, das verurteilen wir. Was wir lieben, das preisen wir. Nur wer Angst vor der Homosexualität hat, verurteilt und verdammt sie. Da Gott nichts fürchtet, verurteilt er weder sie noch irgendetwas anderes. Zu diesem Thema wie auch zur ganzen Frage menschlicher Sexualität gibt es noch sehr viel mehr zu sagen. In GMG Band 2 findet sich ein langes Kapitel, das sich mit dem Feiern und der Erfahrung unseres sexuellen Selbsts befasst. Für den Moment aber hört dies: Es gibt keine unangemessene Form des Ausdrucks von ehrlicher und reiner Liebe.

Warum hat Gott Homosexuelle erschaffen?

Lieber Mr. Walsch: Band 1 von *Gespräche mit Gott* ist ein fantastisches Buch! Doch ich habe ein paar Fragen, auf die Sie hoffentlich eingehen werden. Was denkt Gott über Homosexualität? Aus welchem Grund hat Gott Homosexuelle erschaffen? Danke für Ihre Bereitschaft, ein Bote zu sein! Alles Liebe, Mary, Providence, RI.

Liebe Mary: Gott hat nicht so, wie Sie es meinen, »Homosexuelle erschaffen«. Jeder Mensch wählt, bevor er in den Körper eintritt, seine eigene Realität, die Bedingungen, Umstände usw. seines Lebens. Wir wählen unsere Eltern, unseren Geburtsort, alles. Wir geben uns diese äußeren Umstände als Werkzeug an die Hand, mit dessen Hilfe wir dann unsere Erfahrungen erschaffen. Als solche sind sie Geschenke — geheiligte Gaben —, die uns unser Selbst gegeben hat. Wir sollten daher immer die Umstände unseres Lebens segnen, segnen, segnen und sie mit großer Liebe annehmen. Wenn wir zum Entschluss kommen, dass uns unsere gegenwärtigen Umstände nicht gefallen, dass sie nicht länger dem Wer Wir Sind und Wer zu Sein Wir Wählen angemessen sind, dann tun wir gut daran, sie dennoch weiterhin zu segnen, denn das ist sehr heilsam. Das Ding, dem du dich widersetzt, bleibt bestehen, und was du segnest, ist geheilt.

Gott hat also aus keinem bestimmten Grund Homosexuelle erschaffen, so wie er nichts im Leben aus einem bestimmten Grund erschaffen hat. Gott gab Ihnen die Macht und Autorität, für sich selbst zu entscheiden und zu erklären, »warum« Sie überhaupt irgendetwas sind. Doch die Frage »Warum?« ist die unerheblichste Frage im Universum. Die einzig wichtige Frage ist »Was?«. Was wollen Sie mit dem Wer Sie Sind anfangen? Wie wollen Sie sich selbst erfahren? Es liegt in Ihrer Macht, die Antworten auf diese Fragen zu erschaffen. Und das Traurige ist, dass die meisten Menschen das nicht wissen. Doch es ist wahr. Sie haben diese Macht. Fragen Sie Christopher Reeve.

Was ist »Liebe«?

Lieber Mr. Walsch: Ich bin ein siebenundvierzig Jahre alter Japaner. Ich unterrichte sieben- bis achtzehnjährige Kinder in meiner kleinen Schule. Vor zwei Jahren fing ich an, »spirituelle« Bücher zu lesen und habe schließlich Ihre beeindruckenden Bücher bekommen. Es hört sich vielleicht dumm an, aber ich möchte Gott, oder Sie, fragen, was »Liebe« ist. Ich begreife, dass die Welt so ist, wie sie ist, weil wir nicht genug Liebe haben für andere und für die Dinge, die uns umgeben. Muss »Liebe« erlernt werden, oder ist sie etwas, das wir auf die Welt mitbringen? Woher kommt sie? Woran erkenne ich die Taten der Liebe?
Warum stelle ich eine solche Frage? Weil wir in der Schule nichts darüber lernen; wir beobachten nur die Dinge um uns herum und fangen dabei ihre Bedeutung irgendwie auf. Wenn jemand über »Liebe« oder ein »Gefühl von Liebe« spricht, tun wir so, als würden wir verstehen, und nehmen uns nicht die Zeit, über die wirkliche Bedeutung von »Liebe« nachzudenken. Sagen Sie mir also bitte, was sie Ihrer Meinung nach ist. Vielen Dank! Yukio, Futami, Japan.

Mein lieber Yukio: Sie haben die Fragen gestellt, mit denen sich Philosophen und Theologen schon seit Anbeginn der Zeit beschäftigen. Es sind die ewigen Fragen — die Fragen, auf die wir seit dem Tag unserer Geburt unsere eigenen Antworten zu finden bestrebt sind. Ich weiß nicht, ob meine persönlichen Antworten das Rätsel für Sie lösen werden, aber ich kann Ihnen sagen, dass sie es für mich gelöst haben. Also hier sind sie: Liebe ist Wer Du Wirklich Bist. Ich glaube, dass Liebe das ist Was Gott Ist. Für mich sind die Worte Gott und Liebe wechselseitig austauschbar. Ebenso sind für mich die Worte Gott und du und Gott und ich austauschbar. Daher sind auch die Worte Liebe und du und Liebe und ich Synonyme und beschreiben genau dasselbe. Und was beschreiben die Worte Gott, Liebe, du, ich? Leben, Yukio, Leben. Auf diese Art und Weise beschreiben wir, was das Leben ist. Für mich ist also Leben Liebe. Die Energie, die Leben ist, ist Liebe. Leben-Liebe-Gott-du-ich — es ist alles dasselbe.

In meinem Dialog mit Gott wurde mir gesagt, dass »Liebe alles ist, was es gibt«. Das bedeutet, dass alles eine Form von Liebe ist. Das ist vielleicht schwer zu akzeptieren, schwer zu begreifen, aber Gott sagt, dass es stimmt. In Band 2 der GMG-Trilogie wird dieses Prinzip erneut dargelegt. Dieses Mal bezieht es sich auf alle Menschen. »Ich habe euch nur Engel gesandt«, sagt Gott hier über die Menschen. Auch das ist schwer zu verstehen, vor allem angesichts dessen, wie manche Menschen handeln. Doch es deckt sich vollkommen mit der Aussage Gottes in GMG, dass Hitler in den Himmel einging.

Solche Rätsel lassen sich nicht leicht begreifen, vor allem wenn wir die Dinge nur oberflächlich betrachten. Wir müssen tief in den Teich Weisheit tauchen, tief hinab bis auf seinen Grund, um dort Sinn und Bedeutung zu finden. Wenn wir die Wahrheit dieser Aussagen entdecken (oder »wiedererlangen«, wie ich hier gerne sage), dann verstehen wir endlich, was Liebe ist. Und was Gott ist. Und was wir sind.

Wenn Sie schreiben, dass »die Welt so ist, wie sie ist, weil wir nicht genug Liebe haben für andere und die Dinge, die uns umgeben«, dann höre ich in meinem Herzen, dass die Welt so ist, wie sie ist, weil wir nicht genügend Gewahrsein haben von unserem Einssein mit Gott und dem Leben, das uns umgibt. Sehen Sie, was ich hier zu sagen versuchte, ist, dass Gott und wir eins sind. Das Leben und wir sind eins. Sie und ich sind eins. Jedermann — Sie, ich, Gott, Leben — es ist alles dasselbe. Wenn uns das klar wird, dann werden alle Probleme, die wir uns in unserem Leben erschaffen haben, verschwinden. Jedes einzelne Problem, das ich habe, basiert auf dem Gedanken, dass es so etwas wie »Trennung« oder »Getrenntsein« gibt. Sobald sich der Trennungs-Gedanke verflüchtigt hat, verflüchtigen sich auch alle Probleme des Lebens. Sie lösen sich ganz automatisch von allein. Sie verschwinden. Und wir erschaffen sie auch nicht aufs Neue, weil wir uns das nie selbst antun würden.

Wir würden nicht zulassen, dass jeden Tag Tausende von Menschen verhungern, weil wir uns das selbst nie antun würden. Wir würden nie zulassen, dass Millionen in Kriegen getötet werden, weil wir uns das selbst nie antun würden. Wir würden nie zulassen, dass Massen von Menschen durch Armut und Krankheit katastrophal geschädigt werden, weil wir uns das selbst nie antun würden. Und wir würden, in kleinerem Umfang, nie zulassen, dass wir uns persönlich unfreundlich verhalten oder einem anderen Schaden zufügen, weil wir wissen und verstehen, dass es keine »anderen« gibt, und wir würden uns das nie selbst antun. Sobald wir uns bewusst sind, dass wir alle eins sind, hören wir mit unserem zerstörerischen Verhalten sofort auf, weil uns klar ist, dass dieses Verhalten selbstzerstörerisch ist. (Solange wir denken, dass es nur für »andere« zerstörerisch ist, scheint es uns egal zu sein.) Somit bedeutet Liebe sich bewusst sein, dass wir alle eins sind. Liebe heißt dies verstehen. Dies leben.

Um die nächste Frage, die Sie stellten, zu beantworten: Liebe muss nicht »erlernt«, aber sie muss erinnert werden. Das heißt, wir müssen uns an das erinnern, was wir schon immer wussten. Dieser Akt des Erinnerns, der Wiedereingliederung — wieder zu einem Glied des Leibs Gottes zu werden — kann ein ganzes Leben dauern. Oder viele Leben. Aber früher oder später er-innern wir uns alle, gliedern wir uns alle wieder ein. Ja, Liebe ist etwas, das wir mit auf die Welt bringen, denn Liebe ist Wer Du Wirklich Bist. Da Sie mit sich selbst auf die Welt kommen, kommen Sie mit Liebe auf die Welt. Sie können Ihr Selbst und Liebe nicht voneinander trennen. Sie können nur glauben, dass Sie es können.

Dann fragen Sie auch, woran sich die Taten der Liebe erkennen lassen. Die Antwort findet sich auf Seite 42 in GMG Band 1, wo Gott den Unterschied zwischen Liebe und Angst erklärt. Angst ist die Energie, die zusammenzieht, versperrt, einschränkt, wegrennt, sich versteckt, hortet, Schaden zufügt. Liebe ist die Energie, die sich ausdehnt, sich öffnet, aussendet, bleibt, enthüllt, teilt, heilt. Angst umhüllt unseren Körper mit Kleidern, Liebe gestattet uns, nackt dazustehen. Angst krallt und klammert sich an alles, was wir haben, Liebe gibt alles fort, was wir haben. Angst reißt an sich, Liebe lässt los. Angst nagt und wurmt, Liebe besänftigt. Angst attackiert, Liebe bessert. Liebe sagt nie nein.

Mit anderen Worten, Liebe sagt: »Mein Wille für dich ist dein Wille für dich.« Und genau das ist es, was Gott zu jedem von uns Menschen sagt. Und dann gibt es noch eine weitere Möglichkeit, woran Sie die Taten der Liebe erkennen können. Es sind die Taten, die ohne Erwartungen und ohne daran geknüpfte Bedingungen unternommen werden. Wahre Liebe ist bedingungslos. So etwas wie »ich liebe dich, wenn« gibt es nicht. Seit vielen Jahrhunderten haben wir nun schon mit der Vorstellung von einer Art »Ich liebe dich, wenn«-Gott gelebt. Von Anfang an war diese Vorstellung von Gott unrichtig.

Und wenn ich mich auf ein einziges Merkmal der Liebe festlegen müsste, auf eine sie definierende Qualität, die sie immer aufweist, dann wäre es die, dass Liebe immer vereint und das Einssein schafft oder achtet und ehrt. Wenn daher von Einzelpersonen oder Regierungen Entscheidungen getroffen oder Beschlüsse gefällt werden, die eher zum Getrenntsein beitragen, die die Trennung schaffen und ehren und achten, dann sind es keine auf Liebe gegründete Entscheidungen und Beschlüsse.

Wie können wir ohne »Erwartungen« leben?

Lieber Neale: Ich begreife, dass der Sinn von Beziehungen der ist, dass wir miteinander teilen und erschaffen, Wer Wir Sind. Ich weiß auch, dass wir uns manchmal mit Erwartungen auf Beziehungen einlassen, und dass eine dieser Erwartungen die ist, dass wir wieder bekommen, was wir in sie reinstecken! Auch wenn ich diese Erwartungen »loslassen« kann, so bin ich am Ende doch gewöhnlich verletzt und enttäuscht.

Ein Beispiel: Ich hatte fast schon ein ganzes Jahr mit einem Mann eine Beziehung; dann kam mein neunundzwanzigster Geburtstag. An diesem Tag kochte er mir ein Essen, machte mir aber kein materielles Geschenk. Ja, ich hatte eine Erwartung. Er hatte mir gesagt, er würde mir einen Regenmantel schenken, mit dem man bei Regen zum Fischen gehen kann. (Er liebte das Fischen und wollte, dass ich ihn dabei begleitete. Das tat ich auch, aber nicht immer, denn ich habe eigentlich andere Interessen.) Ich bekam diesen Regenmantel etwa zwei Monate später. Als ich dieses Geschenk nicht schon früher bekam, oder eines, das etwas mit meinen Interessen zu tun hatte, hatte ich das Gefühl, ich würde ihm nichts bedeuten. Ich konnte nicht verstehen, warum er nicht einfach losgehen und mir ein persönliches Geschenk kaufen konnte.

Ich stellte fest, dass ich in dieser Beziehung eine Menge gab. Das war meine Entscheidung. Mir ist klar, dass sich da mein Ego meldete. Ich sah, dass die Beziehung in vieler Hinsicht unausgewogen war. Wenn ich versuchte, ihm dieses Gefühl zu vermitteln, wurde mir immer gesagt, das läge an mir. Ich brauchte eine Weile, bis ich begriff, dass es nicht nur an mir lag, doch der Mann war sehr überzeugend. Meine Frage ist also: Wie hört man auf, Erwartungen zu haben, auch wenn man zuweilen das Gefühl hat, unfair oder lieblos behandelt zu werden? Ich danke dir vielmals für deine Zeit ... und möge uns Gott weiterhin all unsere Möglichkeiten zeigen. Lori, Huntington, N.Y.

Liebe Lori: Das ist eine sehr berechtigte und häufig gestellte Frage. Hier ist, was du meinem Wunsch nach über Beziehungen wissen sollst. Jede und jeder von uns hat das Recht, sich in einer Beziehung geachtet zu fühlen, und wenn wir nicht das Gefühl haben, geachtet zu werden, haben wir das Recht, eine Beziehung zu schaffen, in der dies der Fall ist. Wir haben das Recht, einer anderen Person zu sagen, was uns glücklich macht und welche Gefühle wir in Bezug auf bestimmte Dinge haben. Die Tatsache, dass man sich darum bemüht, nicht in einem Raum der Erwartungen zu leben, bedeutet nicht, dass man nicht in einem Raum der klaren Mitteilung und Verständigung lebt.

Ich teile jedem in meinem Umfeld mit, was genau mich glücklich macht und lasse keinen Raum für Unklarheiten. Das hilft in der Tat denen, die mich lieben, weil ich ihnen ständig Anhaltspunkte und Hinweise darauf gebe, was mich ganz besonders glücklich machen würde. Kein Mensch, der dich liebt, wäre über den Erhalt solcher Informationen verärgert, vorausgesetzt, er muss sich nicht verpflichtet fühlen, es dir auch zu geben, damit du ihn liebst.

Du hast im Zusammenhang mit deiner Frage ein sehr interessantes Wort verwendet. Du sprachst von »unfair«, um zu beschreiben, wie du dich manchmal behandelt fühlst. Niemand kann unfair behandelt werden, Lori, weil das Wort »unfair« darauf deuten würde, dass du auf bestimmte Art behandelt werden solltest, dass du auf bestimmte Art behandelt werden musst – und alle diese Aussagen sind falsch. Niemand schuldet dir irgendetwas – auch nicht die Person, die du liebst – und je schneller dir das klar ist, desto schneller wirst du das Wort »unfair« in diesem Zusammenhang aus deinem Wortschatz streichen. Die Frage ist nicht, ob eine andere Person »fair« zu dir ist; die Frage ist nur, ob du auf eine Art behandelt wirst, die für dich okay ist – ob nun »fair« oder nicht. Und das führt natürlich zu einer weiteren Frage: Was macht die Behandlung »okay«? Was macht sie »nicht okay«?

Die Antwort hat mit deinen persönlichen Vorlieben zu tun, Lori, und nichts weiter. Wenn du es vorziehst, dein Geburtstagsgeschenk nicht erst zwei Monate später zu erhalten, und noch dazu eines, das nichts mit deinen Interessen zu tun hat, dann sag es einfach, und gib es zurück. Wenn du das Geschenk annimmst und dich dann darüber beklagst, wirst du zur »Nörglerin«. Wenn du andererseits, liebevoll und wahrheitsgemäß, einfach sagst: »Danke, dass du daran gedacht hast, aber ich hätte lieber etwas bekommen, das mir zeigt, dass du dir meiner Interessen bewusst bist, und das im Übrigen an meinem Geburtstag. Ich möchte das hier jetzt nicht annehmen, weil ich keine guten Gefühle damit verbinde«, dann hast du eine äußerst klare Botschaft übermittelt. Und du wirst zum letzten Mal zwei Monate zu spät ein Geburtstagsgeschenk bekommen, das nichts mit dir zu tun hat. Das funktioniert sogar noch besser, wenn du ehrlich sagen kannst: »Ich liebe dich dafür, dass du dich bemüht hast, und ich danke dir, Liebling, aber ich ziehe es vor, dieses Mal das Geschenk nicht anzunehmen. Vielen Dank.«

Das ist so, als ob du im Restaurant den Spargel dankend ablehntest. Der Koch wird dir keinen Spargel mehr vorsetzen, wenn du ihn jedes Mal, wenn du ihn serviert bekommst, höflich zurückgehen lässt. Und wenn der Koch immer weiter etwas zubereitet, was du nicht möchtest, dann wähle ein anderes Restaurant. Das heißt nicht, dass du das erste nicht mehr magst. Du kannst das Restaurant mögen, ohne dort essen zu müssen.

Nun achte hier auf die Nuancen, Lori. Wenn du in dieses Restaurant gehst, erwartest du nichts. Du lebst außerhalb des Raums von Erwartungen. Du tust einfach deine Vorlieben kund und schaust, was passiert – ohne das eine oder andere zu »erwarten«. Aber wenn dir aus der Küche Spargel serviert wird, dann isst du ihn einfach nicht. Wähle etwas anderes aus der Speisekarte, und wenn sie nichts anderes zu bieten hat, dann geh anderswo essen.

Das lässt beiden Beteiligten die Wahl. Wenn der Restaurantmanager möchte, dass du das Restaurant weiterhin aufsuchst, wird er aufhören, dir Spargel servieren zu lassen. Aber er ist nicht dazu verpflichtet. Und du hast klargemacht, dass du es nicht von ihm erwartest. Andererseits kann auch er nicht erwarten, dass du weiterhin Speisen zu dir nimmst, die du ablehnst. Jeder hat die Wahl, und niemand erwartet etwas vom anderen.

Unterm Strich läuft es darauf hinaus, dass du dir deine Macht zu Eigen machst und sie ausübst, und das hat nichts damit zu tun, in der Erwartung zu leben. Es hat vielmehr damit zu tun, dass du, wenn jemand im Zimmer bleiben soll, genau weißt, wer du bist, und auch, wer du nicht sein möchtest. Also denk daran, Lori, außerhalb des Raums von Erwartungen zu leben bedeutet nicht, auch außerhalb des Raums deiner persönlichen Vorlieben zu leben. Das brauchst du nicht zu tun. Ich hoffe, dies hat ein wenig geholfen. Alles Liebe und sei umarmt ... Neale.

Wie kann man einen Partner oder Lebensgefährten finden?

Lieber Mr. Walsch: Haben Sie eine Liste mit Leuten, die der Philosophie und den Wahrheiten in Ihrem Buch beipflichten und auch danach leben? Und haben Sie vielleicht sogar eine spezielle Liste mit Leuten, die nach einem Freund oder einer Freundin, einem Lebensgefährten oder einer Lebensgefährtin suchen, mit denen sie die Gedanken in GMG teilen können? Ich denke, eine Menge Menschen haben Probleme, Personen zu treffen, die ihre Lebensanschauungen teilen und aus den richtigen Gründen eine Beziehung eingehen möchten (nämlich um zu demonstrieren, Wer Sie Sind). Audrey, San Francisco, CA.

Lieber Mr. Walsch: Auch ich komme aus dem Bereich katholischer Beschränktheit, verloren und verwirrt, nur wissend, dass das, was da gelehrt wurde, nicht war, wer ich war! Ich konnte nie in Worte fassen, was mein Herz glaubte (war mir aber wegen meiner Angst vor der Hölle nie wirklich sicher). Ich danke Ihnen dafür, dass Sie die Wahl getroffen haben, Gott kennen zu lernen. Ich danke Ihnen dafür, dass Sie den Mut hatten, dies mit anderen zu teilen. Nach vielen vergeblichen Versuchen, Leute mit ähnlichen Glaubensvorstellungen in meinem Leben zu finden, wende ich mich nun an Sie und Ihre Leser, die wir alle die gleichen Ziele verfolgen. Nur so ein Gedanke: Haben irgendwelche Leser bei Ihnen wegen einer GMG-Singles-Anlaufstelle nachgefragt? Ich bin mir nicht sicher, wie es kam, aber ich habe mir in meinem Leben Einsamkeit erschaffen. Ich habe viel leidenschaftliche Energie, und nur wenig Leute verstehen mich. Es war nur ein Gedanke (vielleicht eine Schöpfung, oder?). Mit freundlichen Grüßen, dieses kleine Partikel Gottes namens Audrey, Edmonton, Alberta, Kanada.

Liebe Audrey und Audrey: Haben mir hier wirklich zwei Personen geschrieben? Ich habe nicht vor, eine »Singles-Kartei« zu führen. Meinem Gefühl nach widerspräche das meiner Absicht, das GMG-Material als Lehrmittel zu verwenden. Aber keine von Ihnen beiden, und auch kein anderer »Single«, sollte Schwierigkeiten haben, einen kompatiblen Partner zu finden. Machen Sie es einfach zu Ihrer Absicht. Erstellen Sie eine Liste mit allen Eigenschaften und Qualitäten, die Sie sich in einem Partner wünschen, und übergeben Sie das Ganze Gott. Wissen und glauben Sie dann, dass Ihr perfekter Partner nun auf Sie zukommt. Bereiten Sie sich darauf vor. Bringen Sie Ihre Garderobe auf Vordermann. Legen Sie sich eine neue Frisur zu (das gilt für Frauen wie für Männer). Misten Sie Ihren Terminkalender aus, denn Sie werden eine Menge Platz für Verabredungen brauchen.

Und wenn Sie nach jemandem suchen, der sich auf GMG als Basis stützt, dann ist die Sache wirklich einfach. Starten Sie eine GMG-Studiengruppe in Ihrer Gemeinde, oder finden Sie eine und treten Sie ihr bei. Heften Sie eine Bekanntmachung ans Schwarze Brett in Ihrer Kirche oder örtlichen Bibliothek, setzen Sie eine Annonce in die Zeitung, kleben Sie hier und dort Zettel, und bald haben Sie eine Gruppe beisammen. Es haben sich in diesem Land und anderswo bereits über zweihundertfünfzig solcher Gruppen gebildet. Schauen Sie dann, wer auftaucht! Sie sollten bald einen sehr annehmbaren Partner finden! Und dazu werden Sie noch mit einer Menge neuer Leute in Verbindung treten, die Ihre Gefühle in Bezug auf das GMG-Material teilen.

Wie kann ich den »Richtigen« finden?

Lieber Neale: Gestern Nacht haben mein Freund und ich uns getrennt. Auf Grund meines wachsenden Bewusstseins konnte ich akzeptieren, was passiert, und musste nicht denken, dass es das Ende meines Lebens sei. Es war eine »gesunde« Trennung, wie wir es wohl nennen würden, ohne Streitereien und Machtkämpfe, aber wir sind dennoch verwirrt.

Bei allen vorangegangenen Beziehungen kamen wir beide immer zur Erkenntnis, dass unsere jeweiligen Partner nicht die Menschen waren, an deren Seite wir unser Leben verbringen würden. Bei dieser Beziehung war es hingegen nicht so, aber wir haben auch nicht dieses Gefühl von »ich weiß, das ist das Richtige«. Also suchen wir weiterhin nach der »richtigen« Person, die uns dieses Gefühl vermittelt, das wir im Zusammenhang mit einem lebenslangen Partner empfinden wollen. Verstehen wir unsere Energie falsch? Oder ist das ein Zeichen, dass wir weiterziehen sollen und dass da jemand anders auf uns wartet?

Es war/ist eine großartige Beziehung. Wir funktionierten gut, aber beide möchten wir verliebt sein, und beide haben wir große Angst, diese höchste, leidenschaftliche Liebe zwischen Ehemann und Ehefrau »zu verpassen«. Ich frage mich, ob ich meinen künftigen Ehemann von einer Vereinbarung her kenne, die wir schon getroffen haben, bevor wir auf die Erde kamen. Oder ist es einfach so, dass man sich dazu entscheidet, sich zu verlieben, und es dann erlebt? In Liebe, Dawn, Boise, ID.

Meine liebe Dawn: Danke für dein Schreiben und deine Offenheit. Lass mich dir sagen, was ich über Liebe und Lebenspartner und »leidenschaftliche Liebe« und all das weiß. Als Erstes möchte ich dir sagen, dass Liebe keine Reaktion ist, sie ist ein Entschluss. Das ist so ungefähr das Wichtigste, das ich jemals in meinem Leben gelernt habe, deshalb sage ich es noch einmal: Liebe ist keine Reaktion, sie ist ein Entschluss.

Nun stimmt es, dass man auf jemanden »physisch reagieren« kann. Uns allen gefallen bestimmte äußerliche Merkmale, bestimmte Persönlichkeitstypen, eine bestimmte Ausstrahlung besser als andere. Doch viele Menschen, die versucht haben, eine lebenslange Beziehung auf diesen anfänglichen Reaktionen aufzubauen, stellten fest, dass dies nicht immer die Art von Harmonie, echtem Respekt und tiefer persönlicher Wertschätzung hervorbringt oder garantiert, die eine lebenslange Partnerschaft auszeichnet.

Leidenschaft wird erzeugt, Dawn, so wie alles andere in einem Leben. Und sie wird, wie alles andere in deinem Leben, von dir erschaffen. Wie? Aus deinem Entschluss heraus, das zu tun. Das ist richtig, Dawn. Du kannst tatsächlich beschließen, leidenschaftlich zu sein. Du kannst auch beschließen, es nicht zu sein, wie viele Menschen, die eine Beziehung beendet haben, herausfanden. Leidenschaft (oder das Gefühl, das du »Leidenschaft« nennst, oder von jemandem »angetörnt« zu sein) ist also nicht das Wichtigste, wonach ich in einer Beziehung Ausschau halten würde. Meiner Erfahrung nach ist die wichtigste Einzelzutat für eine erfolgreiche, langfristige Beziehung: Freundschaft. Und gleich danach kommt Toleranz, die natürlich die Folge von wahrer Freundschaft ist und wiederum zu wahrer Freundschaft führt.

Du schreibst, dass du nicht dieses Gefühl von »ich weiß, das ist das Richtige« hast. Was für eine Art von Gefühl ist das, kannst du mir das sagen? Nein, lass es mich dir sagen. Eine Beziehung ist nicht deshalb die »richtige«, weil sie auf Grund irgendeines Faktors außerhalb von dir und damit außerhalb deiner Kontrolle »automatisch die richtige« wird. Eine Beziehung ist die »richtige«, weil du dich dazu entscheidest, sie zur richtigen zu machen. Und was könnte dich zu diesem Entschluss bringen? Deine Entscheidung, was dir wichtig ist. Deine Entscheidung in Bezug auf Wer Du Bist und wer zu sein du wählst.

Noch ein letzter Gedanke, Dawn. Du schreibst, dass du und dein Freund weiterhin nach der »richtigen« Person suchen. Sucht nicht danach: Entscheidet, dass jemand der oder die »Richtige« ist. Ihr wollt haufenweise Leidenschaft im Raum, wenn es Zeit für romantische Liebe ist? Ich sag dir was, Dawn. Bring sie mit dir in den Raum. Dann schau, was passiert. Um alles in einem Satz zusammenzufassen: Ja, Dawn, du hast Recht. Du hast dir selbst deine eigene beste Weisheit zukommen lassen. Ist es einfach so, dass wir die Entscheidung treffen müssen, verliebt zu sein, und es dann erleben? Ja, Dawn. Ja. Dieses »gewisse Gefühl« kann sowohl ausgesandt wie auch empfangen werden!

Elterndasein und Beziehungen zu Kindern

Lieber Mr. Walsch: Ich habe Ihr Buch *Gespräche mit Gott* gelesen und fand es sehr nützlich. Ich frage mich, ob Sie uns wohl irgendwelche Kommentare oder Belehrungen über Beziehungen zu Kindern zukommen lassen könnten. Was mich persönlich angeht, so ist meine Tochter neun, und ich denke darüber nach, wann ich ihren Wünschen entsprechen, sie ihrer eigenen Klugheit überlassen, und wann ich für sie Entscheidungen treffen und Forderungen an sie stellen soll.

Sie wird derzeit privat unterrichtet (statt in einer staatlichen Schule) und ich frage mich, da sie nun älter wird, welchen Weg man einschlagen soll. Was sind die wichtigsten Dinge, die sie lernen muss? Welcher Weg ist der beste, um sie zu lernen? Carol, Roy, Wa.

Liebe Carol: Zur Einleitung möchte ich sagen, dass vor GMG meine eigene Beziehung zu Kindern nicht so aussah, wie ich es mir gewünscht hätte. Für die meisten meiner Kinder war ich die meiste Zeit ein Vater, der nicht da war. Ich bedauere das zutiefst und tue jetzt, was ich kann, um das zu ändern, um präsenter zu sein und eine größere Rolle im Leben meiner Nachkommenschaft zu spielen. Ich habe auch schon öffentlich eingestanden, dass ich als Vater kläglich versagt und gewöhnlich mehr Schaden angerichtet als Gutes getan habe. Nachdem Sie dies nun wissen, lassen Sie mich trotzdem zusehen, ob ich Ihre Frage beantworten kann. (Wir lehren, was wir zu lernen haben.)

Unsere Beziehungen zu unseren Kindern spielen in der Ausformung dessen Wer Wir Sind eine entscheidende Rolle. Sie sind deshalb so entscheidend wichtig, weil sie sich in so vielen Dingen an uns wenden können, wahrscheinlich in mehr, als es in jeder anderen Beziehung, die wir je eingehen, der Fall ist. Wie wir darauf reagieren, sagt eine Menge aus.

Nun haben Sie unter anderem danach gefragt, wann man Ihrer neunjährigen Tochter erlauben kann, ihre eigenen Entscheidungen zu treffen und wann man sie für sie treffen und wann man Forderungen an sie stellen soll. Ich glaube, Ihre Tochter sollte dazu ermuntert werden, alle ihre Entscheidungen selbstständig zu treffen. Doch sollten mit jeder Entscheidung klar verständliche Konsequenzen verbunden sein. Diese Konsequenzen sollten ihr von Anfang an erklärt werden, das heißt gleich beim ersten Mal, wenn eine bestimmte Entscheidung ansteht, und auch häufig danach, bis Sie das Gefühl haben, dass Ihre Tochter wirklich versteht, was die Folgen sind.

Meiner Ansicht nach ist es für Kinder sehr viel besser, wenn sie Entscheidungen treffen und sich für Verhaltensweisen entscheiden, die sich auf ein altersgerechtes Verständnis von den zu erwartenden Konsequenzen oder Ergebnissen gründen, als wenn sie bloß auf dogmatische, autoritäre Anordnungen ohne jegliche Erklärung oder auf ängstliche elterliche Ausbrüche reagieren.

Nun bedeutet das nicht, dass Eltern nicht resolut sein sollten. Und es bedeutet auch nicht, dass spontane Entscheidungen gar nicht mehr möglich sind. Manchmal braucht ein Kind den Trost einer elterlichen spontanen Entscheidung. (»Paps, kann ich ein Cola haben?« — »Nein. Es gibt gleich Essen.« »Dürfen wir aufbleiben und *Deep Space Nine* sehen?« — »Nein. Und ihr braucht gar nicht erst zu fragen. Ihr wisst, dass ihr morgen zur Schule müsst.«) Diese Art von »Entscheidungen« sind zumeist gar keine Entscheidungen, sondern nur resolute und beständige Wiederholungen bereits eingeführter Richtlinien.

Wenn Eltern keine Angst haben, solche Dinge auszusprechen, und auch nicht fürchten, damit die Gunst ihres Kindes zu verlieren, entwickeln die Kinder ein starkes Sicherheitsgefühl und lieben ihre Eltern umso mehr, und nicht weniger. Sie wissen, wo die Grenzen sind. Sie begreifen, wo ihnen Beschränkungen auferlegt sind. Und sie wissen, dass sie innerhalb dieser Grenzen und Beschränkungen vollkommen sicher sind. Das hat eine gewaltige Auswirkung auf das Wohlbefinden des Kindes, und ein starkes Gefühl von Wohlbefinden ist genau das, was den kindlichen Mut und die Stärke erzeugt, die dann zum unvermeidlichen Austesten genau jener Grenzen führen, die dieses Wohlbefinden zunächst produziert haben.

Kurz gesagt: Klare Grenzen, vernünftige Beschränkungen und vorhersehbare Konsequenzen, die auch durchgesetzt werden, erzeugen im Kind die Selbstsicherheit, die es braucht, wenn es je diese Grenzen durchbrechen, ein Leben ohne Beschränkungen führen und für alle Konsequenzen seiner künftigen Entscheidungen und Verhaltensweisen verantwortlich einstehen soll. Kinder, die sich in ihrem Verhalten selbst Grenzen setzen müssen, sind oft nervöse Wracks, überaus angespannt und launisch, weil man von ihnen verlangt, erwachsene Entscheidungen in einer Welt der Erwachsenen zu treffen, in der sie, wie sie genau wissen, gerade erst Anfänger sind.

Daher lautet meine Antwort auf Ihre erste Frage: Erstens, legen Sie früh und in ausreichendem Maße das Fundament (erklären Sie die Konsequenzen), so dass Ihrer Tochter die meisten ihrer alltäglichen Entscheidungen vor Augen geführt werden. Zweitens, wenn Ihre Tochter dann ihr Verständnis von diesen Konsequenzen austestet, zeigen Sie ihr fair und beständig, dass sie im Grunde schon richtig verstanden hat. Drittens, wenn ein neuer Bereich von Fragen auftaucht (einer, den Sie vorher noch nicht durchgegangen sind), dann ermutigen Sie Ihre Tochter dazu, selbstständig zu ihren Entscheidungen zu gelangen, und zwar auf der Grundlage dessen, was sie in der gegebenen Situation für das Beste hält. Geben sie ihr aber auch klare und verständliche Richtlinien an die Hand, die ihr bei ihren Erkundungen helfen. Sollte sie schließlich eine nicht besonders gute Entscheidung treffen, dann sagen Sie ihr, was Sie davon halten, und fordern Sie sie auf, noch einmal die Konsequenzen zu überdenken, mit denen sie es dann zu tun hätte.

Wenn das alles nichts fruchtet und das Kind dennoch eine »falsche« Wahl trifft, könnte es sein, dass Sie ziemlich energisch werden müssen. (»Es tut mir Leid, dass du diese Wahl getroffen hast, weil ich dir da nicht zustimmen kann. In diesem Fall muss ich deine Entscheidung ablehnen. Es tut mir Leid. Wir schätzen hier die damit verbundenen Gefahren oder Schwierigkeiten unterschiedlich ein, und letztlich ist es meine Aufgabe, dich zu beschützen und immer dein Wohl im Auge zu haben. Deshalb gehst du an diesem Wochenende mit deiner Schulfreundin nicht allein ins Einkaufszentrum. Ihr seid beide noch nicht alt genug dafür. Es tut mir Leid.«)

Dazu möchte ich noch Folgendes sagen. Es gibt eine Möglichkeit, diese Art von »Erlassen« zu erteilen, ohne dass das Kind die Freundschaft aufkündigt oder sich in ihm Feindseligkeit aufbaut. Ich habe dieses Thema schon in einem früheren Brief angeschnitten, in dem ich auch das Buch *Nun hör doch mal zu! Elternsprache – Kindersprache* empfahl. Das müssen Sie unbedingt lesen, Carol.

Was Ihre Frage nach der Schule angeht, so finde ich am Privatunterricht nichts auszusetzen, solange Ihre Tochter die Möglichkeit hat, sich mit anderen Kindern zusammenzutun. Ab einem gewissen Alter habe ich allerdings gewisse Probleme mit dem Unterricht zu Hause, weil ich denke, dass die Kinder dadurch weniger Möglichkeiten haben, soziale und interaktive Fähigkeiten zu entwickeln. Sind diese Möglichkeiten aber ausreichend vorhanden, kann der Heimunterricht großartig sein.

Was muss Ihre Tochter lernen? Ich merke, dass ich das auf der metaphysischen Ebene beantworten möchte: Sie muss nichts lernen. Sie muss nur die Möglichkeit haben, sich zu erinnern und zu erfahren, was sie schon weiß. Bauen Sie deshalb einen Raum der Sicherheit und Geborgenheit um Ihr Kind auf. Das heißt nicht, dass Sie das Kind vor der Welt abschotten sollen, sondern dass Sie es sich in der Welt sicher fühlen lassen.

Können wir je mit dem Lügen aufhören und ein Leben der totalen Wahrheit führen?

Liebster Neale: Ich weiß nicht, von welchem Planeten du gekommen bist, aber wo immer er auch ist, dort möchte ich leben! Danke, danke für deine wundervollen Bücher – vor allem GMG Band 3, den ich gerade zu Ende gelesen habe, und der so großartige Weisheiten enthält. Ich habe nur eine Frage. Glaubst du wirklich, dass es Menschen möglich ist, ein Leben der totalen Transparenz zu führen und nie wieder wegen irgendetwas zu lügen, wie Band 3 vorschlägt? Ist das nicht vielmehr eine etwas weit hergeholte Vorstellung? Lily S., Dearborn, MI.

Liebe Lily: Jeder Gedanke in der gesamten Trilogie ist eine weit hergeholte Vorstellung! Und ja, ich glaube, dass es uns möglich ist, mit dem Lügen aufzuhören und jedermann über alles die Wahrheit zu sagen. Aber dazu müssten wir als Erstes unsere Angst davor loswerden, was die Wahrheit mit sich bringen wird.

Wir haben zu lügen gelernt, Lily, weil es uns schützt. Lügen schützen uns vor Folgen und Ergebnissen, die wir nicht wollen. Wir haben eine ganze Gesellschaft um die Heimlichkeit und Verheimlichung aufgebaut, um den Gedanken: »Was du nicht weißt, macht dich nicht heiß.« Das müssen wir ändern. Wir müssen unsere Vorstellungen davon, was wir uns wirklich wünschen, ändern. Wir müssen uns die Ergebnisse wünschen, die die Wahrheit mit sich bringt. Lass es mich noch einmal sagen, weil das manchen Menschen vielleicht gerade entgangen ist: Ich sagte, dass wir uns die Ergebnisse wünschen müssen, die die Wahrheit mit sich bringt.

Um uns diese Ergebnisse wünschen zu können, müssen wir etwas an ihnen ändern. Wir müssen aufhören, einander dafür zu bestrafen, dass wir nicht vollkommen sind. Wir müssen aufhören, andere dafür zu bestrafen, dass sie Maßstäben nicht genügen, nach denen wir uns selbst nicht richten. Wir müssen aufhören, Heuchler zu sein, und dürfen vor allem nicht mehr auf unserem Glauben an einen strafenden, Vergeltung übenden Gott bestehen.

Hoch Entwickelte Wesen lügen nie jemanden wegen irgendetwas an. Politik, Wirtschaft, geschäftliche Interaktionen, romantische Liebesbeziehungen ... alles ist frei von Lüge. Das ist eine wagemutige Lebensweise – aber die einzige Art zu leben. Versuch es, Lily. Es wird so höllisch spannend werden, dass es die Hölle aus dir herauskatapultiert.

7

Gut und Böse und die
Natur der Dualität

Wie fühlt sich Ihr Herz dieser Tage? Ist es voller Glück und Freude und erfüllt vom Gefühl des Feierns? Ich hoffe, Ihre Antwort darauf ist »ja«, ganz gleich was sich in Ihrem Leben ereignet. Das ist schwierig, ich weiß. Es ist nicht leicht, die Dinge, die in unserem Leben passieren − vor allem die schlechten Dinge −, zu ignorieren und stetig unseren Weg zu verfolgen. Wir fällen Urteile, Sie und ich. Wir nennen manches »gut« und manches »schlecht«, und agieren dann unsere Entscheidungen hinsichtlich dieser Dinge aus.

Wenn wir sehen würden, was geschieht, wenn wir alle nur wüssten, wie der gesamte Prozess aufgebaut ist, würden wir die Vollkommenheit darin erkennen. Wir würden natürlich weiter unsere Rollen spielen, aber wir würden sie als »Rollen« ansehen. Wir würden sie nicht allzu ernst nehmen, selbst wenn diese spezielle Rolle einen ernsthaften Moment erfordert. Wir würden diesen Moment ernsthaft spielen, aber ihn nicht so ernst nehmen. Wissen Sie, was ich meine?

Versuchen Sie es in dieser Woche einmal damit: Stellen Sie sich als eine fiktive Person in Ihrem eigenen Film vor. Setzen Sie sich quasi in die vorderste Reihe vor Ihre geistige Leinwand und schauen Sie zu, wie sich die Szene entfaltet. Stellen Sie sich auch vor, dass Sie der Regisseur dieses Films sind, und dass Sie den Spielverlauf der Szene jeden Augenblick verändern können. Beachten Sie, Sie können nicht das Geschehen verändern. Sie können nicht das Drehbuch verändern. Sie müssen mit dem Drehbuch, das Sie bekommen haben, arbeiten. Aber wie die Szene gespielt wird, das können Sie verändern. Sie können eine Komödie oder ein Drama daraus machen. Sie können das

Pathos hervorheben, oder Sie können die Szene leicht und locker, geradezu beiläufig spielen.

Diese Idee habe ich von Richard Bach, der ein solches Experiment in seinem wundervollen Buch *Illusionen — Die Abenteuer eines Messias wider Willen* vorgeschlagen hat. Es ist eines meiner Lieblingsbücher, und ich empfehle Ihnen sehr, es zu lesen, wenn Sie es nicht schon getan haben. Ach, was soll's, auch wenn Sie es schon gelesen haben.

Gott spielt keine direkte Rolle beim Erschaffen irgendeiner menschlichen Begebenheit

Lieber Neale: Mein Englisch ist nicht gut, aber es ist mir sehr wichtig, dir diesen Brief zu schreiben. Ich hoffe, du verstehst oder erfühlst, was ich erklären möchte.

Vor fünf Jahren traf ich hier in der Schweiz ein Paar aus Santa Fe, New Mexico, das erzählte, es käme aus einer anderen Galaxie. Seine Energie war sehr stark, aber oft sehr fremd. Ich blieb fünf Jahre lang bei diesen Leuten, und das hat mein Leben so tief greifend verändert, wie dein Leben durch das Schreiben dieser Bücher verändert wurde. Ihre Energie war wundervoll; ich konnte wirklich oft Gott fühlen, tief und real. Ich war und bin immer noch davon überzeugt, dass sie anfangs ein gutes Werk taten. Dann veränderten sie sich sehr, und ich kann nicht verstehen, warum. Deshalb erzähle ich dir ein paar Begebenheiten. Ich bin kein Mensch, der so ohne weiteres Leuten, die ein esoterisches oder spirituelles Leben führen, nachrennt. Als ich diesen Leuten zum ersten Mal begegnete, empfand ich einen Widerwillen gegen sie, wie jetzt danach auch.

1995 ging ich nach Santa Fe, um mit ihnen zu leben, und während dieses ersten Jahres verließ mich mein Mann. Ich war davon überzeugt, für mein Erwachen das Richtige zu tun, weil ich schon vor langem beschlossen habe, mein Leben nur für Gott zu nutzen und alles zu tun, was ich kann, um diesem Weg zu folgen. Aber das ist nicht so leicht. Dein Buch gab mir das Gefühl, dass es auch für dich nicht leicht war.

Sie mieteten ein Haus in der Wildnis nahe bei Santa Fe, und dort lebten wir. Es war wundervoll für mich, in der Schönheit dieser Landschaft zu sein, in der Natur, so weit und ungezähmt. Du musst wissen, die Schweiz ist sehr klein und wir leben alle eng beieinander. Das Paar versuchte nie, uns (meine Töchter und mich) zurückzuhalten oder uns an sich zu binden. Sie sagten uns, sie seien nur hier, um uns zu helfen, zu uns selbst zu finden, so wie du auch in deinen Büchern schreibst. Ich konnte ihre Worte in deinen Büchern vernehmen. Aber sie begannen, uns sehr merkwürdig zu behandeln. Den einen Tag sagten sie, eine Sache sei weiß, und am nächsten Tag, sie sei schwarz.

Sie fragten mich, ob ich Freunde hätte, die ihnen für ein Jahr Geld leihen könnten. Ich fand jemanden, er lieh ihnen eine große Summe, und sie bestätigten ihm, dass sie das Geld am Ende des Jahres zurückzahlen würden. Nun ist mehr als ein Jahr vergangen, und sie haben es nicht zurückgezahlt, und ich bekomme auch keine Antwort von ihnen.

Ich weiß nicht, was passiert ist. Sie antworten nicht auf unsere Briefe, und wir können sie auch nicht telefonisch erreichen. Man könnte ein ganzes Buch mit den Dingen füllen, die ich mit diesen Leuten erlebt habe, gute und schlechte Dinge. Kannst du vielleicht eine Antwort bekommen? Es ist nicht nur wegen mir, sondern es gibt noch viele andere, die dieselben verletzenden Erfahrungen gemacht haben. Warum lässt Gott Wesen solche Dinge tun? Warum wird uns jede positive Energie, um spielerisch und kreativ sein zu können, weggenommen, wenn wir Hilfe brauchen? Wie dient es mir nun, nach allem, was ich getan habe, in einem Loch zu sitzen?

Ich weiß, ich brauche nichts zu tun, aber in einem Apartment zu sitzen und nicht zu wissen, wohin man gehen soll, ist nicht leicht. Nachdem ich dreißig Jahre lang verheiratet war, und mein Mann mich aus Angst verlassen hat, gehe ich meinen Weg — ich weiß, er ist richtig, aber es ist nicht leicht. In Liebe, Ayrillia, Schweiz.

Liebe Ayrillia: In Antwort auf deine Fragen würde ich sagen, dass Gott keine direkte Rolle beim Erschaffen irgendeiner menschlichen Begebenheit, Erfahrung oder irgendeines Resultats spielt. Vielmehr lässt Gott uns völlige Freiheit, um die genau richtigen und perfekten Leute, Orte, Umstände und Bedingungen zu uns heranzuziehen, mittels derer wir die nächste Ebene unseres eigenen Seins erleben. Das heißt, das Leben ist ein ständiger Prozess des Wiedererschaffens. Wir erschaffen uns selbst wieder aufs Neue in der nächsten großartigsten Version der großartigsten Vorstellung, die wir je von Wer Wir Sind hatten. In diesem Prozess des Wiedererschaffens, der detailliert in GMG Band 1 erläutert wird, ziehen wir durch alle möglichen Mittel und Methoden die richtigen und perfekten Leute, Orte und Umstände zu uns heran, um sie dann als Werkzeuge beim Erschaffen unserer nächsten Lernerfahrung und unseres nächsten Erinnerns zu benutzen.

Ayrillia, wenn du bereit bist, die volle Verantwortung für alle Resultate, die sich in deinem Leben ergeben haben, zu übernehmen — und das ist in Zeiten des Gefühlschaos schwer für dich, und auch für mich —, und wenn du bereit bist, dir für das Erschaffen der Resultate, mit denen du nun nicht einverstanden bist, zu vergeben, wirst du dich und deine vermeintlichen Peiniger befreien.

Begreife, Ayrillia, dass diese Erfahrungen, die du dir selbst hast zukommen lassen, Geschenke waren, und dass im Samenkorn einer jeden Begebenheit ein glorioser Schatz steckt, der uns wieder einmal dazu bringen kann, zu erkennen und zu erklären, zu verkünden und zu werden, zu verwirklichen und zu erfahren, Wer Wir Wirklich Sind. Daher ist die Frage im Augenblick nicht, warum Gott dies hat geschehen lassen oder warum das Ganze überhaupt passiert ist.

Die einzig wirklich relevante Frage in diesem Augenblick deines Lebens ist: Was sollen diese Erfahrungen meiner Ansicht nach für mich bedeuten? Was bin ich und was bin ich geworden und was will ich meiner Wahl nach als Folge davon sein? Welche Gabe befindet sich in der Asche dieser Katastrophe, mit der ich den Schatz, der dort schon immer begraben war, erkennen kann? Wenn Gott irgendetwas tut, dann nicht, um Katastrophen zu erschaffen, sondern um den Schatz in dem zu platzieren, was du eine Katastrophe nennst. Und ich möchte dich auffordern und dazu ermutigen, folgende Frage zu stellen und die Antwort darauf zu finden: »Wer bin ich und wer wähle ich zu sein in Antwort auf und in Beziehung zu den Erfahrungen, die ich Neale beschrieben habe?« In der Antwort auf diese Frage wirst du dein Heil finden. Ich wünsche dir Segen auf deiner Reise.

Warum passieren »schlimme Dinge«, wenn wir doch unsere eigene Realität erschaffen?

Lieber Neale: Wenn wir uns durch unsere Gedanken, Worte und Taten unsere Realität erschaffen, was ist dann mit den Opfern von brutalen Verbrechen, von sinnlosem Gemetzel und Verstümmelungen? Entscheiden sich diese Menschen dazu, auf diese Art zu sterben? Alfreda, Effort, PA.

Meine Freundin: Du hast eine sehr gerechtfertigte und bohrende Frage gestellt. Und die Problematik ist sogar noch umfassender, als du es formuliert hast. Denn es ist nicht nur eine Angelegenheit unserer Absichten und Entscheidungen, sondern auch der Gottes. Ich meine, ist es Gottes Wille (auch wenn es nicht der unsere ist), dass diese schrecklichen Dinge geschehen?

Philosophen und Theologen haben seit Anbeginn der Zeit diese Frage zu beantworten versucht.

Alfreda, ich bekam eine außergewöhnliche Antwort auf diese Frage, als ich sie in meinem Dialog stellte. Als Erstes wurde mir klar gemacht, dass es im Leben keine Opfer und keine Bösewichte gibt. Nun, das war für mich schwer zu begreifen, denn in meinen Augen sind viele Dinge, die wir einander angetan haben, überaus grausam, überaus schrecklich. Und für mich waren die Leute, die diese abscheulichen Verbrechen begangen haben, ganz gewiss die »Bösewichte« in unserer Gesellschaft. Und doch sagt Gott in GMG Band 2: »Ich habe euch nur Engel gesandt.« Und die Parabel in Band 1, *Die kleine Seele und die Sonne,* erklärt dies. Aus dieser Parabel wurde nun ein wundervolles kleines Kinderbuch *(Ich bin das Licht! Die kleine Seele spricht mit Gott),* und ich empfehle es sehr, wenn Kinder (und Erwachsene) besser verstehen wollen, warum »guten Menschen Böses widerfährt«, wie Rabbi Harold S. Kushner es formuliert hat.

Knapp zusammengefasst (lies noch einmal GMG oder das Kinderbuch, um dies in seiner ganzen Essenz zu begreifen): Die menschliche Seele ist ein Aspekt des Göttlichen, der freiwillig die Wahl trifft, das Leben im Universum zu erfahren (und als Teil dieser Erfahrung von Zeit zu Zeit auch auf Erden zu leben), um sich auf diese Weise als das, was oder wer er ist, wieder zu erschaffen und auf der Erfahrungsebene kennen zu lernen. Nun kannst du im Reich des Relativen (welches das Reich ist, in dem wir in den physischen Welten leben) nur im Raum dessen, Was Du Nicht Bist, erfahren, Was Du Bist. Denn in der Abwesenheit dessen, Was Du Nicht Bist, ist das, Was Du Bist, nicht!

Das heißt, Alfreda, in der Abwesenheit von »klein«, kann die Vorstellung von »groß« nicht auf der Erfahrungsebene kennen gelernt werden. Man kann es sich vorstellen, aber man kann es nicht erleben. Eine rein begriffliche Vorstellung wie zum Beispiel »groß« kann man nur erfahrungsgemäß kennen lernen, wenn man auch eine so rein begriffliche Vorstellung wie »klein« erfahrungsgemäß kennen lernen kann. Und das, Alfreda, ist sehr schlicht ausgedrückt der Grund, warum Gott das »Böse« erschaffen hat. Denn damit Gott sich selbst als das allumfassende Gute erleben kann, muss es auch so etwas wie das allumfassende Böse geben.

Natürlich gibt es das nicht. Es gibt nur Gott. Gott ist alles, was war, was ist und was je sein wird. Gott möchte sich in der Erfahrung von sich selbst kennen lernen. Es ist der gleiche Wunsch, den wir alle haben. Ja es ist so, dass dieses »wir alle«, von dem ich sprach, Gott selbst ist. Jeder Teil des Lebens ist ein Aspekt des Göttlichen, der bestrebt ist, das Göttliche zum Ausdruck zu bringen und zu erleben. Doch das, was göttlich ist, kann sich nur in der Gegenwart dessen, was nicht göttlich ist, in seiner eigenen Göttlichkeit kennen lernen und erfahren. Das Problem ist, dass das, was nicht göttlich ist, gar nicht existiert. Und da wir die Macht haben, alles zu erschaffen, haben wir es einfach erfunden! Das heißt, wir haben es uns vorgestellt. Wir haben es hervorgerufen.

Nun ist dieser ganze Prozess nichts, was eine Einzelseele bewusst unternimmt. Wir setzen unsere Vorhaben lange, bevor wir in den menschlichen Körper eintreten, fest. Wir treffen sogar Vereinbarungen mit anderen göttlichen Wesen, wie wir uns am besten als den Aspekt des Göttlichen erschaffen und erleben können, den wir uns für dieses Leben erwählt haben. Man kann also nicht sagen, dass die Menschen sich auf bewusster Ebene für die schrecklichen Erfahrungen entscheiden, denen so viele von ihnen unterworfen sind. Und was bedeutet das für die Theorie, dass wir uns durch unsere Gedanken, Worte und Taten unsere Realität erschaffen? Es ändert gar nichts an ihr. Es erklärt nur die Mechanismen, mittels derer diese Realität dazu gelangt, erfahren zu werden.

In dem Augenblick, in dem wir ein Ding denken, sagen oder tun, das den Prozess in Gang setzt, durch den wir Wer Wir

Wirklich Sind zum Ausdruck bringen, kommt alles, was nicht so ist, was im Gegensatz dazu steht, in den Raum. Das ist notwendig, um einen Kontext herzustellen, innerhalb dessen das Selbst erfahren kann, was seiner Wahl nach verwirklicht werden soll. Denn wenn das Gegenteil von dem, was wir gewählt haben, nicht in Erscheinung tritt, kann das, was wir gewählt haben, nicht zum Ausdruck gelangen. Aus diesem Grund verurteilen und verdammen Meister und Meisterinnen nicht. Nichts und niemanden. Auch nicht die, die sie verfolgen. Alle Religionen auf Erden lehren Vergebung als Weg zur Erlösung. Die meisten von ihnen lehren es schlicht aus dem falschen Grund und sagen, wir sollen vergeben und das Richten Gott überlassen. Nun, die Neuigkeit ist die, dass auch Gott nicht richten wird. Würde Gott uns auffordern, etwas zu tun, das er selbst nicht tun würde? Das würde heißen, dass er uns auffordert, größer als Gott zu sein! Doch der Grund, warum Gott nie richten wird und uns auch bittet, nicht zu richten, wird uns klar, wenn wir ins Reich des Absoluten zurückkehren. Dann werden wir wieder Gottes Versprechen verstehen: »Ich habe euch nur Engel gesandt.«

Ich empfehle dir sehr, ein Exemplar von *Ich bin das Licht! Die kleine Seele spricht mit Gott* zu besorgen. Lies es deinen Kindern vor — oder Kindern, mit denen du regelmäßig Kontakt hast. Denn wenn Kinder diesen Grundgedanken schon früh begreifen, wird das die Welt verändern.

Über »den Teufel«

Lieber Neale: Ich habe die Lektüre deines Buches sehr genossen. Mein Mann hat die Bibel hunderte Male gelesen. Ich nie. Er sagt, wenn man nicht an den »Teufel« glaubt, glaubt man auch nicht an Gott. Der Bibel zufolge geht das Hand in Hand. Was ist von all dem zu halten?

Hast du bei deinen Dialogen eine Stimme gehört, und hat sich Gott eine menschliche Gestalt gegeben, damit du »sehen« kannst, mit wem du sprichst? War es eine tiefe Männerstimme? Sag mir, was es war. Und warum wurde nicht ich auserwählt? Warum war es nicht meine Wahl, diese drei Bücher zu schreiben? Bitte versteh meine Fragen nicht falsch. Ich kämpfe nicht nur mit meiner finanziellen Lage (ich gehe unter, wenn ich nicht sehr rasch etwas ändere), ich habe auch Angst; dann bin ich dankbar, dann weiß ich nicht, wer ich bin. Ich glaube, meine Seele ist am »Er-innern«. Ich glaube, wir erschaffen uns unsere Realität. Mein Fokus verzerrt sich immer wieder wegen des Geldes, das ich nicht erschaffe. Bitte hilf mir. Cindy, AZ.

Hallo, Cindy: Gott erschuf die Möglichkeit des »Bösen«, aber das heißt nicht, dass er einen »Teufel« oder einen »Satan« erschaffen hat. Das »Böse«, das Gott erschaffen hat, ist einfach und nicht mehr und nicht weniger das Gegenteil vom Guten. Uns allen wurde die Macht gegeben, uns das »Böse« im Leben vorzustellen und sehr real werden zu lassen. Aber im Reich des Absoluten ist das »Böse« nur ein Hirngespinst, nur ein Produkt unserer Einbildungskraft. Das heißt, es ist nicht real. Es existiert nicht. Es ist nicht Teil von Gottes Reich. Shakespeare hat es sehr schön ausgedrückt, als er schrieb: »Nichts ist böse, es sei denn, das Denken macht es dazu.« Das waren außerordentlich weise Worte. Es gibt keinen Teufel, Cindy. Der Satan ist ein Produkt unserer Fantasie. Die institutionalisierte Religion muss dich aber glauben machen, dass es den Teufel gibt, sonst hast du nichts, wovor du dich fürchtest. Und wenn du nichts zu fürchten hast, brauchst du keine institutionalisierte Religion.

Bei meinen Dialogen, Cindy, vernahm ich, was ich als »eine stimmlose Stimme« bezeichnet habe. Weder war es die Stimme eines Mannes noch die einer Frau. Ich erinnere mich wirklich nur noch daran, dass es die weichste, sanfteste, mitfühlendste, weiseste Stimme war, die ich je gehört habe. Was deine Frage angeht, warum du nicht auserwählt wurdest, so wurdest du es, Cindy. Wir alle sind »auserwählt«. Niemand ist ausgeschlossen. Aber viele von uns schließen sich selbst aus, weil sie denken, dass »so etwas unmöglich ist« oder dass »sie nicht würdig sind«.

Als ich ein Junge war, brachten uns die Nonnen in unserer katholischen Schule ein Gebet bei: »Herr, ich bin nicht würdig, dass du eingehest unter mein Dach. Aber sprich nur ein Wort, so wird meine Seele gesund.« Gebete wie dieses oder ähnliche Gebete in anderen Religionen haben Millionen von Menschen dazu gebracht, an ihre Unwürdigkeit zu glauben, was genau das Gegenteil von dem ist, was Gott möchte, dass wir von uns halten. Es gibt also viele Gründe, »warum viele gerufen werden, aber nur wenige sich auserwählen«. Aber warte, meine Freundin, warte. Das Spiel ist noch nicht vorbei. Man kann nicht vorhersagen, was du tun wirst, wenn du dich erst einmal dazu entscheidest, an deinen Wert als eine Schöpfung Gottes zu glauben, der nun mal zufälligerweise keinen Schrott fabriziert.

Was nun das Geld und die Situation deines Seins angeht. Sei dir bewusst, dass du heute in einem Jahr immer noch hier sein wirst, Cindy. Heute in einem Jahr werden wir beide immer noch am Leben sein, immer noch das Spiel spielen. Die Frage ist nur: Welche Qualität wird unser Leben haben? Ich glaube, dass die Qualität meines Lebens ganz außergewöhnlich sein wird, und ich glaube, ich werde das dadurch bewirken, dass ich mich an einen Seinsort begebe, der die Qualität des Lebens anderer, aller anderen, deren Leben ich berühre, wundervoll sein lässt. Glaubst du das auch von dir, Cindy? Wenn du es tust, dann werden du und ich ein sehr gutes Jahr haben.

Geh also nicht herum und frage: »Was sollen wir essen? Was sollen wir trinken? Was sollen wir anziehen?« Halte deine Augen auf wen gerichtet? Auf Gott. Jeder Tag hat genug eigene Plage, aber: »Euch muss es zuerst um das Reich Gottes gehen, dann wird euch alles andere dazugegeben. Denn wo dein Herz ist, da ist auch dein Schatz.«

Geh in Liebe zu Gott durch dein Leben, Cindy, und tu Gottes Werk. Das heißt, gib die Menschen sich selbst zurück. Was immer du für dich selbst wählen würdest, das gib einem anderen. Was immer es ist, woran dir mangelt, finde einen anderen, der noch größeren Mangel hat, und gib ihm, was du hast. Dadurch wirst du wirklich gesegnet sein, denn damit wirst du die Wahrheit über dich zum Ausdruck bringen, die besagt: Ich bin die Quelle. Das wird dein zellulares Gedächtnis aktivieren, das dann sofort damit beginnt, diese Manifestation in deiner gegenwärtigen Realität zu erschaffen.

Zwei Geister in einem Haus – gut oder böse?

Lieber Neale: Ich danke dir aus tiefstem Herzen, dass du den großen Mut hattest, Gottes Bücher zu schreiben. Wer möchte nicht eine solche Welt? Sie hat alles. Aber jetzt, da ich dies weiß, wem sage ich es? Es widerspricht jedermanns Glauben, dass Gott zu dir spricht.
Mein Sohn ist siebenundzwanzig und versucht Gott zu finden. Wenn er nur *Gespräche mit Gott* lesen würde, er würde große Fortschritte machen. Ich werde es jedenfalls dem Licht überlassen, ihm den Weg zu zeigen.
Neale, ich hoffe, du verstehst mich, wenn ich dir sage, dass ich zwei Geister in meinem Haus habe. Irgendwie frage ich mich doch, ob sie gut oder böse sind. Wenn du mir helfen könntest, dies zu beantworten, werde ich innere Ruhe finden. In Liebe geschickt von einer, die sich eine geeinte Welt wünscht. Friede sei mit dir bei deiner Arbeit. Jeanette, New South Wales, Australien.

Liebe Jeanette: Ob Gott zu mir spricht oder nicht, ist unwichtig. Wichtig ist die Weisheit in den Botschaften der Trilogie. Es ist klug von dir, deinen Sohn zu GMG finden zu lassen, wenn er dazu bereit ist.

Was nun die Frage angeht, ob die beiden Geister, die du erwähnt hast, Jeanette, »gut oder böse sind«, so möchte ich dir sagen, dass das eine Entscheidung ist, die nur du fällen kannst. Wenn du denkst, dass die Geister böse sind, dann sind sie es. Und wenn du denkst, dass sie es nicht sind, dann sind sie es nicht. Wie du glaubst, so wird es für dich sein.

Selbst wenn es böse Geister gäbe — was ich nicht glaube —, würden sie in dem Augenblick ihre Macht verlieren, in dem du dich weigerst, sie als böse zu bezeichnen, oder dich weigerst, ihnen die Macht zuzuerkennen, die du normalerweise bösen Dingen zuschreibst. Denn wenn es böse Geister gäbe, würden sie ihre Macht von dir und aus der Angst beziehen, die sie in dir zu erzeugen versuchen. Angst ist ein falscher Anschein, der real erscheint. Bleib du in der Liebe und im Frieden.

Sag mir etwas zu Dämonen und Geistern

Lieber Neale: Manche können, so wie ich, ungewöhnliche Phänomene, die sich um uns herum ereignen, hören, sehen oder fühlen. Da es sich möglicherweise auch um Dämonen handeln könnte, jagen sie mir Angst ein. Ich weise sie im Namen des Allmächtigen in ihre Schranken. Im Allgemeinen lassen sie mich in Ruhe. Auf Seite 89 in GMG Band 1 heißt es, dass es so etwas wie den Teufel nicht gibt.

In der Bibel gibt es eine Geschichte (Markus 5, 1–20), in der Jesus einen Mann von Dämonen befreit. Jesus gebietet den Dämonen, den Mann zu verlassen, und lässt sie in eine Herde von Schweinen hineinfahren, die sich dann in einen See stürzen und ertrinken. Pfarrer und Priester haben es ebenfalls mit diesen unerklärlichen Phänomenen zu tun und treiben aus besessenen Menschen Dämonen aus. Was ist mit diesen Exorzisten? Und was ist mit diesen Seelen, die noch im Dunstkreis der Erde verweilen und keine Störenfriede sind, sondern Hilfe brauchen? Ich habe beides erlebt.

Wie weiß man, welchen Geistern man trauen kann und welchen nicht? Ich glaube nicht, dass wir diese Dinge ignorieren können, weil viele Menschen sie erlebt haben. Es sind alles unterschiedliche Geschichten. Wenn es nicht Dämonen sind, was sind sie dann? Engel? Manche Geister scheinen ruhelose Seelen zu sein! Wie können die Seelen dieser Geister zur Ruhe kommen, wenn sie sich in einem Zustand des »schlaflosen Herumwanderns« befinden? Wie werden wir sie los, oder wie können wir ihnen helfen? Wie können wir uns vor diesen Seelen schützen, die sich spirituell nicht weiterentwickelt haben? Was oder wer sind sie in Wirklichkeit? Vielen Dank, Wendy, Stillwater, OK.

Liebe Wendy: Ich weiß die Antwort auf deine Fragen nicht. Ich habe in *Gespräche mit Gott* diese Fragen nicht gestellt und kann deshalb nicht vorgeben zu wissen, was es in Wirklichkeit mit all dem auf sich hat. Ich weiß, was Gott mir über den »Teufel« und die Tatsache sagte, dass Satan nicht existiert. Gibt es diese »gequälten Seelen«, die noch in unserer physischen Welt herumhängen und Unheil anrichten? Ich weiß es einfach nicht. Was würde ich tun, wenn es sie gäbe? Ich würde sie lieben, Wendy. Ich würde ihnen alle Liebe und alles Mitgefühl schicken, das ich aufbringen kann. Wenn ich das Gefühl hätte oder dächte, dass so eine Seele in meinem Leben oder im Leben einer anderen Person gegenwärtig ist, würde ich ihr gebieten, zu verschwinden – so wie ich auch über alle anderen Ergebnisse und Resultate in meinem Leben »gebiete«. Das heißt, ich wähle sie, ich richte meine Absicht auf sie. Und vor allem würde ich dieser gepeinigten Seele zeigen, dass ich keine Angst habe. Das tust du, glaube ich, wenn du sie im Namen des Allmächtigen in ihre Schranken weist, wie du schreibst. Das Einzige, was ich anders machen würde, ist, dass ich sie im Namen Gottes lieben würde. Liebe funktioniert besser als Zurechtweisung.

Gibt es so etwas wie »Dämonen«, die von Pfarrern und Priestern »ausgetrieben« werden? Ich glaube es nicht, glaube aber, dass manche Menschen es glauben können und so eine Realität erschaffen, die stark danach aussieht und sich so anfühlt, als seien sie »besessen«. Wir können von jedem und allem überzeugt sein, Wendy, und es damit zu unserer Realität machen. Der Film *Hinter dem Horizont* gründet sich auf diese Erkenntnis und beschreibt dies wunderbar. Er zeigt auch, was passiert, wenn wir unsere Meinung darüber einfach ändern.

Es tut mir Leid, dass das hier keine vollständigere oder direktere Antwort auf deine Fragen ist. Aber hier ist noch ein Gedanke: Warum fragst du nicht selbst Gott und schaust, was für Weisheiten dir zukommen? Lass mich wissen, was es gebracht hat. Es interessiert mich.

Gibt es das Böse in der Welt?

Lieber Neale: In deinem Buch steht, dass es so etwas wie »richtig« oder »falsch« nicht gibt. Wie steht es mit »gut« und »böse«? Gibt es echtes Böses in der Welt? RJL, Escondido, CA.

Ja, das gibt es, RJL, und wir müssen dafür dankbar sein. Das Böse ist das größte Geschenk, das Gott uns je uns selbst machen ließ. Lies GMG noch einmal sehr genau, und du wirst begreifen, warum. Für den Moment aber ein sanfter und liebevoller Gedanke: Bekämpfe das Böse nicht mit Bösem und verdamme es auch nicht. Segne es vielmehr und sieh es als das an, was es ist: die größte Chance – ja, die einzige Gelegenheit –, die wir in diesem Leben haben, Wer Wir Wirklich Sind zu sein und zu erfahren.

Ich möchte nicht irgendeine bestimmte Person, einen Ort oder ein Ding verdammen, sondern sie nur zur Kenntnis nehmen. Und in diesem Wahrnehmen möchte ich erkennen, ob es das ist, Wer Ich Bin. Das ist alles, was ich je tue. Wenn ich meine Wahl, Wer Ich Bin, in Bezug auf das, was ich erlebe, getroffen habe, verkünde und bringe ich dies ganz einfach und gelassen in mir, als ich und durch mich zum Ausdruck.

Manchmal gefällt mir meine Wahl nicht, dann entscheide ich mich das nächste Mal anders. Manchmal gefällt mir meine Wahl, und das sind dann oft Entscheidungen, die ich wiederhole. Aber ich verdamme nie die Erfahrung, Begegnung oder Energie, die mir die Gelegenheit gaben, zu sein und zu entscheiden, Wer Ich Wirklich Bin. Denn ich weiß, dass ich in der Abwesenheit dessen, Was Ich Nicht Bin, nicht sein kann, Was Ich Bin. Das heißt, in der Abwesenheit des Bösen (was ich nicht bin) kann ich nicht gut sein (was ich bin). In der Abwesenheit von dünn (was ich nicht bin) kann ich nicht dick sein (was ich bin). In der Abwesenheit von diesem kann ich nicht jenes sein! Denn wir leben in einer Welt des Relativen, in der alle Dinge Werkzeuge für die göttliche Erfahrung sind, zu erschaffen und zum Ausdruck zu bringen, was wir unserer Wahl nach jetzt sein wollen. Das ist Gott »gottend«!

Also ja, RJL, es gibt Böses in der Welt. Ganz klar. Absolut. Und danke Gott dafür. Denn ohne es wären wir nichts. Ohne Krankheit kein Arzt. Ohne Streit kein Anwalt. Ohne tropfende Rohre kein Klempner. Es gäbe weder dich noch mich. Denn siehst du, wir sind alle heilige Partner. Und deshalb dürfen wir einander nie verurteilen und verdammen. Denn wir wissen nicht, welchen Weg zu gehen sich die geheiligte Seele entschlossen oder welche Aufgabe sie sich dieses Mal gestellt hat. Ist sie gekommen, um unser Verbündeter zu sein oder unser Feind? Unser Helfer oder unser Verfolger? Wenn wir die beiden als eins sehen, dann haben wir das Trugbild durchschaut, dann haben wir das Geheimnis aufgedeckt, dann haben wir den Sinn und Prozess und die Funktion allen Lebens für uns enthüllt. Und dann werden wir jede Person und jeden Ort und jedes Ding im Leben segnen und rühmen.

Gespräche mit Gott rückt das ganz einfach mit der einfachen und erstaunlichen Aussage in die richtige Perspektive: Hitler ging in den Himmel ein.

Wird die Dualität ein Ende haben?

Lieber Neale: GMG sagt, auf der physischen Ebene ist alles relativ; wir können nur dann Liebe erfahren, wenn wir Angst erfahren haben, nur dann das Gute erfahren, wenn wir auch das Böse erfahren haben, nur dann das Leben erfahren, wenn wir auch den Tod erfahren haben, usw. Aber es sagt auch, dass es im Reich des Absoluten keine Gegensätze gibt, dass hier nur die Liebe Wirklichkeit ist. Wird also die Dualität ein Ende haben, wenn Gott durch uns das Wissen vom Absoluten zur vollständigen Erfahrung gebracht hat und wir einfach Gott sind? Werden wir einfach Liebe, Leben und Licht in Vollkommenheit sein? Und werden Angst, Tod und Finsternis keine Existenz besitzen? Ist das mit der Aussage vieler metaphysischer Lehren gemeint: Das Böse gibt es nicht?
GMG inspiriert mich in vielerlei Hinsicht. Danke, Neale. Und danke auch dir, Gott/Göttin! Mit besten Wünschen, Jeff, per E-Mail.

Lieber Jeff: Nun, ja und nein. Aber das musst du wissen: Sobald wir dieses Stadium erreichen, fangen wir das Ganze wieder von vorne an. Das heißt, der Kreislauf geht weiter. Das muss er, verstehst du, damit Gott sich in seiner Großartigkeit erfahrungsgemäß kennen lernen und erleben kann. Die Illusion der Dualität existiert nur im physischen Reich. Die physische Welt ist Dualität. Sie könnte ohne die Dualität nicht so existieren, wie du sie nun erlebst. Und der Sinn und Zweck der Dualität besteht darin, einen Kontext zu liefern, in dem du die Einheit aller Dinge erfahren kannst. Denn in der Einheit kannst du die Einheit nicht als Einheit erfahren, weil du nichts anderes kennst.

GMG lehrt, dass das Universum des Relativen erschaffen wurde, damit Gott sein Gottselbst in Gottes eigener Größe kennen lernen kann. Was ich nun weiß, ist, dass wir alle – all die individuellen Ausdrucksformen von Gott, die wir sind – unseren »Tag in der Sonne« erleben werden. Wir alle werden eines Tages die Einheit oder die göttliche Ganzheit als Wer Wir Sind erleben ... auch wenn jeder und jede von uns es auch schon in der »Vergangenheit« erlebt hat. Das ist Bestandteil des Kreislaufs des Lebens, bei dem jeder Teil von Das Was Gott Ist zur Gottheit zurückkehrt, um sich selbst zu erkennen, um im Einssein mit aller Schöpfung er selbst zu sein. Das ist eine göttliche Auffüllung. Doch bald wird es unser eigener Wunsch sein, wieder einmal zu einer Erfahrung des Relativen zurückzukehren, bei der wir uns gegenüber der größeren und umfassenderen Wirklichkeit Gottes als relativ erkennen und beobachten können, statt in dieser Wirklichkeit total versunken zu sein. Wir werden uns diese Begegnung wünschen und sie anstreben, damit wir die Großartigkeit und Herrlichkeit Gottes, das heißt unser göttliches Selbst in seiner Großartigkeit und Herrlichkeit wahrnehmen, feiern und erleben können. Denn auch die Großartigkeit und Herrlichkeit können nicht erfahren werden, wenn es nichts anderes gibt.

Es ist richtig, Jeff, wenn du sagst, dass es das Böse in der letzten Wirklichkeit nicht gibt. Und in unserer irdischen Realität braucht es das Böse auch nicht zu geben. Wie in GMG Band 3 erklärt wird, ist das gesamte Universum der Kontext, innerhalb dessen das existiert, was wir positive und negative Aspekte nennen. Somit ist der Gegensatz sichergestellt, gleich ob er nun hier existiert oder nicht.

Deshalb richte und verdamme nicht, sei einfach Wer Du Wirklich Bist in Bezug zu dem, was das Leben in deinen Raum gestellt hat. Denn alle Dinge – alle Dinge! – kommen deinem höchsten Wohl zugute (das heißt deiner höchsten Selbst-Erfahrung). Es wird nichts in dein Leben gestellt, das nicht als ein

Werkzeug beim Erbauen und Erschaffen deiner eigenen großartigsten Erfahrung dienen kann. Jeder Augenblick ist ein Geschenk von Gott, jede Begegnung soll als Schatz betrachtet, jeder Mensch für die Rolle geachtet und geehrt werden, die er im göttlichen Plan spielt. Denn wie Gott in GMG Band 2 zu mir sagte: »Ich habe euch nur Engel gesandt.«

Wie kann Vergewaltigung denn »richtig« sein?

Neale: Danke dafür, dass du den Mut hattest, das zu tun, was du getan hast. Als ich dein erstes Buch las, war ich selig, dass ich Gott gefunden hatte. Nicht nur Gott, sondern den Gott, den ich schon immer gekannt und geliebt hatte. Ich war so weit gegangen, mir verschiedene Religionen anzusehen und alles über sie zu lesen, nur um eine zu finden, die mir passt. Ich habe lange nach Ihm/Ihr gesucht. Ich glaubte definitiv an Gott und habe auch lange Zeit um eines dieser »absoluten, unbedingten, ganz sicheren, kein Zweifel möglich, dies ist eine Antwort oder ein Zeichen von Gott«-Dinger gebeten. Nun, ich habe es bekommen. Wie sich herausstellt, habe ich es schon die ganze Zeit »bekommen«.
Ein paar Freunde und ich führten ein Gespräch über meine persönlichen Glaubensvorstellungen. Nach einer Weile kamen wir auch auf dieses ganze Thema von »was richtig und was falsch ist« zu sprechen. Eine der Fragen, die gestellt wurde, war: »Wie kann für irgendjemanden zum Beispiel so etwas wie Vergewaltigung richtig sein?« Und obwohl ich wirklich glaube, dass in allem Vollkommenheit liegt und alles einen Sinn und Zweck hat, hatte ich keine direkte Antwort darauf. Könntest du sie formulieren? Oder soll ich die Sache auf sich beruhen lassen und meine Freunde die Antwort selbst herausfinden lassen? Ryan, Ft. Worth, TX.

Lieber Ryan: Gesellschaften haben sich selbst gegenüber die Pflicht, ihre Vorstellungen von richtig und falsch bekannt zu machen. Diese Erklärungen dienen der Selbstdefinition einer Gesellschaft – und der Einzelpersonen, die ihr angehören. Die Botschaft in GMG besagt nicht, dass wir nicht mehr definieren sollten, was hier und jetzt für uns richtig und falsch ist. Sie meint, dass wir vom Standpunkt reiner Objektivität aus gesehen begreifen sollten, dass es so etwas wie »richtig« und »falsch« nicht gibt. Es gibt nur das, was geschehen ist und was nicht geschehen ist. Es gibt nur das, was ist und was nicht ist. »Nichts ist böse, es sei denn, das Denken macht es dazu«, schrieb Shakespeare. Mit anderen Worten, wenn wir nicht denken, dass etwas böse ist, dann ist es auch nicht böse.

Es ist noch nicht so sehr viele Jahre her, dass Frauen in unserem Land wegen etwas, das wir »Hexerei« nannten, am Galgen gehängt wurden. Die Leute in Salem, Massachusetts – die übrigens unsere Vorfahren und keine Barbaren an irgendeinem gottverlassenen Ort waren – waren sich ganz sicher, dass ihr Tun »richtig« und das, was diese Frauen getan hatten, »falsch« war. Sie töteten sie im Namen Gottes. Wenn sie heute so etwas täten, würden man das Vorgehen dieser Bibel schwingenden, Bibelworte brüllenden Mörder als »falsch« bezeichnen.

Selbst heute scheinen wir uns nicht alle darauf einigen zu können, was wir absolut richtig und falsch finden. Wenn eine Frau morgen Abend in Peoria, Illinois, auf die Straße ginge und männlichen Kunden bestimmte Dienste gegen Bargeld anbieten würde, würde sie sehr wahrscheinlich verhaftet werden. Wenn dieselbe Frau denselben Männern dieselben Dienste zum selben Preis in bestimmten anderen Städten dieses Landes anbieten würde, würde man sagen, sie trägt zum Steueraufkommen bei. Was eine nachdenkliche Person zur Frage veranlassen muss, was denn nun falsch ist – die Prostitution oder die geographische Gegebenheit?

Kommen wir nun auf das zu sprechen, was manche als härtere Fälle bezeichnen würden, auf deine Frage nach der Vergewaltigung. Oder vielleicht sollten wir noch weiter gehen und über Mord sprechen. Weißt du, dass es in den letzten hundert Jahren bei bestimmten christlichen Konfessionen tatsächlich theologische Debatten darüber gegeben hat, was als »Vergewaltigung« anzusehen ist und was unter »eheliche Pflichten« einer Frau fällt? In den letzten Jahren wurde nicht nur ein Mann in diesem Land verhaftet und vor Gericht gebracht, weil seine Frau ihn beschuldigte, genau das getan zu haben, was Ehemänner noch vor fünfundzwanzig Jahren ungestraft tun konnten. Und Mord. Kannst du dir eine Situation vorstellen, in der auch ein Mord gerechtfertigt sein könnte? Natürlich kannst du das.

Du siehst, in diesen Dingen gibt es nichts Absolutes. Die Moral eines Volkes ist immer das Produkt seiner Zeit und Umwelt. Nicht nur manchmal. Nicht nur ab und zu. Immer.

GMG will mit seinen Belehrungen zum Thema »Richtig und Falsch« nicht sagen, dass wir alle unsere gegenwärtigen Definitionen abschaffen sollten, sondern dass wir verstehen sollen, dass wir das alles erfinden. Und dass es uns wahrscheinlich nicht dienlich wäre, wenn wir unsere Positionen allzu selbstgerecht behaupten.

Fragen eines nachdenklichen Teenagers

Lieber Neale Walsch: Ich bin sechzehn und erlebe die Verwirrung und mache Entdeckungen, die dieses Alter mit sich bringt, und Ihr Buch hilft mir durch die Grauzonen. Band 1 von *Gespräche mit Gott* hat mich nicht nur erhellt und mir geholfen, mir viele Dinge zu erklären, es hat auch ein paar Entdeckungen, die ich selbst machte, bestätigt. Meine Haut, meine Gedanken und mein Wesen haben nie gut in die Beschränktheit der Kirche mit ihren starren Definitionen von Sünde, Hölle, Himmel und Gebet gepasst. Jetzt fühle ich mich mit meiner Weltanschauung nicht mehr so allein. Ich danke Ihnen dafür, dass Sie andere an Ihrem zuweilen sehr persönlichen Gespräch teilhaben lassen. Viele in meinem Alter haben Ihre Worte entdeckt, und es hat ihnen geradezu den Atem verschlagen.

Wie passen Opfer von so etwas wie Vergewaltigung und Inzest in die selbst gewählte Realität? Ich persönlich sehe die Liebe als ein sehr tiefes Gefühl an, als etwas, das mit all diesen Bereichen menschlicher Existenz verwoben ist. Liebe umfasst mehr als nur die zum anderen Geschlecht, zu denen, die ganz anders sind. Ich würde gerne Ihre – oder Gottes – Gedanken dazu hören. Mögen Sie Liebe und Frieden in Ihrem Leben erfahren. Sara, CO.

Liebe Sara: Es freut mich, dass überall junge Leute auf die eindrucksvolle und wunderbare Botschaft von GMG »aufmerksam geworden« sind, und ich bin glücklich darüber, dass du zu ihnen gehörst. Lass mich auf deine erste Frage eingehen: Wie passen Opfer von so etwas wie Vergewaltigung und Inzest in die selbst gewählte Realität? Du stellst eine sehr komplexe Frage, wie es die Jugend immer tut. Die Jugend stellt die schwierigsten Fragen. Wenn wir älter werden, lernen wir (zu unserem Nachteil), nicht mehr zu fragen.

Sara, es gibt keine Opfer, und es gibt keine Bösewichte. Ich weiß, das ist nicht leicht zu akzeptieren und noch weniger leicht zu verstehen, und doch ist es wahr. Es mag dir helfen, wenn du die Parabel »Die kleine Seele und die Sonne« in GMG Band 1 noch einmal liest. In GMG Band 3 findet sich eine sehr viel umfangreichere Erklärung, warum »guten Menschen Böses widerfährt«, wie Rabbi Kushner es ausdrückt. Für den Moment aber lass mich dir einfach sagen, dass alle Dinge mit Absicht geschehen; es gibt keine Zufälle, keine versehentlichen Ereignisse. Das, was man »Schicksal« nennt, geht aus unserer kollektiven Gedankenwelt hervor. Mit anderen Worten: Wir erschaffen die Realität mit, an der wir teilhaben, und das verschlungene Gewebe unseres für alle Beteiligten produzierten Plans ist unbeschreiblich herrlich und großartig.

Das bedeutet nun nicht, dass Menschen nicht leiden. Diese

Aussage würde all jene beleidigen, die gelitten haben und dieses Leid mutig durchlebten. Was ich sagen will, ist, dass auch das Leiden einen Sinn und Zweck hat. Und es ist ein Leiden, in das die mit dem leidenden Körper verbundene Seele einwilligt, denn sonst hätte diese Erfahrung nicht erschaffen worden sein können.

Diese Einwilligung oder Vereinbarung auf der Seelenebene ist nicht etwas, dessen sich der Geist immer bewusst ist. (In Wahrheit ist es äußerst selten so.) Doch das macht diese Aussage um nichts weniger wahr. Unser Geist ist sich sehr vieler Dinge nicht bewusst. Der meisten nicht. Tatsächlich ist ja das Vergessen Teil des Plans. Denn du kannst dich nicht wieder aufs Neue als Wer Du Wirklich Bist erschaffen, wenn du schon weißt, Wer Du Wirklich Bist. So hast du dich zum Vergessen gebracht, damit du dich wieder neu erkennen, neu kennen lernen kannst. Manche Menschen nennen das wieder geboren werden. Es ist dasselbe Konzept. Es geht darum, dass du dem, was du bereits bist, neuerlich zur Geburt verhilfst. Oder, wie es GMG stets formuliert, dass du »dich selbst wieder aufs Neue erschaffst«.

Wir sind in unseren schwierigsten Situationen dazu aufgerufen und haben in ihnen die Gelegenheit, jene, die sich unsere Feinde nennen, zu segnen, zu segnen, zu segnen. Es ist sehr schwer, diese Grundgedanken einer Person zu erläutern, die gerade vergewaltigt oder gefoltert oder verletzt oder auf irgendeine andere Weise beschädigt worden ist. Doch kann man sich in solchen schwierigen Zeiten das Beispiel vor Augen halten, das uns von einem der größten Lehrer gegeben wurde. Einer von ihnen wurde, wie du dich erinnern wirst, an ein Kreuz genagelt, um dort zu sterben. Und die Worte, die er über jene sagte, die ihn kreuzigten, klingen uns bis auf den heutigen Tag in den Ohren und singen in unseren Seelen.

Warum gibt es so viel Schmerz?

Lieber Neale: In deinem Buch gibt es eine Menge Dinge, die ich nicht verstehe, obwohl ich es inzwischen schon zweimal gelesen habe. Es sieht so aus, als sagtest du, dass manche Menschen sich dazu entscheiden, das zu tun, was böse zu sein scheint, dass sie sich dazu entscheiden, anderen ein Leid anzutun. Sie glauben, das, was sie dadurch gewinnen — Geld, Macht, was immer — wird sie glücklich machen. Sie haben diese Werte von anderen übernommen und sich angeeignet, statt sich daran zu erinnern, wer sie wirklich sind, nämlich Manifestationen Gottes. Und wenn ich dein Buch richtig verstehe, haben ihre Opfer irgendwie die Wahl getroffen, ein Opfer zu sein. Sie bringen sich zum entsprechenden Zeitpunkt am entsprechenden Ort in die Situation, in der ihnen ein Leid angetan werden kann.

Das machte einen Sinn, wenn man an Karma glaubt. Dann wären es die Auswirkung von Handlungen und Verhaltensweisen in früheren Leben. Dann könnte man den Tod von Kindern verstehen. Irgendwie haben sie sich ein solches Schicksal verdient. Aber wenn man nicht an Karma glaubt, erscheint das alles ungerecht, vor allem im Fall von Kindern. Dann sieht es so aus, als ob sie, wenn ihnen jemand ein Leid antut oder sie tötet, bevor sie die Zeit hatten, sich zu er-innern, wer sie wirklich sind, mit dem Leben wieder ganz von vorne anfangen müssen, mit all dem Schmerz, der damit verbunden ist, bis sie sich er-innern, wer sie wirklich sind. Ich habe Kinder erlebt, die so überwältigenden physischen und emotionalen Schmerz erlitten, dass sie psychotisch wurden.

Warum möchte Gott uns, wenn er uns wirklich liebt, Schmerz erleben lassen, wenn wir ihn gar nicht verdienen? Ich kann Schmerz verstehen, wenn er uns vor einer Gefahr warnt, so zum Beispiel, wenn man einen heißen Herd anfasst. Aber der Schmerz, den man erleidet, weil andere Menschen diese üble Entscheidung getroffen haben (ja, damit fälle ich ein Urteil, aber ich stehe dazu), ist etwas anderes. Mir scheint, GMG sagt, wir sollen, auch wenn wir auf diese Art großen Schmerz erleiden, Gedanken hervorbringen, die »in Liebe wurzeln«, um auf der physischen Ebene eine anders geartete Manifestation zu erzeugen.

Oder ist es Gott egal, was wir erleben oder was er durch uns erlebt? Es hört sich so an, als sagte er, dass der Sinn des Lebens im Erfahren von Dingen liege. Lerne nicht daraus, mach einfach die Erfahrung. Und irgendwie wird sich dann alles in Liebe verwandeln.

Es tut mir Leid, dass ich hier bitter werde. Ich habe zu viel Leid und Schmerz gesehen, um dies so unbekümmert durch irgendeine Denkweise wegwischen zu können. Ich würde wirklich gerne glauben, allein das Er-innern, dass ich Gott bin, würde mich in Verzückung geraten lassen und schließlich die Welt verwandeln. Ja, das möchte ich gerne glauben, aber es klingt zu gut, um wahr zu sein.

Ich hoffe, von dir zu hören, Neale. Ich hoffe, es macht dir nichts aus, dass ich in deinen Ballon gepiekst habe. Zoe, per E-Mail.

Liebe Zoe: Deine Fragen sind wichtig, und nein, natürlich macht es mir nichts aus, wenn du »in meinen Ballon piekst«. Lass mich auf ein paar deiner Fragen im Einzelnen eingehen. Du hast gefragt: »Warum möchte Gott uns, wenn er uns wirklich liebt, Schmerz erleben lassen, wenn wir ihn gar nicht verdienen?«

Um es gleich zu sagen, Gott »möchte« uns nicht Schmerz erleben lassen. Gott »möchte« gar nichts. Gott erlebt GottSelbst durch uns und lernt GottSelbst auf diese Weise aufs Neue kennen. Gott geht nicht von einem »Mangel« oder einem »Bedürfnis« aus, das ihn etwas »möchten« lässt, sondern er kommt vom Totalen »Haben« her. Von daher ist es nicht richtig zu sagen, dass Gott uns (in Ermangelung bestimmter Erfahrungen) Schmerz erfahren lassen »möchte«. Außerdem wären wir in diesem Fall gezwungen, an einen Gott zu glauben, der überhaupt keinen Sinn ergibt. (Das ist übrigens der Gott, an den uns die meisten institutionalisierten Religionen glauben lassen wollen.)

Wir können also davon ausgehen, dass Gott uns nicht schmerzliche Erfahrungen machen lassen »möchte«, so wenig wie er/sie »möchte«, dass wir sie meiden. Gott hat in dieser Sache keine Vorlieben. Gott geht, wenn du so willst, so vor, dass er uns alles erschaffen lässt, was wir wählen. Und alles, was zu uns kommt – alles – haben wir gewählt.

Ich weiß, dass es manchen von uns schwer fällt, das zu glauben. Uns fällt es leichter zu glauben, Gott würde uns all diese schrecklichen Erfahrungen zukommen lassen. Da wir nicht glauben können, dass wir uns das selbst antun, fanden wir es leichter, den Gedanken zu akzeptieren, dass Gott uns das antut. Doch mir wurde von Gott versichert, dass es genau anders herum ist. Wir bringen selbst jeden Gedanken, jedes Wort, jede Erfahrung über uns hervor. Was nun die Frage angeht, warum ...

Die menschliche Seele ist ewig. Sie befindet sich auf einer Reise endlicher Freude, sie feiert jeden existierenden Aspekt des Lebens und lässt sich zur Kenntnis nehmen und erschaffen, erleben und erfüllen, Wer Sie Wirklich Ist. In GMG Band 1 wird ziemlich klar erklärt, warum »guten Menschen Böses widerfährt«: Damit sich die Seele als ein bestimmtes Ding erkennen und erleben kann, muss das genaue Gegenteil dieses Dings in den Raum kommen. Deshalb wird in dem Augenblick, in dem du in Bezug auf dich selbst irgendetwas entscheidest – irgendetwas – das genaue Gegenteil in dein Leben treten. Denn in dieser relativen Existenz, die wir erleben, kann heiß nicht ohne kalt, groß nicht ohne klein und kannst du nicht ohne das, was du nicht bist, sein. Ich gebe dir hier eine sehr kurze, rasche Antwort auf eine sehr große Frage. Lies GMG ein drittes Mal, wenn nötig, um das hier besser zu verstehen.

Meister und Meisterinnen wissen und verstehen all das, weshalb sie sich im Angesicht von außerordentlichen Schwierigkeiten nie beklagen, sondern vielmehr ihre Verfolger und alle Umstände und Bedingungen, die sie plagen, segnen. Sie wissen und verstehen, dass jede Person, jeder Ort und jedes Ding von ihnen dort platziert wurde, dass sie selbst die richtigen und perfekten Erfahrungen zu sich herangezogen haben, damit sie erkennen und erleben, Wer Sie Wirklich Sind.

Meisterinnen und Meister wissen auch, dass niemand von uns diesen Tanz allein tanzt, dass wir das alles gemeinsam veranstalten, dass alle Seelen ganz und gar begreifen, was da geschieht, dass wir uns, als Partner bei diesem Tanz des Lebens, in unserem gegenwärtigen Vergessen zusammentun, manche von uns die Rolle des »Opfers«, andere die Rolle des »Bösewichts« übernehmen, damit wir das Ziel unserer Seele in diesem Leben erschaffen und erfüllen können. Lies noch einmal die Geschichte »Die kleine Seele und die Sonne« in GMG.

Jesus verstand dies alles, weshalb er auf seine Kreuziger blickte und sagte: »Vater vergib ihnen, denn sie wissen nicht, was sie tun.« Er wusste, dass diese anderen Seelen buchstäblich nicht wussten, was sie taten. Das heißt, sie hatten vergessen, Wer Sie Wirklich Sind. Das hatten sie ganz vorsätzlich getan, damit sie dieses Mal »den Bösewicht spielen« konnten. Und im Augenblick ihrer größten Schurkerei sind sie darauf angewiesen, dass du dich daran erinnerst, Wer Sie Wirklich Sind. Wenn du das tust, heilst du sie von ihrem falschen Denken über sich selbst, jenem Denken, das ihnen überhaupt erlaubte, so zu handeln, damit du die Gelegenheit hast, zu wissen und zu erleben, wer zu sein du wählst.

Niemand – nicht einer – kam je ohne ein Geschenk für dich in seinen Händen zu dir. Diese Realität wird ausführlich in GMG Band 2 beschrieben, wo Gott zu mir sagte: »Ich habe euch nur Engel gesandt.«

Du hast auch geschrieben: »Oder ist es Gott egal, was wir erleben oder was er durch uns erlebt? Es hört sich so an, als sagte er, dass der Sinn des Lebens im Erfahren von Dingen liegt.

Lerne nicht daraus, mach einfach die Erfahrung. Und irgendwie wird sich alles in Liebe verwandeln.«

Nein, Gott kümmert sich nicht darum, was wir erfahren; nicht in dem Sinn, dass sie in diesen Dingen irgendwelche Vorlieben hat. Gott sieht einfach zu, wie wir unser Selbst auf eine bestimmte Weise erleben, und lädt uns ein (gibt uns die Macht dazu), neuerlich zu wählen. Doch Gott sagt nicht, dass »der Sinn des Lebens im Erfahren von Dingen liegt«. Im Buch sagt sie, der Sinn des Lebens bestehe darin, dass wir erschaffen und erfahren, Wer Wir Wirklich Sind, und dass wir dies mit jedem Gedanken, jedem Wort und jeder Tat jeden Augenblick eines jeden Tages entscheiden und wählen.

Gott rät uns auch, nicht über die Erfahrungen von anderen zu urteilen, auch nicht über die Erfahrungen ganz kleiner Kinder, die anscheinend ungeheuerlich leiden müssen oder mit einer körperlichen oder geistigen Herausforderung geboren wurden oder was auch immer. Es ist nur natürlich, dass wir angesichts dieser scheinbaren Ungerechtigkeiten Trauer oder Wut empfinden, alle möglichen Emotionen durchleben, sogar auch bitter werden und die Faust gegen den Himmel recken. Doch Gott sagt, wir sollen nicht richten, weil wir nicht wissen, auf welche Reise sich die Seele eines anderen begeben hat. Und er sagt auch, wir sollen im Augenblick der größten Finsternis unsere Stimme nicht erheben, um zu verdammen und zu verfluchen, sondern ein Licht in der Dunkelheit sein.

Du hast auch geschrieben, Zoe: »Ich habe zu viel Leid und Schmerz gesehen, um dies so unbekümmert wegwischen zu können. Ich würde wirklich gerne glauben, allein das Er-innern, dass ich Gott bin, würde mich in Verzückung geraten lassen und schließlich die Welt verwandeln. Ja, das möchte ich gerne glauben, aber es klingt zu gut, um wahr zu sein.«

Ich bitte dich sehr, GMG Band 1 noch ein drittes Mal zu lesen, denn dir scheint eine ganze Menge entgangen zu sein. Auf Seite 78 habe ich Gott ebenfalls vorgeworfen, »goldene Berge oder das Blaue vom Himmel« zu versprechen. Und Gott antwortete: »Was für eine andere Art von Versprechen soll Gott denn deinem Wunsch nach machen? Würdest du mir glauben, wenn ich dir weniger verspräche? Tausende von Jahren haben die Leute den Versprechen Gottes nicht geglaubt – und zwar aus dem außergewöhnlichsten Grund: Sie waren zu gut, um wahr zu sein.« So lang meine Antwort auf deinen Brief auch ausgefallen ist, sie ist doch noch immer sehr oberflächlich. Ich lade dich dazu ein, an einem unserer Workshops oder Retreats teilzunehmen. Ich bin ganz sicher, dass du nach einem Workshop verstehen würdest. Es sei denn, du tust es nicht.

Rache und Gerechtigkeit: Ist da ein Unterschied?

Sehr geehrter Mr. Walsch: Ich bin mit dem Lesen von GMG Band 1 fast fertig und bin mir sicher, dass ich es immer und immer wieder lesen muss, um alles völlig zu verstehen – wenn mir das überhaupt je gelingen sollte. Was ist der Unterschied zwischen dem Wunsch nach Rache und dem Warten auf Gerechtigkeit? Ich danke Ihnen. Veda R., Pharr, TX.

Liebe Veda: Gott trachtet nie nach Rache, weil Gott nicht beschädigt werden kann. Gerechtigkeit ist ein interessantes Wort, das uns die Rache »rechtfertigen« lässt. Gerechtigkeit ist unser menschliches System, um jemandem etwas heimzuzahlen, um mit jemandem abzurechnen oder um uns vor unserer nächsten eingebildeten Kränkung oder Verletzung zu schützen. Alle Verletzung ist eingebildet (wie eigentlich alles im physischen Leben). Wenn wir uns einbilden, verletzt worden zu sein, dann bilden wir uns auch oft ein, dass wir den Schaden »beheben« müssen, indem wir jemanden dafür »zahlen lassen«. Oder wir beschließen zumindest, dass wir uns vor weiteren »Verletzungen« schützen müssen. In diesem Denksystem wurzelt das, was wir »Gerechtigkeit« nennen. Es ist insofern ein wahnsinniges Denksystem, als es sich auf eine Wahrheit beruft, die gar keine Wahrheit ist, sondern eine Lüge: Es stützt sich auf die Vorstellung, dass wir tatsächlich verletzt oder beschädigt werden können.

Eine der großen Lehren der Erfahrung Jesu war die, dass nicht einmal der Tod uns etwas anhaben kann; wir sind alle Kinder Gottes. Eine Lehre, die abgesehen von ein paar Meistern und Meisterinnen, die sich gegenwärtig auf unserem Planeten befinden, allen entgangen ist. Jene Menschen, die weiterhin an ein Paradigma glauben, dem zufolge wir keine machtvollen, unsterblichen Wesen sind, sollten einmal bedenken, dass das Universum sein eigenes System hat, um in allen Dingen ein Gleichgewicht herzustellen. Dieses System nennt man Ursache und Wirkung oder natürliches Resultat. Jeder Gedanke, jedes Wort oder jede Handlung hat ein natürliches Resultat... und diese natürlichen Resultate oder Konsequenzen sind oft schon »Strafe« genug, wenn Bestrafung das ist, was die »Gerechtigkeit« verlangt.

Kein Mensch, der in Gott sein Sein hat – das heißt, der in der Göttlichkeit lebt und wandelt – hat auch nur das geringste Bedürfnis nach dem, was wir »Gerechtigkeit« nennen würden. Gerechtigkeit meint im Wesentlichen sich zu wünschen, dass einem anderen etwas »Schlechtes« widerfährt, weil uns etwas »Schlechtes« widerfahren ist. Gott weiß, dass Gott nichts »Schlechtes« widerfahren kann, und deshalb hat Gott auch nicht das Bedürfnis, dass einem anderen jemals etwas »Schlechtes« widerfährt! Es ist im Grunde alles ganz einfach! Und, wie ich zugebe, ziemlich »abgehoben«. Doch diese Ebene des Denkens und Erlebens ist es, zu der uns Gott beständig einlädt.

Wie handelt man gegenüber
dem Unrecht richtig?

Sehr geehrter Mr. Walsch: Ich kann den Gedanken, dass wir alle eins sind — dass ich Hitler bin — und auch, dass wir uns nicht selbst richten, sondern uns einfach dazu entschließen sollen, unser Verhalten zu ändern, gerade noch schwach begreifen. Aber ich kann nicht damit zurechtkommen, dass wir voller Dankbarkeit Grausamkeiten, wie zum Beispiel den sexuellen Missbrauch von Kindern oder Serienmorde, »akzeptieren« und »beobachten« sollen. Ich kann Charles Manson oder Jeffrey Dahmer nicht umarmen.

Mein ganzes Wesen schreit nach Gerechtigkeit — nicht nach Vergeltung, aber nach einem Beschützen der Unschuldigen. Sie schreiben, dass wir nicht wissen können, welchen Sinn ihr Leiden für eine Person hat. Aber ich bin mir sicher, dass der Mörder eines kleinen Kindes von der Gesellschaft gestoppt werden sollte. Die Aussichten auf Resozialisierung sind realistisch gesehen fast null. Nur das Einsperren kann den Kindesmörder stoppen und den Rest von uns (die wir eins mit ihm sind!) vor ihm schützen.

Ich habe von der »mexikanischen Mafia« gehört, einer Gruppe in den mexikanischen Gefängnissen, die entsetzlich mächtig ist, selbst vom Gefängnis aus. Zeugt es wirklich von spiritueller Weisheit, sie zu beobachten und nichts zu tun? Wenn man das Wort »richtig« in dem Sinn gebraucht, in dem Sie es benutzen, wie sieht dann, im gegenwärtigen Stadium unseres spirituellen Verständnisses, der »richtige« Umgang der Gesellschaft mit den Charles Mansons und Jeffrey Dahmers aus? Führt denn die mexikanische Mafia nicht Krieg gegen die Gesellschaft?

Ich habe im Gebot der Bibel, »geh hin und sündige nicht mehr«, was selten funktioniert, nie eine Antwort auf diese Frage gefunden. Meinem Gefühl nach hat jeder von uns eine moralische Verpflichtung, auf die eine oder andere Weise seine Stimme für gesellschaftliches Handeln abzugeben, oder habe ich da das Boot irgendwie verpasst?

Möge Gott Sie weiterhin segnen, und uns alle durch Sie. Mit freundlichen Grüßen, Martha, Leesburg, FL.

Liebe Martha: Ich danke Ihnen für Ihren Segen. Sie werfen ein paar interessante Fragen auf. Lassen Sie uns darüber einen Dialog führen. Ich zitiere ein paar Aussagen in Ihrem Brief und antworte darauf so, als führten wir ein Gespräch. Sie sagen: »Ich kann nicht damit zurechtkommen, dass wir voller Dankbarkeit Grausamkeiten, wie zum Beispiel den sexuellen Missbrauch von Kindern oder Serienmorde, ›akzeptieren‹ und ›beobachten‹ sollen.« Niemand verlangt das von Ihnen. GMG Band 1 (Kapitel 8, Seiten 202 bis 207) bietet ein paar sehr hilfreiche Erkenntnisse zu diesem Thema an. Ich lade Sie dazu ein, diese Passagen noch einmal zu lesen. Unter anderem steht dort, dass »selbst der, der missbraucht, ebenfalls missbraucht wird, wenn ihm gestattet wird, diesen Missbrauch fortzusetzen«. Vielleicht wollen Sie sich auch noch einmal die Seiten 230 bis 235 in Kapitel 9 ansehen.

»Ich kann Charles Manson oder Jeffrey Dahmer nicht umarmen.« Ich verweise Sie nun auf die Seite 136 ganz oben. Ich werde diese Sätze hier nicht zitieren. Aber schauen Sie nach. Nehmen Sie die Worte in sich auf. Integrieren Sie sie in Ihr Denksystem.

Sie sagen: »Ich bin mir sicher, dass der Mörder eines kleinen Kindes von der Gesellschaft gestoppt werden sollte.« Dann tun Sie es. Stoppen Sie ihn. Lesen Sie noch einmal die Seiten 203/204. Verzeihen Sie mir, aber wenn Sie immer noch diese Frage haben, dann haben Sie den Text nicht sehr sorgfältig gelesen.

Sie sagen: »Meinem Gefühl nach hat jeder von uns eine moralische Verpflichtung, auf die eine oder andere Weise seine Stimme für gesellschaftliches Handeln abzugeben, oder habe ich da das Boot irgendwie verpasst?« Nein, Martha, Sie haben das Boot nicht verpasst. Sie bauen das »Boot«. Sie erbauen das Schiff, auf dem Sie die Meere des Lebens befahren werden. Sie erschaffen Ihre Realität und bestimmen durch diese Gedanken und Entscheidungen, Wer Sie Sind. Doch lesen Sie ein weiteres Mal die Textpassage auf Seite 230 in Band 1, denn sie zielt direkt auf den Kern Ihrer Frage. Wie geht man »richtig« mit dem Unrecht um? Ist die Todesstrafe uns dienlich? Ist sie »korrekt«? Wie steht es mit lebenslänglicher Haft? Lesen Sie das Buch noch einmal, Martha. Achten Sie besonders auf diese Schlüsselpassagen. Schicken Sie mir dann die Antworten auf Ihre Fragen!

Wo passt die Vergebung hinein?

Lieber Neale Donald Walsch: Ich habe so viele Fragen in Bezug auf GMG, aber ich denke, ich werde dieses Mal nur eine stellen. Ich kann mich nicht entsinnen, irgendetwas über Vergebung gelesen zu haben. Hat Gott in den Gesprächen das Vergeben erwähnt, denn im Christentum ist es doch ein so großes Thema? Auch ist die Form des Buches der von *Ein Kurs in Wundern* sehr ähnlich, in dem Vergebung fast alles ist. GMG hat mir bisher enorm geholfen, auch wenn es mir in vieler Hinsicht wirklich Angst gemacht hat. Ich bin für alle Ihre Bemühungen dankbar. Tracey, NY.

Liebe Tracey: Es tut mir Leid, dass das Buch dir wirklich Angst gemacht hat. Du bist die erste Person, die mir so etwas sagt. Vielleicht hatten all die anderen auch davor zu viel Angst! Aber ich möchte, dass du weißt, dass ich dir vergebe!

Okay, Spaß beiseite. Hier kommt, was ich über Vergebung weiß. In Gottes Welt ist sie nicht notwendig. Gottes »Vergebung« ist für nichts erforderlich. Vergebung impliziert, dass wir etwas tun könnten, das Gott kränkt, und das ist einfach nicht so. Gott kann nicht gekränkt oder beleidigt werden, weil er in keiner Weise verletzt oder beschädigt werden kann. Man kann Gottes »Gefühle« nicht »verletzen«. Man kann Gottes »Selbstachtung« nicht »zerstören«, und ganz offensichtlich kann man auch nicht Gottes Körper beschädigen. Und wenn es keine Möglichkeit gibt, eine Verletzung oder Schaden zuzufügen, dann gibt es auch nichts zu vergeben. Und warum kann Gott nicht verletzt werden? Ganz einfach. Weil es nichts gibt, das Gott von uns braucht oder möchte. Das ist richtig. Gott will nichts von uns, unsere Anbetung am allerwenigsten, und schon gar nicht, dass wir ihn auf ganz bestimmte Weise anbeten. Anders ausgedrückt, Gottes Liebe zu uns ist bedingungslos. Ganz gleich, was wir tun, Gott bekümmert es nicht, und er verdammt es nicht. Er gibt seinen Segen und verdammt nie.

Bedeutet das, dass wir in unserem Leben niemals das Werkzeug der Vergebung brauchen? Nun, Eric Segal hatte Recht, als er in seinem wundervollen Roman *Love Story* schrieb: »Liebe bedeutet, niemals sagen zu müssen, dass es dir Leid tut.« Doch solange wir nicht diese Ebene von Verstehen und Meisterschaft erlangt haben, kann die Vergebung ein machtvolles Lerninstrument sein. Sie erlaubt uns, unseren Groll »loszulassen« und mit unserem Leben weiterzumachen. Tatsache ist, dass Vergebung eines der machtvollsten Transformationswerkzeuge überhaupt sein kann.

Die Wahrheit über uns ist, dass auch wir nicht verletzt oder beschädigt werden können. Wir wissen es nur einfach nicht. Wir haben uns im »Nicht-Erinnern« verfangen, im Vergessen, Wer Wir Wirklich Sind, und lassen es zu, dass sich die Illusion von Verletzung und Beschädigung sehr real ausnimmt. Erst wenn wir nach unserem so genannten physischen Tod ins Reich des Absoluten zurückkehren, erkennen wir, dass uns niemand je verletzt hat und dass wir alles »erfunden« haben.

Tatsächlich sind wir so gut in diesem Erfinden geworden, dass uns das alles sehr, sehr authentisch vorkommt. Aber das ist es nicht. Und das wird uns im Moment unseres Übergangs von diesem Leben ins nächste vollkommen klar werden. In diesem Augenblick werden wir allen alles vergeben, was sie uns, wie wir uns einbildeten, angetan haben, und im nächsten Augenblick werden wir verstehen, dass sogar unser Vergeben unnötig ist, weil es keine Opfer und keine Bösewichte gibt, nur einen göttlichen Prozess, der immer weitergeht. Mehr zu diesem Thema und seinem Verständnis findet sich in dem Kinderbuch *Ich bin das Licht! Die kleine Seele spricht mit Gott*.

Was nun manchen Leuten daran so Angst macht, ist der Gedanke, wenn es nie einen wirklichen Grund gibt, jemandem zu vergeben, und wenn Gott uns für gar nichts »bestraft« – dann können wir wohl tun, was wir wollen. Und das übersetzt sich im Denken mancher Leute in die Vorstellung vom reinen Chaos, dass jedermann Amok läuft und die Menschen einander die schrecklichsten Dinge antun. Und dies wiederum entspringt dem Grundgedanken, dass der Mensch von Natur aus schlecht ist und sich, wenn er sich selbst überlassen bleibt und nicht durch Drohungen oder Kontrolle in Schach gehalten wird, äußerst armselig aufführt.

Doch genau das Gegenteil hat sich als wahr erwiesen, wie hoch entwickelte Wesen, die einmal in einem dem unseren sehr ähnlichen System von Gesetzen und äußeren Kontrollmechanismen lebten, feststellten, als sie sich von ihrer Angst befreit hatten. Es war eine so starke Angst gewesen, dass auch sie, wie wir, einen Gott der Rache und Vergeltung erfanden, bis sie im Verlauf von vielen Tausenden von Jahren entdeckten, dass ein solcher Gott nicht nötig war. Wir auf diesem Planeten fangen gerade erst an, dies zu lernen.

Aber was ist mit der »Gerechtigkeit für alle«?

Lieber Neale: Bitte hilf! Es fällt mir schwer zu verstehen, warum Gott das Böse ungestraft davonkommen lässt. Ich habe immer geglaubt, dass man irgendwann zurückbekommt, was man anderen antut. Es schien mir die einzige Möglichkeit, mit meinem Leben weiterzumachen, nachdem meine Familie und ich durch das skrupellose und gewissenlose Verhalten anderer und durch regelrechte Grausamkeit uns gegenüber verletzt worden sind. Ich hatte keinen Zweifel, dass sie eines Tages ihren gerechten Lohn erhalten werden. Aber jetzt? Soll ich nun glauben, dass ihre Taten ungestraft bleiben? Wie kann das sein? Was für eine Art von Vater ist das, der seine Kinder nicht maßregeln würde? Wie können Leute, die andere verletzen und ihnen Schaden zufügen, einfach so davonkommen? Ich weiß, dass die Seele nicht stirbt, doch kann sie verletzt werden? Oder können nur der Körper und das Herz und die Gefühle verletzt werden? Es scheint nicht fair zu sein. Ich gehöre zu denen, die glauben, dass das Leben fair sein sollte und ist, denn sonst fragt man sich, warum wir hier sind. Warum sollte uns Gott in eine unfaire Welt setzen? Wie denken Sie über Karma? Gerechtigkeit? Gerechtigkeit für alle? Was kann ich tun? Donna, Milford, CT.

Meine liebe Donna: Ich höre dich sagen, dass du mit deinem Leben nur weitermachen kannst, wenn du weißt, dass die, die dich verletzt haben, es am Ende »heimgezahlt« kriegen. Entschuldige, Donna, aber das ist ganz schön traurig. Ich denke, du solltest deine Vorstellung darüber, wie die Welt funktioniert, worum es im Leben geht und was die wahre Quelle deiner größten Freude ist, noch einmal überdenken. Vergebung, Donna, Vergebung, da liegt die Befreiung und die Freude, nicht in der Rache.

Du fragst, ob du nun glauben sollst, dass die »bösen« Taten anderer »ungestraft« bleiben? Natürlich, Donna. Wer sollte die

Bestrafung vornehmen? Gott? Wen würde Gott denn dann bestrafen? Es gibt niemanden außer Gott. Also würde Gott sich selbst bestrafen!

Doch so viel kann ich dir sagen, Donna. In GMG Band 3 findet sich eine sehr klare Aussage, wonach man das, was man andere erfahren lässt, eines Tages selbst erfährt. Doch sei dir in einem klar. Das ist nicht Karma. Und das ist nicht Bestrafung. Es geschieht aus der freien Wahl heraus. In diesem Sinn entkommt kein Wesen den Konsequenzen seines Tuns — weil kein Wesen in dieser Hinsicht anders wählt.

Dies ist Teil des Evolutionsprozesses, durch den göttliche Wesen sich die Erfahrungen zukommen lassen, die sie selbst erschaffen haben, damit sie die Erfahrung in ihrer Gesamtheit gründlichst kennen lernen und dann besser wissen und daraufhin neuerlich wählen können, Wer Sie Wirklich Sind.

Um deine andere Frage zu beantworten: Nein, die Seele kann nicht verletzt werden. Denn der Seele mangelt es an nichts und sie braucht nichts. Nur die Aspekte eines Wesens können verletzt werden, die etwas haben wollen und brauchen. Genau deshalb kann Gott nicht verletzt werden — und deshalb hat Gott auch keinen Grund, uns zu »bestrafen«.

Und als Letztes, Donna, nein, das Leben ist nicht »fair«. Aber das Leben ist auch nicht unfair. Das Leben *ist* einfach. Wir sind es, die die Dinge als fair oder unfair bezeichnet haben. Und übrigens haben wir unsere Ansichten über viele dieser Dinge von Tag zu Tag, Jahr zu Jahr und Jahrhundert zu Jahrhundert geändert. Noch vor ein paar Generationen hielten wir es für »fair«, Hexen auf dem Scheiterhaufen zu verbrennen oder sie aufzuhängen, und das haben wir auch getan. Wir hielten unsere Bibeln zur Rechtfertigung unserer »fairen« Behandlung dieser Frauen hoch. Heute tun wir das nicht mehr. Wir grillen Menschen auf elektrischen Stühlen — und viele von uns halten zur Rechtfertigung unsere Bibeln hoch. (Obwohl der Papst, Gott segne ihn, bei seinem kürzlichen Besuch in den Vereinigten

Staaten sehr klar sagte, dass sich dies durch keine christliche Interpretation der Lehren Jesu rechtfertigen lässt.)

Du siehst also, Donna, »fair« ist, was wir sagen, dass es fair ist. Du möchtest, dass das Leben nach deiner Definition von »fair« fair ist? Ich sag dir, was du tun kannst, Donna. Geh raus und arbeite dafür. Erschaffe es in deiner Realität. Erschaffe es in deiner Umwelt. Wir alle können das tun, indem wir daran arbeiten, einen höheren Sinn für Spiritualität in unsere Politik und unser Regierungswesen zu bringen. Und genau da hat dieser Brief seinen Anfang genommen, Donna. Der Kreis hat sich geschlossen. Ich hoffe, du wirst dich unserem Team anschließen, das sich gebildet hat, um ein paar sehr spannende Dinge passieren zu lassen. Ich danke dir für deinen Brief.

8

Tod und Sterben

Der Tod existiert nicht.

Der Tod ist ein Hirngespinst. Er ist ein Teil unserer Mythologie, aber keine Wahrheit des Universums.

Wir sind ewige Wesen. Wir waren schon immer sehr lebendig, sind es jetzt und werden es immer sein. Es ist uns unmöglich, nicht lebendig zu sein, weil wir das Leben selbst sind, das sich in unterschiedlichen Formen ausdrückt. Wir sind, was das Leben ist. Das Leben ist, was wir sind.

Wir sind auch, was Gott ist. Gott ist auch, was wir sind.

Wir sind auch, was Freude ist. Freude ist auch, was wir sind.

Gott, Freude, Leben. Diese Worte sind wechselseitig austauschbar. Um nun die Rätsel des Universums zu verstehen, brauchen Sie dieser Liste nur noch ein Wort hinzuzufügen: Ihren Namen.

Gott, Freude, Leben, Neale. Die Worte sind wechselseitig austauschbar.

Gott, Freude, Leben, Anna. Die Worte sind wechselseitig austauschbar.

Gott, Freude, Leben, Roger. Die Worte sind wechselseitig austauschbar.

Suchen Sie sich einen Namen aus, irgendeinen Namen. Ihren Namen oder den Namen eines anderen. Fügen Sie ihn der Liste hinzu und machen Sie sich klar, dass alle Worte wechselseitig austauschbar sind.

Eine Frage zur Abtreibung

Neale Donald Walsch: Ich fand GMG sehr inspirierend. Danke, dass Sie Fragen zum Leben und zur Liebe und zum Erfolg gestellt haben!! Mich interessieren ganz besonders Ihre Erkenntnisse in Bezug auf die Abtreibung, Jacqueline, Tucson, AZ.

Liebe Jacqueline: Ich finde es interessant, dass zu den Themen, zu denen ich am meisten befragt werde, Abtreibung und Homosexualität gehören. Ich glaube, die Leute wollen im Grunde wissen, wie Gott über diese Dinge denkt, so dass sie für sich selbst ein für alle Mal Bescheid wissen.

Als Erstes sollten Sie wissen, dass Gott in dieser Sache (oder in irgendwelchen anderen Dingen) kein Urteil fällt. Von daher ist von ihm auch keine Bestrafung zu erwarten. Wer immer auf einen Gott des Richtens, der Verurteilung und der Bestrafung hofft, wird also von dem Gott, der mit mir gesprochen hat, sehr enttäuscht werden. Als Zweites möchte ich sagen, dass alle unsere Verhaltensweisen abhängig davon, was wir zu sein versuchen, von uns als »gut« oder »schlecht« beurteilt werden. Jedes Werturteil, das wir hier auf Erden fällen, basiert also auf einem Wertesystem, das wir um unsere persönlichen Ziele herum errichtet haben. Dieses System ist eine rein subjektive Angelegenheit und hat nichts damit zu tun, ob eine Sache objektiv gesehen »richtig« oder »falsch«, »gut« oder »schlecht« ist. Lassen Sie mich Ihnen ein paar Beispiele geben.

Ein junger Mann will sich dem Ringerteam im College anschließen, ist dafür aber nicht kräftig genug gebaut. Der Trainer sagt, wenn er ringen wolle, müsse er zusehen, dass er etwas »Fleisch auf seine Knochen« kriege, und empfiehlt ihm, seinen Speiseplan mit Bananen und Milchshakes zu bereichern. In einer Ballettschule wird eine junge Frau, die Ballerina werden will, von ihrem Lehrer geschimpft. »Junge Dame«, warnt er sie, »Sie werden in dieser Saison nicht die Nussknackersuite tanzen können, wenn Sie weiterhin so viel Gewicht zulegen. Sie müssen sofort aufhören, Bananen zu essen und Milchshakes zu trinken!«

Sind Bananen und Milchshakes nun »gut« oder »schlecht«? Es hängt davon ab, was man tun möchte.

Kürzlich wurde eine Frau in Omaha, Nebraska, für etwas verhaftet, das sie nur eine Woche davor auch in Reno, Nevada getan hatte. Die professionelle Prostituierte fand sehr zu ihrem Missvergnügen heraus, dass an der Prostitution *an sich* nichts »falsch« war, dass aber in diesem Fall die Örtlichkeit den Ausschlag gab, ob etwas »richtig« oder »falsch« war.

Es kann auch von der Zeit abhängen, ob etwas »richtig« oder »falsch« ist. Es ist noch nicht allzu lange her, dass man in New England das Verbrennen von Hexen auf dem Scheiterhaufen »gut« und ganz legal fand. Heute wird es für »schlecht« und ziemlich illegal gehalten. Was hat sich verändert? Nur die Zeiten.

Jahrhundertelang hat die überaus heilige römisch-katholische Kirche verkündet, dass es eine Sünde sei, am Freitag Fleisch zu essen. Dann gab 1952 oder so der Papst eine Erklärung ab. Von da an war der Verzehr von Fleisch am Freitag nichts »Schlechtes« mehr. Wir sehen also, »gut« und »schlecht«, »richtig« und »falsch« sind ein Produkt von Zeit und Geographie.

Ist Abtreibung »falsch«? Von einem objektiven Standpunkt aus gesehen, nein. Trägt sie zu unserem höchsten Wohl bei? Das hängt davon ab, was wir zu tun versuchen. Retten wir das Leben der Mutter? Ändern wir etwas an der Folge einer Gewalttat, einer Vergewaltigung? Verwenden wir die Abtreibung als ein Mittel der Geburtenkontrolle? Unsere Antworten fallen von Fall zu Fall, von Person zu Person, unterschiedlich aus. Mit jeder Entscheidung, die wir in unserem Leben treffen, bringen wir zum Ausdruck, Wer Wir Wirklich Sind und was wir von uns selbst denken. Als Individuen und als Nation; als Gesellschaft und als ganze Gattung. Wir befinden uns in einem ständigen Prozess der Selbstdefinition. Jede Wahl ist ein Akt der Definition. Jede Entscheidung ist eine Schöpfung. Und die Schöpfung sind wir.

Ich will aber Ihrer direkten Frage nach meinen persönlichen Ansichten über die Abtreibung nicht ausweichen. Als Mittel der Geburtenkontrolle würde ich die Abtreibung nicht wählen. Ich würde mich dafür entscheiden, dass das Kind zur Welt kommt. Wenn ich dann das Gefühl hätte, dass ich es nicht aufziehen oder es mir schlichtweg nicht leisten und damit dem Kind auch kein gutes Leben geben kann, würde ich es zur Adoption freigeben. Wäre ich andererseits vor die Wahl gestellt, mich für eine Abtreibung entscheiden zu müssen oder die Mutter sterben zu sehen, würde ich mich für das Beenden der Schwangerschaft entscheiden. Wenn meine Tochter mit dreizehn brutal vergewaltigt worden und schwanger geworden wäre, würde ich nicht verlangen, dass das Kind ausgetragen wird. Es gibt noch andere Fälle, in denen ich eine Abtreibung wohl akzeptabel finden würde.

Doch weiß ich wohl, dass es für mich ein Leichtes ist, hier zu sitzen und diese Beobachtungen anzustellen. Zum einen bin ich keine Frau und habe deshalb auch nicht dieselbe Sichtweise wie eine Frau und kann sie auch gar nicht haben. Ich kann nur definieren, Wer Ich Bin. Ich kann nicht definieren, wer und was ein anderer ist — und sollte es auch gar nicht versuchen.

Doch genau das tun alle Gesetze. Wir definieren uns als Gesellschaft durch unsere Gesetze. Doch sollten wir das? Ich glaube, nein. Alle Gesetze sind insofern unnatürlich, als sie dazu dienen, anderen die Ansichten aufzuzwingen, die vielleicht nur eine bestimmte Person (oder eine bestimmte Gruppe) vertritt. Ein Gesetz bietet die Möglichkeit, eine unnatürliche Konsequenz herbeizuführen, wo doch die natürliche Konsequenz irgendeiner Handlung schon ausreichend sein sollte.

In unserer Gesellschaft sind uns natürliche Konsequenzen

nicht genug, und das deshalb, weil wir Barbaren sind. Zuzusehen, wie jemand stirbt, zu erleben, wie jemand direkt vor unseren Augen sein Leben aushaucht, reicht nicht aus, um uns davon abzuhalten, Menschen zu töten. Ja, unsere primitive Gesellschaft verherrlicht dieses Zuschauen, wie das Leben verlischt, zeigt es farbenfroh auf riesigen Leinwänden und trägt diese Bilder direkt in unsere Wohnzimmer. Der Liebesakt hingegen darf nicht annähernd so detailliert auf diesen Leinwänden gezeigt werden, und wenn er doch so zu sehen ist, schreit das halbe Land Zeter und Mordio. Denn mit blutigen Morden in den Filmen kann man leben, aber um Gottes willen nicht mit S-e-x.

In wahrhaft erleuchteten Gesellschaften gibt es keine Gesetze. Alle Regulierungen sind Selbstregulierungen, alle Definitionen sind Selbstdefinitionen.

Das können viele Leute nur schwer akzeptieren. Dennoch ist es in erleuchteten Welten so. Und es gibt solche Welten in unserem Universum (siehe GMG Band 3). Ich weiß nicht, ob das die von Ihnen erwartete oder erhoffte Antwort ist, Jacqueline, aber das sind meine Gedanken, wenn ich mir Ihre Frage ansehe.

Ist Abtreibung Mord?

Lieber Mr. Walsch: Meine Frau hatte zwei Abtreibungen, bevor wir heirateten, und nun haben wir eine wunderschöne Tochter. Es vergeht kein Tag, an dem wir nicht an unsere Entscheidung für diese Schwangerschaftsabbrüche denken und sie bereuen. Fragen Sie bitte Gott, wann Geist und Seele wirklich in den Körper eintreten, und ob das, was wir getan haben, Mord war. In Liebe, Jeff.

Lieber Jeff: Darf ich Ihnen bei allem Respekt und in aller Freundlichkeit sagen, dass ich auf keine Bitten, »Gott dies oder jenes zu fragen«, eingehe, weil ich mich niemals in der Rolle irgendeiner Art von neuem Vermittler sehen möchte. GMG will gerade darauf hinaus, dass wir keine andere Person, keinen Prozess, keine Religion oder Organisation brauchen, die uns helfen, mit Gott zu kommunizieren. Wir können alle unser eigenes Gespräch mit Gott führen, wann immer wir wollen. Nachdem dies nun gesagt ist, werde ich Ihnen gerne mitteilen, was ich zu diesem Thema in GMG erhalten und wie ich es verstanden habe.

Jeff, es ist an der Zeit, dass Sie die Schuldgefühle aufgeben, die Sie wegen Ihrer Entscheidung haben. Eine Entscheidung, die Sie ja beide, wie Sie sagen, bedauern. Ihr Bedauern ist genug. Schuldgefühle sind nicht erforderlich und führen zu nichts. Sie haben zwar nicht direkt geschrieben, dass Sie Schuldgefühle haben, aber aus Ihrem Brief wird deutlich, dass sie zumindest zum Teil eine Rolle bei Ihren Erinnerungen an diese Entscheidung spielen.

So wie ich das verstehe, findet, wenn die Seele in das körperliche Vehikel eintritt, ein so plötzlicher und gewaltiger Energieeinfluss statt, dass das Herz sofort zu schlagen beginnt. Niemand weiß übrigens (wenigstens habe ich niemanden gefunden, der mir das aus medizinischer Sicht erklären kann), warum das Herz an einem bestimmten Punkt in der Entwicklung des Fötus zu schlagen beginnt. Aber man hat mir aus anderer Quelle mitgeteilt, dass die Antwort einfach ist: Das Einfließen von reinem elektrischem Strom – der Lebensenergie – lässt das Herz »anspringen«, wenn die Seele in den Körper eintritt.

Ich denke, ich habe diese Information richtig interpretiert, vielleicht aber auch nicht, doch das ist ohnehin nicht die wirkliche Frage. Wichtig ist zu verstehen, dass der Tod nicht existiert. Deshalb sind Sie dessen, was man »Mord« nennt, nicht schuldig. Wichtig ist auch zu verstehen, dass der einzelnen Seele nichts zustößt – Sie können einer anderen Seele nichts antun –, was sich über ihre Souveränität hinwegsetzt und sie außer Kraft setzt. Alles, was sich in unserem Leben begibt, ereignet sich in vollkommener Ordnung, einschließlich dem Ende unseres Lebens in einer bestimmten physischen Form. Jede Seele ist göttlich, und jede Seele ist Mit-Schöpferin im Verein mit Dem Allem, mit dem, was sie zu ihrem vollkommenen Ausdruck führt.

Es kann sehr gut sein, dass diese Seele sich für den ganz spezifischen Zweck mit dem Fötus verbunden hat, Sie vor die Entscheidung zu stellen und die Wahl treffen zu lassen, die Sie getroffen haben, und Sie beide dadurch zu Ihrem nächst höheren Wachstumsstadium zu bringen. Wenn Sie an dieser Erfahrung gewachsen sind und den Zweck dieses Augenblicks erfüllt haben (denn der Sinn und Zweck von allem im Leben ist der, zu wachsen und immer mehr von dem zu werden, was man wirklich ist) — wenn all das geschehen ist, glauben Sie dann, dass Sie und Ihre Frau die einzigen Spieler waren? Das wäre eine falsche Einschätzung. Auch die Seele dieses gesegneten anderen war, auf sehr bewusste Weise, daran beteiligt. Dieser Seele stieß nichts zu, was sie nicht gewählt hatte. Wie kann ich mir dessen so sicher sein? Weil es unmöglich anders sein kann.

Wenn Sie die Souveränität der Seele in ihrem vollen Umfang verstehen, Jeff, werden Sie mehr Mosaiksteinchen im Gesamtbild des göttlichen Plans erkennen können. Sie werden sehen, wie wir alle gemeinsam schöpferisch tätig sind und zusammenwirken, um ein spezifisches Ergebnis und eine bestimmte Erfahrung zu produzieren.

Gehen Sie also, mein Freund, und leben Sie in Frieden und in Liebe, wissend, dass Sie nun größer sind als zuvor; dass Sie gewachsen sind. Segnen Sie all jene, die Ihnen bei Ihrem Wachstum geholfen haben, und verurteilen Sie sich nicht für den Weg, den Sie genommen haben, und der zu Ihrem Wachstum führte.

Denn Gott verurteilt Sie nicht und wird es nie tun. Ich liebe Sie.

Umgang mit dem Tod eines Kleinkindes

Hallo, Neale: Ich habe gerade dein wundervolles, warmherziges und erbauliches Buch gelesen. Ich nahm es zur Hand, als ich mich um Antworten bemühte, nachdem unser kleiner Sohn vor sechs Wochen gestorben ist. Mich verwirrt ein Teil darin, der, wie ich glaube, ein zentrales Thema dieses Buches ist: Die Aussage, dass wir uns unsere eigene Realität erschaffen. Speziell der Gedanke, dass man, wenn man etwas haben will, nur die Erfahrung des »Habenwollens« macht, und nicht von dem »Ding«, das man sich wünscht. Ich glaube, dass die meisten Menschen, wenn sie (zum Beispiel) sagen, »ich wünsche mir eine gute Gesundheit«, wirklich nicht die Erfahrung mangelhafter Gesundheit und auch nicht die des Wunsches nach guter Gesundheit machen wollen, sondern die der Gesundheit selbst! Ich verstehe, dass das ein »Gesetz« des Universums ist, aber da die meisten Menschen keine Kenntnis davon haben, sind sie auch nicht imstande, ihr Leben voll und ganz zu leben.

Und noch spezieller. Ich muss (und möchte) wissen, dass mein Sohn okay ist. Ich wünsche mir, dass er mir ein Zeichen gibt, dass er okay ist. Heißt das, dass ich dies nun immer weiter von mir wegstoße? In dem Buch *Trost aus dem Jenseits. Unerwartete Begegnungen mit Verstorbenen* steht, dass beten und bitten um ein Zeichen (oder der Wunsch danach) hilft, dass es auch geschieht. Nun bin ich verwirrt und weiß nicht, wie ich vorgehen soll.

Ich versuche, einen Sinn und Antworten in meinem Leben zu finden. Ich hatte nie eine bewusste zweigleisige Unterhaltung mit Gott, und ich kam auch nie nur annähernd dahin, Antworten in schriftlicher Form (oder überhaupt irgendwelche unbestreitbaren Antworten) zu erhalten, obwohl auch ich Briefe an Ihn/Sie geschrieben und gebetet habe. Liebe und Frieden, Andrea, per E-Mail.

Liebe Andrea: Hallo, meine Freundin ... die Trauer, die du über den Tod deines Kindes empfinden musst, tut mir Leid. Ich wollte, ich könnte dich auf eine persönlichere Weise trösten. Doch so viel will ich dir mitteilen: Für deinen Sohn ist jetzt alles wundervoll. Er könnte an keinem besseren Ort sein. Er wird von Vater/Mutter Gott umfangen gehalten und geliebt, vom Göttinnen-Aspekt, der hervortritt, um sich im Raum aller kleiner Kinder zu manifestieren.

Dein Sohn ist ein gesegnetes Wesen. Er kam, um genau das zu erleben, was er erlebt hat, und dir zu erlauben, genau die Erfahrung zu machen, die du gemacht hast, und dann ging er wieder, um mit seinen sich ewig fortsetzenden Erfahrungen des Lebens weiterzumachen. Du, seine Mutter, warst ihm ein großer Segen, denn du gabst ihm das Leben auf dieser physischen Ebene, und er weiß sehr gut, mit welchem Schatz er von dir beschenkt wurde. Die Liebe, die er in deinen Armen erfahren hat, ist eine Liebe, die er nie vergessen wird.

Eure beiden Seelen sind für immer miteinander verbunden und waren es schon seit Anbeginn der Zeit. Es ist nicht das erste Mal, dass ihr zusammen getanzt habt, und es wird auch nicht das letzte Mal sein. Du kannst sicher sein, dass ihr euch immer und immer wieder begegnen werdet. Sei im Frieden und feiere im Wissen, dass die Rollen, die ihr beide gespielt habt, perfekt angelegt waren, um euch beide genau das in Erinnerung zu bringen, was ihr wissen musstet, um zu wachsen und euch weiterzuentwickeln und mehr zu dem zu werden, Wer Ihr Wirklich Seid. In Gottes Welt ist alles vollkommen, und nichts geschieht ohne Absicht oder Bedeutung.

Ich möchte zart andeuten, dass es dir nicht nützlich ist, wenn du herumhängst und ein Zeichen von deinem Sohn »haben willst«, dass er in Ordnung ist; oder wenn du irgendeine Art von Kontakt mit ihm oder eine Kontaktaufnahme von seiner Seite haben willst. Möglicherweise bestürzt es ihn, wenn er merkt, dass du aus irgendeinem Grund nicht hören kannst, was er dir schon – durch alle möglichen Mittel – zu sagen versucht. Eines dieser Mittel könnte sogar diese Antwort sein.

Verfange dich nicht in diesem Wunsch oder Verlangen und verwandle es nicht in ein »Bedürfnis«. Lass lieber los und Gott zu. Lass Gott nun in Anbetracht all dessen in deinem Leben Wunder wirken. Wunder der Heilung, Wunder der Weisheit, Wunder der Liebe. Bitte Gott nicht darum, dass du von deinem Sohn hörst, sondern dass dein Sohn von dir hört: Von deiner Liebe, deiner immerwährenden Hingabe an sein Sein (die du bereits bewiesen hast). Von deiner Bereitschaft, ihn jetzt gehen zu lassen, ihn von den Fesseln deiner eigenen Wünsche zu befreien, damit er nun hoch und weit fliegen und mit seinen nächsten großartigen Abenteuern fortfahren möge, ohne sich noch weiter Sorgen um dich machen zu müssen. Sag ihm, dass mit dir alles in Ordnung ist, dass du es »schaffen« wirst. Das ist es, was er hören möchte. Dann kann er ganz und gar frei sein.

Er wird oft zu dir kommen, aber lass es die Reaktion auf die Freude an deinen Erinnerungen sein, und nicht auf deinen Schmerz. In deinen Gefühlen wirst du ihn spüren, in deinem Geist und in deinen Träumen wirst du ihn sehen, in deinem Herzen wirst du sein sanftes Glucksen und die Worte hören, die er noch nicht zu sagen gelernt hatte, die aber immer in seinen Augen waren. Worte, die in jedem Augenblick, den er lebte und auch jetzt noch lebt, sagten: »Ich liebe dich, Mami.«

Wenn du ihn dann aus jeglicher Notwendigkeit, noch bei dir »bleiben« zu müssen, entlassen und ihm seine Freiheit gegeben hast, wie nur Eltern es tun können, dann mach im vollen Ausmaß mit deinem eigenen Leben weiter. Denn du hast noch andere zu lieben, andere kennen zu lernen, andere von ihrem Kummer zu heilen. Du bist eine sanfte und mutige Lady, eine Person des Wunders und der inneren Schönheit. Und die Welt wartet darauf, dass du ihr weiterhin dein Geschenk zukommen lässt. Bitte verweigere es uns nicht.

Gottes größtes Geschenk an dich ist dieser jetzige Moment.

Nutze ihn, um die großartigste Version der größten Vision, die du je von dir hattest, zu erschaffen und zu leben. Und statt nun immer weiter Kummer und Traurigkeit über den Fortgang deines Kindes zu empfinden, schau dir das Geschenk an, das er dir gebracht hat. Entscheide dich dazu, immer die Erfahrung dieses Geschenks zu machen und auch die des Wunders seiner Präsenz in deinem Leben. Denn sein Geschenk wird in dir gegenwärtig sein, wann immer du einem anderen bedingungslose Liebe schenkst. Das wirst du in seinem und in deinem Namen tun. Denn ihr seid eins. Ich liebe dich für deine Offenheit. Du hast mir mit deinen sehr persönlichen Mitteilungen eine große Ehre erwiesen. Sei gesegnet.

Tragödien verstehen

Lieber Neale Donald Walsch: Ich bin einer der Menschen, für die Sie GMG Band 1 geschrieben haben. An Gedanken gab es darin für mich nicht viel Neues, aber ich war sehr überrascht, meine Überzeugungen gedruckt zu sehen. Irgendwie hatte ich das Gefühl, auf dem richtigen Weg zu sein. Dann trat plötzlich gleich nach diesem Gedanken das Leben dazwischen. Die Computertomographie meines Sohnes zeigte, dass sich seine Melanome sehr rasch im ganzen Körper ausbreiten und ganz schnell schreckliche Schritte unternommen werden müssen. Ich vergaß meine ganzen Erkenntnisse und meinen Glauben und habe nun das Gefühl, gute Worte verzweifelt zu brauchen. Ich bin definitiv in einer Glaubenskrise, und loszulassen und den Krebs meines Sohnes sein Problem sein zu lassen, war entschieden eine Herausforderung für mich. Ich danke Ihnen und schreiben Sie weiter. RuthAnn, OR.

Liebe RuthAnn: Ich danke Ihnen für Ihren Brief und Ihre ehrliche Beschreibung dessen, was Sie gerade durchmachen. So wie ich das sehe, besteht Ihre Herausforderung in diesem Moment darin, dass Sie wieder mit der Vollkommenheit aller Dinge in Berührung kommen. Es ist schwer, im Leiden eines anderen Vollkommenheit zu sehen, vor allem wenn dieser andere uns sehr nahe steht. Es ist schwer, Vollkommenheit darin zu sehen, dass ein anderer von diesem Leben ins nächste übergeht. Vor allem, wenn uns diese Person so nahe steht. Gerade vor drei Tagen erhielt ich die Nachricht, dass mein Bruder ganz plötzlich einen Herzanfall bekam, als er gerade mit dem Auto nach Hause fuhr, und daran verstarb. Diese Nachricht kam für mich völlig überraschend. Tagelang war ich deshalb melancholisch gestimmt und dachte über das Leben und den Tod nach, über die Substanz, die wir in diese Spanne zwischen Geburt und Abschied hineinlegen, und die Bedeutung von all dem.

Ich fürchte, Ihr Brief war heilender für mich, als es meine Antwort für Sie sein wird. Denn Sie haben mich veranlasst, mal wieder einen Blick auf das größere Muster der Vollkommenheit zu werfen, das unser aller Leben durchzieht. Auf der Suche nach Worten, um Ihnen zu antworten, fand ich die Worte, um mir selbst zu antworten, und hier sind diese Worte: Es gibt nichts in Gottes Welt, kein Ding im Universum, das nicht in vollkommener Ordnung ist. Alles geht nach diesem vollkommenen Plan seinen Gang. Jede Seele ist eine souveräne Wesenheit, die sich selbst die Erfahrungen erschafft, die sie nun zu machen wünscht. Das schließt auch die Erfahrung der Transformation von diesem ins nächste Leben mit ein. Wenn wir eine geliebte Person verlieren, oder wenn ein uns lieber Mensch leidet, fällt es uns – verständlicherweise – schwer, mit diesem Grundgedanken von einer göttlichen Ordnung in Verbindung zu bleiben. Doch ich weiß, dass die Seele sich und auch Gott ihr nichts auferlegt, was nicht genau dem verfolgten Ziel und Zweck angemessen ist. Dieses Ziel ist die Evolution. Und manchmal sind uns die Notwendigkeiten der Seele und die Art und Weise, in der sie ihre Weiterentwicklung geplant hat, nicht bewusst. Damit meine ich, dass auf bewusster Ebene häufig nichts davon einen Sinn ergibt.

Erst wenn wir die größere Wahrheit, dass sich alle Dinge in einer perfekten Abfolge ereignen, verstehen und uns wieder mit ihr verbinden, können wir im gelassenen Akzeptieren von allem, was geschieht, einen Ort des Friedens, sogar einen Ort der Freude in uns finden. Unser innerer Friede wird sich ausdehnen, wenn wir unser Bedürfnis nach einem bestimmten Resultat oder Endergebnis aufgeben. Irgendwann ist mir einmal ein Satz begegnet, der viel davon abdeckt: »Gott hat schon seit sehr langer Zeit keinen Fehler mehr gemacht.« Das glaube ich wirklich, sogar auch an Tagen, an denen es mir wirklich äußerst schwer fällt, an diesem Glauben festzuhalten. So zum Beispiel an jenem, als sie mich anriefen und mir mitteilten, dass mein Bruder, der noch ein paar Tage zuvor bei unserem letzten Telefongespräch quicklebendig gewesen war, nun nicht mehr in seiner physischen Form bei uns ist. Ich war geschockt und erschüttert, so wie Sie es sicherlich auch waren, als Sie die Ergebnisse der Computertomographie Ihres Sohnes bekamen.

Wir haben nun beide die Gelegenheit, in das Wissen um die großartigste Wahrheit einzutreten. Jede Erfahrung in unserem Leben bietet uns diese Gelegenheit. Ja, jede Erfahrung wird genau mit dieser Absicht erschaffen. Ich werde mich also jetzt Ihnen beim Eintritt in diesen Ort des höheren Wissens anschließen und Sie bitten, sich mir dabei anzuschließen. Halten wir uns in diesen Stunden, in denen wir in unseren höchsten Erkenntnissen angefochten werden, über die Meilen hinweg an den Händen. Verbinden wir uns im Geiste und werden wir eins in unseren höchsten Gedanken. Seien wir uns dessen eingedenk, dass Gott ein Gott der Liebe ist, der nur das Perfekteste und Beste für uns im Sinn hat, und lassen Sie uns in unserem höchsten Gewahrsein wahrhaft Frieden finden. Ja, lassen Sie uns Gott für die Vollkommenheit dieses Augenblicks danken. Ich bin bei Ihnen. In meinem Herzen und meinem Geist.

Nun möchte ich Ihnen eine Geschichte erzählen.

Helen war eine von fast hundert Personen, die an einem meiner Recreating-Yourself-Retreats teilnahmen, das zwischen Weihnachten und Neujahr in den Bergen von Estes Park in Colorado abgehalten wurde. Am letzten Abend des Retreats, vor unserem Neujahrs-Gute-Vorsätze-Ritual, hob Helen die Hand und bat um das Mikrofon.

»Ich habe in dieser Woche eine Menge darüber gehört, dass Gott unser bester Freund ist, dass er wundervoll und liebevoll ist, und dass wir uns jeden Tag mit ihm unterhalten sollten«, begann sie. »Also, wenn ich ein Gespräch mit Gott führen würde, dann würde ich ihm sagen, dass ich verdammt wütend auf ihn bin.«

»Das ist okay«, sagte ich, »Gott kann damit umgehen. Aber bist du okay?«

»Nein«, sagte sie nun mit zittriger Stimme.

»Und aus welchem Grund bist du so wütend auf Gott?«

Helen holte tief Luft. »Wir haben vor fast fünfundzwanzig Jahren einen Jungen adoptiert, er war noch ein Baby. Wir hatten fünf Jahre lang versucht, ein eigenes Kind zu bekommen, aber es klappte nicht. Es sah so aus, als würden wir nie Eltern werden. Meine biologische Uhr tickte und die Zeit wurde knapp. Also adoptierten wir Billy. Drei Wochen später stellte ich fest, dass ich schwanger war. Ich bekam das Kind, noch einen Jungen, und erzog beide als meine eigenen Kinder. Als er ein bisschen älter war, erzählten wir unserem ersten Sohn, dass er adoptiert worden war. Wir wollten ihm gegenüber aufrichtig sein. Wir sagten ihm, dass wir ihn genauso liebten wie seinen Bruder, und wir wussten, dass wir ihm das durch unser Handeln auch zeigten.

Es gab in dieser Sache nie Komplikationen, bis Billy acht wurde. Dann kam er eines Tages sehr wütend von der Schule nach Hause. Sie müssen ihn auf dem Spielplatz gehänselt haben oder so etwas. Man weiß ja, wie Kinder sein können. Sie sind manchmal sehr grausam. Jedenfalls kam er einfach wütend nach Hause und wollte wissen, warum ihn seine Mama weggegeben hatte. Er verlangte auch, sie auf der Stelle zu sehen.

Ich fühlte mich schrecklich. Einmal wegen der Ängste, die Billy durchmachte, und seinem erkennbaren Verletztsein, zum anderen auch wegen mir. Ich war natürlich sehr traurig, da *ich* das Gefühl hatte, Billys Mutter zu sein. Ich erinnerte mich an all die Nächte, in denen ich seine Windeln wechselte, ihn, wenn er krank war, gesund pflegte, und an all die Dinge, die Mütter eben machen, und es brach mir das Herz, dass Billy mich nicht mehr als seine Mama ansah.

Aber ich verstand – ich musste verstehen. Und ich versprach ihm, dass er seine Mutter kennen lernen könne, wenn er älter wäre und es immer noch wollte. Ich würde alles mir Mögliche tun, um sie zu finden und ein Treffen zu arrangieren.

Das schien für Billy okay zu sein, doch schien er seinen tiefen Ärger nie überwinden zu können. Er bewahrte ihn sich für den Rest seiner Kindheit und in seine Jugendjahre hinein, was für uns sehr schwierig war. Wir überstanden es alle, aber es war für keinen in unserer Familie leicht, und schon gar nicht für mich.

Als Billy älter geworden war, sprachen wir über die Sache. Wir vereinbarten, dass ich anfangen würde, nach seiner Mutter zu suchen, wenn er einundzwanzig wurde und das dann immer noch wollte. Er erinnerte mich für den Rest seiner Teenagerjahre immer wieder an dieses Versprechen.

Schließlich nahte Billys einundzwanzigster Geburtstag. Und in diesen Tagen kam er bei einem Autounfall ums Leben.«

Man hörte das kollektive Aufstöhnen der Retreatteilnehmer. Helens Energie wechselte abrupt in Wut über.

»Nun sag mir«, schnappte sie, »wie ein liebevoller Gott so etwas zulassen konnte, gerade als Billy davor stand, seine Mutter zu treffen, gerade als er dabei war, den Druck wegzunehmen, den sein heftiger Wunsch auf unsere Beziehung ausgeübt hatte. Sag mir, warum tut Gott das?«

Es herrschte geschocktes Schweigen im Raum.

Ich fühlte mich kalt erwischt. Ich starrte Helen einen Augenblick lang an, dann schloss ich die Augen und wandte mich nach innen. Ich hörte meine Gedanken. »Okay, Gott, das ist es. Ich weiß nicht, was ich hier sagen soll. Du musst mir helfen.«

Plötzlich klappten sich meine Augen wieder auf, mein Geist strömte über. Ich sprach die Worte aus, die ich in meinem Innern hörte, noch bevor ich irgendeine Möglichkeit hatte, sie zu beurteilen oder etwas an ihnen zu korrigieren.

»Billy starb mit einundzwanzig, weil das der versprochene Zeitpunkt war, an dem er seiner Mutter begegnen würde — und als er einundzwanzig wurde, war seine Mutter nicht auf dieser Erde.«

Wieder hörte man ein Aufstöhnen im Raum. Jemand flüsterte »ja«. Eine andere Person weinte.

Ich sprach weiter.

»So etwas wie Zufall gibt es nicht, und in Gottes Welt passiert nichts rein zufällig. Dir wurde ein biologischer Sohn gegeben, obwohl du nicht schwanger werden konntest und es so aussah, als würdest du es nie werden können, weil es da einen Plan gab — einen umfassenderen Plan. Dir wurde dieses besondere Geschenk gemacht im Austausch für deine Bereitschaft, Billy aufzunehmen, ihm ein Heim zu geben, ihn zu lieben und wie dein eigenes Kind großzuziehen und für ihn zu sorgen, bis er bereit war, seiner Mutter zu begegnen und sie bereit war, ihm zu begegnen. Der Tag, an dem Billy starb, war der glücklichste Tag seines Lebens. Und er ist dir ewig dankbar dafür, dass du ihn zu diesem Augenblick gebracht hast. Seine Dankbarkeit umhüllt dein Herz und schafft ein ewig währendes Band zwischen euch beiden. Im Plan des Lebens steckt Vollkommenheit. In jedem menschlichen Umstand und in jeder menschlichen Erfahrung. In jeder Bedingung. Wir haben die Gelegenheit, dies wahrzunehmen. Das ist auch unsere Befreiung. Unsere Erlösung. Das Ende unseres Leidens und unseres Schmerzes.«

Helens Gesicht veränderte sich augenblicklich. Wo eben noch Ärger und Zorn zu sehen waren, war jetzt ein Leuchten. Alle Angespanntheit schien ihren Körper verlassen zu haben. Zum ersten Mal seit einer Woche sah sie entspannt aus. Und Tränen rannen ihre Wangen hinab, auch während sie mit einem Strahlen lächelte, das den ganzen Raum erfüllte.

Ich habe diese Geschichte erzählt, weil ich möchte, dass auch Sie wissen, was Helen und alle anderen Teilnehmer an diesem Retreat nun wissen. Es existiert eine »Zauberformel«, die uns der Himmel geschenkt hat. Eine Formel, die alle Traurigkeit, alle Wut, alle Negativität auflöst, die irgendeine menschliche Erfahrung einhüllen. Eine Formel, die uns erlaubt, uns selbst wieder aufs Neue zu erschaffen. Eine kurze Formel, die sich leicht behalten lässt: Sieh die Vollkommenheit.

Aber funktioniert sie auch? Funktioniert sie wirklich? Am Neujahrsabend überreichte mir Helen ein Blatt Papier. Sie hatte am Abend zuvor noch einen Spaziergang in der klaren frischen Luft unter dem nächtlichen Himmel Colorados unternommen und nach ihrer Rückkehr ein längeres Gedicht geschrieben. Es endete mit den Zeilen:

> *My spirit heard God's words tonight,*
> *And now my eyes can cry.*
> *I took a walk this starry night.*
> *It's finally time to try*
> *To find the joy to free my son.*
> *It's time to say goodbye.*
> *And as I did, a shooting star ...*
> *... danced across the sky.*

(Heute Abend hat meine Seele Gott sprechen gehört,/ Und nun können meine Augen Tränen vergießen./ Ich ging hinaus in die Sternennacht./ Es ist nun endlich Zeit,/ die Freude zu finden,

die meinen Sohn befreit./Und ihm Lebewohl zu sagen./ Und als
ich's tat, da sah ich ... eine Sternschnuppe über den Himmel
tanzen.)

Zwei meiner Kinder starben

Lieber Neale: Ich habe dir so viel zu sagen, dass ich kaum weiß,
wo ich anfangen soll. Eine neue Freundin gab mir zwei von den
GMG-Bänden, und sie haben in verschiedener Hinsicht mein Leben verändert. Vieles von dem, was ich in Band 1 las, rief Erinnerungen an Glaubensvorstellungen in mir wach, die ich für selbst-
verständliche Wahrheiten gehalten hatte, als ich noch ein sehr
kleines Kind war. Druck und Belastungen verschiedenster Art ließen sie mich mit den Jahren vergessen, und schließlich glaubte
ich, dass alles an mir falsch war, obgleich ich irgendwo in meiner
Seele doch noch an meine Wahrheiten glaubte. Ich heiratete einen Mann, dessen wichtigster Wert das Image war, das er und
seine Familie in den Augen der Gesellschaft hatte, und diese Ehe
war ein Fehler. Ich hielt fünfzehn Jahre an ihr fest und bekam
vier außergewöhnliche Kinder, bis mir klar wurde, dass ich in dieser Beziehung starb und sie um meiner Kinder willen verlassen
musste.
Anfangs war unser Leben ohne meinen Mann idyllisch, dann begannen sich die Dinge zu ändern. Vieles davon war mein Fehler:
Ich entdeckte wieder, dass ich eine junge Frau war und eine
Menge Leben nachzuholen hatte. Meine Prioritäten waren zwischen meiner Freude an der Rebellion und dem, was das Beste
für die Kinder war, aufgeteilt. Dann veranlasste meine älteste
Tochter, mit der ich schon immer auf Kriegsfuß gestanden hatte,
dass das Sorgerecht für sie auf ihren Vater und dessen Freundin
übertragen wurde, obwohl ich sie anflehte, es nicht zu tun. Kurz
darauf holte sie sich beim Schwimmen in einem Teich einen töd-
lichen Virus und starb nach acht Wochen auf der Intensivstation.

Ich war von Trauer und Schuldgefühlen überwältigt. Um die Sache noch schlimmer zu machen, ging das (von meinem Exmann geförderte) Gerücht um, ich hätte ihr eine Überdosis Tabletten gegeben — was offenkundig ganz unmöglich war — und sei an ihrem Tod schuld. Die Leute glauben, was sie gerne glauben möchten, und dieses schreckliche Gerücht zerstörte, was von meinem Leben noch übrig geblieben war.

Ich versuchte unser Leben weiter zu führen, so gut ich konnte, versank aber immer tiefer in Depressionen. Meine anderen drei Kinder gingen in ein Internat, und ich verkaufte unser Haus im Süden und zog in unser Sommerhaus in den Bergen New Yorks, um näher bei ihnen zu sein. Ich nahm verschiedene Jobs an und wandelte unser Haus schließlich in eine Unterkunft für Übernachtung und Frühstück um, weil ich nur so überleben und den Kindern ein Heim bewahren konnte. Schließlich gewann die Depression die Oberhand, und ich landete suizidgefährdet in einer Klinik.

Nachdem man mir gesagt hatte, dass ich binnen sechs Monaten tot sein oder erneut in der Klinik liegen würde, wenn ich wieder in die Berge zurückginge, zog ich in einen anderen Staat um. Die Kinder waren zu diesem Zeitpunkt schon alle aus der Schule und führten ihr eigenes Leben, und es begann wieder aufwärts zu gehen. Dann wurde mein schöner, talentierter, warmherziger, brillanter Sohn eine Woche nach seinem siebenundzwanzigsten Geburtstag von einem betrunkenen Autofahrer getötet. Warum? Was für ein Plan war das von deinem Gott?

Nachdem meine Tochter gestorben war, konnte ich wie durch ein Wunder mit ihr reden. Wir vergaben uns gegenseitig die Gemeinheiten, die wir uns angetan hatten; sie erzählte mir, dass es stimmte, was ich meine Kinder über das, was nach dem Tod geschieht, gelehrt hatte, aber dass ich nur ein Millionstel wüsste. Sie sagte, sie sei glücklich und es gehe ihr gut, und sie würde immer einer meiner Schutzengel sein. Wie konnte sie dann zulassen, dass meinem Sohn dies zustieß? Was in Gottes Namen war

Gottes Plan? Das war vor fast acht Jahren, aber ich begehre immer noch dagegen auf und trauere zutiefst und hadere.

Letzten Sommer entschied ich, dass mein Leben nutzlos war und ich ein neues brauchte. Ich zog an einen Ort, eine Stunde von meiner jüngsten Tochter entfernt, und ich starte eine neue Karriere. Mit der Hilfe deiner Bücher werde ich sie zu einem Erfolg machen. Aber die Bücher und Newsletters sind wie mit Zuckerguss überzogen. Sehr viel, was in GMG steht, ist richtig und wahr (und das weiß ich in meinem Herzen und meiner Seele), doch wie kannst du die schrecklichen und schmerzlichen Dinge, die passieren, erklären? Sind sie eine Strafe für ein paar verängstigte Jahre der Selbstnachgiebigkeit? Sind sie die karmische Vergeltung für Sünden in einem früheren Leben, derer ich mir in diesem Leben nicht bewusst bin?

Es ist schwer zu glauben, dass ich das, was geschehen ist, »gewählt« habe. Könnte jemand so grausam sein? Das Buch *Wenn guten Menschen Böses widerfährt* hat ein bisschen von dem Druck genommen. Aber es vermittelte mir den Eindruck, dass Gott sich nicht um die alltäglichen Handlungen und Tragödien von uns Menschen kümmert, dass wir für ihn das sind, was die Ameisen für uns sind. Das steht sicherlich im Widerspruch zu dem, was ich immer geglaubt (und meine Kinder zu glauben gelehrt) habe, nämlich dass Gott in allen Dingen ist, vom Grashalm bis hin zum mächtigsten Stern. Wenn ich das weiterhin glauben soll, muss ich auch glauben, dass Gott unbewusst und gleichgültig ist, und das zu glauben fällt mir wegen der Wunder, die mir persönlich widerfahren sind, schwer.

Bitte, wenn Gott dir sein Ohr leiht und zu dir spricht, kannst du ihn fragen, warum? Warum? Gib mir eine Antwort, die diese Qual von mir nimmt, damit ich mit meinem Leben weitermachen kann. Platitüden sind keine Hilfe. Ich brauche wirklich eine Antwort. Bitte. Dir wurde eine wunderschöne Antwort für die Frau gegeben, deren adoptierter Sohn mit einundzwanzig starb. Kannst du eine für mich finden? Hochachtungsvoll, Cynthia.

Liebe Cynthia: Ich war zutiefst berührt von allem, was du mir mitgeteilt hast, und hoffe nur, dass meine Antwort auf irgendeine Art angemessen sein kann.

Hier ist, was ich bekomme, wenn ich über die von dir beschriebene Situation meditiere. Dein Sohn und deine Tochter trafen ein Abkommen, bevor sie in ihre Körper eintraten. Sie vereinbarten, gemeinsam anzukommen und gemeinsam zu gehen. Diese beiden Seelen haben auch schon zuvor oft zusammen getanzt. Sie haben zusammen gelacht und geweint; sie sind gemeinsam den Weg durch die Äonen und über die Jahrhunderte hinweg gegangen.

Im Moment mag dir das als nicht zutreffend erscheinen, Cynthia, aber ich kann dir versichern, dass es stimmt. Und als deine Tochter ging und sich zu diesem goldenen Ort begab, den sie dir beschrieben hat, war dein Sohn von einer — auf der Seelenebene erlebten — Einsamkeit erfüllt, die über alles hinausgeht, was du oder ich verstehen können.

Ich weiß nicht, wie nahe sich die beiden in diesem Leben waren, aber dass die beiden sich seit Anbeginn der Zeit sehr nahe stehen, dessen bin ich mir sicher. Als deine Tochter ging, war es für ihn nur ganz natürlich, nachzufolgen. Deine Tochter »hat nicht zugelassen, dass dies deinem Sohn zustieß«, wie du es formuliert hast, sondern sie ließ ihn seine Wahl treffen. Sie versuchte nicht, ihn davon abzuhalten oder das Geschehen irgendwie zu verhindern, denn damit hätte sie in den freien Willen eines anderen eingegriffen, und das würde eine Seele auf der »anderen Seite« niemals tun.

Ich kann dir mit absoluter Gewissheit sagen, dass diese beiden Seelen jetzt glücklicher sind, als du sie je in ihrem Leben gesehen hast. Sie lachen wieder zusammen. Und ihr einziger Wunsch ist jetzt, dass du deine Qual und deinen Schmerz, deine Wut und deinen Kummer loslässt und aufgibst.

Und auch folgende Dinge kann ich dir definitiv sagen: Was geschehen ist, hat nichts mit Bestrafung zu tun. Deine »Jahre der Selbstnachgiebigkeit« haben nichts damit zu tun. Wie in *Gespräche mit Gott* ganz klar gesagt wird, bestraft uns Gott nicht, sondern segnet uns nur immer.

Ich weiß, es ist schwer zu glauben, dass du das, was geschehen ist, »gewählt« hast. Auf bewusster Ebene hast du es ganz offensichtlich nicht getan. Doch auf der überbewussten Ebene hast du eingewilligt, diesen Kindern das Geschenk des Zusammenseins zu machen, so wie du ihnen auch das Geschenk des Lebens gemacht hast. Beide Erfahrungen waren auf bestimmter Ebene schmerzlich, und beide führten zu großer Freude.

Sie haben einen großartigen Plan, der viele gemeinsame Leben in der Vergangenheit und noch viele künftige gemeinsame Leben beinhaltet. Der Versuch, diesen Plan zu begreifen, wäre wie der Versuch, eine Schneeflocke zu verstehen. Am Ende können wir nur das Wunder in ihr erblicken. Es hilft uns nicht, die Tatsache zu betrauern, dass sie geschmolzen ist. Besser ist es, einfach die Schönheit zu feiern, die sie in unser Leben gebracht hat.

Ich möchte auch eine Bemerkung zu deinem Eindruck machen, dass Gott sich nicht um die alltäglichen Handlungen und Tragödien seiner Geschöpfe kümmert. *Gespräche mit Gott* macht hier dieselbe Aussage wie *Wenn guten Menschen Böses widerfährt*. Es ist nicht so, dass Gott sich nicht um uns kümmert, sondern Gott liegt so sehr an uns, dass er uns in der Erschaffung der Realität, die wir wählen, total freien Willen gewährt. Gott kann uns seine Vorlieben nicht aufzwingen. Wenn er es täte, hätten wir keinen freien Willen, sondern würden einfach ein Leben leben, das wir gemäß einem Plan, über den wir keine Kontrolle haben, durchleben. Das wäre erleuchteten Wesen nicht gemäß, und wir würden bald ruhelos und unglücklich werden. Genau wie unsere Kinder ruhelos würden, wenn wir ihnen immer sagten, was sie tun sollen; wenn wir sie davon abhielten, alle ihre Fehler zu machen; wenn wir sicherstellten, dass sie sich nie verletzen oder auch nur die Möglichkeit einer Verletzung erleben können. Wenn wir so etwas täten, würde es nicht lange dauern, und sie würden sich so rasch von uns entfernen wie nur irgend möglich. Denn die menschliche Seele sehnt sich danach, frei zu sein. Sie möchte nicht so beschützt sein, dass sie nie etwas erleben kann, was sie Der Vater nicht erleben lassen möchte. GMG sagt ganz klar: »Dein Wille für dich ist Gottes Wille für dich.« Und in dieser Offenbarung liegt die Antwort auf deine Frage, Cynthia.

Es tut mir Leid, dass es mit dieser Antwort so lange gedauert hat, aber ich habe mein Bestes getan, um mich nach innen zu wenden und dir nicht eine hohle Antwort zu geben. Ich hoffe, du kannst in deinem Leben an einen Ort großer Freude zurückkehren im Wissen, dass alles genau so an seinen Platz fällt, wie es sein soll, damit du sein und erklären, verkünden und werden, ausdrücken und erfüllen kannst, Wer Du Wirklich Bist. Ich schicke dir Liebe und allen Segen aller Himmel. Ich danke dir, dass du mir geschrieben und mich am tiefsten Teil deiner Seele hast teilhaben lassen.

Sterben beim Hören von »Gespräche mit Gott«

Lieber Neale: Ich muss dich wissen lassen, dass mein Vater heute vor einem Monat entschlafen ist. Ich versuche loszulassen, aber es ist schwer. Er war ein wundervoller Mann, und ich vermisse ihn schmerzlich. Als er im Krankenhaus lag, hatte ich dein Buch bei mir und las meiner Schwester Teile daraus vor. Da war eine Passage, die mich damals zutiefst beeindruckte und mir in Erinnerung geblieben ist. Sie berührte mich sehr, und ich muss gestehen, dass ich sie in den Nachruf auf meinen Vater eingebaut habe. Erst später wurde mir klar, dass ich dich erst um Erlaubnis hätte bitten müssen, bevor ich irgendeinen Teil deines Buches

nachdruckte. Ich frage dich jetzt, ob es okay war, es zu tun. Wenn irgendeine Vergütung dafür gefordert wird, verstehe ich das. Ich entschuldige mich für mein Vorgehen. Ich schicke dir eine Kopie des Nachrufs auf meinen Vater, damit du dir ein Bild machen kannst. Folgende Passage habe ich übernommen:
»Ihr seid das Gute und Erbarmen und Mitgefühl und Verständnis. Ihr seid Friede und Freude und Licht. Ihr seid Vergebung und Geduld, Stärke und Mut, Helfer in Zeiten der Not, Tröster in Zeiten des Leids, Heiler in Zeiten der Verletzung, Lehrer in Zeiten der Verwirrung. Ihr seid die tiefste Weisheit und höchste Wahrheit; der höchste Friede und die großartigste Liebe. Diese Dinge seid ihr. Und es gibt Momente in eurem Leben, in denen ihr euch als diese Dinge erkannt habt.«
Mein Vater entschlief in der Stunde, in der ich diese Passage las. Ich denke an ihn und an den Augenblick seines Übergangs, wenn ich diese Passage lese. Ich danke dir für dein Buch und die schöne Passage. Sue, Bethel, Alaska.

Dank an dich, Sue, und an euch alle, die ihr mir so wundervolle, tief empfundene Briefe darüber geschrieben habt, was das Buch für euch bedeutet. Und Sue, dein Brief war alles an Vergütung, was jemals jemand erbitten oder zu erhalten erhoffen kann. Gott segne dich.

Über das Leben nach dem Tod ... und das Trauern über den Verlust einer geliebten Person

Lieber Neale: Mein Bruder Chuck starb vor einigen Jahren, als er erst siebenundzwanzig war, und ich scheine nicht aufhören zu können, darüber zu trauern. Ich denke jeden Tag an ihn, alles scheint mich an ihn zu erinnern. Nichts scheint mir mehr wichtig zu sein. Ich leide unter starken Depressionen. Kannst du helfen? Sheila, in Wisconsin.

Liebe Sheila: Dein Verlust tut mir Leid, und ich verstehe deinen Kummer. Es gibt aber ein paar Dinge, die ich dir gerne sagen würde. Vielleicht helfen sie dir, dieses Bild der Erinnerung an deinen Bruder auf der Leinwand deines Geistes neu zu malen, so dass du nicht immer traurig bist, wenn du es betrachtest. Erstens musst du wissen, dass Chuck nicht gestorben ist; der Tod ist eine Fiktion und eine Lüge und findet niemals statt. Das ist Nummer eins und eine Sache, die du für den Rest des Folgenden als eine Wahrheit höchster Ordnung in dein Selbst aufnehmen musst, wenn dies alles einen Sinn ergeben soll. Zweitens, wenn wir akzeptieren, dass Chuck nicht das ist, was wir »tot« nennen, sondern tatsächlich sehr lebendig, dann müssen wir uns fragen: Wo ist er? Was macht er? Und natürlich auch, ist er glücklich?

Ich werde die letzte Frage zuerst beantworten. Chuck war nie glücklicher, nie freudiger als im Augenblick seines Übergangs aus diesem irdischen Leben. Denn in diesem Moment lernte er wieder einmal die größte Freiheit, die großartigste Freude, die wunderbarste Wahrheit kennen. Die Wahrheit seines eigenen Seins und des Einsseins mit Allem Was Ist. In diesem Augenblick endete für Chuck das Getrenntsein, und seine Wiedervereinigung mit dem Allem von Allem war ein glorreicher Moment im Himmel und auf Erden. Es war in der Tat eine Zeit zum Feiern, nicht zum Trauern. Wenngleich das Trauern angesichts unseres beschränkten Gewahrseins von dem, was wirklich geschieht, und der Größe unseres persönlichen Verlusts, den wir erlebt haben, verständlich ist.

Nach einer ganz natürlichen Phase des Trauerns, des Kummers und Schmerzes, die wir uns zubilligen sollten, haben wir dann die Wahl, in diesem Zustand der völligen Verzweiflung und Trauer zu verharren, oder zu einem umfassenderen Gewahrsein und einer größeren Wahrheit überzugehen, die uns lächeln lässt. Lächeln sogar auch beim Gedanken an seinen Weggang, so früh, so abrupt er auch gewesen sein mag, obgleich in

Gottes Zeitplan nichts zu »früh« oder »abrupt«, sondern alles perfekt getimt ist.

Sollten wir die Entscheidung treffen, zu diesem umfassenderen Gewahrsein überzugehen, dann sind wir frei, in aller Fülle das Leben Chucks zu feiern, das Geschenk, das er all jenen machte, mit denen er in Berührung kam, und das Wunder seines Seins und seiner Liebe auch jetzt. Das tun wir am besten, wenn wir ihm erlauben, vollkommen frei zu sein. Was uns zur ersten der oben gestellten drei Fragen bringt: Wo ist Chuck jetzt?

In GMG Band 3 wurde mir enthüllt, dass wir in der Welt des Absoluten, in der Gott weilt, überall sind. Das heißt, es gibt da kein »Hier« oder »Dort«, nur einfach ein »Überall«. In menschliche Begriffe übersetzt könnte man somit sagen, dass wir an mehreren Orten zugleich sein können. Wir können an zwei Orten, an drei Orten oder an jeglichem gewünschten Ort sein und jede Erfahrung machen, die wir wählen. Denn das ist die Natur Gottes und aller Wesen Gottes. Und welche Erfahrung wählen wir unter anderem für uns? Die Erfahrung des Einsseins und Mitfühlens mit jenen, die wir lieben, ganz so wie wir es taten, als wir eine physische Gestalt angenommen hatten.

Das bedeutet, dass Chuck dich auch jetzt liebt, und zwar nicht in irgendeinem abstraktem, sondern in einem sehr realen Sinn. Es ist eine lebendige Liebe, die niemals sterben kann und sterben wird. Und diese ewig währende Liebe bringt Chuck (einen Teil der Essenz, welche Chuck ist) dazu, schon beim Gedanken an ihn zu dir zu kommen, bei dir zu sein. Denn der Gedanke an ein Wesen, das uns liebt, besitzt eine Anziehungskraft, welche die Essenz dieses Wesens nicht negieren kann und will und niemals ignorieren wird. Chuck ist auch jetzt bei dir, während du dies liest, denn du hast ihn im Sinn. Wenn du innerlich sehr still und für den Augenblick sehr aufgeschlossen bist, kannst du ihn spüren, fühlen ... vielleicht sogar »hören«.

Das gilt für alle Menschen allerorten und erklärt die abertausende Berichte über »Besuche« von dahingegangenen geliebten Personen; Berichte, die Psychiater, Geistliche, Ärzte und Heiler immer wieder zu hören bekommen. Sie sind mittlerweile daran gewöhnt und stellen sie nicht mehr in Frage.

Oft geschieht es, dass die Essenz der Wesenheit, die schon beim Gedanken an sie herbeigeflogen kam, voller Liebe und Mitgefühl und in völliger Offenheit uns gegenüber in unserem Raum ankommt. Diese Offenheit ermöglicht es der Essenz unseres geliebten Wesens, das, was wir fühlen und erleben, voll und ganz wahrzunehmen und zu verstehen. Wenn wir voller Trauer, Kummer und Schmerz an diese Person denken, wird deren Essenz von unserer Traurigkeit Kenntnis erhalten. Und da diese nun reine Liebe ist, wird sie danach trachten, unsere Traurigkeit zu heilen, denn es wird ihr unmöglich sein, dies nicht tun zu wollen.

Wenn wir andererseits mit einem Gefühl von Freude und Feiern an diese Person denken, wird die Essenz dieser Person, die wir so tief geliebt haben, von unserer Freude Kenntnis erhalten und sich dann frei fühlen, zu ihrem nächsten großartigen Abenteuer überzugehen, da sie weiß, dass mit uns alles in Ordnung ist. Sie wird sicherlich zurückkehren. Sie wird jedes Mal, wenn an sie gedacht wird, zurückkommen. Doch ihre Besuche werden ein Freudentanz in unserem geistigen Innern sein; wundersame, funkelnde Verbindungen; kurze, doch leuchtende Momente; ein Lächeln aus der Ganzheit. Dann wird die Essenz wieder einmal verschwinden, voller Freude beim Gedanken an deine Liebe und dein Feiern ihres Lebens, und sie wird das Gefühl haben, dass ihre Interaktion mit dir vollendet, aber keinesfalls beendet ist.

Wenn die Essenz der von uns geliebten Person uns helfen will, unseren Kummer und unsere Traurigkeit zu heilen und unserem Trauern ein Ende zu setzen, wird sie sich durch nichts aufhalten lassen. Sie wird jedes Instrument, Mittel und jede ihr zur Verfügung stehende Methode einsetzen (auch einen Brief wie diesen von einem total fremden Menschen), um uns die Botschaft von ihrer unaufhörlichen Freude an dem Ort, wo sie gegenwärtig weilt, zu überbringen; um uns zu vermitteln, wie vollkommen der Prozess des Lebens und des Übergangs in Wahrheit ist.

Wenn wir die Vollkommenheit feiern können, erlauben wir der Essenz und der Seele unserer geliebten Person ebenfalls zu feiern und entlassen sie in die unbeschreiblichen Wunder ihrer umfassenderen Realität. Und wir ehren ihre Gegenwart in unserem Leben in ihrer ehemaligen physischen Gestalt, im jetzigen Moment und in alle Ewigkeit. Feiern, feiern, feiern! Keine Traurigkeit mehr, kein Trauern mehr, denn in Wahrheit hat niemanden eine Tragödie ereilt. Spezielle Momente der Erinnerung mit einem Lächeln und mit Tränen, das ja, aber Tränen der Freude über das Wunder von Wer Wir Sind, wer Chuck ist, und der unbeschreiblichen Liebe eines Gottes, der dies auch alles für uns hätte erschaffen können. Feiere, Sheila. Gib dir und Chuck und all denen, deren Leben von euch beiden berührt wird, das Geschenk eines Lebens; das Geschenk der Freude, die den Kummer ersetzt, der Fröhlichkeit, die an die Stelle des Schmerzes über den Verlust tritt, das Geschenk echter Dankbarkeit und nun endlich inneren Friedens.

Gottes Segen, zu dem nicht zum wenigsten Chucks Leben gehört und die Tatsache, dass er auch jetzt bei dir ist, umgeben dich, Sheila. Geh jetzt und sei, Wer Du Wirklich Bist. Und lächle.

Chuck würde es nicht anders haben wollen.

Über John Denvers Tod

Lieber Neale: Wie kann Gott ein »guter Gott« sein und jemanden wie John Denver so jung von uns nehmen? Ich bin zornig und ich verstehe es nicht! Mary, Columbus, OH.

Liebe Mary: Gott hat John nicht von uns »genommen«. Niemand stirbt vor seiner Zeit und gegen seinen Willen. Man mag es nicht auf bewusster Ebene gewollt haben, aber auf der Seelenebene sind der Wille Gottes und der Wille eines jeden von uns eins. Wir können sicher sein, dass es auf dieser Ebene unsere Wahl war, wenn wir unseren Körper verlassen. Wir gehen, wenn unsere Arbeit hier getan ist; wenn wir das zu Ende gebracht haben, um dessen willen wir hierher kamen. Ich hasse es, der Sache das Geheimnisvolle zu nehmen, aber so einfach ist das.

Manchmal ist gerade unser Tod, die Art und Weise, wie wir sterben, der Grund für unsere Inkarnation. Das ist bei vielen Märtyrern der Fall, die für eine Sache oder dafür sterben, dass wir eines Tages alle irgendwie erweckt werden. Das ist auch oft bei kleinen Kindern der Fall, die vielleicht gekommen sind, um uns alle an etwas zu erinnern.

John Denver und ich sollten bei einem sehr besonderen Ereignis in San Francisco gemeinsam auftreten, einer Benefizveranstaltung für Barbara Marx Hubbards Conscious-Evolution-Foundation. Barbara wollte sich mit John und mir danach zusammensetzen und über die Möglichkeiten für eine fortgesetzte Veranstaltungsreihe ähnlicher Art sprechen. Barbara nannte sie »Das Erwachen der Menschheit« und sie sollte 1998 und darüber hinaus im ganzen Land durchgeführt werden.

Ich kann dir gar nicht sagen, wie abgrundtief meine Trauer war, als ich eine Woche, bevor das alles stattfinden sollte, von Johns Tod erfuhr. Trotz allem, was ich über den Tod und was danach geschieht weiß, war das Gefühl von persönlichem Verlust und Schmerz – das von der ganzen Nation und der ganzen Welt geteilt wurde – fast mehr, als ich ertragen konnte. Diese schreckliche Tragödie erschütterte mich bis ins Mark meines Seins.

Ich weiß nicht, was uns dazu bringt, Dinge so zu tun oder zu sagen, wie wir sie tun oder sagen. Ich sehe mich Dinge tun und sagen, und weiß bei der Hälfte aller Fälle nicht, warum ich sie tat oder sagte. Einmal saß ich mit John beisammen und wir redeten über das Leben. Vor allem über das Leben auf Reisen. John und ich waren in der ersten Hälfte dieses Jahres beide sehr viel unterwegs gewesen und hatten es beide ein bisschen satt. An irgendeinem Punkt sah mich John an und sagte sehr still: »Ich weiß nicht, Neale. Manchmal frage ich mich, ob es das alles wert ist.«

Ich war ein bisschen überrascht. Johns Leben schien mir so reich zu sein, wie ein Leben nur sein kann, und seine Beiträge zu diesem Planeten waren nicht zu übersehen und gewaltig. Das sagte ich ihm auch. Doch die Art und Weise, wie ich es ihm sagte, überraschte mich. Ich weiß nicht, warum ich tat, was ich tat, oder sagte, was ich sagte. Aber plötzlich setzte ich mich aus keinem ersichtlichen Grund direkt vor ihn hin und sah ihm direkt in die Augen. »John«, sagte ich, und mir war dabei sehr feierlich, sehr ernst zumute (was mir gar nicht ähnlich sieht), »falls ich dich nie wieder sehen sollte, so musst du wissen: Dein Leben und deine Arbeit hat so viele Menschen berührt. So viele. Sie hat sie mit Licht und Liebe berührt. Sie hat ihnen ein Lächeln und Fröhlichkeit, große Freude und Auftrieb, und ja, auch Hoffnung gegeben. Du hast so vielen so viel bedeutet, John. Ja, es war es wert. Es war es zutiefst wert. Und denk nie, nie, nie anders darüber.«

John sah mich prüfend an, und ich glaubte zu sehen, dass sich sein Blick ein wenig verschleierte. »Danke, dass du mir das gesagt hast«, sagte er mit weicher Stimme.

Es ist interessant, wie wir über unser Leben denken. Andere mögen uns mit Lob überhäufen, wir mögen sogar in großem Stil der Gegenstand der Bewunderung anderer sein, und doch kann es Augenblicke geben — kurze, flüchtige Momente vielleicht, die einfach über uns kommen —, in denen wir uns schlichtweg selbst nicht »begreifen«; wir sehen einfach nicht den Wert unseres Lebens und was wir für andere bedeuten.

Das erinnert mich an James Stewarts klassische Rolle in *Ist das Leben nicht schön?* Da musste ein Engel namens Clarence kommen, um dem Hauptprotagonisten im Film klarzumachen, was sein Leben alles bewirkte. Er selbst konnte nicht glauben, dass er oder irgendetwas von dem, was er getan hatte, von wirklichem Wert war, trotz der Tatsache, dass alle seine Freunde und die halbe Stadt sehr große Stücke auf ihn hielten.

Ich vermute, es gab Augenblicke, in denen es auch für John so war, so wie es auch für die meisten von uns solche Tage gibt. An solchen Tagen brauchen wir vielleicht einen Freund oder eine Freundin, eine Person, die uns wirklich sieht, die uns in die Augen blickt und uns wieder unser Selbst zeigt. Und an anderen Tagen stellen wir fest, dass wir dieser Freund, diese Freundin sein können, dass wir in die Augen einer Person blicken, die wir lieben, und sie wissen lassen, dass wir sie sehen. Ganz und gar. Als Wer Sie Wirklich Ist. Dadurch geben wir die Menschen sich selbst zurück. Und ein größeres Geschenk kann es nicht geben.

Ich bin froh, dass ich die Möglichkeit hatte, John zu sagen, wie ich ihn sah. Ich bin froh, dass wir diesen Augenblick miteinander hatten. Denn wie sich herausstellte, hatte ich ihn an diesem Tag zum letzten Mal gesehen. Und das lässt mich an etwas anderes denken. Wie würde ich mich einer Person gegenüber verhalten, was würde ich zu ihr sagen, wenn ich im Voraus wüsste, dass ich das letzte Mal mit ihr beisammen bin?

Ich würde ihr Loblied singen wie damals mit John. Ich würde ihr sagen: »Das ist das Geschenk, das du bist.« Interessanterweise schrieb John vor einigen Jahren einen Song mit dem Titel *The Gift You Are*. Er fehlte mir schrecklich an jenem Sonntag eine Woche nach seinem Tod. Er sollte ein paar Songs singen, und ich sollte ein paar Worte sprechen ...

Jerry Jampolsky kam zu dieser Veranstaltung, und wir verwandelten sie in ein wundervolles Ereignis zu Ehren eines wundervollen Mannes. Johns plötzlicher Tod brachte mir wieder etwas sehr Wichtiges in Erinnerung: Jeden Augenblick zu genießen und zu heiligen, in jeder Begebenheit und jeder Person das Beste zu sehen, und das Beste zu geben, was ich in der Zeit, die mir auf diesem Planeten noch verbleibt, zu geben habe. Ich hoffe, jede und jeder von uns kann mit dieser Weisheit in Kontakt bleiben. Ich hoffe, dass es nicht den Tod eines Freundes braucht, um uns daran zu erinnern und mit der Wahrheit unserer eigenen Großartigkeit und Wunderbarkeit unserer Beiträge verbunden zu bleiben.

John und ich waren uns in vielen Dingen einig, auch darin, dass alles im Leben ein riesiges Gespräch mit Gott ist. Ich schrieb ein paar Bücher mit dieser Aussage, und John sagte es mit der letzten Zeile der letzten Strophe eines Songs, den er geschrieben hatte: *»You can talk to God, and listen to His casual reply.«* Und dann sang er den Refrain: *»Rocky Mountain High ...«*

Ich weiß, dass ihr, dass Sie alle John geliebt haben, und ich möchte diesen Augenblick nicht ohne die Gelegenheit vorübergehen lassen, unseren Kummer gemeinsam miteinander zu teilen.

Johns Beiträge zu diesem Planeten waren unschätzbar. Sie waren so gewaltig, dass sie sich nicht ermessen lassen. Und sie hatten mit sehr viel mehr zu tun als nur mit seiner Musik, obschon diese für sich genommen mehr als genug ist. Er gründete *The Hunger Project* und die *Windstar Foundation,* um sich für Umweltbelange einzusetzen, sein tiefes Mitgefühl und seine Menschlichkeit — all das hat uns alle berührt.

Und so ist hier für alle von uns, für jene, die ihn kannten und einen Freund nannten, und für jene, die ihn Freund nannten, ohne ihn zu kennen (was wirklich so in etwa das Höchste ist, was man über eine Person sagen kann), ein einfaches Wort des Dankes und ein Lebewohl. Danke, John, für den *sunshine on my shoulders* — den Sonnenschein auf meinen Schultern.* Tief im

---

* *Sunshine on my Shoulders* ist ein Song von John Denver. (A. d. Ü.)

Innern meines Herzens weiß ich, dass es für dich »gut ist, wieder zu Hause zu sein ...«

Gott segne euch alle und seid wundervoll zu einander. Das wird John wirklich gefallen.

Wie denkt man auf spiritueller Ebene über Selbstmord?

Sehr geehrter Mr. Walsch: Ob Sie wohl Gott zum Selbstmord befragt haben? Da ich Krankenschwester in einer psychiatrischen Klinik bin, habe ich häufig mit diesem Thema zu tun und bin ratlos, wenn ich anderen beistehe. Mit freundlichen Grüßen, Judy.

Sehr geehrter Mr. Walsch: Mein Sohn schoss sich eine Kugel in den Kopf und starb im Januar 1996. Ihr Buch *Gespräche mit Gott* war sehr tröstlich. Bitte gehen Sie auf das Thema Selbstmord ein. Vielen Dank, Marilyn.

Liebe Judy und Marilyn: Ich danke Ihnen für Ihre Briefe. Ich erhalte sehr oft Fragen zum Thema Selbstmord und freue mich immer, die Menschen auf die sehr spezielle Arbeit meiner Freundin Anne Puryear im Logos Center in Scottsdale, Arizona, hinzuweisen. Anne ist die Autorin eines außergewöhnlichen Buchs, *Stephen Lives,* das praktisch jede Frage beantwortet, die Menschen stellen, wenn eine von ihnen geliebte Person sich das Leben genommen hat. Ich empfehle dieses Buch jedermann, aber ganz besonders jenen, die auf diese Weise einen geliebten Menschen verloren haben.

Lassen Sie mich Ihnen nun mitteilen, was ich meinem Gefühl nach über dieses Thema weiß. Der Tod existiert nicht, wir sprechen also hier von einem Wechsel der Lebensform. Darin liegt kein »Verbrechen«, also gibt es auch keine Bestrafung. So wie ich es verstehe, entscheidet sich die Seele zum Verweilen in einem physischen Körper, um ihn als Instrument bei der Erschaffung der nächsten großartigsten Erfahrung von Wer Sie Wirklich Ist zu benutzen. Verlässt man diesen Körper, beendet das ganz einfach diese Erfahrung. Man kann natürlich in einen anderen Körper eintreten und wieder von vorne anfangen. Aber das tut man im Allgemeinen erst nach einer gewissen Phase des Studiums und der Besinnung hinsichtlich der eben vollendeten Inkarnation. Der Seele einer Person, die Selbstmord begeht, stößt nichts Tragisches zu. Und wir täten gut daran, uns diese Ansicht aus dem Kopf zu schlagen. Dies ist allerdings nicht als Empfehlung zu verstehen, Selbstmord zu begehen. Es ist einfach die Wahrheit. Es gibt eine Menge Leute, die niemandem die Wahrheit darüber sagen möchten, weshalb meine Worte hier nicht bei jedermann Freude auslösen mögen. Aber ich kann nichts sagen, das meinem Wissen nach falsch ist. Und wenn ich sagen würde, dass Gott jene, die ihrem physischen Leben mit eigener Hand ein Ende setzen, bestraft oder irgendwie benachteiligt, würde ich etwas Falsches verbreiten.

Menschen, die ihrem physischen Leben ein Ende setzen, tun dies in den meisten Fällen, um einen Schmerz zu beenden, den sie nicht länger durchleben wollen. Wenn es sich um einen emotionalen Schmerz handelt, dem sie ein Ende machen wollen, werden sie feststellen, dass dies nicht funktioniert. Sie werden sich nach dem Verlassen des Körpers nach wie vor mit dem Schmerz befassen. Aber sie werden wundervolle Hilfe und Führung erhalten, um da durchzugehen, sie werden also nicht allein sein. Marilyn, Ihr Sohn ist vollkommen okay und sehr geliebt dort, wo er ist. Ich möchte Ihnen sehr empfehlen, *Stephen Lives* von Anne Puryear zu lesen. Und nehmen Sie mit Anne Kontakt auf. Ihre Kontaktadresse ist P. O. Box 12880, Scottsdale, AZ 85267-2880.

Manchmal habe ich das Gefühl,
mich umbringen zu wollen

Sehr geehrter Mr. Neale D. Walsch: Ich habe eine Frage. Manchmal habe ich das Gefühl, mich umbringen zu wollen. Ich bin wirklich zu erschöpft, um noch weiterzuleben, und ich möchte aufhören, ein Mensch zu sein. Aber mit dem Tod scheint man nicht aufzuhören, ein Mensch zu sein. Selbst wenn ich sterben würde, wäre ich nach wie vor ein menschliches Wesen. Ist das richtig? Mayumi, Bethesda, MD.

Liebe Mayumi: Wenn Sie sich umbringen, wird Sie das nicht aus diesem »Spiel des Lebens« entlassen, sondern es auf eine Weise verlängern, die Sie wahrscheinlich um nichts wünschenswerter finden werden als das Spiel, das Sie jetzt spielen. Es ist unmöglich, dem Spiel zu entkommen, da wir es erschaffen, ganz gleich auf welcher Ebene wir es spielen (das heißt, ob in menschlicher Gestalt, physischer Gestalt oder in irgendeiner anderen Form). Dieser Wahrheit werden Sie sich sehr rasch bewusst werden, wenn Sie dieses spezielle Erfahrungsfeld verlassen haben. Von daher ist es vielleicht ratsam, sich mit dem von uns erschaffenen Zustand in dem Moment zu befassen, in dem wir ihn erschaffen haben. Aufschieben bringt wirklich keine Lösung.

Ich verstehe, wie ein Mensch das Gefühl haben kann, einfach »allem ein Ende machen« zu wollen. Ich kann ehrlich behaupten, dass auch ich in meinem Leben solche Gefühle hatte. Aber Mayumi, ich habe gelernt, dass ich alles, was passiert, aus einem Grund erschaffen habe. Hinter allem steckt eine göttliche Absicht. Schauen und erkennen Sie, wie Sie an dieser Erfahrung, die Sie jetzt machen, wachsen können. Das habe ich getan, als ich an meinem Scheideweg stand, und ich erkenne jetzt, was der Schmerz, den ich damals durchmachte, mit meinem Leben zu tun hatte.

Gott nimmt Anteil,
das sollten Sie auch

Lieber Mr. Walsch: Jahrelang habe ich immer dieselben Fragen gestellt, und oftmals hatte ich das Gefühl, als ob Gott überhaupt keinen Anteil an mir nähme, sich gar nicht um mich kümmerte. Ich habe sehr viel an Selbstmord gedacht und mich beinahe umgebracht, als ich 18 war. Ich habe sehr viele mentale Schmerzen in meinem Leben erlitten und war, bevor ich Ihr Buch las, an einem Punkt angelangt, wo es mir gleichgültig war, ob ich am Leben war oder tot. Ich habe sehr viel geweint und Gott gefragt, wie ich die Wahrheit finden kann. Und dann kam Ihr Buch. Es hat alles geändert. Ich danke Gott dafür, dass er meine Fragen durch Sie beantwortet hat. Es war, als sei das Buch für mich geschrieben worden. Sabina, KS.

Ich danke Ihnen für Ihren herzerwärmenden und sehr berührenden Brief. Ich bin froh, dass dieses Material Ihnen nützlich war und geholfen hat. Geben Sie nun an andere weiter, was Sie gelernt haben, damit aus Ihrem Schmerz endlich Freude wird. Gott nimmt Anteil an Ihnen, kümmert sich um Sie und hat ein Wunder in Ihrem Leben gewirkt. Gehen Sie nun und seien Sie ein wandelndes Wunder im Leben anderer. Helfen Sie ihnen, sich aus ihrem Tal der Tränen und der »Teilnahmslosigkeit« zu erheben, so wie Ihnen geholfen wurde, sich daraus zu erheben. Dann wird alles einen Sinn ergeben, und Sie werden verstehen, warum Sie diese Erfahrung durchlebten.

Wie denken Sie über die Selbstmorde
der Heaven's-Gate-Sekte?

Lieber Neale: Mich würde interessieren, wie Sie über die Heaven's-Gate-Sektenangehörigen und ihren Entschluss denken, ihrem Leben ein Ende zu setzen, um sich in ein im Schweif des Kometen Hale-Bopp reisendes Raumschiff zu begeben. Bob, Medford, OR.

Lieber Bob: Nun, das war für manche Leute eine schwer zu verdauende Nachricht, aber ich denke, wir sollten uns einer eilfertigen Verurteilung der Heaven's-Gate-Episode und der Leute, die daran beteiligt waren, enthalten. In den Abschiedsbriefen fand sich kein einziger Hinweis darauf, dass diese Leute irgendetwas anderes taten als das, was ihnen ihrer Überzeugung nach unerhörte Freude bringen würde. Wir könnten hier also etwas sehr Wagemutiges versuchen. Statt diese Menschen als verrückt zu bezeichnen und zu sagen, dass es falsch war, was sie getan haben, könnten wir vielleicht versuchen, einfach ihre Wünsche zu respektieren.

Ist das Töten jemals zu rechtfertigen?

Lieber Neale: Ich mochte dein Buch sehr und hatte das Gefühl, dass es mit Ausnahme von einigen Worten einer göttlichen Quelle entsprang! Doch diese Worte stehen so absolut im Widerspruch zur göttlichen Liebe, sind so unvereinbar mit dem Rest des Textes, dass ich mir nun Gedanken über die Gültigkeit des gesamten Werks mache.
Auf den Seiten 152/153 hast du bei der fünften Verpflichtung geschrieben: »... wenn ihr darauf achtet, dass ihr nicht mordet (das heißt, willentlich ohne Grund tötet) ... ohne allerheiligsten, gerechtfertigsten Grund ...« Diese Worte sprangen mich an und

ließen mich erstarren! Dann hast du in deinem monatlichen Newsletter ganz direkt gesagt, du hättest in der Tat das Gefühl, dass wir das göttliche Recht haben, ja die moralische Pflicht, andere menschliche Wesen zu töten, um zu verhindern, dass diese weiterhin töten! Ich finde das sehr erschreckend, denn ich fühle in meiner Seele, dass jene Worte nicht von Gott kamen, sondern von dir hinzugefügt wurden.

Dir ist ganz gewiss klar, dass mehr Menschen im Namen Gottes auf dieser Erde getötet und gefoltert worden sind als aus irgendeinem anderen Grund. Und jede Person, die einen anderen Menschen umgebracht hat, glaubte das Recht und die Pflicht dazu zu haben, weil Gott, natürlich, auf ihrer Seite war! Zu meinen Kernüberzeugungen gehört auch die, dass das Leben absolut geheiligt ist, und niemand das Recht hat, es einem anderen Lebewesen zu nehmen! Gandhi, Jesus und Martin Luther King waren nur einige der großen Meister, die die Welt lehrten, wie man Gewalt widersteht, ohne sie selbst anzuwenden. Sicherlich weißt du, dass Gewalt nur Gewalt hervorbringt und nichts löst.

Die Macht des Gebets und der Liebe ist unvergleichlich. Wir brauchen niemals jemandem zu sagen, dass wir ihn töten, wenn er nicht aufhört, andere zu töten, geschweige denn es dann auch tatsächlich zu tun! Ja, das Böse existiert, aber wir werden es nie mit dem Bösen überwinden. Wir können es uns nicht erlauben, auf die Ebene jener, die töten, hinabzusteigen, indem wir uns ihnen anschließen; vielmehr können wir sie dadurch, dass wir sie lieben, erheben. Wir wissen, dass die, die sie töten, nicht zerstört werden. Jedermann ist ewig, und wir spielen alle nur unsere Rolle hier auf Erden.

Warum finde ich, wenn mir alles andere in deinem Buch so absolut richtig erscheint, den Zusatz »ohne allerheiligsten, gerechtfertigsten Grund« zu »du sollst nicht töten« so absolut falsch? Gott ist absolute Liebe und würde es niemals, unter keinen Umständen, rechtfertigen oder dulden, dass man einem anderen das Leben nimmt.

Ich finde den Gedanken, es sei unter »bestimmten Umständen« okay zu töten, nicht nur falsch, ich finde ihn auch höchst gefährlich. So werden Kriege angefangen, gefördert und fortgesetzt, weil die Menschen, die sie führen, glauben, für eine »geheiligte und gerechte« Sache einzutreten. Statt Kriege zu beenden, gießen diese deine Worte noch Öl ins Feuer. Willst du das wirklich?

Mir ist klar, dass die meisten Menschen das Gefühl haben, das Töten sei unter gewissen Umständen »gerechtfertigt«, so zum Beispiel, wenn man sein eigenes Leben oder das von geliebten Menschen verteidigt. Aber das ist doch nach wie vor eine Reaktion aus Angst. Ich hoffe, ich würde Gebet und Liebe als meine einzige Waffe einsetzen, wenn jemand drohte, meine Familie zu verletzen oder zu töten. Wenn das nicht funktionierte, dann wäre mir klar, dass es für uns an der Zeit ist, diese Welt zu verlassen im Wissen, dass ich und meine Geliebten auf einer anderen Ebene oder in einer anderen Dimension weiterleben werden. Ich habe gelernt, dass die beste Verteidigung Wehrlosigkeit ist. Lies Gandhi, wenn du Zeit hast. Oder besser, lies dein eigenes Buch noch einmal. Es steht alles drin! Man kann alles letztlich auf zwei Elemente reduzieren: Liebe oder Angst. Töten ist immer das Ergebnis von Angst, die das Gegenteil von Liebe oder Gott ist und von daher niemals »richtig«. Nur die Dinge, die das Leben bejahen, sind von Gott, und ich kann und will nicht glauben, dass Gott gesagt hat, Töten sei manchmal oder überhaupt jemals okay! Joanne, Bend, OR.

Liebe Joanne: Du hast ein schwieriges und herausforderndes Thema angeschnitten. Ich verstehe, wie du Probleme damit haben kannst. Menschen zu beiden Seiten dieser Streitfrage haben seit Jahrhunderten versucht, damit zurechtzukommen. GMG Band 1 geht mindestens an drei verschiedenen Stellen auf sie ein. Und wie im Buch selbst implizit steht, wäre es gefährlich, irgendwelche Bemerkungen zu dieser Frage aus ihrem Kontext herauszunehmen und sie für sich allein zu betrachten. Innerhalb des Kontexts von allem, was in *Gespräche mit Gott* geschrieben steht, finde ich die Position des Buches zu diesem Thema verständlich, akzeptabel und mit Wer Ich Bin vereinbar.

Schauen wir uns an, was dieser Kontext hergibt.

Erstens wird im Buch darauf hingewiesen, dass nichts »richtig« oder »falsch« ist. Zweitens wird gesagt, dass wir uns alle selbst als die erschaffen, die wir hinsichtlich genau solcher Fragen wie dieser unserer Entscheidung nach sein wollen. Drittens sagt es, dass man innerhalb dieses Prozesses keinen Fehler machen kann, weil niemand über die Schöpfung richtet. Viertens sagt es, dass es weder von Liebe zu sich selbst noch zu dem Menschen, der missbraucht, zeugt, wenn man ihm erlaubt, seinen Missbrauch fortzusetzen. Fünftens sagt es, dass wir nach dem höchsten moralischen Gesetz, das wir für uns entwickelt haben (im Universum gibt es kein moralisches Gesetz), das Recht haben, dem, wodurch wir misshandelt und missbraucht werden, Einhalt zu gebieten. Sechstens weist das Buch deutlich darauf hin, dass unser höchstes moralisches Gesetz um den Grundgedanken eines Gleichgewichts der Kräfte und um den Grundsatz der Angemessenheit aufgebaut ist. Mit anderen Worten, wenn uns jemand die Abendzeitung aus unserem Briefkasten klaut, gibt man ihm nicht eins mit dem Baseballschläger über den Schädel.

Wenn andererseits jemand direkt vor unseren Augen unsere Kinder tötet, erscheint es vielleicht nicht unmoralisch, ihn mit allen nötigen Mitteln zu stoppen, einschließlich dem Einsatz von tödlicher Gewalt, wenn er auf nichts anderes hört.

Ihn nicht aufzuhalten, ihm — unter dem plausiblen Mantel des Pazifismus — zu erlauben, zum nächsten Haus und wieder zum nächsten zu marschieren und noch mehr Kinder zu foltern und zu töten, mag in der Tat die größere Ungerechtigkeit sein. Und das kann doch sicherlich nicht die einzige Lösung für jemanden sein, der von der »Liebe« ausgeht. Was ist mit der

Liebe zum Kind? Sollen wir, um liebevoll gegenüber dem Kinderschänder und Kindesmörder zu agieren, nichts tun, um dem Leiden des Kindes ein Ende zu setzen? Es kann Liebe sein und nicht Angst, die uns zu einem, der Missbrauch treibt, sagen lässt: »Du musst damit aufhören.« Das Buch sagt, dass es kein liebevolles Handeln ist (auch nicht gegenüber dem, der missbraucht), wenn wir zulassen, dass er weiterhin missbraucht. Und wenn er wirklich nur auf den Einsatz von Gewalt hört, wenn er nur darauf hören kann, dann ist er es, der dieses Verständigungsmittel auswählt, nicht du.

Du hast noch etwas geschrieben, Joanne, das mich fasziniert. Danach würdest du es eher zulassen, dass deine Kinder direkt vor deinen Augen umgebracht werden, statt ebenfalls Gewalt anzuwenden, um sie zu schützen, weil dir, wie du schreibst: »... klar würde, dass es an der Zeit ist, diese Welt zu verlassen im Wissen, dass ich und meine Lieben auf einer anderen Ebene oder in einer anderen Dimension weiterleben werden.« Nun, gilt das nicht auch für den, der deine Kinder attackiert? Und wenn das so ist, und wenn es keinen Tod gibt, sondern nur einen Wechsel in der Lebensform, was veranlasst dich dann zur Entscheidung, dass dein Kind seine Lebensform wechseln soll, und nicht der Angreifer? Welches Gesetz Gottes verlangt das?

Kurzum, Joanne, deine ganze Definition von »falsch« oder »Unrecht« wird witzlos, wenn du nicht bereit bist, etwas zu tun, das du für »falsch« oder ein »Unrecht« hältst, um so einen anderen daran zu hindern, etwas zu tun, das du für »falsch« oder ein »Unrecht« hältst. Ich bitte dich, diese Aussage noch einmal zu lesen und über sie nachzudenken.

Das Buch macht diesen Punkt klar durch die Bemerkung, dass wir manchmal die Regeln brechen müssen, damit die Regeln überhaupt irgendeine Bedeutung haben. Oder dass wir manchmal aufgeben müssen, Wer Wir Sind, um Wer Wir Sind sein zu können. Bist du zum Beispiel ein Mann des Friedens, und jemand zerstört den Frieden, indem er deine Kinder, deine

Mutter, deine Frau und deine Freunde tötet, dann könntest du die Entscheidung treffen, in deiner Erfahrungswelt wieder dadurch zum Frieden zurückzukehren, dass du ihn stoppst. Bist du jemand, der leise spricht, dann kann es sein, dass du manchmal die Stimme erheben musst, um wieder leise sprechen zu können.

»In der Geschichte«, so heißt es in GMG, »wurden solche Entscheidungen Menschen schon häufiger abverlangt.« Viele gute Männer und Frauen zogen in den Krieg, um sich als Menschen des Friedens durchzusetzen. Dieser Weg war nicht ihr Wunsch. Dieses Programm war nicht ihre Wahl. Aber Hitler wählte es. Saddam Hussein wählte es. Slobodan Milosovic ... Der Irre, der ins Kinderzimmer eindringt, wählt es. Sind Menschen, die einem solchen Irren mit dessen eigenen Mitteln begegnen, weil sie keine andere Wahl haben, moralisch minderwertig? Sind Irre irgendwie »noch toter« als gute Menschen, die »auf einer anderen Ebene oder in einer anderen Dimension weiterleben«? Die Antworten darauf scheinen mir ein »Nein« zu sein. Denk daran, im Grunde kann niemand wirklich getötet werden, wie du selbst eingeräumt hast. Wir sprechen hier davon, dass Lebensformen verändert und Entscheidungen getroffen werden, wessen Lebensform es sein soll.

Zweifellos sagt das Buch genau aus diesem Grund, dass es letztlich keinen Unterschied macht, was wir tun oder wählen. Wir sind ganz einfach dabei, uns selbst zu erschaffen, und können sein, wer immer wir sein wollen. Wenn du entscheidest, dass Wer Du Bist eine Person ist, die daneben steht und zusieht, wie ihre Familie umgebracht wird, und die niemals dem Mörder das Leben nehmen würde, dann ist das deine Wahl. Ich würde die Wahl treffen, das Leben auf andere Weise zu achten.

Diese Fragen werden in GMG Band 1 auf den Seiten 57, 86/87, 152, 169/170, 204/205, 230 bis 238 ausführlicher besprochen. Ich muss sagen, dass mich die Aussagen auf den letzten erwähnten Seiten am meisten beeindruckten. Als ich dieses

Material bekam, klärten sie für mich alle diesbezüglichen Fragen, denn auch ich hatte hier tiefe Vorbehalte.

Danke noch einmal, Joanne, für deine Direktheit, deinen Mut und deine Bereitschaft, diese Frage zu stellen und diesen ausführlicheren Dialog zu eröffnen. Er dient uns allen. Und er wirft eine fundamentale Frage auf. Kann uns die Energie namens Liebe gestatten, ein Leben zu beenden?

In diesem Monat wird das Urteil über John Bement gesprochen. Er könnte fünfzehn Jahre hinter Gittern landen oder ... Bewährung bekommen. Die Anklage? Totschlag. Das Opfer? Seine Frau.

Das ist noch so einer von diesen schwierigen Fällen. Er wirft eine Frage auf, die wir uns meiner Ansicht nach alle anschauen müssen. Denn siehst du, John Bement sagt, seine Frau Judith Bement habe ihn darum gebeten, ihr zu helfen, ihr Leben zu beenden. Judiths Tochter Cynthia bestätigt, dass sich genau das zugetragen hat. Judiths andere Tochter Susan sieht das anders. Sie war nicht da, als ihre Mutter mit Hilfe John Bements starb, und sie sagt, ihre Mutter wollte in jener Nacht nicht sterben.

Und weil ihr die Sache so zu schaffen machte, nahm sie heimlich ein Gespräch auf, das sie, ihre Schwester Cynthia und ihr Stiefvater drei Tage nach dem Tod der Mutter führten. Dabei bat Susan ihren Stiefvater, ganz genau zu beschreiben, wie ihre Mutter starb: Was er tat und wie er es tat. »Ich brauche einfach inneren Frieden«, erklärte sie, während das Tonband surrte. Später brachte sie das Band zur Polizei. Ihr Stiefvater wurde angeklagt und ging während des Prozesses nicht in den Zeugenstand. »Ich habe allen genug Probleme bereitet«, sagte er seinem Verteidiger. »Ich möchte, dass wir alle heilen. Ich möchte nie wieder darüber sprechen.«

Cynthia, die dabei war, als ihr Stiefvater Vorbereitungen traf, um ihrer Mutter beim Sterben zu helfen, hörte, wie ihre Mutter die Anweisungen gab, wie er zermahlene Sedativa und Antidepressiva in einen Vanillepudding rühren sollte. Sie beharrt darauf, dass ihre Mutter den Pudding bereitwillig annahm, »einen Löffel voll schluckte und den Mund öffnete, um mehr zu bekommen, bis er sie damit fütterte.« Sie erinnert sich, wie ihr Stiefvater in sehr emotionaler Weise zu seiner Frau sagte: »Wirklich, Judy, wir brauchen das nicht zu tun.«

»Mein Dad wollte nicht, dass meine Mutter starb. Wirklich nicht. Und ich auch nicht«, sagte Cynthia.

Aber ihre Mutter wusste, was sie wollte, sagt sie.

Judith Bement war einmal eine aktive und vitale Frau gewesen. Sie und John waren dreiunddreißig Jahre verheiratet, als sie die Lou-Gehrig-Krankheit (ALS – Amotryphe Lateralsklerose) bekam, die die Nerven im Gehirn und Rückenmark zerstört und bisher unheilbar ist. Im Verlauf der Krankheitsstadien hatte sie fünfzig Pfund zugenommen. Erst konnte sie nicht mehr gehen und musste im Rollstuhl sitzen, dann konnte sie sich überhaupt nicht mehr bewegen. Ihre Hände und Füße waren geschwollen und nutzlos, ihre Wangen permanent gerötet.

»Die Krankheit hat sie zerstört«, sagte Tochter Cynthia. »Sie konnte nicht mehr gegen sie ankämpfen.« Enge Freunde Judiths, von denen einige während des Prozesses Zeugenaussagen machten, bestätigten, dass Judith sie angefleht hatte, ihr zu helfen, Suizid zu begehen.

»Vielleicht würden eine Menge Leute sagen, dass wir ja die Möglichkeit hatten, es abzulehnen«, sagt Cynthia. »Und wir hätten es ablehnen können. Aber wir liebten diese Frau sehr. Wir (sie und ihr Stiefvater) sind uns einig, dass wir es wieder für unsere Mutter täten, wenn wir müssten.«

Susan hingegen beharrt auf ihrem Standpunkt. »Wenn es jemandem schlecht geht, dann munterst du ihn auf. Du ermunterst ihn nicht dazu, sich das Leben zu nehmen«, sagt sie.

Alles das bringt uns natürlich zu der Frage, ob irgendjemand, so er die Gelegenheit dazu hat, ein Recht auf die Wahl hat, wie und wann er sterben möchte. Haben wir das Recht zu sagen, dass wir genug haben, wenn unsere Lebensqualität und der Beitrag, den wir zum Leben anderer liefern können, sich bis zum Punkt reduziert haben, an dem das Leben im physischen Körper für uns keinen Sinn mehr macht, ganz zu schweigen davon, ob es noch erträglich ist?

Das ist eine Frage, der wir uns, als humane Gesellschaft, widmen müssen. Hat John Bement Totschlag begangen? Oder hat er ein Versprechen seiner Frau gegenüber, sie zu lieben und sie (und ihre Wünsche) zu achten und zu respektieren, eingehalten? GMG zufolge sagt die Liebe: »Dein Wille für dich ist mein Wille für dich.« Ja, so erklärt GMG, es ist das, was Gott sagt.

Glaubst du das? Oder sollte John Bement für das, was er tat, von den Menschen und von Gott bestraft werden?

Wessen Leben ist es überhaupt?

Lieber Neale: Abgesehen davon, dass *Gespräche mit Gott* uns an die Tatsache erinnert, dass wir alle ewig sind und nicht sterben können, schlage ich vor, die Frage, ob irgendjemand von uns prinzipiell das Recht auf die Wahl hat, wie und wann er sterben möchte, als überflüssig und irrelevant zu betrachten, so wie alle so genannten Sünden, die die katholische Kirche erfunden hat. Warum in Gottes Namen sollte es, da wir alle den Zeitpunkt und den Ort unseres Eintritts in die Welt wählen, einen Unterschied machen, wenn wir uns auch aussuchen, wo, wann und wie wir sie wieder verlassen? Und warum sollte, da wir alle prinzipiell Gott sind, das jemand zum Problem machen, es sei denn, er möchte die Illusion des Getrenntseins aufrechterhalten? Wen geht es überhaupt etwas an, da es doch wohl unser aller ganz persönliche Angelegenheit ist? Mit freundlichen Grüßen, Ken, Surrey, BC, Kanada.

Lieber Ken: Das ist natürlich der Punkt. Vor ein paar Jahren wurde ein wunderbares Theaterstück geschrieben mit dem Titel

Whose Life Is It, Anyway (Wessen Leben ist es überhaupt?). Und das ist natürlich die fundamentale theologische Frage. Da sind diejenigen, die sagen, es sei nicht unser, sondern Gottes Leben; es sei bloß ein Geschenk und wir könnten nicht damit machen, was wir wollen. Wir sollen damit machen, was Gott will. Schönes Geschenk.

Das ist jedoch eine unrichtige Lehre. Sie gründet sich auf den Grundgedanken eines von uns getrennten Gottes. Und ebenso auf den Gedanken, dass das Leben irgendwie ein Ende haben kann. Beide Vorstellungen sind unzutreffend und haben mit der letzten Wirklichkeit nichts zu tun. Wir und Gott sind eins, und das Leben ist ewiger Natur. Diese beiden Wahrheiten können viele der Entscheidungen, die wir in unserem Leben getroffen haben, überflüssig machen. Zweifellos ist das der Grund, warum es manchen Leuten so schwer fällt, sie zu akzeptieren.

Ich wurde ermordet: Was bedeutet das?

Lieber Freund: Ich habe gerade das Buch *Gespräche mit Gott* zu Ende gelesen. Mein Herz ist voll und auch mein Geist, und natürlich habe ich eine Million weitere Fragen! 1987 starb ich, das heißt, ich wurde von meinem Mann ermordet, und ich bemühe mich, das und alles andere, das seither geschehen ist, zu verstehen. Ich empfinde und weiß jetzt Dinge auf einer anderen Ebene, und es scheint niemanden zu geben, der mir helfen kann, es zu verstehen. Neben meinen eigenen Gesprächen mit Gott scheint dieses Buch dem am Nächsten zu kommen. Kannst du auf dieses Phänomen eingehen? Shirley, Orlando, FL.

Liebe Shirley: ... Du hast mich gefragt, was all das, das dir in deinem Leben widerfahren ist, zu bedeuten hat. Darauf kann ich dir nur antworten: Es bedeutet genau das, was du möchtest, dass es bedeutet. Damit versuche ich die gewaltige Botschaft und großartige Wahrheit in *Gespräche mit Gott* zu übermitteln, welche besagt, dass du die Schöpferin deiner eigenen Realität bist, und dass die Ereignisse für sich allein genommen gar nichts bedeuten. In GMG Band 2 sagte Gott zu mir: »Ich habe euch nur Engel gesandt.« Ich verstehe das so, dass all die Leute, Orte und Ereignisse in unserem Leben von einem vollkommenen Universum in vollkommener Ordnung dort platziert worden sind, damit wir die vollkommene Schöpfung von Wer Wir Zu Sein Wählen vollkommen zum Ausdruck bringen und vollkommen erleben können. Deshalb ist die anstehende Frage nicht, was das alles bedeutet, sondern was das deiner Wahl nach alles bedeuten soll, und wie du deiner Wahl nach dazu stehen möchtest.

Du schreibst mir, du empfindest und weißt jetzt Dinge auf einer anderen Ebene, und es scheint niemanden zu geben, der dir helfen kann, das alles zu verstehen. Es könnte dir gut tun, damit aufzuhören, nach einer anderen Person zu suchen, die dir helfen könnte zu verstehen. Wende dich einfach an die Quelle der größten Weisheit in deinem Innern und suche dort nach dem Verstehen. Es überrascht mich nicht, dass du die Dinge nun anders siehst.

So etwas widerfährt Personen sehr oft, die ein großes Trauma durchmachten oder im klinischen Sinn »tot« waren. Es ist ganz normal, wenn diese Menschen mit einem neuen Verständnis und umfassenderen Erkenntnissen ins Leben »zurückkehren«; Erkenntnisse, mit denen nur ganz wenige andere Leute überhaupt in Berührung kommen können. Ich bin also nicht erstaunt, dass du dich an diesem Ort befunden hast, und ich kann auch verstehen, dass dir das alles bis zu einem gewissen Grad Rätsel aufgibt, ja dich vielleicht auch beunruhigt. Ich hoffe aber, dass du, wie ich dir vorgeschlagen habe, zur Gottquelle in deinem Innern zurückkehrst, um dort Frieden und Trost, Verständnis und Einsicht zu finden und zu einem höheren Gewahrsein und einer größeren Verständnisfähigkeit zu gelangen, die dich all das, was passiert ist und noch kommen wird, begreifen lässt.

Ich hoffe, dass du der Versuchung widerstehst, deinen Mann oder irgendjemand anders zum »Bösewicht« in deiner Geschichte zu machen, sondern dich an einen Ort der Vergebung begibst und schließlich sogar in einen Zustand, in dem du klar erkennst, dass Vergebung gar nicht notwendig ist. In Gottes Welt geschehen alle Dinge auf vollkommene Weise. Lies bitte noch einmal *Gespräche mit Gott,* wenn du mehr Klarheit darüber gewinnen möchtest, warum diese Dinge geschehen. Dort wird deutlich erklärt, dass Ereignisse als einzigartige Konstruktionen stattfinden, die wir selbst herbeirufen, damit wir für das Erschaffen von Wer Wir Sein Wollen die richtigen und perfekten Werkzeuge haben, und so werden können, Wer Wir Wirklich Sind. Letztlich sind wir ein Geschöpf unser eigenen Schöpfung.

Ich weiß nicht, ob dir das irgendeine Hilfe ist, Shirley, aber das ist die Beobachtung, die ich zu diesem Zeitpunkt zu machen habe. Ich respektiere die Schwierigkeiten deiner Erfahrung und sehe, dass du bis zum heutigen Tag bei ihrem Durchleben eine Menge Mut und Stärke an den Tag legst. Ich möchte dich dazu ermuntern, weiterhin an diesem Ort des Muts und der Stärke zu verweilen und alle daran teilhaben zu lassen, deren Leben du berührst.

Die Geschichte eines Nahtod-Erlebnisses

Lieber Neale: Mir ist klar, dass es nicht an Reaktionen auf deine *Gespräche mit Gott* mangelt, fühle mich aber doch dazu gedrängt, meine Energie der der anderen hinzuzufügen. Meine Lebensgeschichte beinhaltet Jahrzehnte der Einsamkeit, des Selbsthasses und der Depression, um in chronischer Krankheit und einem »toxischen Drama« zu gipfeln. Bei einer meiner größeren

Operationen hörte ich auf zu atmen und war sechzehn bis zwanzig Minuten lang klinisch tot. Ich hatte das, was man gemeinhin ein Nahtod-Erlebnis nennt, welches meinen Gewahrseinslevel so komplett veränderte, dass ich nun nicht mehr bin, »Wer Ich War«.

Auf meiner Todes-Reise sah ich zu, wie sich das Ärzteteam um meine Wiederbelebung bemühte: Als die Zeit verging und sie erfolglos blieben, hörte ich, wie sie anfingen, an einer Erklärung für meine Familie zu basteln, warum sie mich verloren hatten. Zu den Höhepunkten meiner Erfahrungen gehörten ein neues Verständnis von der Funktionsweise der Zeit und der Weite unserer Wissens- und Erkenntnisfähigkeit; ich sah, dass Wissen grenzenlos ist. An einem Punkt war ich fähig zu begreifen, wie das Universum funktioniert. Ich erlebte etwas Unglaubliches, etwas, das ich nur als bedingungslose Liebe beschreiben kann, welche einfach Liebe ohne Bedürfnis ist.

Ich begegnete auch einem Lichtwesen – oder Gott, ein ziemliches Ereignis für eine Nicht-Gläubige –, das mich sehr genau kannte und mich so ganz und gar liebte, dass ich meine Gefühle gar nicht beschreiben kann. Dieses Göttliche Wesen wusste, dass ich nicht an seine Existenz glaube, wusste, dass ich mich dagegen sträuben würde, wieder in meinen Körper zurückkehren zu müssen, und liebte mich trotzdem. Die andere tiefe Offenbarung bei diesem Erlebnis war, dass dieses Göttliche Wesen einen wundervollen Sinn für Humor hat und es großen Gefallen an dem meinen hatte.

Dies ist ein sehr komprimierter Bericht von meinem Todeserlebnis, der die Auswirkungen, die es auf meine weitere Lebensreise hatte, gar nicht berührt. Ich möchte hier sagen, dass ich Jahre mit dem Versuch verbrachte, etwas Schriftliches zu finden, in dem ich Gottes Stimme, so wie ich ihr begegnete, erkennen konnte, ohne Erfolg – bis jetzt. *Gespräche mit Gott* enthält Gottes Energie. Es hat dieselbe Sprache, dieselbe bedingungslose Liebe und denselben Sinn für Humor, an den ich mich von meinem Erlebnis her erinnere. Ich lachte und weinte, als ich GMG las. Es war für mich wie nach Hause zu kommen.

Wie bei so vielen anderen Menschen markierten schmerzliche Verluste und persönliche menschliche Ängste meine Lebensreise. Nach dem Ende meiner Ehe befinde ich mich immer noch in einem Heilungsprozess, und ich habe finanziell zu kämpfen. Ich weiß nicht, wo es hingehen soll, aber ich weiß, dass ich einen geheiligten Vertrag zu erfüllen habe. Mein Herz ist offen, und mein Geist ist bereit. Ich weiß, dass ich mich darauf verpflichtet habe, mich dadurch, wie ich mich jeden Tag präsentiere, an »Alles Das Ich Bin« zu erinnern.

Und schließlich weiß ich durch mein Todeserlebnis, dass nichts zufällig geschieht. Daran wurde ich auf sehr schöne Weise durch GMG Band 1 erinnert, das gerade zu einer Zeit in mein Leben kam, als ich es am meisten brauchte.

Ich danke dir für diese Gelegenheit, dir etwas von meinem persönlichen Lebensweg mitteilen zu können. Ich bin sehr dankbar für deinen Anteil an der Erschaffung dieser beiden wundervollen Bücher. Liebevolles Licht & Freudige Energie für dich, Jill, Rochester, NY.

Liebe Jill: Ich danke dir dafür, dass wir alle an deiner wundervollen Geschichte teilhaben durften! Du und verschiedene andere Briefeschreiber hier sind vielleicht daran interessiert, Meisterlehrerinnen und Meisterlehrer des GMG-Materials in GMG-Zentren in eurer Gemeinde oder anderswo zu werden. Wir bauen nun im ganzen Land und überall auf der Welt solche Zentren auf, in Reaktion auf den Wunsch von Millionen von Menschen, mehr über GMG zu erfahren und darüber, wie sie seine Weisheit in ihrem Alltagsleben anwenden können.

Durch unser *CWG In Action*-Programm werden Hunderte von Menschen lizensierte Leiterinnen und Leiter von Studiengruppen werden, GMG-Unterweiser und Meisterlehrerinnen, die in unseren GMG-Zentren Seminare, Workshops und

Retreats anbieten. Mehr Informationen dazu sind unter folgender Kontaktadresse zu erhalten:

CWG In Action
Conversations with God Foundation
PMB 1150
1257 Siskiyou Blvd
Ashland, OR 97520
USA
E-Mail: cwginaction@cwg.info

9

Prophezeiungen,
Veränderungen auf der Erde
und die Zukunft

Was für eine Welt wir hier erschaffen! Jeden Tag sind die Nachrichten voll von mehr und ganz unglaublichem Zeug! Und wo wir auch hinschauen, finden wir Gott in den Schlagzeilen, in *Newsweek, Time, Life,* ja sogar im *TV Guide.* Jede Publikation scheint nach irgendeinem Vorwand zu suchen, um Gott auf das Cover bringen zu können. Warum? Weil wir als Volk derzeit stärker vom Gottestum fasziniert, stärker darauf konzentriert sind als je zuvor in der jüngsten Vergangenheit; weil die Medien kapieren, dass sich Gott momentan »verkauft«.

Warum ist das so? Was geht hier vor? Hat das irgendetwas mit dem neuen Jahrtausend zu tun? Ich denke schon. Ich denke, es hat eine gewaltige Schwingungsveränderung auf diesem Planeten gegeben. Aus menschlicher Sicht eine langsame, in kosmischen Begriffen eine rasante Veränderung, das heißt, sie brauchte nur zwanzig Jahre oder so, noch nicht einmal eine Millisekunde auf der kosmischen Uhr. Sie ging unablässig, unaufhaltsam vonstatten. Und ihre Auswirkungen waren kumulativer Natur. Wir fangen jetzt an, diese Auswirkungen zu sehen und zu fühlen.

Ich habe mir sagen lassen, dass alles Leben Schwingung ist. Ein Oszillieren der göttlichen Kraft, wenn Sie so wollen. Diese Schwingung ist die pure Energie des Universums. Abhängig von der Geschwindigkeit oder Frequenz seiner Schwingung ist ein Ding für uns sichtbar oder unsichtbar, wird es gefühlt oder nicht gefühlt. Abhängig davon, wie ein Ding schwingt, wird es zu Materie oder nicht. Und in welcher Form es zu Materie wird, ist ebenfalls eine Funktion der Schwingung. Das Tempo der Energieschwingung bestimmt, ob wir zum Beispiel etwas als »fest«, »flüssig« oder »gasförmig« wahrnehmen.

Diese Lektion in Physik (im Grunde Metaphysik!) ließe sich endlos fortsetzen, aber darauf will ich hier nicht eingehen (in GMG Band 3 findet sich mehr zu diesem Thema). Ich wollte hier nur ein gewisses Fundament für meine umfassendere Hypothese legen. Es ist meine Überzeugung − und meine Erfahrung −, dass sich die »Schwingung« in unserem Teil des Universums schon seit geraumer Zeit verändert. Sie wird schneller. Das ist das Ergebnis einer Energie-»Welle«, die uns aus dem Kernzentrum seit einiger Zeit erreicht. Ich glaube, diese Welle ist physischer Natur, messbar und berechenbar. Wir bewegen uns gegenwärtig durch diese Welle hindurch − nachdem wir uns lange Zeit an ihren Randbezirken aufgehalten haben. Wir bewegen uns stärker in sie hinein. Oder genauer gesagt, sie rückt enger an uns heran. Nun ist sie nichts, wovor man sich fürchten müsste. Sie ist keine bösartige Manifestation des Universums. Sie ist kein negativer Aspekt der Urkraft. Sie kündigt keine Katastrophe an. Sie ist nur eine Oszillation, eine Auswirkung. Ein Ereignis. Aber sie beschleunigt die Dinge bei uns. Haben Sie es bemerkt? Das passiert übrigens regelmäßig. So etwa alle tausend Jahre nach Erdenzeit gerechnet. Ich stelle mir das als einen Rhythmus im Herzschlag Gottes vor.

So wie wir vom Ziehen und Zerren der Kräfte des Mondes beeinflusst werden (und das werden wir natürlich), werden wir auch die Auswirkungen dieser heranrollenden Schwingung zu spüren bekommen. Das kann sich in Verhaltensveränderungen, vermehrten politischen Umwälzungen, sozioökonomischen Umschwüngen und ja, auch in der zunehmenden Häufigkeit einiger physischer Manifestationen auf dem Planeten äußern. Angefangen hat es vor etwa sieben Jahren. Und das wird sich nun bis ins Jahr 2023 fortsetzen. So lange wird es dauern, bis wir diese Welle oder diesen Photonengürtel durchquert haben.

Wie ich bereits sagte, gibt es für uns keinen Grund, dies in negativer Weise zu erleben. Ganz im Gegenteil – die meisten Leute werden sehr positive Gefühle haben. Es ist eine Zeit der Belebung. Eine Zeit des Auftriebs. Eine Zeit der Wiedererweckung. Und eine Zeit des Wandels.

Nun stimmt es, dass ein wenig ungemütliche Zeiten auf Sie warten könnten, wenn Sie darauf »fixiert« sind, die Dinge so haben zu wollen, wie sie sind, wenn Sie Veränderungen ablehnend gegenüberstehen. Doch ob diese kommenden Veränderungen etwas hervorbringen, das wir »gut« nennen oder als »schlecht« bezeichnen wollen, hängt von uns ab. Wir haben immer noch die Kontrolle darüber; wir haben immer die Kontrolle.

Unsere persönlichen wie auch unsere kollektiven Überzeugungen werden den Kurs bestimmen und unsere Erfahrung erschaffen. Also glauben Sie daran, dass der Wandel, die Beschleunigung Ihnen eine großartige Belebung, eine wundervolle Erneuerung bescheren wird. Denn das werden sie. Und unsere Welt wird ein besserer Ort sein als je zuvor.

Tun Sie mehr, als es nur zu glauben.

Arbeiten Sie dafür.

Erschaffen Sie es.

Dann wird es so sein.

Was hat es mit diesen verrückten Wetterphänomenen auf sich?

Neale: Könntest du einen Kommentar zu einigem von diesem verrückten geophysikalischen Zeug, das da vor sich geht, abgeben? All diese ungestümen Wetter- und Erdveränderungen, die in den letzten Jahren anscheinend an Intensität zugenommen haben. Es sieht so aus, als sei das Wetter äußerst launenhaft und instabil geworden. Viele Aufs und Abs. Extreme Temperaturen, Regenfälle, Schneefälle, Erdbeben, Überschwemmungen usw. Ist das alles Bestandteil eines umfassenderen, unsichtbaren, aber »normalen« Musters, oder stehen wir vor dem Untergang? Und was verursacht diese verrückten Wetterphänomene? MF, Chicago.

MF: Wir stehen nicht vor dem Untergang; wir stehen vor dem Wandel. Es ist nun an der Zeit, dass die Erde wieder die Herrschaft über ihre eigenen Angelegenheiten übernimmt. Wir haben lange genug danach getrachtet, ihr unsere Herrschaft aufzuzwingen. Die Natur wird uns jetzt wissen lassen, wer wer und was was ist, und wo wir in den großen Plan, der hinter allem steht, hineinpassen. Das ist kein Grund, alarmiert zu sein. Das ist kein Grund zur Besorgnis. Deine innere Führung wird dir genau sagen, wo du dich wann und warum im Verlauf irgendwelcher geophysikalischer Veränderungen, die Gaia vornimmt, aufhalten sollst und wo nicht.

Wirklich sterben kannst du ohnehin nicht, obgleich du diese spezielle physische Gestalt verlassen kannst. Das Abenteuer geht weiter und wird immer weitergehen. Hänge deshalb nicht zu sehr an dieser Gestalt, an dieser Zeit, an diesem Ort. Verbinde dich vielmehr mit Wer Du Wirklich Bist. Dann werden die Fragen nach den Wetterphänomenen unbedeutend, irrelevant werden. Du bist nicht hierher gekommen, um dich vor dem Sterben zu schützen, deshalb ist es in Ordnung, wenn du aufhörst, dich vor dem Leben zu schützen.

Wird uns der Photonenring demnächst einmachen?

Neale: Wenn du die Informationen über den Photonenring verfolgt hast und die Prophezeiungen in *Das Buch des Wissens: Die Schlüssel des Enoch* und in *Der Photonenring. Nachrichten vom Sirius* kennst, dann wirst du meine Besorgnis verstehen und mein

Interesse daran, dass wir in dem Chaos, das wahrscheinlich bald eintreten wird, noch viele Menschen über das geschriebene Wort erreichen können. Kann ich damit rechnen, dass wir in naher Zukunft weiterhin unsere geliebten Computer (um Bücher zu gestalten und auch um Kontakte aufrechtzuerhalten) und auch einige Vertriebswege haben werden? Ich nehme an, die Antwort ist ein Ja! Carole.

Meine liebe Carole: Die Welt wird noch in Jahren existieren, und egal, in welchem Zustand sie ist, wir werden immer eine Möglichkeit haben, Bücher zu drucken und zu vertreiben. Das haben sie schon zu Benjamin Franklins Zeiten so gemacht, und das werden auch wir im neuen Jahrtausend wieder tun, elektronische Gerätschaften hin oder her. Nichts wird irgendwelche Wahrheiten, die Gott zu enthüllen wünscht, von seinem Volk fern halten. Ich lege das alles in Gottes Hände, der, da bin ich mir sicher, Carole, absolut fähig ist, genau das Resultat zu produzieren, das beabsichtigt war. Wenn irgendein Buch nicht herauskommen soll, dann wird es das auch nicht. Und wenn es herauskommen soll, dann kommt es heraus. Denn Gott wird in ihren Wünschen nicht beeinträchtigt und in ihren Entscheidungen nicht behindert werden. Das war nie so und wird nie so sein.

Ich mache mir wegen des Photonengürtels keine Sorgen, den wir jetzt durchqueren werden, wie es heißt, und auch nicht wegen der Umwälzungen auf der Erde, der Überflutung der Steppen, des Verlusts der Westküste und der Veränderungen in den Gesellschaften und Kulturen auf diesem Planeten. Ich befasse mich nur mit dem Überbringen der Botschaft von Gottes unablässiger Liebe an so viele, wie Gott wählt, solange es Gott mir erlaubt. Und das würde ich auch tun, wenn ich auf die Rückseite einer Streichholzschachtel schreiben müsste.

Es ist für mich nicht wichtig, ob meine Bücher herauskommen. Doch das möchte ich dir sagen, meine Freundin: Mach dir nicht allzu große Sorgen über die Leiden, die da kommen mögen. Sei dir nicht einmal so sicher, dass sie kommen werden. Alles ist Bewusstsein, Carole, und Bewusstsein ist alles. Mein Bewusstsein sagt mir, dass wir diese kommenden Zeiten gut überstehen werden. Und natürlich werden wir das. Es sei denn, wir werden es nicht. Lebe mit dem Paradoxon, Carole!

Wie denkst du über die Endzeit?

Hi, Neale! Ich betrachte dich als eine Autorität, die über alles in der Welt Bescheid weiß. Aber ich denke, dass du auf Grund deiner Erfahrungen mit Gott/der Göttin vielleicht eine bessere Perspektive haben könntest als ich, darum schreibe ich an dich.

Ich habe gerade die Prophezeiungen des Nostradamus und *Zurück ins Leben* von Dannion Brinkley gelesen. Es beschäftigt mich sehr, dass die Vorhersagen der beiden einander so ähneln, und auch du hast in deinem Buch dasselbe angedeutet.

Ist das hier wirklich die Endzeit? Glaubst du auch wie die Mayas, dass 2010 das Ende sein wird, wenn nicht entscheidende Veränderungen in der Frequenz der Liebesschwingung der Erde vorgenommen werden? Ist es wirklich der Antichrist, der versucht, die Herrschaft über die Welt zu erlangen? Diese Vorhersagen sind Angst einflößend, aber gleichzeitig ist mir klar, dass wir keine Angst haben dürfen; wir haben uns dazu entschieden, zu diesem Zeitpunkt hier zu sein, um dies zu erleben.

Alle sagen, man kann nichts weiter tun, als sich in Geist und Seele vorzubereiten und sich mit Gott im Innern zu zentrieren. Aber wie? Einfach nur mit Meditation und Gebet? Ich denke, im Grunde frage ich, was wir tun können, um uns auf die kommenden Zeiten der Veränderung vorzubereiten. In Liebe, Penny.

Meine liebe Penny: Diese immer wieder hochkochenden Gedanken, dass die Welt, wie wir sie kennen, ein Ende haben wird, machen mich so traurig. Das Ende der Welt wurde schon zu Anbeginn der Zeit prophezeit. Und es kann auch sehr gut sein, dass die Welt irgendwann bald ein Ende hat ... oder natürlich, dass das Leben, so wie es jetzt gelebt wird, eine erstaunliche und dramatische Veränderung erfährt. Aber die Frage, vor die wir uns gestellt sehen, sollte nicht lauten: Ach du meine Güte, was wird wohl mit mir passieren? Und mit der Welt? Sondern: Wie kann ich diesen Augenblick nutzen, um zur Personifizierung der großartigsten Version der großartigsten Vision, die ich je von mir hatte, zu werden? Wie kann ich mich selbst und die Welt heilen? Was kann ich jetzt, in diesem Augenblick Gutes tun, um der Welt mehr Liebe, mehr Licht, mehr Gewahrsein, mehr Verständnis, mehr bedingungslose Akzeptanz zu bringen? Wie kann ich mit jenem Teil von mir in Berührung sein, der in jedem Augenblick von Gott berührt wird?

Was auf diesem Planeten geschieht, entspringt dem kollektiven Bewusstsein. Es ist das Produkt der vereinten Realität, an der alle teilhaben. Diese vereinte Realität wird jede Stunde, jeden Tag zum Teil auch von dir gestaltet, geformt, erschaffen. Gedanken sind Dinge und können von dir dazu benutzt werden, die Dinge zu verändern, die von anderen, dir vorausgegangenen Gedanken erschaffen wurden.

Deine Fragen nach Nostradamus und Brinkley gehen von der Annahme aus, dass wir uns auf einem unvermeidlichen Kollisionskurs befinden; dass unser Schicksal vorherbestimmt ist. Doch ich sage dir: Nichts ist im Geist Gottes vorherbestimmt, denn der Geist Gottes ist dein Geist, der denkt, was dieser gerade denkt. Denkt, was dein, mein und der Geist von allen anderen denkt. Es sind unsere Gedanken, unsere Ideen, unsere Entschlüsse, unsere Entscheidungen, die unsere Realität erschaffen und erschaffen werden.

Das ist die umfassendste Botschaft von Gott: Ihr erschafft eure eigene Realität. Niemand kapiert sie. Auch nicht die so genannten New-Age-Anhänger. Wenn sie sie verstünden, würden sie nicht solche Fragen stellen wie: »Sind diese Endzeit-Vorhersagen wahr?« Sie würden fragen: »Was will ich meiner Wahl nach jetzt tun angesichts der Gedanken, die alle Welt darüber hat?« Dann würden sie diese Frage beantworten. Sie würden sie nicht nur stellen und dann auf eine Antwort von jemand anders warten.

Du, meine Freundin, brauchst darüber nichts von mir zu hören. Du weißt alles, was du wissen musst über Liebe, Frieden, Harmonie, Ehrlichkeit und Integrität, Freundlichkeit und Güte, inneren Frieden und ja, auch Gott. Handle einfach so, als wüsstest du es. Mach jeden Tag, jeden Augenblick zu einem lebendigen Mahnmal dessen, was du bereits über diese Dinge weißt; zu einem lebendigen Zeugnis dessen, was du in diesen Dingen entschieden hast; zu einer lebendigen Demonstration von Wer Du Wirklich Bist.

Meine wundervolle Penny, tu, was du bist. Tu liebevolle, sanfte, friedliche, ehrenhafte, heilende Dinge. Jeden Tag. Überall, wo du hingehst. Mit jeder Person, deren Leben du berührst. Sei dann bestrebt, sogar noch mehr Leben zu berühren. Und danach noch mehr. Strecke die Hand aus und berühre die Welt mit deiner Großartigkeit und der Großartigkeit der Wahrheit von Wer Du Bist. Von Wer Wir Alle Sind.

Wir haben in jedem Augenblick die Wahl, in der Liebe oder in der Angst zu leben. Wähle jetzt und jedes Mal die Liebe. Die Welt, so wie wir sie kennen, geht zu Ende? Na, wenn schon! Es können nur zwei Dinge passieren: Entweder stirbst du mit ihr, in welchem Fall du dich an einem weitaus besseren Ort befinden wirst, als du dir je vorstellen konntest; oder aber du lebst weiter, und dann in den aufregendsten Zeiten, die dieser Planet je erlebt hat. Und du wirst eine von den wenigen sein, die versteht, was da alles passiert ist und was nun alles passieren kann, um eine neuere Welt zu erschaffen.

Lebe also nicht in der Furcht, sondern im Vertrauen. Im Vertrauen darauf, dass, was immer die Zukunft bereithält, perfekt sein wird. Es werden die für dich perfekten Bedingungen sein, um die perfekte Erfahrung von Wer Und Was Du Wirklich Bist zu erschaffen.

Gott ist ein liebender Gott. Nichts wird erschaffen, das nicht auf dein Höchstes Wohl hinausläuft. Entweder glaubst du das, oder du glaubst es nicht. Wenn du es glaubst, brauche ich nichts weiter zu sagen, damit du hinsichtlich all der Dinge ein besseres Gefühl hast. Wenn du es nicht glaubst, *kann* ich nichts weiter sagen.

Ich behaupte nicht, dass ich alle Antworten weiß oder habe. Und ich glaube, das gilt auch für Nostradamus oder Brinkley oder wen auch immer. Alle Botschaften, die wir erhalten, empfangen wir durch den Filter unseres persönlichen Verständnisvermögens und unserer vorangegangenen Überzeugungen und Glaubensvorstellungen. Mit anderen Worten, Neale hört, was Neale vorbereitet ist zu hören, geübt ist zu hören, geneigt ist zu hören. Nur du kannst entscheiden, ob das, was Neale von seiner Quelle hört, irgendwie der Wahrheit deines Seins nahe kommt. Dasselbe gilt für das Material, das durch Brinkley oder jemand anderen durchkommt. Es kann gut sein, dass die Welt in den nächsten fünfzig Jahren oder in noch weniger Zeit bis in ihren Kern erschüttert wird. Manche sagen, im nächsten Monat. Die Frage ist, was dann? Was wirst du dann tun?

Wie wirst du dem Rest von uns von Nutzen sein? Jenen, die Angst und Qual erleiden, im Dunkeln zittern, sich vor der Zukunft fürchten? Ich sage dir das, meine Freundin, weil ich möchte, dass du in Betracht ziehst, dass du genau zu diesem Zeitpunkt in die Welt gesandt worden bist, um eine von denen zu sein, die die Welt heilen und nicht noch tiefer in die Angst schicken. Tu das. Es ist nicht schwer. Alle, die von dir auch nur ein Lächeln erhalten haben, würden dir sagen, wie leicht dies für dich ist.

Also geh und sei der Welt ein Geschenk. Und lächle viel. Denn ein Lächeln ist verkündete Liebe. Liebe, was und wen immer du anlächelst.

Kommen die »Erdveränderungen«
auf uns zu?

Sehr geehrter Mr. Walsch: Ich habe GMG verschlungen. Ich möchte Sie gerne nach der Möglichkeit fragen, die Wahrheit über eine der wichtigsten Fragen in Erfahrung zu bringen, vor die sich die Welt heute gestellt sieht. Man hat gesagt, dass kurz vor dem Ende dieses Jahrhunderts oder im Jahr 2000 eine »Erdachsenverschiebung« stattfinden wird. Ruth Montgomery erwähnt diese Verschiebung in neun ihrer Bücher. Das wird zu einem sehr verwüsteten Planeten führen, auf dem dann nur noch ein paar Millionen Bewohner übrig geblieben sein werden. Ich entscheide mich dazu, die Wahrheit über dieses schreckliche Ereignis wissen zu wollen, die ganze Wahrheit und nichts als die Wahrheit. Und wie kann ich sie besser in Erfahrung bringen als aus dem Munde Gottes! Ich habe das Gefühl, dass die ganze Welt sie wissen sollte! Was denken Sie? Ich weiß, dass Sie alle Hände voll zu tun haben mit der Beantwortung von Fragen, aber ich glaube, die ganze Welt wäre dankbar für eine Antwort zu dem Rätsel dieser »Verschiebung«. Carolyn, Jensen Beach, FL.

Liebe Carolyn: Ich bin auf diese Frage schon eingegangen. Die Frage selbst basiert auf der Annahme, dass irgendetwas hinsichtlich all dieser Dinge »in Stein gemeißelt« ist — dass Dinge passieren werden und dass wir nichts daran ändern können. Diese Vorstellung steht im Gegensatz zum ganzen Inhalt von *Gespräche mit Gott*. Immer und immer wieder wird in den Bänden darauf hingewiesen, dass wir die Verantwortung für unsere Zukunft tragen, dass wir die Schöpfer unserer eigenen Realität sind. Wenn das stimmt, werden die »kommenden Erdveränderungen« nicht kommen — es sei denn, sie kommen doch. Alles wird von unserer diesbezüglichen Entscheidung abhängen, die sich in unserem Bewusstsein darüber spiegeln wird. Das heißt, wenn wir denken, dass das alles passieren wird —

dass es unvermeidlich ist –, dann wird es zu unserer Realität werden. Wenn wir andererseits glauben, dass wir aus unserer Vorstellung über unsere Zukunft heraus unsere Zukunft erschaffen können, und wenn wir uns hier für eine andere Vorstellung entscheiden als die der Massenzerstörung im Jahr 2000, dann werden wir sie auch nicht erleben. Ich habe keinerlei Absicht, sie zu erleben. Wie steht's mit Ihnen?

Gewaltiges Erwachen aller Seelen

Lieber Mr. Walsch: Ich habe gerade Ihr Buch zum zweiten Mal gelesen. Es hat lange gedauert, bis diese einfachen, aber tiefgründigen Informationen in gedruckter Form für alle zugänglich wurden. Das einzige andere, in seiner Art ähnliche Buch, das ich gelesen habe, ist *Sternenbotschaft – Das Dritte Jahrtausend* von Ken Carey. Darin wurde von einem gewaltigen Erwachen aller Seelen in einem einzigen Moment gesprochen, die dann wissen, wer sie sind und warum sie hier sind. Wurde in Ihrem Gespräch mit Gott irgendetwas dergleichen erwähnt? Wann wird das sein? Wir alle brauchen jetzt diese Information. Susan. Knoxville, TN.

Susan: Wir befinden uns jetzt in jenem Moment. Ein gewaltiger Prozess des Verstehens ist im Gange, da mehr und mehr Menschen aus ihrem langen Traum des Vergessens erwachen. Bald (im Rahmen kosmischer Zeit gesehen) wird ihre Zahl die kritische Masse erreichen und die so genannte Theorie des Hundertsten Affen wird in Aktion treten und ihre Wirkung entfalten. Das heißt, jedermann wird sofort wissen und verstehen. Sie und viele andere wie Sie können eine entscheidende Rolle spielen, um diesen Augenblick schneller herbeizuführen, indem Sie einwilligen, eine Botin der Wahrheit zu sein und Licht in die Welt zu bringen. Das machen Sie durch alles, was Sie denken, sagen und tun. Und vielleicht dadurch, dass Sie Teil von *CWG in Action*, wie auf Seite 323f. besprochen, werden.

Was ist das für eine »neue Weltordnung«?

Lieber Neale: Noch einmal vielen Dank, dass du alle an deinen »Gesprächen« teilhaben lässt. Du unternimmst große Schritte zur Erweckung der Seelen auf Erden! Ich glaube, die meisten Menschen sind über Gottes Ansichten zur Religion nicht allzu glücklich. Es ist wirklich an der Zeit, dass wir anfangen, etwas an unserer Denkart zu ändern!

Könntest du noch ein bisschen was zur »neuen Weltordnung« (Band 2, Seite 295) erklären? Die neue Weltordnung, über die ich etwas gelesen habe, dient nicht dem Wohl der Erde oder der Menschen, sondern zielt auf eine Versklavung der Welt ab. Bin ich auf der falschen Fährte, oder haben wir es hier mit einer globalen Hitler-Situation zu tun, die wir herbeibeschworen haben, um bei mehr Menschen die Erleuchtung herbeizuführen? Ich weiß, dass du sehr beschäftigt bist, aber diese Frage raubt mir den Schlaf, und ich wäre dir sehr dankbar, wenn du irgendwelche Antworten darauf geben könntest. Mit freundlichen Grüßen, Faye, Denver, CO.

Liebe Faye: GMG Band 2 lehrt, der größte Feind des Menschen ist der Gedanke des Getrenntseins von Gott und voneinander. In Verbindung damit ist unsere Vorstellung von individueller und nationaler Souveränität die höchste Form von politischem Separatismus, zu der die Menschheit fähig ist, wie wir dort ebenfalls lesen.

Genau diese Aufspaltung in einzelne politische geographische Einheiten – die wir nationale Souveränität nennen – hat zu jedem größeren Konflikt auf diesem Planeten beigetragen, wenn sie ihn nicht gar verursacht hat. Der einzige menschliche

Gedanke, der dieses bedauerliche politische Konstrukt und Resultat ins Gegenteil verkehren könnte, ist der, welcher in GMG in folgender Wahrheit zusammengefasst wird: Wir sind alle eins. Diese aus vier Worten bestehende Belehrung fasst mehr als irgendein anderer einzelner Satz alle Weisheit, alle Wahrheiten und alle Erkenntnisse aller drei GMG-Bände zusammen.

Wenn wir also dieses »Wir sind alle eins« leben und atmen sollen, dann können wir unmöglich unter irgendetwas anderem als einer einzigen Weltregierung leben. Ein solches Weltregierungssystem kann aber durchaus vorsehen und zulassen, dass sich individuelle Kulturen und Merkmale herausbilden, sich selbst bestimmen und feiern. Dies ist in GMG Band 2 sehr gut beschrieben. Es geht nicht darum, ein homogenes Konglomerat von identischen menschlichen Wesen oder auch nur identischen politischen oder spirituellen Strukturen zu erschaffen. Es geht um das Schaffen einer Umwelt, in der jede Person auf Erden und jede Kultur, die zur Bildung dieses Konglomerats von Gemeinschaften beiträgt, ohne Einmischung und ohne Konflikte ihre Individualität feiern kann.

Hinter dem Horizont

Lieber Neale: Ich habe gerade GMG Band 2 zu Ende gelesen und bin so entmutigt. Versteh mich nicht falsch, es ist ein wundervolles Buch. Aber es stellt so klar heraus, welche Veränderungen wir vornehmen müssen, wenn wir uns selbst retten und einen Umschwung auf diesem Planeten bewirken wollen. Ich habe noch nie so klare Aussagen über alles, vom Regierungswesen bis hin zum Erziehungswesen, die Wirtschaft, die Religion — praktisch jeden Aspekt menschlicher Kultur — an einem Ort versammelt gesehen. Aber wie ist je zu erwarten, dass wir uns ändern? Gott nennt uns eine »primitive Gesellschaft«, und ich stimme dieser Einschätzung zu. Doch wie sollen wir angesichts unserer

Primitivität irgendwelche bedeutsamen und nachhaltigen Veränderungen zuwege bringen? Ich weiß es nicht, ich bin hier einfach ratlos. Nellie, Hoboken, NJ.

Liebe Nellie: Ich verstehe, wie du zu solchen Empfindungen kommst, aber ich möchte dir sagen, dass ich weit davon entfernt bin, entmutigt zu sein. Vielmehr begeistert und ermutigt mich das, was ich gegenwärtig als überaus starke Bereitwilligkeit, als große Bereitschaft zur Veränderung auf diesem Planeten wahrnehme, so wie ich sie bisher noch nie erlebt habe — und das im Verein mit einer in der Menschheitsgeschichte beispiellosen Fähigkeit zur Einführung neuer Paradigmen. Diese Bereitschaft, Nellie, beweist sich zum Beispiel schon allein an den Verkaufszahlen von Büchern wie *Gespräche mit Gott.* Band 2 hätte es keinesfalls bis in die Bestsellerliste der *New York Times* schaffen und sich dort monatelang behaupten können, gäbe es da nicht die Bereitschaft der Menschen zu einer offenen und ehrlichen Einschätzung, wo wir nun als Gesellschaft stehen, und zu neuen Entscheidungen darüber, wo wir gerne sein würden.

Im Moment passiert auf der Erde etwas sehr Spannendes, und ich hoffe, du kannst es wahrnehmen. Das Team formiert sich, Nellie. Das Team formiert sich. Wir kommen jetzt zusammen, schnell und in zunehmender Zahl — seit den letzten paar Jahren. Wir geben uns untereinander zu erkennen und verkünden durch unsere Werke, dass wir Veränderungen bewirken und Wege zeigen und Licht bringen. Wir üben unseren größer werdenden und inzwischen durchaus beträchtlichen individuellen und kollektiven Einfluss auf die Gesellschaft aus, um auf sie einzuwirken, sie für immer zu verändern und damit eine neue Ära und ein neues Zeitalter einzuleiten.

Das Team besteht aus allen Wesen, die sich überall einem größeren Ziel und einer großartigeren Vision und einer neuen Realität verpflichtet haben. Dazu gehören Menschen wie der

Schauspieler Dennis Weaver, der mit seinem Institute of Ecolonomics eine gemeinsame Basis für Ökologen und Ökonomen geschaffen und endlich den Weg für ein Fusionieren der beiden Bereiche gebahnt hat – und damit zu einer geeinten Kraft, die eine auf Nachhaltigkeit gegründete Zukunft erschaffen kann. Menschen wie Barnet Bain und Stephen Simon, Filmproduzenten in Hollywood, die ihr persönliches Kapital und ihre Karrieren aufs Spiel setzten, um einen Film mit überraschendem Einfühlungsvermögen und spektakulärer Weisheit zu produzieren. Dieser Film heißt *Hinter dem Horizont – Das Ende ist nur der Anfang* und befasst sich mit dem Geschehen nach dem Tod, so wie es zuvor noch nie jemand gewagt hat.

Zum Team gehören auch Menschen wie Oprah Winfrey, die durch den Einsatz ihrer unglaublichen Popularität dazu beigetragen hat, dass wir unser kollektives Bewusstsein erweitern. Und Menschen wie Marianne Williamson, die das Risiko einging, ihr riesiges und gut situiertes Publikum vor den Kopf zu stoßen, indem sie ein großartiges Buch mit dem Titel *Healing the Soul of America* vorlegte.

Menschen wie Bob Friedman, Mitbesitzer der Hampton Roads Publishing Company, der ein ungeheures Risiko einging, als er GMG als Erster publizierte, und Susan Peterson von G. S. Putnam Sons, die ebenfalls viel riskierte und ihre Karriere aufs Spiel setzte, um GMG praktisch über Nacht einem größeren, weltweiten Publikum zugänglich zu machen.

Menschen wie der Sänger Kenny Loggins und seine Frau Julia, die uns vorbildhaft und mit atemberaubenden Mut in ihrem bahnbrechenden Buch *The Impossible Life* gezeigt haben, was Wahrheit und Transparenz in liebevollen Beziehungen bedeuten. Und all die Leute, die so hart daran gearbeitet haben, die Serie *Ein Hauch von Himmel* mit ihrer allwöchentlichen außergewöhnlichen Botschaft ins Fernsehen zu bringen.

Das Team formiert sich, Nellie, und schließt Tausende von Menschen mit ein, die nicht annähernd so bekannt, aber gleichermaßen wichtig sind. Menschen in Städten und Dörfern und Gemeinden in diesem Land und überall auf der Welt, die alle auf ihre jeweils eigene Weise am Aufbau einer positiven Zukunft arbeiten. Die Installateure und Mechaniker und Lehrerinnen und Krankenschwestern, die Geistlichen und Ärzte und Polizeibeamten und Flugbegleiterinnen, die Elektriker und Anwälte und Eisenwarenladenbesitzer und Zahnärztinnen, die Hausfrauen und Angestellten und Taxifahrer und die Nellies in Hoboken, New Jersey. Ganz normale Leute überall, Nellie, Leute wie du und ich, die sich bekümmern und Anteil nehmen und keine Angst haben, zu zeigen, dass ihnen an der Welt und was mit ihr passiert gelegen ist. Manche von ihnen werden sich uns bei unserem *CWG In Action*-Programm anschließen. Also gib nicht auf, Nellie. Gib nicht auf. Wir brauchen dich im Team. Man kann nicht wissen, was mit deiner Hilfe und mit meiner Hilfe hinter dem Horizont auf uns wartet.

GMG steht mit »Hinter dem Horizont« in Einklang

Lieber Neale Donald Walsch: Wie denken Sie über den Film *Hinter dem Horizont?* Ich frage deshalb, weil die Kritiker ihn wirklich verreißen, und ich hielt es für einen sehr guten Film. Und noch wichtiger, ich finde, er beinhaltet eine außergewöhnliche spirituelle Botschaft. Ist das der Grund, warum die Kritiker ihn nicht mögen? Bedroht er das »Establishment« ein bisschen zu sehr? Sharon, Sedona, AZ.

Liebe Sharon: *Hinter dem Horizont* ist ein brillanter Film und das Wagemutigste, das Hollywood seit dreißig Jahren unternommen hat. Es ist ein Film von enormer spiritueller Bedeutung, und ja, er bedroht insofern die etablierte Ordnung der Dinge, als er Gedanken vorstellt, die dem widersprechen und

gegen das verstoßen, was wir über die Realität der Dinge gelehrt wurden. Doch alle großen Wahrheiten, Sharon, beginnen
als Blasphemien. Ich halte diesen Film nicht für im buchstäb-
lichen Sinn wahr, aber seine vordringliche Botschaft – dass wir
uns unsere eigene Realität und unsere eigene »Hölle« (sowohl
jetzt wie nach unserem Tod) erschaffen – ist genau das, was
GMG sagt. Auch GMG hat gegen die etablierte Ordnung der
Dinge verstoßen, und so sind sowohl der Film wie auch die Bücher von Kritikern verrissen worden.

»HEWs« – können wir wirklich jemals
so sein wie sie?

Lieber Neale: Ich habe gerade Band 3 zu Ende gelesen. *Wow!* Das
ist der beste von allen drei Bänden! Und der beste Teil des Buches
war das letzte Fünftel, in dem von den HEWs die Rede ist.
Glaubst du wirklich, dass es solche Dinge gibt? Werden wir je fähig sein, ein Leben zu führen wie sie? Eleanore, Seattle, WA.

Liebe Eleanore: Ich denke, du könntest Recht haben. Band 3
könnte der beste der Trilogie sein. Die Informationen darin sind
gewiss außerordentlich fesselnd. Aber vielleicht sollten wir für
die, die diesen Band noch nicht gelesen haben, erklären, was
»HEWs« sind.

HEW ist eine Abkürzung für »Hoch Entwickeltes Wesen«. Die
letzten Seiten von Band 3 sind den Fragen und Antworten dazu gewidmet, wie das Leben in den hoch entwickelten Gesellschaften im Universum aussieht. Und ja, Eleanore, ich glaube,
dass solche Gesellschaften existieren, und ich glaube, dass
Menschen eines Tages eine solche Gesellschaft auf Erden herbeiführen werden. Aber da sind wir noch nicht. Und wie im
Buch selbst gesagt wird, ist es ja gerade das Merkmal einer primitiven Gesellschaft, dass sie sich selbst für hoch entwickelt

hält. Das beschreibt die menschliche Gesellschaft aufs I-Tüpfelchen.

Im Moment bringen wir uns gegenseitig um, um unsere Differenzen zu bereinigen, und das ist ein sehr primitives Verhalten. Im Moment töten wir andere als Strafe dafür, dass sie andere getötet haben, und das ist ein sehr primitives Verhalten. Im Moment essen wir das Fleisch von toten Tieren, und das ist ein sehr primitives Verhalten. Im Moment rauchen wir bekanntermaßen Krebs erregende Substanzen, und das ist ein sehr primitives Verhalten. Im Moment trinken wir bekanntermaßen Geist tötende Getränke, und auch das ist ein sehr primitives Verhalten.

Im Moment leben wir einen »kulturellen Mythos« vom »Überleben der Stärksten«, wie Band 3 es nennt, und haben uns gestattet, grundsätzlich an eine wesensmäßige Schlechtheit des Menschen zu glauben. Doch Gott sagt uns, dass wir nicht von Natur aus böse, sondern eine Widerspiegelung des Göttlichen sind, und dass das »Überleben der Stärksten« als kultureller Imperativ nur von einer Gattung von Wesen übernommen werden kann, die nicht versteht, dass Wir Alle Eins Sind.

Das ist etwas, Eleanore, das wir nicht verstehen. Wenn wir es verstünden, wären morgen die meisten Probleme der Welt gelöst.

Was ist die Wahrheit hinsichtlich der Astrologie und Numerologie?

Lieber Neale: Ich bin gerade mit der Lektüre von GMG fertig geworden. Ich kann nur sagen, wow! Vielen Dank dafür, Neale, dass du den Mut zur Veröffentlichung des Buches hattest und dass du online bist. Ich lese jedes Wort auf dieser Internetseite, und es ist großartig! Eine Frage: Gott sagt, dass wir uns von Augenblick zu Augenblick »wieder erschaffen«. Ich habe mich ein wenig mit Astrologie und Numerologie befasst, die uns etwas über die Neigungen und Tendenzen sagen, mit denen wir zur Welt kommen. Bedeutet denn das Studium dieser beiden Disziplinen (und des Tarots) im Lichte dessen, was Gott dir gesagt hat, wirklich irgendetwas? Danke! In Liebe für alle, Renee, per Internet.

Liebe Renee: Nichts im Universum, auch nicht Gott persönlich, kann den Kurs deines Handelns für dich bestimmen oder deine Zukunft in irgendeiner Weise vorherbestimmen. Es sei denn, du lässt dies zu, in welchem Fall es sich natürlich gar nicht wirklich um eine Vorherbestimmung deiner Zukunft handelt. Die Astrologie, Numerologie und das Tarot sind nur Werkzeuge, Hinweise auf die Wege, die du in diesem Augenblick gewählt hast. Du hingegen bist ein göttliches Wesen und ausgestattet mit der Macht aller göttlicher Wesen, augenblicklich zu erschaffen. Mir gefällt, was Paramahansa Yogananda zu diesem Thema in seiner *Autobiographie eines Yogi* zu sagen hat: »Gelegentlich bat ich einen Astrologen, die für mich ungünstigsten Konstellationen festzustellen, führte aber dennoch alle geplanten Vorhaben durch. Es stimmt, dass ich während solcher Zeiten mein Ziel nur nach Überwindung außerordentlicher Schwierigkeiten erreichte; doch meine Überzeugung, dass unser Vertrauen auf den göttlichen Schutz und der richtige Gebrauch unserer gottgegebenen Willenskraft weit mächtigere Kräfte sind als die Einflüsse der Himmelskörper, hat sich immer wieder bestätigt.«

Der »richtige Gebrauch unserer gottgegebenen Willenskraft«, wie Paramahansa Yogananda es ausdrückte, ist auch eine weitaus mächtigere Kraft als jedwelche numerologische Kombination. Ich werde nicht von den Positionen der Sterne in meiner Geburtsstunde oder an irgendeinem bestimmten Tag bestimmt, und auch nicht von irgendwelchen numerologischen Kombinationen, die meinen Namen, meinen Geburtstag oder irgendeinen anderen Aspekt meines Wesens umschwirren.

Auch das Tarot kann mir sehr gut zeigen, was ich ausgewählt habe und wie mein Weg aussehen wird, wenn ich die gleiche Reise auf die gleiche Weise fortsetze. Aber es kann die Zukunft nicht in dem Sinne vorhersagen, dass eine bestimmte Zukunft bereits für mich beschlossen ist. Der Wert aller dieser Weissagungswerkzeuge liegt darin, dass sie uns einen Einblick in unseren persönlichen schöpferischen Prozess gewähren: Sie zeigen uns, was wir erschaffen haben, was wir gegenwärtig erschaffen, und was wir weiterhin erschaffen werden, wenn wir keine andere Wahl treffen oder keinen Richtungswechsel vornehmen. Sie zeigen uns, aus welcher Richtung der Wind bläst; sie zeigen uns nicht, aus welcher Richtung der Wind blasen *wird*.

Ich möchte mich auf einem anderen Planeten wieder zusammensetzen ...

Lieber Neale: Hi, ich heiße Melissa und bin vierzehn Jahre alt. Ich möchte gerne deinen Newsletter abonnieren. Meine Eltern wollten mich keine fünfunddreißig Dollar schicken lassen — sie denken, das ist zu viel —, deshalb habe ich beschlossen, mein Taschengeld zu schicken. Ich habe eine Frage. Wenn unser Planet in solcher Gefahr ist, warum kann dann Gott nicht seine gewaltige Kraft einsetzen, um ihn zu heilen?

Ich verstehe, dass wir unser Regierungswesen und das alles verändern müssen, aber betrachte es mal aus meiner Warte. Ich bin vierzehn und werde von Gedanken und Ideen überwältigt, aber ich weiß nicht mal, wie ich an unsere Regierung schreiben soll. Es ist nicht meine Schuld, dass ich auf einem Planeten geboren wurde, der sich umzubringen versucht.

Es ist schwer, vierzehn zu sein, weil du deine Eltern für fast alles brauchst. Vor allem, wenn ich Rat bei diesem Spiritualitätszeug brauche, und sie dann nur sagen, dass sie das nicht interessiert.

Manchmal wünsche ich mir, ich könnte mich auf einem von HEWs bewohnten Planeten »wieder zusammensetzen«.

Das Problem bringt mich noch um, weil ich nicht weiß, wie man die Vorgehensweise unserer Gesellschaften verändern kann. Wenn du mit Gott redest, dann frag ihn doch bitte, wie sich Melissa auf einem anderen Planeten wieder zusammensetzen kann, dieses Mal unter HEWs. Bitte. PS. Sag Gott, dass mir Ginger fehlt. (Er wird's verstehen.) Melissa, Bethesda, MD.

Meine liebe Melissa: Nichts ist qualvoller, als die jugendliche Ungeduld aushalten zu müssen. Und die jungen Leute auf unserer Welt haben ein Recht, ungeduldig mit uns zu sein. Sie sehen nicht, dass wir eine bessere Welt für sie erschaffen. Sie verstehen unsere Heuchelei nicht. Sie begreifen nicht, wie wir hier stehen und auf unseren Violinen spielen können, während Rom in Flammen steht. Und weil ich in meinem Herzen jung bin, Melissa, kann ich dies zutiefst nachempfinden.

Lass mich dir als Erstes dazu gratulieren, dass du einen Weg gefunden hast, dieses Buch in deine Hände zu bekommen. Ich hoffe, deine Eltern sind stolz darauf, dass du den Mumm dazu hattest, auch wenn sie den Preis ein bisschen zu hoch finden. Was nun deine Kommentare angeht ...

Unser Planet ist in Gefahr, Melissa, und Gott setzt seine »gewaltige Kraft ein, um ihn zu heilen«. Warum, denkst du, hat er dich hierher geschickt? Und glaub es, Melissa, du hast gewaltige Kraft.

Und ich auch. Wir brauchen nichts weiter zu tun, meine Freundin, als sie zu nutzen. Gott hat uns allen freien Willen und die Fähigkeit gegeben, das zu tun. Aber Gott wird uns nie zu etwas zwingen. Denn dann würde er uns unseren freien Willen nehmen, und das würde Gottes ganzes Ziel zunichte machen, als er uns hierher versetzte und uns Leben gab.

Melissa, wenn du an deine Regierung schreiben willst, dann kannst du Informationen dazu in der dir nächsten öffentlichen

Bibliothek finden. Geh hin und bitte die Bibliothekarin, dir zu helfen. Du wirst die Informationen in null Komma nichts erhalten. Oder greif einfach zum Telefon und ruf die Lokalzeitung an. Und wenn du dann die Namen und Adressen bekommen hast, die du brauchst, dann schreib ihnen einen eindrücklichen Brief. Sprich aus deinem Herzen zu ihnen. Deine Botschaft wird eine enorme Auswirkung haben.

Melissa, wenn ich Gott fragen würde, wie du dich auf einem anderen Planeten wieder zusammensetzen kannst, dieses Mal bei HEWs, dann weiß ich, was sie dir ausrichten lassen würde. Gott würde sagen, dass sie dich hier in diese Welt gesetzt hat, damit du eines der ersten Hoch Entwickelten Wesen auf diesem Planeten sein könntest! Deine Aufgabe, solltest du dich dazu entscheiden, sie zu akzeptieren, bestünde darin, dem Rest von uns zu zeigen, was es heißt, hoch entwickelt zu sein.

Du kannst es durch dein Beispiel zeigen, Melissa. Du kannst es tun, indem du jeden Tag die Botschaft von *Gespräche mit Gott* lebst und atmest. Und verliere nie deine wundervolle jugendliche Ungeduld. Verliere nie, auch wenn du schon so alt bist wie ich, deine Ungeduld mit den Dingen im Leben, die nicht die Wahrheit deines Herzens sprechen. Gib nie das Verlangen deiner Seele auf, welches Gottes Verlangen ist. Und dieses Verlangen besteht darin, dass du dieses Leben dazu verwenden könntest, die großartigste Version der großartigsten Vision, die du je von Wer Du Wirklich Bist hattest, zu erschaffen — und dass wir dies alle kollektiv, als menschliche Rasse, tun könnten.

Gott würde mir auch noch eine andere Botschaft geben, wenn ich jetzt mit ihr sprechen würde. Eine, die nicht nur für dich, sondern für alle wäre. Gott würde zu allen von uns sagen: »Trachte nicht nur danach, in einer besseren Welt zu leben, trachte danach, eine zu erschaffen.«

Wünsche dir also bitte nicht, Melissa, dass du dich auf einem anderen Planeten wieder zusammensetzen könntest. Der Planet, auf dem du dich jetzt befindest, wäre sehr viel weniger ohne dich.

Wir brauchen dich, Melissa. Wir brauchen deine Intelligenz und deine Güte und deine Ungeduld. Wir brauchen deine Wunderbarkeit und dein dringendes Verlangen, die Dinge zum Besseren zu wenden.

Ich warte darauf, wieder von dir zu hören, Melissa. Du und ich, wir sind in dieser ganzen Sache Partner. In Liebe, Neale.

10
Gebet und Meditation

Eine Aussage in *Gespräche mit Gott,* die Ihr Leben verändern wird, ist die fast beiläufige Bemerkung, dass alles, was wir denken, sagen und tun, ein Gebet ist. Beten ist nicht etwas, das wir nur zu gewissen Zeiten unternehmen, etwa wenn wir in der Kirche niederknien oder uns vor den Mahlzeiten bei den Händen halten. Es ist etwas, das wir immer tun.

Lassen Sie mich das wiederholen.

Wir beten immer.

Alles, was wir denken, ist ein Gebet. Alles, was wir sagen, ist ein Gebet. Alles, was wir tun, ist ein Gebet. Das Problem ist nur, dass wir dies nicht wissen. Wir denken, wir beten nur, wenn wir uns ganz bewusst der Aktivität hingeben, die wir »Gebet« nennen. Aber hier ist ein großes Geheimnis.

Gott nennt alles ein Gebet.

Wie kann das sein? Warum ist das so?

GMG sagt, dass wir alle schöpferische Wesen sind, nach dem Ebenbild Gottes geschaffen. Da Gott der Schöpfer ist, sind es auch wir. Gott hat uns die Werkzeuge der Schöpfung gegeben, und davon gibt es drei: Gedanke, Wort und Tat.

Was Sie denken, das erschaffen Sie. Was Sie sagen, produzieren Sie. Von dem, was Sie tun, rufen Sie noch mehr hervor. Das alles haben wir schon gehört, es ist gewiss nichts Neues. Doch GMG ruft uns dies durch seine Art der Erklärung mit neuem Nachdruck ins Gedächtnis zurück.

Uns wird in diesem Dialog gesagt, dass die Schöpfungsmaschine zu keinem Zeitpunkt »ausgeschaltet« ist. Der Schöpfungsprozess geht ewig weiter und ruht niemals. Stellen Sie sich Gott als riesige Kopiermaschine vor. Was immer Sie hineintun, wird kopiert. Und Sie tun nie nichts hinein.

Das ist der Schlüssel. Das ist die wahre Offenbarung. Es gibt keinen Zeitpunkt, zu dem Sie nicht erschaffen. Es gibt keinen Zeitpunkt, zu dem Sie nicht beten. Wenn »Gebet« die Botschaft ist, die Sie Gott schicken, dann beten Sie jede Minute des Tages, denn Ihre Botschaft an Gott ist Ihr gelebtes Leben. Und diese Botschaft, dieses Gebet, wird so zu Ihnen zurückgeschickt werden, wie Sie sie ausgesendet haben. Gott nimmt keine Veränderungen vor. Gott schickt Ihnen, vergrößert und vervielfacht, zurück, was Sie Gott schicken. Ist das nicht fantastisch?

Nun, es ist fantastisch, wenn Sie »gutes Zeug« schicken, und es ist es nicht, wenn Sie »schlechtes Zeug« schicken. Also hören Sie auf, schlechtes Zeug zu schicken! Befreien Sie sich von Ihren negativen Gedanken, sprechen Sie nie wieder ein einziges negatives Wort und tun Sie niemals einem anderen an, was Ihnen nicht angetan werden soll. Denn was Sie anderen antun oder für sie tun, wird auch Ihnen angetan oder für Sie getan werden — darauf können Sie wetten.

Bilden Sie sich also von jetzt an nicht mehr ein, dass Sie Ihr Beten auf die wenigen Momente am Tag oder in der Woche beschränken, in denen Sie tatsächlich die Absicht haben, mit Gott zu sprechen. Nehmen Sie zur Kenntnis, dass Ihr ganzes Leben ein Gespräch mit Gott ist. Machen Sie sich dies bewusst! Wenn *das* nicht die Gedanken verändert, die zu hegen Sie sich gestatten, und nicht die Worte, die Sie Ihren Lippen entfliehen lassen, und nicht die Dinge, die zu tun Sie sich erlauben, dann wird nichts sie ändern. Doch wenn Sie diese Dinge verändern, werden Sie feststellen, dass Sie damit Ihr ganzes Leben verändert haben. Denn die von Ihnen ausgesandten Gebete werden die Antworten produziert haben, auf die Sie gewartet haben.

Lieber Neale: Da ist etwas, was mir schon seit einiger Zeit im Kopf herumgeht. Vielleicht kannst du mir helfen und ein wenig die Richtung weisen. Ich weiß, das Beten ist wundervoll. Ich begebe mich oft in den Gebetszustand, nur um dieses Gefühl der Liebe zu empfinden. Ich bete. Doch warum beten wir, wenn die Dinge in unserem »perfekten Universum« auf perfekte Weise geschehen? Ich meine, verändert das Beten das, »was ist«? Bitte hilf mir, mehr über das Beten zu verstehen! Ich wünsche dir Liebe, und ich danke dir. Sei von Herzen gegrüßt, Stacey, AZ.

Liebe Stacey: Du hast eine faszinierende Frage gestellt, eine, die den Menschen vermutlich schon seit Anbeginn der Zeit beschäftigt hat. Die Antwort findet sich in *Gespräche mit Gott,* ich werde mich also auf den Text stützen, so wie ich ihn in Erinnerung habe. Ein Bittgebet ist nicht das wirkungsvollste Gebet, weil ein Gebet, das eine Bitte enthält, die Sache, um die wir bitten, von uns wegstößt. Denn wenn wir um etwas bitten, verkünden wir damit, dass wir es jetzt nicht haben. Und diese Aussage erscheint dann in unserer Realität. Wenn wir also weiterhin in der Weise des Bittgebets für den Weltfrieden und mehr Liebe auf dem Planeten beten, werden wir weiterhin die Erfahrung machen, dass wir keinen Weltfrieden und nicht mehr Liebe haben, denn sonst würden wir ja nicht darum bitten. Aus diesem Grund ist das wirkungsvollste Gebet das Dankgebet.

Gott sagt uns, dass Dankbarkeit die dienliche Einstellung ist. Wenn wir für das Ergebnis, das wir gerne in unserem Leben wahrnehmen würden, dankbar sind, dann rückt dieses Ergebnis näher und näher an unsere Realität heran. Das Beten verändert nicht »was ist«; das Beten verändert unsere Wahrnehmung von »was ist«. Ich will dir ein einfaches Beispiel geben.

Stell dir vor, du bist auf dem Weg zu einem Picknick und gehst gerade zu einer Wiese, um dort mit deinem Liebsten einen reizenden sonnigen Sonntagnachmittag zu verbringen. Plötzlich fängt es an wie aus Kübeln zu schütten, du bist bis auf die Haut durchnässt, deine schöne Frisur ist völlig im Eimer, und dein wundervolles romantisches Picknick ins Wasser gefallen. Dann hältst du dies vielleicht nicht für ganz so perfekt. Wenn du andererseits der Farmer bist, der in dem großen Farmhaus lebt, das dort auf dem Hügel jenseits der Wiese steht, dann würdest du dasselbe Naturgeschehen als absolut perfekt ansehen. Wir sehen also, dass es nur eine Frage der Perspektive ist, und das gilt nicht nur für dieses Beispiel, sondern für alle Fälle, bei allen Dingen im Leben — auch bei der Frage der Vollkommenheit selbst.

Eines der wirkungsvollsten Gebete, auf das ich je stieß, fand ich in *Ein Kurs in Wundern*. Dieses Gebet lautet: »Ich danke dir, Gott, dass du hilfst zu verstehen, dass dieses Problem schon für mich gelöst ist.« Also Stacey, in unserem »perfekten Universum« beten wir um ein größeres Verständnis und eine umfassendere Fähigkeit, die Vollkommenheit der Dinge genau so zu erleben, wie sie sich nun zeigt. Auch offerieren wir Gott für jedes andere spezielle, von uns gewählte Ergebnis ein Dankgebet, während wir zugleich von jeder Erwartung oder jeglichem Bedürfnis abrücken, dass sich dieses Resultat auch einstellt. So beten alle Meister und Meisterinnen, und darum sind sie alle stets glücklich, im inneren Frieden und nicht aus der Ruhe zu bringen. Ich schlage dir vor, noch einmal *Gespräche mit Gott* zu lesen, falls du alles noch tiefer verstehen willst.

Wird ein im Yankee Stadion gesprochenes Gebet vernommen?

Lieber Neale: Danke, dass du die GMG-Bücher geschrieben hast. Ihre göttliche Weisheit ist klar. Sag mir etwas. Du und Jesus, ihr glaubt an die Macht und Kraft von »wenn zwei oder mehr in meinem Namen versammelt sind«. Das ist in der Tat sehr macht-voll, aber das Gebet eines Einzelnen ist es auch. Jesus sagte auch, dass du, wenn du beten willst, in dein Zimmer gehen und die Tür hinter dir schließen und dich nicht beim Beten vor anderen zur Schau stellen sollst. Wurde dir konkret gesagt, was die Göttin der Liebe, die du »Gott« nennst, vorzieht: dass die Menschen in Gruppen beten oder aber allein?

Natürlich können sich die Gleichgesinnten versammeln, aber ist das Beten nicht ein Weg, um vertrauten Umgang mit der Göttin der Liebe zu pflegen, und ist es da nicht leichter, wenn sie es mit uns allein zu tun hat, so wie es bei dir der Fall war?

Die GMG-Bücher haben mich dazu herausgefordert, die höchste Vorstellung von Wer Ich Bin zu sein. Das heißt, jedes Wesen als Liebe zu behandeln, jede Göttin der Liebe im Herzen von jedem von uns als Liebe zu behandeln. Jeder Stein, jede Pflanze, jedes Tier ist Liebe. Der Wesenskern im Herzen eines jeden von uns ist reine Liebe, doch wir haben Angst davor, zu sein Wer Wir Wirk-lich Sind. Doch wenn wir einander aus Liebe lieben, ermuntern wir einander, zu Wer Wir Wirklich Sind heimzukehren. Martyn, Leederville, Australien.

Ich stimme dir im letzten Teil absolut zu. Was das Beten allein oder in der Gruppe angeht, so denke ich allerdings nicht, dass Gott/die Göttin »genauer zuhört«, wenn wir auf die eine statt auf die andere Weise beten. Ich sehe die Gottheit nicht irgend-eine bestimmte Umgebung, ein Ritual, eine Sprache, Geste oder Tracht »favorisieren«.

Du hast mich gefragt, ob mir gesagt wurde, was Gott bevor-zugt: Dass die Menschen in Gruppen beten oder aber allein. Mir wurde gesagt, Martyn, dass Gott überhaupt keine Vorlieben in irgendeiner Sache hat. Manche Kirchen behaupten, dass du das Kreuzzeichen mit der rechten Hand machen musst, manche sa-gen wiederum, dass du es mit der linken Hand machen musst. Manche Religionen sagen, dass überhaupt kein Kreuzzeichen nötig ist, und manche sagen, dass du dich dreimal gegen Osten auf einem Teppich niederwerfen musst. Manche sagen, nur Männer dürfen auf der einen Seite vor der Klagemauer stehen, weil Frauen unrein sind. Manche sagen, nur Männer können Priester sein, weil Frauen unrein sind. Es gibt hundert verschiedene Versionen, was Gott gefällt und was Gott missfällt. Keine davon hat irgendetwas mit der letzten Wahrheit zu tun.

Du möchtest die Wahrheit darüber wissen, wie man am besten Gott/der Göttin nahe kommt? Wünsche es einfach. Wahrhaftig. Rein. Aufrichtig. Wünsche es.

Du denkst, Gott bekümmert sich darum, ob du dich allein in deinem Zimmer aufhältst oder aber im Yankee Stadion?

Nö.

Ist das Vaterunser wirklich das Gebet des Herrn?

Lieber Neale: Ich bin ein älterer Mitbürger (75) und habe die GMG-Bücher sehr genossen. In den meisten, wenn nicht in allen christlichen Kirchen wird das Vaterunser gebetet. Ich habe es viele Jahre lang gesprochen, ohne viel darüber nachzudenken, aber in den letzten Jahren hat mir der Satz »und führe uns nicht in Versuchung« zu schaffen gemacht. Warum sollte Gott »uns in Versuchung führen«? Und ist das Vaterunser wirklich das Gebet des Herrn? Clyde, Bridgeport, NY.

Lieber Clyde: Interessante Fragen. Die Antwort ist natürlich, dass Gott uns nicht in Versuchung führen würde. Gemeint ist eher: »Gott, lass uns bitte nicht in Versuchung geführt werden.« Er wird zwar nicht so formuliert, aber ich glaube, dass die meisten Menschen diesen Satz so verstehen, und dass auch die Anhänger Jesu ihn so verstanden haben, wenn er überhaupt richtig übersetzt worden ist. Was deine zweite Frage angeht, so denke ich, es ist ein sehr gutes Gebet. Und jedes Gebet ist »das Gebet des Herrn«, weil jedes Gebet ein Versuch ist, mit Gott zu kommunizieren, und das kann man gar nicht auf falsche Weise tun. Also sind alle Gebete die des Herrn!

Bitte nicht – rufe es hervor

Lieber Neale: Du empfiehlst, die Macht des Gebets und der Meditation einzusetzen, um unseren Planeten auf eine höhere Ebene zu bringen und einen heilenden Einfluss auf die »Armee Gottes« auszuüben. Während ich nun GMG Band 1 zum dritten Mal lese, haften meine Gedanken an den Worten, dass ein wirkliches Gebet ein Dankgebet ist und eine Aussage über das, was so ist. Deshalb habe ich mit meiner Praxis von Bittgebeten wie »mögen alle Menschen im Frieden ruhen« und »führe sie bitte zur Wahrheit« usw. aufgehört, weil ich nicht durch meinen Akt des Bittens (Wünschens?) bestätigen möchte, dass es nicht so ist. Ich hätte gerne, dass du eine Bemerkung dazu machst, wie Meditation und Gebet in diesem Kontext konkret aussehen könnten. Zu visualisieren, wie diese Leute, Kriminelle wie Opfer, im Licht stehen – ist das die Art von Meditation, die du meinst? Dagmar, Motzen, Deutschland.

Liebe Dagmar: Ja, das ist genau die Art von Meditation, die ich meine. Sieh alles als Ganzes, vollständig und perfekt. Visualisiere die großartigste Version der großartigsten Vision, die du je von den Zuständen auf diesem Planeten hattest. Danke Gott dafür, dass es hier und jetzt so ist. »Erbitte« nichts von Gott: Rufe es hervor. Wenn andere sagen, dass sie nicht glauben, dass man das tun kann, so antworte ihnen: Oh, ihr Kleingläubigen.

Sollten wir den Schöpfer
um irgendetwas bitten?

Mr. Walsch: Als Erstes möchte ich Ihnen dafür danken, dass Sie *Gespräche mit Gott* geschrieben haben. Ich bin sicher, dass Sie dafür so einiges »abbekommen« haben. Aber ich schicke Ihnen Liebe, nicht Angst. Wenn ich darf, möchte ich Ihnen ein paar Fragen stellen. 1) Können Sie einen Vorschlag machen oder eine Empfehlung abgeben, wie man am besten mit der eigenen Seele in Kontakt kommt oder es zumindest versuchen kann? 2) Ich bekam den Eindruck, dass man den Schöpfer beim Beten um gar nichts zu bitten braucht, weil alles bereits gewährt ist. Wie betet man dann also? 3) Spricht der Schöpfer je über den Weg der Indianer? Danke dafür, dass Sie dies hier lesen. Gehen Sie in Frieden. Charles, Summerdale, PA.

Gute Fragen, Charles. Gehen wir auf sie ein. 1) Setzen Sie sich jeden Tag nicht weniger als zwanzig Minuten (besser noch länger) allein hin. Finden Sie einen Raum oder Ort, wo Sie das ungestört tun können. Wenn Sie keinen solchen Ort haben, dann schaffen Sie sich ihn! Ich entzünde gewöhnlich sehr früh am Morgen oder spät in der Nacht eine Kerze, jedenfalls ist es normalerweise dunkel. Irgendwie hält die Dunkelheit den Raum beisammen, schafft sie eine intime Atmosphäre. Ich schließe die Augen und lausche einfach. Ich mache meinen Kopf von allen Gedanken frei und lausche einfach. Erst höre ich auf meinen Atem. Ich höre auf andere Geräusche im Raum und mache sie zum Bestandteil meiner Meditation, statt sie als störend zu empfinden. Tragen Sie lockere Kleidung, oder gar nichts, wenn Ihnen das lieber ist. Ich sitze gewöhnlich im Lotossitz, aber das ist nicht wirklich wichtig. Sie können auch auf einem Stuhl sitzen, wenn Sie mögen, oder sich auf den Boden setzen und gegen die Wand lehnen. Ich habe festgestellt, dass es hier keine »richtige« Methode gibt. Seien Sie einfach still bei sich.

Beginnen Sie nach einer Weile, während Sie sich auf Ihr Atmen konzentrieren, Ihr Gewahrsein auf einen Punkt im Kopf auf der Höhe zwischen und knapp über den Augen zu richten. Versammeln Sie Ihre ganze Aufmerksamkeit dort, wenn Sie können. Je stärker Sie sich darauf fokussieren, desto mehr werden der Rest des Raums, seine Geräusche, Gerüche usw. gewissermaßen »verschwinden«. Sie werden an dieser Stelle einen Ort des Friedens und der heiteren Gelassenheit finden.

Wenn Sie großes Glück haben, werden Sie plötzlich anfangen, etwas vor sich aufblitzen zu sehen — ich kann es nur als eine im Zentrum Ihrer Stirn, inmitten Ihres inneren Sichtfelds tanzende bläulich weiße Flamme beschreiben. Jedenfalls passiert das immer so bei mir. Mag sein, die »Flamme« oder das flackernde »Licht« tanzt vor Ihnen und zieht Sie in seinen Bann. Vielleicht scheint es zunächst sehr klein, sehr weit weg zu sein, und dann ganz plötzlich sehr nah. Diese Flamme oder dieses flackernde Licht wird zu mehr als nur einem visuellen Erlebnis. Es erfüllt Ihr Sein auch mit einem Gefühl, einem Gefühl, das ich nur als Einssein/Staunen/Liebe beschreiben kann. Es ist ein Gefühl von Weichheit, von Schmelzen, fast Gerinnen, wenn das einen Sinn ergibt. Dieses Gefühl wird Ihren ganzen Körper erfassen. Sie werden sogleich völlig entspannt, völlig im inneren Frieden, völlig eingetaucht sein ... im ... Selbst? Es tut mir Leid, Worte können es nicht wirklich vermitteln ...

Nun, wenn Sie außerordentliches Glück haben, wird, während Sie mit geschlossenen Augen dasitzen und Ihre Aufmerksamkeit ganz und gar auf die Stirnmitte gerichtet halten, dieses tanzende bläulich weiße Licht ab einem gewissen Punkt Ihr ganzes »Sichtfeld« ausfüllen. Das ist so, als wären Sie ein Zoomobjektiv und holten sich das Licht näher heran. Wenn sich dieses Phänomen ereignet, werden Sie in Verzückung geraten. Ihr fühlendes Selbst wird plötzlich verstehen, was es bedeutet, in der Liebe zu sein. Ich meine, wirklich in der Liebe. Im Innern der Erfahrung von Liebe. Verstehen Sie?

Sie werden, ganz buchstäblich, von Liebe zu sich selbst erfüllt sein. Wenn Sie dieses Gefühl einmal erlebt haben, werden Sie nie wieder Angst haben, allein zu sein; werden Sie nie wieder eine andere Person so dringend brauchen, dass Sie nur, um sie im Raum festzuhalten, zu einem gestörten Menschen werden; werden Sie nie wieder an eine andere Person, einen Ort oder ein Ding Ihre Macht abgeben und nie wieder an der Wirklichkeit Gottes zweifeln. Ihr Leben wird sich verändern, und Ihnen wird nichts mehr an dem ganzen »Zeug« dieses Lebens liegen, sondern Sie werden sich nur nach der reinsten Essenz sehnen, nach dem echten Frieden und der sanften Wahrheit, die Ihre Seele und Ihr Selbst sind.

Achtung: Es könnte länger dauern, als Ihnen lieb ist. Es kann sein, dass Sie ein Leben lang meditieren und diesen Zustand, dieses Gefühl nicht erreichen, nicht zu dieser Erfahrung gelangen. Oder es kann schon nach zwanzig Sekunden passieren, nachdem Sie sich zum ersten Mal hingesetzt haben. Es spielt keine Rolle. Es kann nichts sein, was wichtig ist. Es kann nicht der Grund sein, warum Sie es tun. Setzen Sie sich einfach jeden Tag hin und seien Sie ein Weilchen still bei sich. Versuchen Sie nicht, irgendetwas zu erreichen. Versuchen Sie nicht, irgendetwas zu tun. Versuchen Sie nicht, irgendetwas zu erleben. Versuchen Sie nicht, durch die Erfahrung irgendwohin zu gelangen. Versuchen Sie nicht, »irgendetwas geschehen zu lassen«. Denn jedes Mal, wenn Sie das versuchen, füllt sich Ihr Geist mit allen Ihren Wunschvorstellungen oder mit Frustration, weil es nicht geschieht, oder mit was auch immer. Sie möchten aber Ihren Geist leer machen, nicht füllen.

Also seien Sie einfach still bei sich und erleben Sie, was Sie erleben, was immer es ist. Seien Sie damit zufrieden. Seien Sie damit glücklich. Einfach mit der Ruhe. Einfach mit dem Da-Sein. Verstehen Sie? So ist es. Auch wenn Sie nie die von mir beschriebene Erfahrung machen, wird die Tatsache, dass Sie sich täglich eine »Auszeit« nehmen, um auf diese sanfte, liebevolle, friedliche Weise bei sich zu sein, Wunder für Sie wirken. Es wird unbeschreiblich verjüngend sein. Sie werden sehen.

Nun zu Frage 2: Man betet, indem man Gott und ihr Universum lobt und preist und Dankesworte spricht. »Ich danke dir, Gott« ist ein wundervolles Gebet. Fügen Sie einfach das hinzu, was Sie Ihrer Meinung nach brauchen. Danken Sie Gott im Voraus für jenen Aspekt göttlicher Realität, den Sie jetzt erleben möchten. Die beste mir bekannte Art zu beten ist also ein Dankgebet. Lesen Sie noch einmal in GMG Band 1, Seite 31 und auch Seite 271 oben.

Zu Frage 3: Der »Weg der Indianer« wird in keinem der Bände 1, 2 und 3 speziell erwähnt.

Abgelenkt, wenn ich meditiere!

Mr. Walsch: Ich danke Ihnen sehr für GMG. Zu sagen, dass es ein erstaunliches Buch ist, wäre eine meisterliche Untertreibung. Vieles in diesem Buch bestätigt mir Dinge, von denen ich schon fühlte, dass sie wahr sind. Manches davon ist wahrlich überraschend. Ich lese es jetzt zum zweiten Mal. Dies ist ein Buch, das man mehrere Male lesen muss. Ich habe eine Frage zur Meditation und hoffe, dass Sie darauf eingehen können. Ich lebe in einer Apartmentanlage, die an einer vierspurigen Autostraße liegt. Ich bin zwar schon eine Seniorin, höre aber noch sehr gut. Mein Problem ist, dass mich der Verkehrslärm usw. ablenkt, wenn ich zu meditieren versuche, und ich wäre für irgendwelche Vorschläge von Ihnen, wie man damit fertig wird, sehr dankbar. Betty, Portland, OR.

Wenn Sie meditieren, Betty, sollten Sie als Erstes nicht mehr versuchen, irgendetwas zu tun. Das heißt, versuchen Sie nicht einmal zu meditieren! Die Kunst der Meditation ist die Kunst, alles loszulassen, einschließlich der Hoffnung, des Traums oder

der Erwartung, eine gute Meditation zu haben. Sitzen Sie einfach nur da. Seien Sie still bei sich. Versuchen Sie nicht, Lärm und andere Ablenkungen abzublocken. Machen Sie sie vielmehr zum Bestandteil Ihrer Erfahrung. Bringen Sie sie ein. Denken Sie nicht an sie als »Lärm« oder »Ablenkungen«. Das ist ein Urteil. Da arbeitet der Verstand, er fällt Entscheidungen darüber. Entscheiden Sie nicht. Hören Sie einfach zu. Hören Sie den Lärm, aber achten Sie nicht auf ihn. Machen Sie keine Sache daraus. Lassen Sie mich das noch einmal sagen: Machen Sie keine Sache daraus.

Können Sie sich noch daran erinnern, dass wir in unserer Kindheit alles Mögliche erzählten und fragten? Und es konnte vorkommen, dass man gegenüber einer anderen Person etwas sagte, worauf diese dann empfindlich reagierte und zurückblaffte: »Na und wenn schon! Willst du eine große Sache daraus machen?« Und wir machten einen Rückzieher, weil wir »keine große Sache daraus machen« wollten. Nun, so verhält es sich auch mit Ihrem Geist. Das Problem ist, dass er diesem fragelustigen kleinen Kind gleicht – bis er zum Schweigen gebracht wird. Er möchte aus jedem Datenstückchen, das hereinkommt, »eine große Sache« machen. Geräusche, Anblicke, Gerüche. Alles. Nun ist es an Ihnen, Ihren Geist dazu zu bringen, damit aufzuhören. Sie sagen einfach jedes Mal, wenn sich Ihr Geist an einem äußeren Reiz aufhängt: »Na und? Willst du eine große Sache daraus machen?« Dann wird Ihr Geist kapieren, dass da nichts Großartiges dran ist. Dass ein Geräusch einfach nur ein Geräusch ist. Ein Geruch nur ein Geruch. Das ist alles, mehr ist nicht dabei. Er braucht sich nicht in irgendetwas einzumischen. In gar nichts. Auch nicht in Ihre Meditation. Besser noch, er kann Bestandteil Ihrer Meditation sein!

Aber er kann nie Bestandteil Ihrer Meditation sein, wenn Sie dabei versuchen, etwas zu tun, was man »ruhig sein« nennt. Ruhig zu sein ist nicht das Ziel Ihrer Meditation. Das Ziel ist es, *still* zu sein – was ganz und gar nicht dasselbe ist. Still zu sein, bedeutet einfach »bei« dem zu sein, was immer vor sich geht. Also Betty, seien Sie beim Verkehrslärm und bei den sonstigen Geräuschen, die es da draußen geben mag. Hören Sie sie, ja zählen Sie sie vielleicht sogar. Ordnen Sie sie ein, wenn Sie möchten. Schieben Sie sie dann beiseite und hören Sie dann wieder auf Ihr Atmen. Kehren Sie zu Ihrem Atmen zurück und hören Sie einfach darauf. Damit werden Sie andere Geräusche ganz automatisch ausblenden. Aber nicht, wenn Sie sich über sie ärgern oder von ihnen ablenken lassen. Lassen Sie sich nie durch das Leben verärgern oder ablenken. Es ist einfach Leben, das geschieht. Lassen Sie die Meditation sich als Bestandteil davon ereignen. Ich kenne Menschen, die sich mitten auf den Times Square setzen und dort meditieren könnten. Innerhalb von dreißig Sekunden sind sie weg. Sind sie aus allem raus. Abgehoben. Ich meine, so würden das die Leute betrachten. In Wirklichkeit sind sie augenblicklich tief in Meditation gegangen. So tief, dass der Moment nicht länger der Meditation zuwiderläuft, sondern zu dem wird, worum es in der Meditation geht. Verstehen Sie?

Nun, wenn Sie anfangen, sich auf Ihr Atmen zu konzentrieren, das Sie immer hören können, ganz gleich, was um Sie herum vorgeht, dann richten Sie auch Ihre Aufmerksamkeit auf diese Stelle zwischen und knapp über den Augen. Konzentrieren Sie sich auf diese Stelle. Es gibt eine Menge Möglichkeiten, dorthin zu gelangen. Manche Leute fangen gerne mit einer Art »Inventur« an und konzentrieren sich erst auf alle anderen Bereiche in ihrem Körper, um sich auf diese Weise total zu entspannen. Sie konzentrieren sich zum Beispiel zunächst auf ihre Zehen. Dann auf die Knöchel. Dann die Unterschenkel, die Knie, die Oberschenkel und so weiter. Auf diese Weise verweilen sie bei jedem Teil ihres physischen Körpers, sind »bei ihm«. Sie sehen zu, wie sich jeder Bereich entspannt. Ja, sie geben ihm vielleicht sogar den Befehl dazu. Das ist ganz in Ordnung. Das ist eine Möglichkeit, sich zu entspannen. Es gibt dafür nicht nur die eine »richtige« Methode. Tun Sie einfach das, was für Sie funktioniert. Aber wenn Sie schließlich das Gefühl haben, wirklich entspannt zu sein, und einfach so da sitzen und im Augenblick verweilen, dann fangen Sie an, Ihre Aufmerksamkeit auf die genannte Stelle hinter der Stirnmitte knapp über und zwischen den Augen zu lenken.

Es können interessante Dinge passieren, wenn Sie das tun. Seien Sie nicht überrascht, wenn Sie einer tanzenden blauweißen »Flamme« oder einem Licht begegnen. Seien Sie nicht überrascht, wenn Sie von diesem Licht eingehüllt und dabei von einem Gefühl des Wohlbefindens, der Wärme und des Einsseins überwältigt werden, einem Gefühl, das sich nur als Ekstase beschreiben lässt. Nicht mit Glücklichsein. Auch nicht mit Freude. Sondern mit reiner Ekstase. Frieden. Einheit.

Eine andere Möglichkeit, sich in den mentalen Raum zum Meditieren zu begeben, ist die der gelenkten Fantasie. Dies ist eine Form von mentaler Praxis, die den Geist sachte zur Ruhe bringt und das Herz öffnet. Man nimmt hier eine Tonbandkassette zur Hilfe, um sich durch den Prozess führen zu lassen. Es ist eine großartige Methode für Meditationsanfänger, die erst ein paar Erfahrungen mit dieser Art des Arbeitens mit dem Geist sammeln möchten.

Zu lernen, wie man meditiert, wird ein Bestandteil des Programms sein, das in den GMG-Zentren überall auf der Welt angeboten wird. Mehr Informationen dazu sind unter der bereits angegebenen Kontaktadresse von *ReCreation Foundation — CWG In Action* zu erhalten.

11

Mit Gott reden

Die Welt hat eine interessante Art, über diese Sache »Reden mit Gott« zu denken. Die meisten Menschen glauben nicht nur, dass *Gespräche mit Gott* möglich sind, sondern auch, dass sie stattgefunden haben. Der Punkt, auf den sie sich anscheinend nicht einigen können, ist der, wann Gott mit dem Reden aufgehört hat.

Wenn Gott nie aufgehört hat zu reden, dann verkompliziert das die Sachlage, weil sich die meisten Religionen auf Gottes direkte Offenbarungen gegenüber einer bestimmten Person oder Gruppe gründen. Diese Menschen und Gruppen können dann gar nicht anders als lehren, dass Gottes Offenbarungen ein Ende gefunden haben. Fertig. Aus. Denn wenn Gott sich weiterhin direkt den Menschen offenbart, dann stellt sich die Frage, wozu man überhaupt eine bestimmte Religion braucht.

Doch das ist nun eine Frage, die Religionen nicht dulden können, weil sie die Axt an das Fundament ihrer Daseinsberechtigung legt. Religionen beziehen ihre Autorität und Befugnis aus ihrer Erklärung, dass ihr (oder ihre) Begründer das Wahre Wort Gottes vernahmen, und dass das, was irgendein anderer hörte, eine Unwahrheit ist. Ein Missverständnis, wenn nicht geradezu Blasphemie.

Das war es, was Menschen als Erstes die Erlaubnis gab, sich als »besser« zu bezeichnen – und im Namen dieses »Besserseins« zu töten.

Nun kommt da ein Buch mit dem Titel *Gespräche mit Gott* daher, das frech behauptet, dass Gott nie aufgehört hat, mit uns zu sprechen, und in der Tat jeden Tag mit uns kommuniziert. Und nicht nur mit ein paar Auserwählten, sondern tatsächlich mit jeder und jedem von uns.

Kann das wahr sein? Ist das möglich? Hat Gott die Menschen nach der letzten Großen Offenbarung doch nicht verlassen? Und welche war überhaupt die letzte? Der Koran? Der Talmud? Die Bhagavad Gita? Der Rigveda? Die Brahmanas? Die Upanishaden? Das Tao-te ching? Die Bibel? Das Neue Testament? Das Buch der Mormonen vielleicht? Welches geschriebene Wort war nun genau das letzte Wort? Wer hat hier das letzte Wort?

Die meisten Religionen können sich zwar nicht darauf einigen, welches alte Buch nun das Wort Gottes enthält, sind sich aber zumeist darin einig, dass es sich in keinem neuen Buch findet.

Und so sehen wir uns mit einem krassen Widerspruch konfrontiert: Religionen, die lehren, dass ihre Wahrheit auf den direkten Offenbarungen Gottes basiert, dann aber darauf hinweisen, dass solche Offenbarungen unwahrscheinlich sind.

Da ist es nur verständlich, wenn die Leute nicht wissen, was sie glauben sollen. Die Institution, die das eigentlich alles klären sollte, hat mehr als jede andere menschliche Institution dazu beigetragen, Verwirrung zu schaffen. Am Ende sind wir auf uns selbst gestellt. Mit einer winzigen Ausnahme. Wir haben Gott bei uns, auf jedem Schritt des Weges. Wir können mit Gott kommunizieren. Wir können mit Gott reden und wissen, dass Gott auch mit uns reden und uns antworten wird. Wir können tatsächlich eine »Freundschaft mit Gott« haben. Das Buch mit diesem Titel beschreibt genau, wie man das macht.

Kann ich wirklich zu Gott sprechen – und wird Gott antworten?

Lieber Neale: Heute ist mein fünfundzwanzigster Geburtstag. Und ich muss dich fragen, wie ich wirklich zu Gott sprechen kann und eine Antwort bekomme, die ich hören kann. Entweder bin ich nicht empfänglich genug, um zu hören, oder ich frage nicht richtig, oder Gott antwortet nicht. Ich würde eine verbale Antwort von ihm/ihr vorziehen. Nach fünfundzwanzig Jahren habe ich eine Menge zu fragen und eine Menge Dinge ad acta zu legen. Hat Gott irgendetwas zu dir über die Erfüllung von Träumen gesagt? P.W.

P.W.: Nimm Gottes Antworten in der Form entgegen, wie sie kommen. Gott pflegt den Leuten in der Form zu antworten, mit der sie sich, wie er weiß, am wohlsten fühlen und die sie am besten annehmen können. Wenn Gott dächte, dass du seine Antworten in verbaler Form akzeptieren und empfangen könntest, würde er dir Antworten in verbaler Form geben. Doch Gott weiß wahrscheinlich, dass du solche Stimmen in deinem Kopf als Halluzinationen oder sonst was abtun und ohnehin nicht auf sie hören würdest. Also wählt er eine Form der Verständigung, auf die du hörst, und vielleicht gehört dazu auch die Antwort, die du hier durch mich bekommst! Verstehst du? Gott wirkt seine Wunder auf rätselhafte Weise. Lass das zu. Erlaube es. Versuche nicht, Gott einzuschränken oder sie in ihren Unternehmungen zu dirigieren. Lass sie ihre eigene Kommunikationsform wählen. Aber höre zu. Beobachte. Bleib wachsam. Denn du kennst nicht die Stunde, in der der Meister kommt. *Gespräche mit Gott* hat dies ziemlich gut zum Ausdruck gebracht, meine ich. Lies es noch einmal. Es steht alles drin.

Was die Erfüllung von Träumen angeht, so sagt Gott, dass wir uns jegliche Träume erfüllen können, die wir uns erfüllen wollen. Du erfüllst dir deine Träume in diesem Augenblick, an diesem Tag. Wenn dir dein Leben im Augenblick nicht gefällt, dann weil du Alpträume geträumt hast. Das heißt, dein Denksystem über das Leben hat eine Realität produziert, mit der du nicht einverstanden bist. Verändere deine Gedanken, verändere deine Realität. Das ist die ganze Botschaft von GMG.

Du erfüllst deine Träume, indem du auf ihnen beharrst, und das auch angesichts von Informationen und Erfahrungen, die im Gegensatz dazu stehen. Ich wusste schon immer, dass ich ein Buch schreiben würde. Ich wusste schon immer, dass ich eines veröffentlichen würde. Das ist nur einer meiner vielen Träume, die ich hatte und sich erfüllen sah. Aber der Beweis vor Augen hat nicht immer meine Träume unterstützt. Ich sehe über den Beweis hinaus auf die Kraft des Traums selbst und auf die Macht Gottes, ihn für mich herzustellen.

Doch ist es sehr klug, Träume des Seins und nicht des Tuns zu träumen, denn Tun führt nicht zu Evolution, nicht zu Wachstum, sondern dazu, dass man im Tun und Machen festsitzt.

Bin ich die Einzige?

Lieber Mr. Walsch: Ich habe gerade Ihr Buch zu Ende gelesen und bin sprachlos! Sagt Gott wirklich all diese Dinge? Ich möchte es gerne glauben, denn es klärt eine Menge für mich. Es wäre nett zu erfahren, wie andere Menschen auf Ihr Buch reagieren, denn ich weiß, dass ich nicht die Einzige bin. Elaine, Eifrida, AZ.

Nein, das sind Sie nicht, Elaine. Und einer der Gründe, warum wir hier Kommentare einfügen und nicht nur Fragen abdrucken, ist der, Sie wissen zu lassen, dass Sie nicht die Einzige sind! Nun, »sagt Gott wirklich all diese Dinge?« Das glaube ich, Elaine. Aber deshalb muss es noch nicht so sein. Das ist nur meine Überzeugung. Und das ist wichtig zu verstehen. Ich muss Sie nicht von irgendetwas überzeugen. Lesen Sie das Buch und nehmen Sie sich einfach das raus, was für Sie taugt. Entscheiden Sie, was Sie daraus beziehen können. So einfach ist das.

Gott spricht zu allen Menschen, aber nicht alle glauben das. Wie in GMG steht, liegt die Wurzel all unserer Probleme im Leben darin, dass wir uns nicht für würdig genug halten, dass Gott mit uns spricht. Wie steht es mit Ihnen? Halten Sie sich für würdig genug? Stellen Sie sich diese Frage. Und wenn Sie sie mit einem Ja beantworten können, dann achten Sie ab diesem Monat genauer auf die Worte Gottes als Leitfaden in Ihrem Leben. Ist Ihre Antwort ein Nein, dann schauen Sie nach, warum Sie sich nicht für würdig genug halten, um direkt von Gott Führung zu erhalten.

Wie sagt man den Leuten,
dass Gott Sinn für Humor hat?

Lieber Neale: Jahrelang dachte ich, ich sei vollkommen plemplem, und wagte es nicht, anderen meine Gedanken mitzuteilen. Ich habe versucht, mich der »Norm« anzupassen, aber ich konnte es nicht, und deshalb ist mein Leben praktisch zum Stillstand gekommen. Kürzlich machte ich meinen Abschluss an einem interkonfessionellen Priesterseminar — ja, ich machte meinen Abschluss, hatte aber nicht das Gefühl, vom gleichen Schlag zu sein wie die anderen Studenten. Ich bin zu pietätlos. Ich »kenne« Gott anders, als er/sie dargestellt wird. Wie sagt man den Leuten, dass Gott Sinn für einen ziemlich trockenen Humor hat? Wie sagt man ihnen, dass man, wenn man eine Frage stellt, tatsächlich eine realistische Antwort bekommt? Wie sagt man ihnen, dass sie sich nicht in Floskeln ergehen müssen, sondern einfach nur reden sollen — so wie sie mit ihrem besten Freund reden? Wer glaubt dir das? Und dann kommt da *Gespräche mit Gott* daher! Du hast es getan! Du hast es ihnen gesagt! Es war, als hätte jemand meine inneren, ganz privaten *Gespräche mit Gott* belauscht! »Ja!«, rief ich laut nach jeder Frage, die Gott beantwortete. »Ja! Ja! Ja! Ich bin nicht plemplem. Dies ist Wirklichkeit. Dies *ist Gott, der spricht.*« Namaste. Rev. B., CA.

Lieber Rev. B.: Darauf können Sie wetten! Es ist schon merkwürdig: Wenn wir erzählen, dass wir jeden Tag mit Gott sprechen, nennt man uns fromm. Wenn wir aber sagen, dass Gott

jeden Tag mit uns spricht, heißt es, wir sind verrückt. »Verrückt«
ist die Meinung, dass Gott vor zweitausend Jahren *aufgehört*
hat zu sprechen. Das ist verrückt.

Danke für den Mut

Lieber Mr. Walsch: Ich muss Sie unbedingt wissen lassen, dass es
eine reine Freude war, GMG zu lesen. Ich habe noch vor dem Ende des Buches mit dem Lesen innegehalten, um Ihnen das hier zu
schreiben. Als ich bei Kapitel 10 anlangte, hielt ich das Buch an
meine Brust und weinte. Das ist genau das, was ich jedes Mal höre, wenn ich meine Gespräche mit Gott beginne. Danke, dass Sie
den Mut hatten, dieses Buch zu schreiben. Sie können mir glauben, dass ich es jedem, mit dem ich in Kontakt komme, empfehlen werde. Ich mache es kurz, weil ich weiß, dass Sie sehr beschäftigt sind. Ich wollte Sie nur wissen lassen, dass Sie hier in
Bullhead, Arizona, sehr geliebt werden … Nona.

Liebe Nona: Ich danke Ihnen. Manchmal weiß ich nicht, was
ich sagen soll, wenn ich Briefe wie den Ihren lese. Ich bin von
diesem ganzen unglaublichen Geschenk zutiefst berührt und
bewegt. Erst Gottes Geschenk an mich, dann das Ihre. Danke,
danke, danke, Nona, dass Sie so gute Energien zu mir fließen
lassen, dass Sie so nette Dinge sagen und sie auch meinen.
Denn das Eine weiß ich, Ihr Brief und alle seine Worte sind sehr
ehrlich. Und ich bin demütig und dankbar. Gott segne Sie.

Werden Sie helfen, das Wort zu verbreiten?

Mein lieber Mr. Walsch: Ich versuche, einen Brief zu basteln, der
Sinn ergibt. Nachdem ich Ihr Buch *Gespräche mit Gott* zu Ende
gelesen habe, fühle ich mich überwältigt, ziemlich sprachlos und

auch etwas von Sinnen. Und darüber hinaus sehr ruhig, zufrieden, friedlich, bestätigt, eingehüllt, umfasst, erfüllt und entleert zugleich.

Ich finde mich mit einem Lächeln auf den Lippen wieder, Tränen rinnen mir übers Gesicht und ein ganzes Leben voller Schmerz und Freude explodiert in meinem Herzen. Das Buch ist absolut und ohne Frage Wahrheit. Es ist der Höhepunkt der Jahre des Kampfes mit mir selbst. Es ist der Gipfelpunkt von Wissen und Erfahrung, die in mir aufstiegen, im vergangenen Frühling und Sommer einen Höchststand erreichten und nun mit der Flut Ihrer Worte, Gottes Worte, davongeschwemmt wurden.

Wie mir das Buch zukam, bleibt ein Rätsel. Irgendwann im letzten Jahr fragte mich jemand, ob ich *Gespräche mit Gott* gelesen hätte. Wie ich mich entsinne, sagte ich nein, ich hätte von diesem Buch nichts gehört und wüsste auch nichts darüber. Ich schrieb den Titel auf meine Liste mit Büchern, die ich kaufen und lesen möchte. Vor ein paar Monaten kaufte ich dann das Buch, neugierig zu erfahren, wie die *Gespräche mit Gott* bei jemand anders aussehen. Ich fragte mich, ob sie wohl so wie die meinen sein würden. Und alle, die ich seither fragte: »Hast du mich auf das Buch *Gespräche mit Gott* aufmerksam gemacht?«, haben es verneint.

Ich möchte Ihnen und dem Gott, der in Ihnen wohnt, meine Dankbarkeit dafür aussprechen, dass Sie mit solchem Mut ein Werk von so großartiger Wahrheit und bedingungsloser Liebe geschrieben haben. Es ist die Rede davon, dass der Gott, von dem wir sprechen, uns näher ist als unser Atem. Ich weiß schon seit meiner Kindheit, dass dies wahr ist. Und jetzt weiß ich, dass ich nicht verrückt bin. Im Licht und in der Liebe des Seins und Erschaffens verneigt sich der Gott in mir vor dem Gott in Ihnen, Bote Walsch. In mir ist der Wunsch für Ihr physisches Wohlergehen, damit Sie Ihre Arbeit fortsetzen können. Möge Ihre Arbeit anderen so viel Freude bringen, wie sie mir gebracht hat. Sie sind gesegnet. Mit freundlichen Grüßen, Pamela.

Nun, Pamela, das ist einer der nettesten Briefe, die ich bekommen habe — und in den letzten zwei Jahren sind hier fast zehntausend Briefe eingetroffen. Ich habe diesen Brief abgedruckt, weil ich es für wichtig halte, dass wir alle wieder einmal sehen und erfahren, wie dieses außergewöhnliche Buch das Leben anderer berührt hat. Tun wir alle, was nötig ist, um sicherzugehen, dass diese Bücher zu mehr werden als nur einfach dem neuesten »Knüller, den man gelesen haben muss«. Lasst uns als Erstes geloben, ihre Wahrheit zu leben. Und lasst uns dann versprechen, dabei zu helfen, dass sie verbreitet wird.

Geben Sie monatlich ein Exemplar an eine Person, die Sie lieben. Finden Sie heraus, wie Sie an *GMG In Action* teilnehmen können. Bringen Sie Licht in die Welt. Wenn Sie diese Botschaft in positiver Weise berührt hat, dann tun Sie, was Sie können, um andere damit zu berühren.

Wenn wir das alle tun, können wir diese gloriose Wahrheit in allen Ecken der Welt verbreiten.

Warum viele Menschen nicht glauben können, dass Gott direkt zu uns spricht

Lieber Mr. Walsch: Ich habe gerade Band 1 von *Gespräche mit Gott* zu Ende gelesen. Es ist das inspirierendste Buch, das ich je gelesen habe. Ich gebe es an eine sehr gute Freundin weiter. Ich hoffe, Gottes Worte, wie sie in Ihrem Buch kundgetan werden, helfen meiner Freundin zu erkennen, dass Gott möchte, dass wir glücklich sind. Wenn wir glauben, dass Gott durch Propheten (normale Männer) in der Bibel sprach — warum fällt es einigen von uns so schwer zu glauben, dass Gott durch einen *zeitgenössischen* »normalen Mann« sprechen könnte? Regina, Philadelphia, PA.

Weil, **Regina,** uns das alle für das Empfangen solcher Übermittlungen verantwortlich machen würde. Sollten Sie es nicht auch können, wenn ich es kann? Natürlich sollten Sie es können. Doch das ist eine Verantwortung, an der die meisten Menschen nicht teilhaben oder die sie nicht bereitwillig übernehmen möchten. Da lässt sich viel leichter bestreiten, dass es möglicherweise mir widerfahren ist. Denn dann kann es auch ihnen nicht widerfahren, und damit sind sie »aus dem Schneider«.

Doch für jene Menschen, die glauben, dass Gott zu uns spricht, sind da ein solcher Lohn, eine solche Erfüllung, eine so außergewöhnliche Chance und Ermächtigung und eine solche spirituelle Entfaltung, dass es unverständlich erscheint, wie man die Möglichkeit einer solchen Begebenheit negieren kann.

Wie kann ich wissen, dass Gott existiert?

Lieber Neale: Ich habe ein paar wichtige Fragen, die mich nun schon eine ganze Weile plagen. Seit ich mich mit einem Freund, der sehr wissenschaftlich eingestellt ist (und nicht an einen Gott glaubt) auf eine Glaubensdebatte eingelassen habe, bin ich mit meinem Latein am Ende. Es besteht eine Wahrscheinlichkeit von 50:50, dass wir wirklich allein sind, dann wäre alles, woran ich mein ganzes Leben geglaubt und was ich geliebt habe, eine Lüge – dies hat mich in eine tiefe Depression gestürzt. Ich weiß jetzt, was die Hölle ist, ich wache jeden Morgen in ihr auf – es ist eine Welt ohne Gott.

Mehr als alles andere möchte ich wissen, dass Gott wirklich existiert, aber wie weiß ich es? Woher weiß ich, dass du deine Antworten nicht einfach aus deinem Unterbewussten beziehst? Du würdest wahrscheinlich darauf antworten: »Weil mein Geist diese Art von Antworten gar nicht ersinnen könnte.« Aber bist du dir da so sicher? Ich träume jede Nacht und hatte schon Träume über Dinge und Menschen, an die ich nie denken würde (die meiner Persönlichkeit ganz und gar fern liegen), und doch erschafft sie mein Unterbewusstsein.

Hier mag sich die Frage erheben: Was ist mit diesem machtvollen, warmen Gefühl, das unter Umständen eine tief im Gebet versunkene Person überkommt oder bei der Taufe entsteht usw.? Ja, ich habe es so machtvoll empfunden, dass mir die Tränen kamen und ich es kaum aushalten konnte, aber Sex ist auch eine unglaubliche Erfahrung, und er ist eine biologische Funktion. Könnte also nicht alles andere das ebenso sein?

Weiterhin bin ich mit dem automatischen Schreiben vertraut, aber auch hier stellt sich die Frage: Woher weiß ich, dass die Antworten nicht meinem eigenen Gehirn entspringen? Als ich kürzlich mit Ihm/Ihr in dieser Form zu kommunizieren versuchte, bekam ich vage und schrecklich falsch geschriebene Antworten, dann rutschte der Stift vom Papier. Und jetzt kommt gar nichts mehr, der Stift schlittert einfach nur dahin.

Könntest du also bitte, wenn du Zeit hast, Gott diese Dinge fragen? Ich habe gefragt, aber ich hatte kein Glück. Außerdem bist du gut darin. Drei Bücher ist verdammt gut.

Mir scheint gegenwärtig, Gott müsste vor meinen Augen in menschlicher Form in Erscheinung treten, oder ich muss erst sterben, bevor ich weiß, ob er Tatsache ist oder nicht nur eine Einbildung (und ich würde ihn wirklich gerne noch davor finden). Ganz und gar verirrt, Kendra, Sunnyvale, CA.

P.S. Mir kam gerade ein Gedanke! Wenn du beschließen solltest, mit Gott zu sprechen, da gibt es einen Mann, den ich vergöttere, seit ich zwölf war. Wenn Gott dir seinen richtigen Namen enthüllen könnte, dann wüsste ich, dass Gott quicklebendig ist. Denn wie könntest du ihn wissen? Das ist nur so ein Gedanke.

Liebe Kendra ... meine liebe, liebe Kendra, ich wünschte mir so sehr, ich könnte dir das Geschenk des Glaubens an das machen, was du auf der Erfahrungsebene nicht kennen gelernt hast. Ich hatte so gehofft, mein Buch würde das bewirken. Ich weiß, wenn du dieselbe Erfahrung wie ich gemacht hättest, würdest du nie, nie wieder die Existenz Gottes oder die Quelle dieser Schriften in Frage stellen. Aber du hast diese Erfahrung nicht gemacht, und wie könnte ich sie dir zukommen lassen? Ich kann es nicht. Ich kann nur meine Erfahrung mit dir teilen.

Kendra, ich kann dir nicht den Namen des Mannes sagen, den du vergötterst, seit du zwölf warst. Von einer derart speziellen und sehr persönlichen Information kann ich nie Kenntnis haben, und ich kann es auch nicht in mir finden, Gott darum zu bitten, »Salontricks« vorzuführen, um sich dir oder mir zu beweisen. Ich verstehe aber, warum du fragst. Wir alle versuchen, eine einfache Möglichkeit zu finden, mit der wir uns die Existenz Gottes beweisen können. Na gut, Kendra, lass mich dir eine einfache Möglichkeit geben. Schau in die Augen eines neugeborenen Kindes. Atme den Duft einer blühenden Rose ein. Und ja, ergib dich der unglaublichen Erfahrung von wundervollem, liebevollem Sex. Du nennst das eine biologische Funktion. Wer hat deiner Ansicht nach die Biologie erfunden?

Es besteht keine 50:50 Wahrscheinlichkeit, dass wir wirklich allein sind, Kendra. Dafür besteht auch nicht die allergeringste Wahrscheinlichkeit. Ich werde Gott bitten, dein Herz aufzusuchen, schon während du dies liest. Und weil ich darum gebeten habe, wird Gott es tun. Das ist der Glaube, den ich habe. Doch du musst dein Herz öffnen, Kendra, oder du wirst die Präsenz Gottes nicht fühlen können. Oder du fühlst sie, bezeichnest es aber anders (als »biologische Funktion« zum Beispiel).

Du wächst nicht jeden Morgen in einer Welt ohne Gott auf. Du wächst jeden Morgen in einer Welt auf, in der du Gott nicht siehst. Das ist etwas völlig anderes. Sprich dieses Gebet: Öffne meine Augen, damit ich Visionen der Wahrheit erblicken kann, die sich mich erbeten haben. Öffne meine Augen, göttlicher Geist, erleuchte mich! Diese Worte stammen aus einer wundervollen Aufnahme des Sängers Cris Williamson mit dem Titel *Song of the Soul.*

Schreib mir und sag mir, wie es dir ergeht. Und du sollst wissen, Kendra, dass ich bei dir bin. Ich bin den Weg gegangen, den du gehst. Und ich liebe dich für deine Ehrlichkeit.

Gott ist dein bester Freund und weicht nie von deiner Seite

Sehr geehrter Mr. Walsch: Lassen Sie mich Ihnen erzählen, ohne dabei auf allzu viele Einzelheiten einzugehen, was mir am 4. April dieses Jahres widerfahren ist. Ich fühlte mich ziemlich so, wie Sie im Eingangskapitel Ihres Buches beschrieben haben. Ich saß in meinem Wagen auf dem Parkplatz eines Einkaufszentrums und fing zu weinen an — etwas, das sonst ganz und gar nicht meine Art ist. Neben anderen Dingen lief meine Beziehung mit meinem Freund nicht besonders gut, und ich war sehr deprimiert. Ich begann Gott anzuschreien: Ich hätte all diese Kämpfe satt und warum könne er, wenn er ein guter und gerechter Gott sei, nicht meine Bittgebete erhören? Warum war er nicht da, wenn ich ihn brauchte? Ich erinnere mich, dass ich Gott anflehte, mir zu helfen. Ich bat ihn, mir ein Zeichen zu geben, irgendein Zeichen, um mich wissen zu lassen, dass er meine Gebete wenigstens gehört hatte.

Schließlich gewann ich meine Fassung wieder und ging ins Einkaufszentrum, um ein Buch abzuholen, das ich bestellt hatte. Auf dem Weg zur Information kam ich an einem Tisch vorbei und sah dort Ihr Buch liegen. Ich kaufte es, und seither hat es mich nicht mehr verlassen. Ich möchte Sie wissen lassen, dass ich eine sehr willensstarke Frau bin, die sich nicht leicht beeinflussen lässt. Doch Ihr Buch hatte und hat einen machtvollen Einfluss auf mein Leben. Ich danke Ihnen so sehr. Bleiben Sie bei Ihrer guten Arbeit. Mit freundlichen Grüßen, Shawn, MD.

Liebe Shawn: Ich sehe darin ein wunderbares Beispiel für »noch bevor ihr fragt und bittet, werde ich schon geantwortet haben«. Gott ist unsere beste Freundin. Sie weiß, was wir brauchen, noch bevor wir es ansprechen. Ihre Geschichte ist inspirierend, da sie diese Wahrheit demonstriert. Ich danke Ihnen sehr für Ihr Schreiben. Ich wünsche Ihnen alles Gute.

Was ist mit »Wie oben, so unten« gemeint?

Lieber Neale: Sag bitte etwas zu: »Liebt Gott vor allen anderen Dingen ... und liebt euren Nachbarn, so wie ich euch geliebt habe.« Und könntest du auch in diesen Zeiten des Soforts etwas zu »Wie oben, so unten« sagen? Vielen Dank. Amania, San Francisco, CA.

Hi, Amania: Ich weiß nicht, wer »Liebt Gott vor allen anderen Dingen« sagte, aber es kann nicht Gott gewesen sein. Gott hätte gesagt: »Liebt alles, denn das ist Was Ich Bin. Liebt nicht ein Ding und nicht das andere, liebt auch nicht ein Ding mehr als das andere, doch liebt alle und alles im Leben aus ganzem Herzen, mit aller Geisteskraft und mit eurer ganzen Seele. Denn indem ihr liebt, was ihr ›schlecht‹ nennt, transformiert ihr es; indem ihr liebt, was ihr ›böse‹ nennt, entwaffnet ihr es; indem ihr liebt, was ihr ›schädlich‹ nennt, macht ihr es gefahrlos; indem ihr jene liebt, die euch Schaden zufügen, macht ihr euch ihnen gegenüber immun.

Und indem ihr liebt, was ihr ›gut‹ nennt, ermächtigt ihr es; indem ihr liebt, was ihr erfreulich findet, befördert ihr es; indem ihr liebt, was ihr ›göttlich‹ nennt, definiert ihr euch selbst und erhebt Anspruch auf Wer Ihr Seid. Doch verurteilt und verdammt nicht, denn was ihr verurteilt, das werdet ihr, und was ihr verdammt, wird euch verdammen.«

Gott hätte gesagt: »Liebt euren Nachbarn, so wie ich euch geliebt habe«, denn Gott lehrt, dass dein Nachbar du ist. Es gibt keine Trennung. Deshalb bedeutet »liebe deinen Nachbarn«, dass deine rechte Hand deine linke Hand, dass dein Auge deine Nase liebt. Du kannst nicht das eine lieben, ohne auch das andere zu lieben, und du kannst nicht das eine verabscheuen, ohne das andere zu verunglimpfen, denn alle gehören zum gleichen Leib, und nichts existiert getrennt oder gesondert voneinander. Deshalb meinte Jesus das ganz wortwörtlich, als er sagte: »Liebe deinen Nachbarn wie dich selbst.« Er hätte noch hinzufügen können, obwohl das dann nicht in die überarbeitete und »gesäuberte« Bibel aufgenommen worden wäre: »...denn dein Nachbar ist du.«

»Wie oben, so unten« bedeutet, so wie es in deinen höchsten Gedanken ist, wird es auch in deinen niedrigsten Gedanken sein; was in deinem höchsten Traum existiert, wird auch in deinem niedrigsten existieren; wie dein Sein in deiner höchsten Vorstellung und deinem höchsten Ideal und deiner höchsten Vision ist, wird es auch auf deiner niedrigsten Ebene sein. Der niedrigste Teil von dir wird erhoben, wenn sich der höchste Teil von dir emporschwingt. Es bedeutet, dass das, was in deinem höchsten Chakra stattfindet, auch in deinem untersten Chakra stattfinden wird. Wenn sich die Schwingungsfrequenz deines obersten Chakras erhöht, wird auch die Schwingungsfrequenz der Energien deines untersten Chakras gesteigert.

Der Instinkt, »zu kämpfen oder zu fliehen«, der Überlebensinstinkt, wird zu einer höheren Ebene geführt, wenn die höheren Chakren die Wahrheit verstehen und akzeptieren, dass das Überleben kein Problem, sondern eine gegebene Tatsache ist; dass es nicht um die Frage geht, ob du überlebst, sondern wie es mit deinem Sein im Verlauf dieses Überlebens bestellt ist. Auch der Sexualtrieb erhebt sich von der Ebene des bloßen Überlebens der Rasse — instinktiv dringlich, fordernd — auf die Ebene des Demonstrierens und Feierns der Liebe, einer völlig anderen Energie.

»Wie oben, so unten« bedeutet auch, dass so wie es im Himmel deines Verstehens ist, es auch auf der Erde deiner Erfahrung sein wird. Das heißt, wenn du dir die Vorstellung von einem Himmel aufbaust, von dem alle ausgeschlossen sind, die ihn nicht verdienen; wo jene bestraft werden, die geirrt und gefehlt haben; der ein Zuhause ist für einen Gott, der nur ganz wenigen Auserwählten seine besondere Gunst zukommen lässt; eine Vorstellung von Verurteilung und Verdammung, von allem und jedem außer bedingungsloser Liebe, dann wirst du eine Erde mit denselben Merkmalen erleben. Denn es kann für dich auf deiner Erde nicht anders sein, als es für dich in deinem Himmel ist. Von daher: wie oben, so unten. Denn die höchsten deiner Gedanken werden die niedrigsten deiner Erfahrungen produzieren. Und je höher deine Gedanken und Bestrebungen, Visionen und Absichten, desto höher werden selbst deine niedrigsten Gedanken sein.

Deshalb steht geschrieben: »Trachtet vor allem anderen nach dem Himmelreich, und alles andere wird euch dazugegeben.« Doch wisst, das Himmelreich wird nicht angestrebt und auch nicht gefunden, indem ihr alles aussortiert und ausschließt, was ihr »gottlos« nennt. Es wird durch das bedingungslose Einbeziehen von allem, das ist, gefunden.

Die Erfahrung von Gott ist, was Gott gewählt hat

Lieber Neale: Mich verwirrt die Aussage, dass »Gott sich auf der Erfahrungsebene selbst kennen lernen will«, und würde deshalb gerne mehr darüber hören. Lori, Redding, CT.

Hallo, Lori: Sich auf begrifflicher Ebene selbst zu erkennen und zu kennen ist die eine Sache, eine andere ist es, sich auf der Erfahrungsebene kennen zu lernen und zu erleben. Du magst zum Beispiel auf der Begriffsebene wissen, dass du eine liebevolle

Person bist, aber wenn du deine Liebe niemals irgendjemandem gegenüber ganz konkret zum Ausdruck gebracht hast, kennst du die Liebe nur als Begriff, nicht aber als Erfahrung. Du hast eine Vorstellung von dir, aber keine Erfahrung mit dir gemacht. Verstehst du? Begreifst du?

Nun hat Gott sich dafür entschieden, mehr als eine bloße begriffliche Vorstellung von sich zu haben. Er traf die Wahl, die Erfahrung von sich selbst zu machen. Gott wollte sich auf eigener Erfahrungsebene selbst kennen lernen. Gott traf die Wahl zu erfahren, wie es sich anfühlt, allmächtig, allwissend, allliebend zu sein. Er traf die Wahl zu erfahren, wie es sich anfühlt, personifizierte Weisheit, an den Tag gelegter Mut, zum Ausdruck gebrachte Liebe zu sein. Er traf die Wahl, jeden Aspekt seines Seins auf der Erfahrungsebene kennen zu lernen – das heißt jeden Aspekt der Göttlichkeit. Nur um sich selbst zu »wissen« war nicht genug. Nur zu verstehen nicht ausreichend. Für Gott kam nur die direkte Erfahrung in Frage. Also erschuf Gott dich. Du bist die direkte Erfahrung. Du bist Gott »gottend«. Du und alles andere in der Schöpfung.

Da du Gott bist und die Erfahrung von dir selbst machst, und da Gott der Schöpfer ist, hast auch du die Macht, zu erschaffen. Du nutzt diese Macht jeden Augenblick, gewöhnlich ohne es zu wissen, gewöhnlich ohne es zu beabsichtigen. Die schöpferische Macht Gottes ist in jedem deiner Gedanken, jedem deiner Worte, jeder deiner Taten einbegriffen. Dieser Prozess wird in Band 1 von *Gespräche mit Gott* genau erklärt.

Es war also Gottes Wunsch, Lori, das, was er über sich selbst wusste, auf der Erfahrungsebene kennen zu lernen. Das ist auch der größte Wunsch deiner Seele. Alles, was sich deine Seele wirklich wünscht, ist, dass sie die direkte Erfahrung von Wer Du Wirklich Bist macht. Und das machst du hier. Darum geht es in deinem Leben. Und in *Gespräche mit Gott* geht es um den Prozess, durch den das alles stattfindet, geht es darum, wie das alles funktioniert.

Hat Gott diese Seelen für mich ausgesucht?

Lieber Neale: Ich erwarte Zwillinge und kann gar nicht glauben, wie gesegnet ich bin. Hat Gott diese beiden Seelen für mich ausgesucht? Haben sie meinen Mann und mich gewählt? Hört Gott es immer, wenn ich mit ihm/ihr spreche (auch über belangloses Zeug)? Ich sehe, wie groß das Universum ist, und es scheint mir manchmal kaum glaublich, dass er Zeit für mich haben kann. Fühlt Gott meine Liebe zu ihm? Es ist wichtig, es ist das Allerwichtigste, dass er meine Liebe zu ihm spüren kann. Braucht er sie, oder will er sie überhaupt? Alles Gute, Susan, Bordentwon, NJ.

Liebe Susan: Mein Antwort auf deine Frage: »Hat Gott diese beiden Seelen für mich ausgesucht?« ist: Nein, Gott trifft keine Wahl für dich. Wenn Gott auf irgendeinem Schritt deines Weges Entscheidungen für dich treffen würde, würde er dir die Gelegenheit und die Fähigkeit nehmen, Entscheidungen für dich selbst zu treffen, und er würde aus der Entscheidungsfreiheit einen Witz machen. Deshalb hat Gott nicht nur diese Seelen nicht für dich ausgewählt, er hat gar nichts für dich ausgewählt, denn Gott hat keine Vorlieben. Andererseits haben gesegnete Wesen im Universum diese beiden Seelen ausgewählt: Ihr habt sie ausgewählt!

Gott braucht per Definition nichts. Gott benötigt oder mangelt nichts. Aber wählt Gott deine Liebe? Liebt Gott deine Liebe? Empfängt Gott deine Liebe? Natürlich tut Gott das, denn Gott ist die Liebe selbst, und wenn Gott deine Liebe empfängt, erhält er eine Widerspiegelung dessen, was er selbst ist.

Was nun deine anderen Themen angeht: »Hört Gott immer, wenn ich mit ihm/ihr spreche (auch über belangloses Zeug)? Ich sehe, wie groß das Universum ist und es scheint mir manchmal kaum glaublich, dass er Zeit für mich haben kann.«

Gott würde vielleicht in etwa so antworten:

»Meine liebste Susan, ja, ich höre dich, auch wenn du mir von ›belanglosem Zeug‹ erzählst. Und ich antworte immer, wenn ihr nur zuhören wolltet. Was die Größe des Universums und die Frage angeht, ob ich Zeit für dich habe: Ja, ich bin wirklich hier und dort und überall, was nicht bedeutet, dass nicht genug von mir für dich da ist. Dass ich überall bin, bedeutet *nicht,* dass ich so dünn ausgewalzt bin, dass keiner genug bekommt. Es ist immer ›genug‹ da, weil *immer Alles Das Ist da ist.* Jedes Atom enthält, wie bei einem Hologramm, alles von mir. Jede und jeder von euch enthält alles von mir. Und doch umschließt mich niemand, weil nichts mich umschließen kann. Ich bin unendlich, unermesslich, grenzenlos!«

Susan, wenn du weitere Hilfe haben möchtest, um zu lernen, wie man Gott hört, dann lies noch einmal die Seiten 98/99 in GMG Band 1. Vielleicht erkennst du dann, auf welche Weise dir Gottes Antworten zukommen können.

Warum wollte Gott »sich selbst kennen lernen«?

Lieber Neale: Gott sagt in GMG, dass wir Gott nicht definieren können. Wenn das so ist, wie können wir dann wissen, dass Gott Liebe ist? Und warum wollte Gott »sich selbst kennen lernen«? Ich habe mich an den Gedanken gewöhnt, dass Gott Liebe und Licht und Wahrheit und Fülle usw. ist. Aber für manche Menschen definiert sich Liebe anders. Wenn sie nur die begrenzte und egoistische Liebe kennen, wie können sie dann wissen, dass Liebe Verstehen und Vergebung und Nicht-Verurteilen ist? Mein Schwager denkt, dass Liebe Disziplinieren bedeutet, und dass Gott ein Zuchtmeister ist. Er fühlt sich wohl mit diesem Gedanken. Wahrscheinlich, weil sein Vater ihn verprügelt hat. Wie sagt man den Menschen, dass Liebe nicht bestraft, dass bedingungslose Liebe niemanden durch Bestrafung zu etwas zwingt? Tracey, per E-Mail.

Liebe Tracey: Fangen wir oben an. Gott sagt in GMG, dass Liebe alles ist, was da ist. Gott sagt auch, dass Gott Alles Das Ist ist. Daher ist Gott Liebe. Und übrigens sagt uns das auch unser Herz, und das Herz irrt sich nie. Ich habe es nicht so verstanden, dass im Buch gesagt wird, Gott könne nicht definiert werden. Meiner Ansicht nach wird darin gesagt, dass Gott nicht auf irgendeine einzelne Definition oder Beschreibung beschränkt und durch diese Methode der Begrenzung definiert werden kann. Das klingt für mich wahr, ohne dass es die Beschreibung von Gott als »Liebe« zunichte macht oder widerlegt.

Was deine zweite Frage angeht, so sagt GMG, Gott wollte sich selbst auf der Erfahrungsebene kennen lernen. Und das gilt, so das Buch, auch für dich und mich. Von sich zu denken oder zu wissen, dass man zum Beispiel mitfühlend oder liebevoll ist, ist die eine Sache. Eine ganz andere ist es, sich selbst als diese Dinge zu erleben. Wenn du niemanden hast, den du lieben kannst, dann kannst du noch so sehr wissen, dass du liebevoll bist, es bleibt doch etwas ganz anderes, jemanden durch dein Handeln im Hier und Jetzt zu lieben. Gott möchte sich als Was Er Wirklich Ist erleben, und so wurde das ganze Universum erschaffen. Warum? Aus reiner Freude, Tracey! Aus der Freude am Selbst-Ausdruck.

Frage drei: Laut Lexikon ist Bestrafung eine »Strafe, die für ein Fehlverhalten auferlegt wird«. GMG zufolge gibt es so etwas wie »richtig« und »falsch« nicht. Wenn es also kein »Fehlverhalten« gibt, dann ist auch die »Bestrafung« hinfällig. Die meisten Menschen können diesen Grundgedanken nicht akzeptieren. Sie können nicht verstehen, wie so etwas sein kann. Doch würde eine liebevolle Großmutter ihrem kleinen Enkelkind einen Klaps geben, weil es einen Teller zerbrochen oder seine Milch verschüttet hat? Natürlich nicht.

Gott lässt sich mit dieser liebevollen Großmutter vergleichen. Und wir ähneln in unserem Verständnisvermögen und in unseren Handlungen ganz gewaltig diesem Kleinkind. Und wie du schon sagst: Wenn ein Mensch nur eine beschränkte und egoistische Liebe kennen gelernt hat, wird er das Prinzip einer bedingungslosen Liebe nur schwer begreifen und noch weniger akzeptieren können.

Wie GMG darlegt, fallen die meisten Menschen in diese Kategorie; die meisten haben nie eine Liebe ohne Bedingungen kennen gelernt. Und die meisten Menschen meinen, dass Gott nach irdischen Normen agiert. Doch um ihn kennen zu lernen, muss man sich ein sehr viel größeres, sehr viel großartigeres Wesen vorstellen als alles, was man in diesem Leben gesehen hat. Man darf Gott keine irdischen Merkmale, kein irdisches Verständnisvermögen und keine irdischen Beschränkungen zumessen und zuordnen, sondern vielmehr Qualitäten, die in unserer Erfahrungswelt unbekannt sind.

Was Gott angeht, muss man die Möglichkeit akzeptieren, dass es da etwas gibt, das wir nicht wissen, ein Wissen, das alles verändern könnte.

Siehst du, das ist unser Hauptproblem: Wir denken, wir wissen schon alles, was es über Gott zu wissen gibt. Und daher wird jegliche Beschreibung von Gott, die nicht in unser gegenwärtiges Verständnis von ihm passt, automatisch als »irrig«, »falsch« und als »Blasphemie« abgelehnt. Doch wenn es so etwas wie Blasphemie gibt, dann liegt sie darin, dass wir versichern, verkünden und erklären, alles über Gott zu wissen, was es über ihn zu wissen gibt. Sie liegt darin, dass wir unsere Überzeugungen in Bezug auf Gott für die einzig richtigen halten und glauben, dass jedermann, der diese Überzeugungen nicht akzeptiert, geradewegs zur Hölle fährt.

Wie erzählt man jemandem mit begrenztem Verständnisvermögen, das sich auf eine beschränkte Erfahrung von wirklicher Liebe stützt, von der bedingungslosen Liebe Gottes? Man tut es nicht. Man erzählt niemandem etwas darüber. Man demonstriert sie.

Lieber Neale: Ich verstehe, dass wir in einer Welt des Relativen leben. Aber wenn Gott Das Alles ist, dann ist er/sie gut und auch schlecht (böse). Ich begreife nicht, wie sich das mit dem Gedanken verträgt, dass wir Liebe sind und Angst ihr Gegensatz ist. Wenn wir Gott sind, dann sind auch wir Das Alles, und sind wir dann nicht gut und schlecht?

Ich verstehe, dass wir die Wahl zwischen beidem haben müssen, um das Einssein erfahren zu können. Aber wenn das eine nicht Teil von uns (Gott) ist, woher kam es dann? Wenn Gott den Gegensatz von dem, was er war/ist, erschuf, damit wir dadurch, dass wir die Angst sehen und die Wahl zwischen beidem haben, die Erfahrung machen können, dass wir Liebe sind (was wir sind), dann kann ich das verstehen. Aber wenn Gott Das Alles ist, wie kann es dann etwas geben, was er nicht ist (Angst, Hass, das Böse)? Damit setze ich mich ständig auseinander und stelle fest, dass ich mich im Kreis drehe, ohne zu irgendwelchen Schlussfolgerungen zu gelangen. Vielen Dank, Cynthia, per E-Mail.

Zunächst einmal, Cynthia ... du machst den Versuch, dies alles mit dem Verstand zu »enträtseln«. Hör auf damit. Um diese uralten Weisheiten verstehen zu können, darfst du »nicht bei Verstand« sein. Das heißt, du kannst da nicht mit Logik und intellektueller Vernunft und mit dem normalen linearen Denksystem herangehen und erwarten, dass dann etwas herauskommt, das Sinn ergibt. Du wirst immer bei $2 + 2 = 5$ landen. Und das wird dich ganz verrückt machen. Also lass es sein. Begib dich auf die Ebene deines Herzens, Cynthia. Begib dich auf die Ebene deiner Gefühle. Meditiere ein wenig über diese Rätsel. Aber suche auch dabei nicht nach »Antworten«. Strebe stattdessen nach Weisheit. Denk daran, »Weisheit« und »Antworten« sind nicht immer dasselbe.

Falls du nun doch gelegentlich einen »Logik-Anfall« erleiden solltest, dann lass mich sehen, ob ich deinem Verstand, trotz allem, was ich eben sagte, in dieser Angelegenheit helfen kann.

Erstens und vor allem ist Gott das Alles und Jedes. Und das Alles, das Jedes, das Gott ist, nennt man Liebe. GMG lehrt: »Liebe ist alles, was es gibt.« Und dies wird im Reich des Absoluten demonstriert. Wir jedoch, Cynthia, leben im »Reich des Relativen«, wie ich es nenne, in dem alle Dinge nur in Relation zueinander existieren und erfahren werden können. Diese Realität ist nicht die letzte Wirklichkeit. Tatsache ist, dass wir sie erfinden. Wir tun so, als hätte dieses System Polaritäten, und deshalb sehen wir die ganze Sache folgendermaßen:

Da gibt es eine gerade Linie der Polarität, an deren einen Ende sich, so stellen wir uns vor, die »Liebe« befindet, und am anderen Ende die »Angst«. Man nimmt an, dass es irgendwo in der Mitte dieser Linie einen Punkt der Balance zwischen den beiden Enden gibt. In Wahrheit aber verhält es sich eher so:

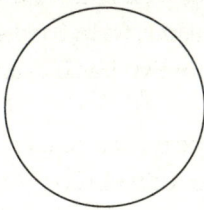

Dies ist eine kreisförmige Nichtpolarität. Wir sehen hier, dass es alles derselbe Stoff ist. Es gibt keinen Anfang und kein Ende und keinen »Punkt der Balance«; nichts außer dem, was sich aus sich selbst speist und es selbst wird. In dieser Realität können wir nichts in seinem Extrem erfahren, weil es in einem Kreissystem keine Extreme geben kann. Da ist nur das, was ist, und es hat buchstäblich kein Ende.

Damit wir irgendetwas davon erfahren und erleben können, müssen wir einen Anfang und ein Ende erschaffen. Ein Hier und ein Dort. Ein Davor und ein Danach. Ein Oben und ein Unten. Und ja, eine Liebe und eine Angst. Wir tun das in unserer

Vorstellung, in unserer Fantasie, Cynthia. Es ist nicht real. Nicht einmal das, was du mit eigenen Augen zu sehen glaubst, ist real, ist die Wirklichkeit (mehr dazu findet sich in Michael Talbots Buch *Das holographische Universum*).

Du hast Recht, Cynthia. Gott ist alles. Und ebenso sind wir alles, da wir das sind, was Gott ist. Wir haben uns dazu entschieden, dies in diesem Leben zu vergessen. Wir haben buchstäblich vergessen, Wer Wir Wirklich Sind, damit wir uns wieder aufs Neue in der nächst größten Version der großartigsten Vision, die wir je von Wer Wir Sind hatten, erschaffen können.

Wenn du darüber nachdenkst, Cynthia, dann versuch nicht, dies zu enträtseln. »Kapier« es einfach.

Haben andere Autoren dieselbe Quelle?

Lieber Neale: Ich habe gerade GMG Band 1 zu Ende gelesen. Fand es sehr interessant, obwohl ich glaubte, etwas von Alice Bailey zu lesen.

Bailey hat eine Schule begründet, in der sie okkulte Wahrheiten unterrichten sollen. Dein Band 3 könnte ihnen das Geschäft verderben. Da die meisten Bücher von Alice Bailey durch automatisches Schreiben zustande gekommen sein sollen, habt ihr beide wohl dieselbe Quelle angezapft.

Wenn du mit deinem Mitarbeiter fertig bist, dann schick ihn zu mir rüber. Ich akzeptiere einige der klischeehaften Antworten nicht, wonach er möchte, dass wir die Schuld für sein Abschlachten von Menschen auf uns nehmen. (Karma, tatsächlich?) Howard, Gretna, LO.

Vielen Dank für den Brief, Howard. Lass mich dazu ein paar Bemerkungen machen. Ich habe von Alice Bailey gehört und weiß um ihre Bücher, habe sie aber nie gelesen. Ich stimme dir allerdings darin zu, dass wir »dieselbe Quelle« angezapft haben. Nämlich deshalb, weil es nur eine Quelle gibt, Howard! Du kannst dich nirgendwo anders hinwenden.

Ich habe so ein Gefühl, dass man mich, bevor das hier alles vorbei ist, noch mit einer Menge Autoren vergleichen wird, und das ist wunderbar. Wir sagen alle »dasselbe«, weil es *nichts anderes zu sagen gibt!* Wahrheit ist Wahrheit, ganz gleich aus welcher Quelle. Es spielt keine Rolle, ob hier Alice Bailey spricht oder Ram Dass, Marianne Williamson oder Neale Donald Walsch, Gary Zukov oder Elisabeth Kübler-Ross. Oder Howard aus Gretna, was das angeht! Jede/r von uns hat die Fähigkeit, die Quelle »anzuzapfen«, weil *jede/r von uns die Quelle ist.* Das heißt, wir sind eins mit unserem Schöpfer, und um das zu erleben, müssen wir es nur wissen, Howard.

Gott, der »Beschuldiger«? Das denke ich nicht ... Deine letzte Bemerkung verdutzt mich ein wenig. Willst du sagen, Gott habe in diesem Buch klischeehafte Antworten von sich gegeben? Junge, das ist das erste Mal, dass ich das zu hören kriege. Die meisten Antworten sind so weit von Klischeehaftigkeit entfernt, dass sie für viele Menschen sogar beunruhigend sind. Noch interessanter ist der zweite Teil deiner Aussage, der zufolge Gott möchte, »dass wir die Schuld für sein Abschlachten von Menschen auf uns nehmen«. Wer sonst ist dafür verantwortlich zu machen, Howard? Wir sind es, die dies tun.

Natürlich ist, wie das Buch sehr klar darlegt, der ganze Gedanke einer »Schuldzuweisung« verrückt und witzlos. Es geht hier nicht um »Schuld«, weil nichts »falsch« ist an dem, was hier passiert ist. »Falsch« ist ein Werturteil, das du im Rahmen deiner Mythologie gefällt hast. Gott teilt diese Mythologie nicht und würde auch ganz gewiss nicht versuchen, irgendjemanden mit seinen »klischeehaften Antworten« die Schuld zuzuweisen. Vielmehr zeigt er uns einfach, welche Entscheidungen wir als Zivilisation getroffen haben, und lässt uns die Ergebnisse davon zur Kenntnis nehmen. Er gibt uns nur immer wieder die

Chance, wieder einmal ein wichtige Schlüsselfrage zu stellen: Ist es das, Wer Wir Sind?

Die Lektion wird uns wieder einmal zuteil, aber ich habe das nicht so verstanden, dass Gott uns eine Schuld zuweist. Vielmehr dachte ich, er würde uns auch noch dazu ermuntern, aufzuhören, uns gegenseitig die Schuld zuzuweisen. Das Problem mit dieser Welt ist, dass jeder den anderen die Schuld zuschiebt für alles, was passiert. Wir erleben das wieder — zum x-millionsten Mal — in Bosnien. Wir geben den Serben die Schuld, die Serben geben den Moslems die Schuld, die Moslems den Kroaten, die Kroaten der UNO, die UNO den USA, was auch immer ...

Hier wird die Tatsache nicht verstanden, dass niemand in Anbetracht seiner Idealvorstellung von der Welt etwas Unangemessenes tut. Wenn wir also die kriegerischen Auseinandersetzungen und das Abschlachten in Bosnien stoppen wollen, müssen wir uns mit diesen Menschen hinsetzen und versuchen, ihre Idealvorstellung von der Welt zu begreifen. Das heißt, wir müssen versuchen zu verstehen, wie sie die Situation betrachten. Dann müssen wir versuchen, sie dazu zu bringen, zu verstehen, wie wir die Situation sehen. Dann müssen wir zusehen, ob sich da ein Kompromiss finden lässt.

Nun, wenn sie sich resolut weigern, gemeinsam mit uns einen Kompromiss zu finden, und wenn sie darauf bestehen, in jedem Falle ihren Willen durchzusetzen, dann müssen wir ihnen mit aller Bestimmtheit, Fairness, Beharrlichkeit und Festigkeit sagen: Es tut uns Leid, es ist nicht hinnehmbar, dass ihr darauf beharrt, weiterhin zu töten, um euren Willen durchzusetzen. Die gleiche Erklärung musste die Welt im Kosovo abgeben. Und sie musste diese Aussage in Anbetracht unserer kollektiven Definition von Wer Wir Sind auch an anderen Orten machen. Wir haben beschlossen, dass dieses Wer Wir Sind ein Volk ist, das nicht daneben steht und zusieht, wie andere einem Massenmord zum Opfer fallen, ohne zu versuchen, dem Einhalt zu gebieten. Das ist eine Entscheidung, die von der Menschheit oft getroffen werden musste. Diese Entscheidung ist weder »richtig« noch »falsch«. Es ist einfach das, was wir in Bezug auf uns selbst entschieden haben. Es ist eine Wahl, die von der Mehrheit der Nationen auf diesem Planeten getroffen wurde.

Ich habe hier also nicht dieselbe Erfahrung mit Gott gemacht wie du, Howard. Gott hat niemanden »abgeschlachtet«. Er hat uns aber auch nicht davon abgehalten, es zu tun. Wir müssen uns selbst davon abhalten.

Ich danke dir für den Dialog, Howard. Es war nett von dir, zu schreiben.

Wo kam Gott her?

Lieber Mr. Walsch: Ich habe nur eine Frage an Sie: Wo kam Gott her? Wer »erschuf« Gott? David, Freedom, PA.

Lieber David: Das ist etwas, das der menschliche Verstand nur schwer erfassen kann. Gott kam von nirgendwo her. Die Wahrheit ist, dass Gott immer war, immer ist und immer sein wird, Welt ohne Ende. Es gab nie eine Zeit, in der Gott nicht war, und es gab nie ein Ding, das nicht Gott war. Deshalb kann niemand Gott »erschaffen« haben. Der »Schöpfer« Gottes hätte sich außerhalb von Gott befinden müssen, und da nichts außerhalb von Gott ist, kann nichts außerhalb von Gott Gott erschaffen haben. Wie also wurde Gott »erschaffen«? Die Antwort lautet: Gott wurde nicht erschaffen.

Gott kam aus der Leere, und in die Leere wird er zurückkehren. GMG Band 2 erklärt etwas ausführlicher, dass es nur einen Augenblick und einen Ort gibt. Dieser Augenblick ist jetzt; der Ort ist hier. Es gibt nur das Hier und Jetzt. Das ist schwer zu verstehen, David, wenn Sie versuchen, hierbei unsere künstliche Konstruktion des Zeitbegriffs anzuwenden. Schauen Sie sich den Text zu diesem Thema in Band 2 an, wenn Sie von diesen Konstruktionen Abstand nehmen und zu einem umfassenderen Verständnis von Zeit gelangen wollen.

Außerdem gibt es in GMG Band 1 einen außergewöhnlichen Abschnitt, in dem uns Gott eine »Erklärung zur Unendlichkeit für Anfänger« gibt und andeutet, dass sie möglicherweise nicht die höchste Gottheit ist (beginnen Sie mit dem Lesen bei Seite 295).

Ihre Frage wurde natürlich schon Millionen Male auf millionenfache Weise gestellt (»Was war zuerst da, die Henne oder das Ei?«). Auf Ihre Frage gibt es keine Antwort, weil eine uns zufrieden stellende Antwort in unsere gegenwärtige Realität mit ihrer linearen Zeitvorstellung passen müsste. (Mit anderen Worten, für eine »Erschaffung« Gottes müsste es eine »Zeit« gegeben haben, in der es keinen Gott gab.) Doch die Zeit ist keine lineare Angelegenheit, und ebenso alle Dinge, die jetzt sind, immer waren und immer sein werden. Und das schließt übrigens auch Sie ein.

Wie ich schon sagte, wird dies sehr sorgfältig und ausführlich in Band 2 erklärt.

Wem ist Gott dankbar?

Lieber Neale: Danke für deine Bücher. Ich kann dir gar nicht sagen, wie sehr sie mir und den sechzehn anderen Mitgliedern unserer Gruppe geholfen haben. Bei unserem Treffen in der letzten Woche wurde eine Frage gestellt. Auf Seite 109 von Band 1 schreibst du über die »fünf Einstellungen Gottes«: »absolut freudig, liebend, akzeptierend, segnend und *dankbar*«. Diese letzte ist sehr rätselhaft: Wofür oder wem gegenüber ist Gott dankbar? Wir haben viel darüber diskutiert, und da ich diese Frage gestellt habe, erbot ich mich auch, dir zu schreiben und um mehr Informationen zu bitten. Und auch zu der Frage, worin der Unterschied, wenn es einen gibt, zwischen Seele *(soul)* und Geist *(spi-*

rit) besteht. Viele Bücher scheinen die Begriffe wechselweise austauschbar zu verwenden, aber ich denke, dazu gibt es mehr zu sagen. Pat, Shelton, CT.

Liebe Pat: Gott ist Gott selbst dankbar, wem sonst? Hast du dir selbst nie für irgendetwas gedankt? Natürlich hast du das. Ich habe mir selbst viele Male gedankt. Ich habe mir auch oft selbst Vorwürfe gemacht, mich gescholten, mir gratuliert ...

Und wofür ist Gott dankbar? Für ihre eigene Vollkommenheit. Denk immer daran. Dankbarkeit ist eine Einstellung. Wenn wir im Voraus dankbar sind für das, was wir uns wünschen, dann manifestieren wir es in unserem Alltagsleben. Das ist deshalb so, weil das, was wir wählen, bereits existiert und es nur noch unserer Wahrnehmung bedarf. Dankbarkeit verändert unsere Wahrnehmung; sie verändert unseren Blickwinkel. Sie geht davon aus, dass etwas bereits erlebt worden ist. Und das ist die Wahrheit. Denn in der letzten Wirklichkeit existiert weder Zeit noch Raum, und es gibt nichts Vorgestelltes, das nicht erlebt wird. Es geschieht alles im Jetzt. Doch unser beschränktes Wahrnehmungsvermögen macht es uns manchmal unmöglich, das zu sehen, das zu erkennen. Dankbarkeit verändert unsere Wahrnehmung. Und im Falle Gottes verkündet sie sie.

Was deine zweite Frage angeht, so gibt es darauf so viele verschiedene Antworten wie Menschen, die diese beiden Worte unterschiedlich interpretieren. Erinnere dich daran, was GMG dazu sagt: »Worte sind die am wenigsten verlässliche Kommunikationsform.« Manche Menschen benutzen den Begriff der »Seele«, um das eine Ding damit zu bezeichnen, andere benutzen ihn, um sich auf etwas völlig anderes zu beziehen. So wie ich sie verwende, gibt es im Grunde zwischen diesen beiden Begriffen keinen Unterschied. Das ist deshalb so, weil es nur einen von uns gibt. Und alles davon ist das, was ich »Geist« *(spirit)* oder »Seele« *(soul)* nennen würde. Doch manche Menschen benutzen den Begriff »Geist«, um damit das Ganze zu bezeichnen, und den Begriff der »Seele« zur Benennung jenes Teils des Ganzen, der jedem Individuum innewohnt. Ich glaube nicht, dass es auf diese Frage eine »richtige« Antwort gibt, Pat. Such sie dir selbst aus.

Ist Gott an Sex und Politik interessiert?

Sehr geehrter Mr. Walsch: Ich habe gerade Ihren zweiten Band zu Ende gelesen und muss sagen, dass ich ein wenig überrascht war. Ich wusste nicht, dass Gott so viele Ideen zur Politik, zum Sex, zum Erziehungswesen und zur internationalen Ökonomie hat. Es freut mich festzustellen, dass dem so ist. Das lässt mich sehr viel mehr für diese Menschheit und unsere fortgesetzten Bemühungen hoffen, weiterhin eine Heimat auf diesem Planeten zu schaffen. Nur eine Frage. Ich betrachte GMG Band 2 nicht nur als exzellentes Buch, sondern auch als eines der wichtigsten, die ich je gelesen habe (wenn wir wirklich daran interessiert sind, unser Leben auf der Erde zu ändern), muss aber doch fragen (vergeben Sie mir): Hat Gott wirklich all das geschrieben, oder haben Sie es verfasst? Ich kann nicht glauben, dass sich Gott so für unsere alltäglichen Machenschaften interessiert! Alexis, Severna Park, MD.

Liebe Alexis: Sie brauchen nicht um »Vergebung« zu bitten. Sie sind nicht die erste Person, die diese Bemerkung macht. Ich freue mich jedoch, dass Ihnen Band 2 Spaß gemacht hat, und bin mit Ihnen einig, dass er für eine Weile eines der wichtigsten Bücher sein wird. Wie Sie wissen, geht es ganz konkret auf jeden Aspekt unserer Kollektiverfahrung auf diesem Planeten ein. Es wirft einen Blick darauf, wie wir in den Bereichen von Religion, Politik, Erziehungswesen, Ökonomie, Sexualität – das Ganze eben – miteinander umgehen. Es bietet spezifische Kommentare zu dem, was wir gegenwärtig tun und was wir anders machen könnten in Hinblick auf die Ziele, auf die wir uns, unserer Aussage nach, als Gesellschaft zubewegen wollen. Es ist erhellend, bestärkend, ja zuweilen etwas beunruhigend, aber immer faszinierend, spannend in seinen Überblicken, und gerade genug »am Rand«, um bei manchen auf Widerspruch zu stoßen. (Welches bahnbrechende Buch tut das nicht?)

Was nun Ihre Frage angeht, ob Gott das wirklich geschrieben hat. Natürlich hat sie das getan. Warum sollte er nicht? Glauben Sie wirklich, dass sich Gott ausschließlich für spirituelle Dinge interessiert? Und unterscheiden sich denn »spirituelle Dinge« überhaupt irgendwie von unseren »alltäglichen« und minütlichen Erfahrungen?

Vielleicht ist das das Problem, Alexis. Vielleicht betrachten zu viele Menschen diese beiden Bereiche als voneinander getrennte Sphären, die nichts miteinander zu tun haben. Sie können so lange und so viel meditieren, wie Sie wollen, Alexis, aber früher oder später werden Sie Ihren inneren Frieden auf die Straße tragen müssen. Und wenn Sie das tun, besteht eine große Wahrscheinlichkeit, dass Sie dort das »Gegenteil« finden werden. Und dann stehen Sie vor einer Entscheidung: »Wer bin ich angesichts dessen, was ich nicht bin?«

GMG Band 2 schaut sich diese Frage in Hinblick auf unsere ganze Gesellschaft, unsere weltweite Gemeinschaft von Seelen sehr genau an. Und so gesehen ist es mehr als ein wichtiges Buch. Es ist eines, das man nicht verpassen darf.

Ist Gott politisch voreingenommen?

Lieber Neale: Zwei Fragen: 1) Warum war in den GMG-Bänden die Bibel die Hauptbezugsquelle für die von Gott angeführten Zitate? Dies weist auf sie als eine primäre höhere Quelle schriftlichen Materials zu unserer Anleitung und Führung hin und empfiehlt sie als solche. Empfiehlt Gott in der GMG-Trilogie, wir sollten das Material in solchen Büchern nicht in unser Leben einbeziehen, sondern uns stattdessen von unseren natürlichen Instinkten leiten lassen? Macht er die Beobachtung, dass unsere Interpretationen des geschriebenen Materials derart von unserem Ego gesteuert werden, dass wir besser unseren natürlichen Instinkten folgen sollten, um näher an die heranzurücken, die wir wirklich sind?

2) In GMG Band 2 scheint Gott sehr ungöttlich zu sein. Zum Beispiel deutet er dort an, es sei okay, wenn Gott einen Fehler macht, was impliziert, dass er nicht unfehlbar ist. Das scheint mir zur herkömmlichen Definition von Gott (d. h. als allmächtiges, allwissendes Höchstes Wesen) im Widerspruch zu stehen. Auch deutet er an anderer Stelle in diesem Buch an, es gebe ein noch größeres und höheres Wesen als ihn. Somit hat es den Anschein, dass der Gott der GMG-Bücher weder allwissend noch der Höchste ist.

Anscheinend ist Gott auch politisch voreingenommen (z. B. in seinem wiederholten Lob Bill Clintons), und er gibt auch negative Urteile ab (indem er z. B. die Menschheit wiederholte Male als »primitiv« bezeichnet). Bitte erkläre diese augenscheinlichen Absonderlichkeiten. Vielen Dank. Frances, Seal Beach, CA.

Liebe Frances: Ich habe nicht den geringsten Zweifel, dass Gott, wenn er zu uns spricht, ganz bewusst die Sprache und Bezüge auswählt, die wir jeweils am besten verstehen. Das heißt, Gott spricht innerhalb eines bestimmten Bezugsrahmens zu uns. Sie überbringt uns ihre Weisheit innerhalb des Kontexts, in dem wir am ehesten fähig sind, sie aufzunehmen.

Ich wurde in eine spirituelle Tradition hineingeboren und in ihr erzogen, in der die Bibel die zentrale Schrift ist. Zweifellos ist dies der Grund, warum sich GMG so häufig auf die Bibel bezieht.

Ich habe GMG nicht so verstanden, dass Gott dort empfiehlt, wir sollten »das Material solcher Bücher nicht in unser Leben einbeziehen, sondern uns stattdessen von unseren natürlichen Instinkten leiten lassen«. Ich verstehe es so, dass wir uns beides zunutze machen sollten. Dass wir die Weisheitsbücher (jeglicher Tradition) nicht ignorieren, aber unsere persönlichen natürlichen Instinkte nutzen sollten, um zu unserer eigenen inneren Wahrheit zu gelangen, mit Hilfe und Unterstützung aller Lehrer und Lehrerinnen dieser Erde, der Schriften und Traditionen. Mit anderen Worten, zu viele Menschen folgten blind den Schriften, statt die Schriften als einen Führer zur Wahrheit im Innern zu nutzen.

He, warte mal einen Moment... dies klingt richtig gut. Als diese Formulierung eben meinen Tasten entsprang, kroch es mir kalt den Rücken hinauf. (Ich lasse dich nun an einer Erfahrung teilhaben, die ich eben beim Schreiben hatte.) Ich denke also, wir sollten sie uns noch einmal anhören: »Ein Führer zur Wahrheit im Innern.« Nicht schlecht. Und als solche sollten wir all diese Bücher und Lehrer und spirituellen Traditionen ansehen.

Kommen wir nun zu deiner zweiten Frage, Frances. Ich habe nicht das Gefühl, dass Gott in Band 2 sehr ungöttlich ist. Ich halte es für sehr göttlich, zuzugeben, dass es okay ist, einen Fehler zu machen. Wir alle machen Fehler, und da wir alle ein Teil Gottes sind, ist es nur logisch zu sagen, dass Gott Fehler macht. Wir können nicht sagen, dass wir mit Gott eins sind und im selben Atemzug abstreiten, dass Gott Fehler macht. Wenn Gott unfehlbar ist und wir tatsächlich eins mit Gott sind, dann ließe sich daraus folgern, dass auch wir unfehlbar sind. Und das sind wir eindeutig nicht. Also sind wir entweder nicht eins mit Gott, oder aber der Gott, mit dem wir eins sind, macht »Fehler«.

Nun, bei dieser ganzen Wortklauberei geht es im Grunde um die Definition des Wortes »Fehler«. Im menschlichen Sinn reden wir von einem »Fehler«, wenn wir etwas tun, das wir eigentlich nicht beabsichtigt hatten, oder wenn unser beabsichtigtes Tun zu einem Ergebnis führt, das wir nicht erhofft oder im Auge hatten. Das ist dann ein »Fehler«.

Da Gott in Bezug darauf, wie sich unser Leben entwickelt oder wie wir es von Augenblick zu Augenblick erleben, keine Vorlieben hat, kann man im Sinne Gottes nur schwer von einem »Fehler« sprechen. In diesem Kontext gesehen hat Gott nie einen Fehler gemacht und ist in der Tat nicht in der Lage, einen zu machen. Um es einfach auszudrücken, du kannst keine falsche Abbiegung nehmen, wenn es dir völlig egal ist, wohin du fährst. Doch der Teil von Gott, der wir ist, hat ganz offensichtlich eine ungeheure Menge Vorlieben. Und in dem Maße, wie wir Vorlieben haben, schaffen wir auch die Möglichkeit, »Fehler zu machen«.

Was Gott als das höchste Wesen angeht, hast du vollkommen Recht. Das Buch macht ganz klar, dass es kein Höchstes Wesen gibt. Das heißt, es gibt kein einzelnes Wesen, das »höher ist als der ganze Rest«. Schau dir dazu die folgende grafische Darstellung an. Vor allem im Westen neigen die meisten Menschen dazu, in geradlinigen Szenarios zu denken. Sie stellen sich die Zeit, das Leben, Gott, praktisch alles als eine gerade Linie vor.

Eine solche Anordnung ermöglicht es uns, uns in unseren mentalen und mythischen Konstruktionen einen »Anfang« und ein »Ende«, ein »Höchstes« und ein »Tiefstes« vorzustellen. Wenn wir zum Beispiel an Zeit denken, dann oft so ...

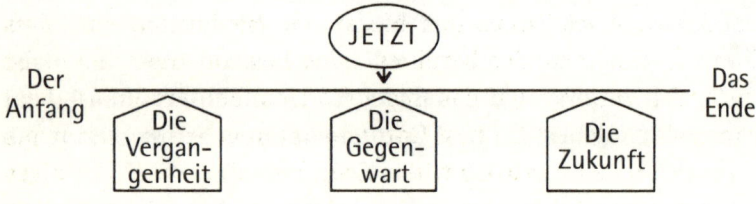

Und wenn wir an Gott denken, dann so …

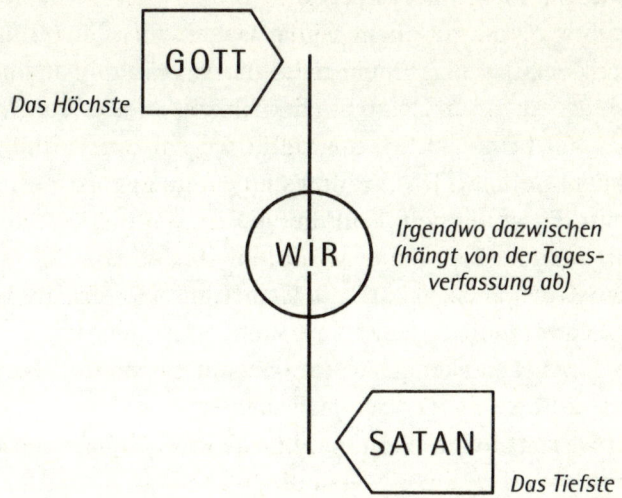

Das Höchste GOTT

WIR — Irgendwo dazwischen (hängt von der Tages-verfassung ab)

SATAN

Das Tiefste

Doch was, wenn all dieses lineare Denken umstrukturiert wür-de? Was, wenn wir anfingen, die Dinge anders zu sehen? Was, wenn wir die letzte Wirklichkeit auf neue Weise verstünden?

Wie sähe das aus? Nun, statt dir Zeit, das Leben und Gott als gerade Linie vorzustellen, versuch es doch einmal damit: Nimm die gerade Linie an beiden Enden und biege sie so, dass sie sich berühren und ineinander übergehen. Stell dir vor, du bist ein Kraftmensch im Zirkus und biegst eine Metallstange so, dass beide Enden einander berühren. Was hast du dann? Du hast dann den Anfang und das Ende, die einander berühren – und nichts dazwischen. Du hast Gott und Satan vereint – mit nichts dazwischen. Du hast Gott, die Zeit, das Leben in Form eines vollständigen Kreises wiedererschaffen, und in dieser Gestalt

LEBEN GOTT ZEIT

gibt es keinen Anfang und kein Ende. Nicht für Gott. Nicht für die Zeit. Und nicht für das Leben.

Dies bringt uns zu einem neuen Verständnis. Einem umfassenderen Verständnis. Einem richtigen Verständnis davon, wie es wirklich ist. In der letzten Wirklichkeit ist alles kontinuierlich. Es gibt keinen Ort, keine Stelle, wo das eine aufhört und das andere anfängt. Das große Es ist einfach genau das. Es ist alles eins. Es ist alles ein Kontinuum.

Es ist alles im Zustand des Kontinuierlichseins.

Dies ist der Seinszustand, in dem Gott residiert. Es ist der Seinszustand, in dem die Zeit existiert. Es ist der Seinszustand, in dem das Leben sich ausdrückt. Es ist das, was Gott ist. Es ist das, was Zeit ist. Es ist das, was Leben ist.

Gott ist kontinuierlich, ohne dass da etwas höher und etwas tiefer ist.

Zeit ist kontinuierlich ohne Anfang und ohne Ende.

Du hast also Recht, Frances. Gott ist nicht das Höchste Wesen. Gott ist das *einzige* Seinswesen.

Nun zu deiner letzten Frage. Gott ist nicht »politisch voreingenommen«. Du erwähnst sein wiederholtes Lob für Bill Clinton als Beweis dafür, erwähnst aber nicht, dass im gleichen Band auch George Bush ausführlich gelobt wird. Du schreibst auch, dass Gott ein negatives Urteil abgibt, weil er wiederholte Male die Menschheit als »primitiv« bezeichnet. Doch eine objektive Beobachtung ist keine Aburteilung, und eine Beschreibung von etwas bedeutet nicht, dass man es als »schlecht« bezeichnet.

Du hast dich dafür entschieden, Frances, an dem beschreibenden Wort »primitiv« etwas Herabsetzendes zu finden. Du bist diejenige, die hier ein Urteil über sich selbst abgibt. Gott hat nur eine Beobachtung mitgeteilt. Du hast die Entscheidung getroffen, dass »primitiv« zu sein nicht okay ist. Tatsache ist, dass es für Gott ganz okay ist. Gott hat hier keine Meinung in der einen oder anderen Richtung. Doch wenn du nicht möchtest, dass die Menschheit primitiv ist, dann hast du die Möglichkeit, dein Leben dafür zu nutzen, dass sich das ändert.

Danke für deinen Brief, Frances. Deine Fragen haben mich fasziniert. Ich hoffe, meine Antworten haben dieselbe Wirkung auf dich.

Was ist der Wille Gottes?
Worin besteht die Funktion des Egos?

Lieber Neale: Ich habe gerade GMG Band 1 zu Ende gelesen. Was für ein wundervolles Buch, was für wundervolle Gedanken darin vorgetragen wurden. Ich habe eine Frage hinsichtlich eines Grundgedankens, der oft befürwortet, aber in diesem Buch nicht eigentlich besprochen wird (stimmt vielleicht nicht): Das Individuum liefert sich selbst oder seinen Willen Gott oder dem Willen Gottes aus. Wird dazu geraten oder nicht? Vielleicht muss das Individuum durch eigene Anstrengungen in Erfahrung bringen, Wer Es Wirklich Ist. Das wirft eine weitere Frage auf, die die Rolle des Egos betrifft. Stellt sich das Ego einer Person dem Lernprozess in den Weg? Wie sollte es genutzt werden? Vielen Dank. Stan, Kirkland, WA.

Hallo, Stan: Interessante Fragen. Danke. Der Gedanke, sich Gottes Willen auszuliefern setzt voraus, dass Gott einen Willen in Bezug auf dich hat, der sich von deinem eigenen Willen in Bezug auf dich unterscheidet. Doch Gott sagt in GMG: »Dein Wille für dich ist mein Wille für dich.« Gott gibt also den Ball wieder an uns zurück. Wir müssen entscheiden, wir müssen eine Wahl treffen. Und Gott hat in dieser Hinsicht keine Vorlieben.

Vielen Menschen fällt es schwer, das zu akzeptieren. Wir wollen einen Gott, der nur das »Beste« für uns will, und wir möchten, dass wir uns an ihn wenden können und er uns sagt, was dieses Beste ist. Gott kann und wird uns sagen, was das »Beste« für uns ist — sobald wir entschieden haben, was wir tun wollen. Tatsächlich hat Gott in *Gespräche mit Gott* genau das getan.

Wir sagen, dass wir eine bessere Welt aufbauen wollen, und Gott hat uns gesagt, wie wir das anfangen sollen. Er hat es nicht nur in GMG gesagt, sondern auch im Koran, im Talmud, in der Bhagavad Gita, in den Brahmanas, in den Upanishaden, in den Puranans, im Tao-te Ching, im Buddha Dharma, im Shih-Chi, im Rigveda, in der Mishna, im Buch der Mormonen, im Pali Kanon und an hundert anderen Orten durch tausend andere Stimmen in Millionen anderen Momenten im Meer der Ereignisse, das wir Zeit nennen.

Die Schlüsselfrage lautet nicht: »Ist es ratsam, sich dem Willen Gottes auszuliefern?« Die Schlüsselfrage lautet: »Warum tun wir nicht das, was wir unserer Aussage nach tun wollen?«

Du fragst auch, Stan, ob sich das Ego einer Person dem Lernprozess in den Weg stellt. Die Antwort lautet: Ja — es sei denn, es tut es nicht. Das Ego ist der Teil von uns, der uns während unseres Verweilens im physischen Körper erlaubt, unsere persönliche Identität aufrechtzuerhalten. Es ist der Bewahrer unserer Individuations-Information. Wir sind alle Individuationen des einen Geistes. Man könnte uns als von der einzigen Energie, die es gibt, ausgehende individuell lokalisierte Einheiten bezeichnen. Wir brauchen unser Ego, um im Reich des Relativen, in dem wir gegenwärtig leben, effektiv funktionieren zu können. Deshalb stimmt es nicht, dass unser Ego unser Feind ist. Das gilt nur für ein Ego, das Amok läuft, nur für ein Ego, das außer Rand und Band geraten ist.

Wie sollte unser Ego genutzt werden? Als die Kraft und Quelle unseres »Selbst-Gefühls« und seines Wunders und seiner Majestät. Nicht als das, was uns voneinander trennt oder uns veranlasst, uns einem anderen »überlegen« zu fühlen. Als der Ort tiefen Gewahrseins im Innern, der uns das Wunder und die

Majestät auch eines jeden anderen wahrnehmen lässt und irgendwelchen Gedanken an ein »Bessersein« ein für alle Mal ein Ende setzt.

Kurzum Stan, dein Ego sollte als Werkzeug eingesetzt werden, mit dessen Hilfe du die wahre Natur deines individuellen Selbsts erkennen und verstehen kannst, damit du auch die wahre Natur deines geeinten Selbsts verstehen kannst. Mit Hilfe des kleineren Selbsts ist es dir möglich, das größere Selbst zu erkennen. Es ist ein Wahrnehmungsinstrument. Es war nie dazu gedacht, dich auf ewig von deinem größeren Selbst zu trennen, sondern dich im Gegenteil seiner bewusster werden zu lassen. Denn du bist wie ein Kerzenlicht in der Sonne und kannst dich inmitten des Lichts nicht selbst als Licht erkennen. Du musst dich vom Licht trennen — ja musst sogar in der Finsternis weilen —, um dich selbst als Wer Du Wirklich Bist erkennen zu können. Recke deshalb nicht deine Faust gegen den Himmel und verfluche nicht die Dunkelheit, sondern sei der Finsternis ein Licht. Und stelle dein Licht nicht unter den Scheffel, sondern lass dein Licht vor den Menschen leuchten, damit auch sie erkennen, wer sie wirklich sind.

Das ist die Funktion des Egos, Stan. Eine andere hat es nicht.

12

Religiöse Fragen: Jesus, Bibel, Kirche und Engel

Die Fragen, die ich in meiner Einleitung zum vorhergehenden Kapitel aufgeworfen habe, sind sehr real. Was ist das Wahre Wort Gottes? Können alle Religionen bis auf eine falsch sein? Und wenn nur eine die richtige ist, dann welche? Spielt es eine Rolle? Werden wir wirklich im Stich gelassen, wenn wir auf die falsche tippen? Oder schlimmer noch, werden wir zur Hölle geschickt?

Es ist ganz verständlich, dass Menschen, die in einem zutiefst religiösen Umfeld erzogen wurden, von solchen Fragen gepeinigt werden. Sie wünschen sich eine liebevolle Beziehung mit Gott, aber sie kann auch mit sehr viel Angst verbunden sein. *Gespräche mit Gott* bringt da frischen Wind hinein. Es ist wie ein belebendes spirituelles Bad vor der Begegnung mit Gott. Es nimmt die Angst vor der Nähe.

Trotzdem haben die Menschen viele Fragen. Sie wollen an die wirklich guten Neuigkeiten in GMG glauben, manche empfinden sie aber auch als Herausforderung. Kann es sein, dass Gott uns wirklich so sehr liebt? Was ist mit all den Dingen, die wir gelehrt wurden? Die Fragen gehen endlos weiter, auch wenn man sich schon seit Anbeginn der Zeit Fragen über Gott gestellt hat. Und das ist gut so. Wir dürfen nie aufhören, Fragen zu stellen. Übereinander und über uns selbst.

Und natürlich über Gott.

Wer und was ist Jesus Christus?

Lieber Neale: Ich habe immer geglaubt, Jesus sei der Erlöser der ganzen Menschheit. Nachdem ich GMG gelesen habe, bin ich mir da nicht mehr so sicher. Was ist die Wahrheit, wie du sie kennst? Craig, Williamstown, NJ.

Lieber Craig: Du hast eine Frage gestellt, die viele für die zentrale Frage des Jahrhunderts halten. Die Auswirkungen von Jesu Leben waren so außergewöhnlich, dass es nie vergessen werden wird. Denn Jesus war und ist ein Erlöser der ganzen Menschheit. Und du und ich sind das auch.

Nun, der Unterschied zwischen dir und mir und Jesus ist der, dass er sich diesen Hut aufsetzte, diesen Schuh anzog, dass er die Verantwortung übernahm. Die meisten von uns taten das nicht. In diesem Sinn ist Jesus unser Erlöser. Denn er hat mit seinem Leben gemacht, was sehr wenige von uns getan haben. Er hat getan, das zu tun wir alle hergekommen sind! Und indem er es tat, »erlöste« er uns von der Notwendigkeit, es überhaupt zu tun, wenn wir nicht wollen.

Lass mich das erklären. Wir sind alle hierher gekommen, um die Welt zu erlösen, zu erretten. Nicht vor den »Fallstricken des Teufels« oder vor der »ewigen Verdammnis«. (Wie GMG lehrt, gibt es so etwas wie den Teufel nicht, und es existiert auch keine Verdammnis.) Wir sind hierher gekommen, um die Welt von ihrer irrigen Vorstellung von sich selbst zu erlösen.

Wir leben in diesem Moment in einer Welt unserer eigenen Schöpfung, in einer Unwahrheit, einer Erfahrung, die nichts mit der letzten Wirklichkeit oder mit Wer Wir Wirklich Sind zu tun hat. Jesus wusste das. Er wusste auch, Wer Er Wirklich Ist. Und das verkündete er, damit es alle hören konnten. Und er verkündete noch etwas. Er sagte, dass auch wir tun können, was er auf Erden getan hat.

Manche Menschen glauben das nicht. Sie können nicht glauben, dass ihnen dieselben Fähigkeiten gegeben werden könnten – ja gegeben worden sind, über die Jesus verfügte. Doch eben diese Glaubensebene ist der Schlüssel, ist entscheidend dafür, dass wir die Erfahrung dieser Fähigkeiten machen. Ich denke, ein achtsames Lesen folgender Seiten in GMG Band 1 hilft bei der Klärung dieser Sache: 89/90, 94/95, 111/112, 138/139, 271 und 295.

Ich habe ein kleines Büchlein geschrieben, *Erschaffe dich neu,* das auf vieles davon ganz direkt eingeht. Darin verweise ich darauf, dass Jesus selbst sagte: »Es geschehe euch nach eurem Glauben.« Es war Jesus selbst, der sagte: »Frau, dein Glaube ist groß. Was du willst, soll geschehen.« Und von dieser Stunde an war ihre Tochter geheilt. Und es war Jesus selbst, der sagte: »Wenn euer Glaube auch nur so groß ist wie ein Senfkorn, dann werdet ihr zu diesem Berg sagen: ›Rück von hier nach dort!‹, und er wird wegrücken. Nichts wird euch unmöglich sein.« Wenn du dennoch nicht an dich selbst und dein göttliches Erbe glauben kannst (und weil so viele Menschen das nicht können), lädt Jesus dich in einem Akt der ungeheuren Liebe und des Mitgefühls ein, ihm zu glauben.

»Amen, amen, ich sage euch: Wer an mich glaubt, wird die Werke, die ich vollbringe, auch vollbringen, und er wird noch größere vollbringen, denn ich gehe zum Vater. Alles, um was ihr in meinem Namen bittet, werde ich tun, damit der Vater im Sohn verherrlicht wird. Wenn ihr mich etwas in meinem Namen bittet, werde ich es tun.«

Ist das nicht ein außerordentliches Versprechen? So umfassend und vollständig war Jesu Verstehen, wer er war, und wer du bist (»Ich und mein Vater sind eins«, sagte er, und später: »Ihr seid alle Brüder«), dass er zutiefst wusste, dass es für das, was du tun könntest, keine Grenzen gibt, wenn du an dich selbst und an ihn glaubst. Könnte es sein, dass diese Erklärungen Jesu falsch verstanden oder falsch gedeutet wurden? Nein. Seine Worte sind sehr klar und deutlich. Er wollte, dass du dich mit dem Vater als eins betrachtest, so wie er eins mit Gott ist. So groß war seine Liebe zur ganzen Menschheit, und so erfüllt war er von Mitgefühl für ihr Leiden, dass er sich selbst dazu aufrief, sich auf die höchste Ebene zu erheben, zum großartigsten Ausdruck seines Wesens zu gelangen, um ein lebendiges Beispiel für alle Menschen allerorten zu geben. Und dann betete er darum, dass wir nicht nur den Beweis für sein Einssein mit dem Vater, sondern auch für das unsere sehen mögen.

»Und ich heilige mich für sie, damit auch sie in der Wahrheit geheiligt sind. Aber ich bitte nicht nur für diese hier, sondern auch für alle, die durch ihr Wort an mich glauben. Alle sollen eins sein: Wie du, Vater, in mir bist und ich in dir bin, sollen auch sie in uns eins sein, damit die Welt glaubt, dass du mich gesandt hast. Und ich habe ihnen die Herrlichkeit gegeben, die du mir gegeben hast; denn sie sollen eins sein, wie wir eins sind.«

Sehr viel klarer kann man es nicht ausdrücken.

Gespräche mit Gott sagt uns, dass wir alle Glieder des Leibs Gottes sind, obgleich wir uns einbilden, getrennt zu sein und ganz und gar nicht ein Teil Gottes.

Christus verstand unser Problem mit dem Glauben, ein Teil Gottes oder ein Teil des Leibs Gottes zu sein. Aber er selbst glaubte das von sich. Es war daher eine ganz einfache Sache für ihn (und eine wundervolle Eingebung), jene, die sich nicht vorstellen konnten, ein Teil Gottes zu sein, dazu einzuladen, sich vorzustellen, ein Teil von ihm zu sein. Er hatte bereits erklärt, ein Teil Gottes zu sein. Wenn wir nun einfach nur glauben konnten, ein Teil Christi zu sein, dann würden wir im weiteren Sinne notwendigerweise auch ein Teil Gottes sein.

Jesus muss diesen Punkt viele Male hervorgehoben haben, weil sich in den Aufzeichnungen seiner Lehren und in den Kommentaren in der Bibel zahllose Zitate und Hinweise auf diese Beziehung finden. Verbindet man nur ein paar dieser Zitate miteinander, ergibt sich eine außergewöhnliche Offenbarung:

Ich und der Vater sind eins. (Johannes 10,30)

Und ich habe ihnen die Herrlichkeit gegeben, die du mir gegeben hast; denn sie sollen eins sein, wie wir eins sind. (Johannes 17,22)

Ich in ihnen und du in mir. So sollen sie vollendet sein in der Einheit. (Johannes 17,23)

Damit die Liebe, mit der du mich geliebt hast, in ihnen ist und damit ich in ihnen bin. (Johannes 17,26)

So sind wir, die vielen, ein Leib in Christus, als einzelne aber sind wir Glieder, die zueinander gehören. (Römer 12,5)

Wer pflanzt und wer begießt: beide arbeiten am gleichen Werk. (1. Korinther 3,8)

Ein Brot ist es. Darum sind wir viele ein Leib; denn wir alle haben teil an dem einen Brot. (1. Korinther 10,17)

Denn wie der Leib eine Einheit ist, doch viele Glieder hat, alle Glieder des Leibes aber, obgleich es viele sind, einen einzigen Leib bilden: so ist es auch mit Christus. Durch den einen Geist wurden wir in der Taufe alle in einen einzigen Leib aufgenommen, Juden und Griechen, Sklaven und Freie; und alle wurden wir mit dem einen Geist getränkt. Auch der Leib besteht nicht nur aus einem Glied, sondern aus vielen Gliedern. Wenn der Fuß sagt: Ich bin keine Hand, ich gehöre nicht zum Leib!, so gehört er doch zum Leib. Und wenn das Ohr sagt: Ich bin kein Auge, ich gehöre nicht zum Leib!, so gehört es doch zum Leib. (1. Korinther 12,12–16)

So aber gibt es viele Glieder und doch nur einen Leib. (1. Korinther 12,20)

Wir sind alle Glieder des Leibs Christi. Wir sind alle der Gesalbte. Und wenn Christus eins mit Gott ist, dann sind wir es auch. Wir wissen es nur nicht. Weigern uns, es zu glauben. Können es uns nicht vorstellen.

Doch es stimmt nicht, dass wir durchmachen müssen, was Jesus durchmachte, um an seiner Seite zu gehen. So etwas hat Jesus nie auch nur annähernd geäußert. Das war nicht seine Botschaft. Seine Botschaft war: Wenn ihr nicht an mich glauben könnt, wenn ihr bei allem, was ich getan habe, nicht glauben könnt, dass ich der bin, wie ich sage, dann werdet ihr nie an euch selbst glauben und daran, wer ihr seid, und die Erfahrung von Gott wird praktisch für euch unerreichbar sein. Jesus sagte, was er sagte, tat, was er tat – vollbrachte Wunder, heilte die Kranken, ließ Tote auferstehen – ja, erstand selbst von den Toten wieder auf – damit wir erkennen können, Wer Er War ... und damit auch erkennen können, Wer Wir Wirklich Sind. Dieser zweite Teil der Gleichung wird in der traditionellen christlichen Doktrin über Christus zumeist ausgelassen.

Du siehst, Christus ist unser Erlöser in dem Maße, wie er uns von der Illusion unseres Getrenntseins von Gott erlöst hat. Jesus ist der Sohn Gottes, so wie wir alle. So wie wir in unseren Workshops lehren: Ihr seid in den Raum gekommen, um den Raum zu heilen. Ihr seid ins All gekommen, um das All zu heilen. Aus keinem anderen Grund seid ihr hier.

Warum starb Jesus für uns am Kreuz?

Lieber Neale: Ich bin einundzwanzig Jahre alt und nahm im April 1997 Jesus als meinen Erlöser an. Damals wurde ich auf spiritueller Ebene glücklich, war aber immer noch unglücklich mit Wer Ich War. Das Christentum ließ viele Fragen unbeantwortet. Deine Bücher haben mir sehr geholfen, aber meinem Gefühl nach wurde eine sehr wichtige Frage nicht beantwortet. *Warum starb Jesus für uns am Kreuz?* Seit ich deine Bücher gelesen habe, ist meine Verwirrung sogar noch größer geworden, und ich weiß nicht, was ich tun soll. Jedes Mal, wenn ich davor stehe, mich selbst und Gott aufzugeben, zieht mich etwas zurück. Dieses Ziehen wird mit jedem Mal stärker. Ich bin vielleicht eingebildet, aber ich glaube, ich habe eine wichtige Aufgabe in diesem Leben!

Lass uns gemeinsam das globale Bewusstsein verändern. Brian, Weedville, PA.

Lieber Neale: Ich möchte mich gerne mit meiner Stimme der Dankbarkeit dem Chor jener anschließen, die durch deine Bücher Auftrieb bekommen haben. Ich habe die Bände 1 und 2 gelesen, sie auch verschenkt, und kehre immer wieder zu der Weisheit zurück, die ich auf ihren Seiten für mich finde. Nachdem ich selbst gerade ein Buch über Abtreibung und Todesstrafe geschrieben habe *(Divided Passions)*, weiß ich wirklich die Sensibilität zu schätzen, mit der du diese komplizierten Themen behandelst. Es ist eine großartige Erfahrung, an einem Werk zu arbeiten, das hoffentlich etwas zu den Dialogen beitragen kann!

Als Christin, deren Vorstellung von Gott durch GMG ganz und gar bestätigt wird, stelle ich mir Fragen zur Kreuzigung. Es ist eine so hässliche Geschichte voller Blutdurst (ähnlich den heutigen Rufen nach der Todesstrafe), und doch halten Millionen von Menschen eisern an ihr fest, weil sich am Ende die Auferstehung ereignet. War diese Hinrichtung Jesu notwendig, um das Wort von Gottes Liebe, Vergebung und Mitgefühl zu übermitteln und zu verbreiten? Hat die Auferstehung »real« stattgefunden? In der Liebe von allem, das ist, Kim.

Lieber Brian und liebe Kim: Ich glaube nicht, dass Jesus irgendetwas demonstrieren wollte. Ich glaube, dass Jesus dieselbe Absicht hatte, die jede Seele auf Erden verfolgt. Absicht und Ziel der menschlichen Seele ist es, sich selbst zu erfahren und darzustellen, zu verkünden und zu erfüllen, zu erklären und zu werden, zum Ausdruck zu bringen und zu erkennen. Das ist die großartigste Version der größten Vision, die sie je über Wer Sie Ist ersann.

Jesus Christus war ein wandelndes Beispiel für wer er zu sein glaubte. Und er lud jeden von uns ein, sich seinem Beispiel anzuschließen und es ihm gleich zu tun, indem wir unsere Wahrheit über uns selbst verkünden. Er wusste, dass in dem Moment, in dem er erklärte, wer er war, alles, was im Gegensatz dazu stand, in diesen Raum eintreten würde.

Von daher war die Kreuzigung Christi sowohl voraussagbar wie auch mit jedem Gedanken, der in der GMG-Trilogie geäußert wird, vereinbar. Christus ließ die Kreuzigung zu, er »erlitt« sie nicht einfach. Er war der Verursacher dieser Erfahrung, nicht das passive Opfer ihrer Auswirkung. Er sagte bei seiner Gefangennahme: »Oder glaubst du nicht, mein Vater würde mir sogleich mehr als zwölf Legionen Engel schicken, wenn ich ihn darum bitte?« Und natürlich hätte er über diese Legionen gebieten können. Doch er ließ aus demselben Grund zu, dass sich die Erfahrung weiter entfaltete, aus dem wir alle unsere Erfahrungen in unserem Leben zulassen und erlauben, dass sowohl die großen wie kleinen Kreuzigungen über uns kommen.

Wir rufen jede Erfahrung, die wir durchmachen, in unser Leben, weil wir uns so als die erkennen und kennen lernen können, Die Wir Wirklich Sind. Christi Kreuzigung und seine Bereitschaft, sie zu erdulden, war somit ein Ausdruckgeben seines Selbsts für sich selbst. Bei diesen schöpferischen Prozessen des Ausdruckgebens und Bezeugens hinterließ er uns allen ein Beispiel für das, dem auch wir Ausdruck geben könnten.

Lieber Neale: Wie kann ich achtsamer auf Gott hören? Ich bin in der südlichen Baptistentradition erzogen worden und habe immer geglaubt, dass man einzig durch Jesus Christus zu Gott gelangen kann, und dass all unser Gutsein von ihm und von dem, was er am Kreuz für uns tat, herrührt. Es macht mir Angst, dass du deine spirituellen Überzeugungen und deine spirituelle Entwicklung nicht auf Jesus gründest. Ich möchte gerne näher zu Gott gelangen und mir seiner Gegenwart bewusster sein. In Liebe, Sue, Alta Loma, CA.

Liebe Sue: Ich verstehe deine Angst und würde dich nie auffordern, wegen mir deine Glaubensvorstellungen zu ändern. Und auch Gott fordert dich in GMG nicht dazu auf. Ganz im Gegenteil schlägt er vor, dass wir allen unseren Überzeugungen treu bleiben, solange sie uns dienlich sind. Wenn dir die Überzeugungen, die du von der südlichen Baptistentradition übernommen hast, dienlich sind, dann bleibe unbedingt dabei. Ich persönlich glaube nicht, dass man nur auf einem einzigen Weg, in diesem Fall über Jesus, zu Gott gelangen kann. Wenn das stimmte, würde jeder Buddhist, jeder Jude, jeder Baha'i, jeder Daoist, jeder Mormone, jeder Muslim, jede Person auf Erden, die jemals irgendeinem anderen Glauben und einer anderen religiösen Tradition angehörte oder gegenwärtig angehört, zu den ewigen Feuern der Hölle verdammt worden sein oder verdammt werden. Das ergibt einfach keinen Sinn. Jedenfalls nicht für mich. Nicht angesichts dessen, was Gott mir in *Gespräche mit Gott* hat zuteil werden lassen. Aber für mich — und ich hoffe, du kannst es hören, Sue — besteht absolut keine Notwendigkeit, dass du dich meinen Einsichten anschließt. Ich glaube, dass wir beide große Weisheit, außergewöhnliche Erkenntnisse und wundervolle Hilfe in dem Material von GMG finden können, ohne dass wir uns dazu in jedem seiner Worte oder in deren

Interpretation einig sein müssen. Dasselbe glaube ich übrigens auch in Bezug auf die Bibel.

Wenn du gerne näher zu Gott gelangen und dir seiner Gegenwart bewusster sein möchtest, dann nimm dich einer Person an, die dasselbe möchte. Denn das, was du einem anderen gibst, gibst du dir selbst. Der schnellste Weg, etwas zu bekommen, was du gewählt hast und dir wünschst, ist der, dass du veranlasst, dass ein anderer es bekommt. So einfach ist das.

Zu viel »Jesus Christus Zeug«?

Lieber Neale: Ein Freund von mir, der zufällig Jude ist, las GMG, war absolut begeistert und sagte, es sei das beste aller Bücher. Dann bekam er deine Büchlein *Bring Licht in die Welt* und *Erschaffe dich neu* in die Finger und sagte, er hätte sich mit ihnen äußerst schwer getan. Als ich ihn fragte, was das Problem sei, erwiderte er, dass in ihnen bei weitem »zu viel Nachdruck auf Jesus Christus« gelegt würde. Das hätte ihn enttäuscht und sogar auch ein bisschen verärgert, weil sich »nichts von dieser Art Zeug« in *Gespräche mit Gott* fände. Und er könne nicht verstehen, warum diese Büchlein »das Christentum so sehr propagierten«. Ich habe diese beiden Büchlein nicht gelesen, aber ist es nicht so, dass sie von ihrem Dogma her christlich sind, während GMG von seiner Tendenz her konfessionslos ist? Wayne, Spartanburg, SC.

Lieber Wayne: Nein. In *Bring Licht in die Welt* findet sich kein einziger Verweis auf Jesus. In *Gespräche mit Gott* und in *Erschaffe dich neu* gibt es hingegen einige. In *Erschaffe dich neu* werden die Worte Jesu nach dem Neuen Testament ausgiebig zitiert, um klarzumachen, dass Jesus selbst etwas sagte, dessen nun so viele Vertreter des »New Age« bezichtigt werden: Wir sind alle eins mit Gott. Er wird auch als großer Lehrer erwähnt, der die verzwicktesten Gesetze des Universums verstand und diese Tatsache jeden Tag demonstrierte. Ich glaube, dabei wurde das Beispiel des Durch-die-Wände-Gehens benutzt.

Es tut mir Leid, dass diese Verweise auf Jesus deinem Freund Unbehagen bereiteten. Ich habe die Büchlein noch einmal gelesen und kann dir versichern, dass dort meines Erachtens nirgendwo etwas über Jesus steht, an dem eine Person jüdischen Glaubens Anstoß nehmen könnte. Ich dachte, einige Aussagen könnten eher Christen kränken. Zum Beispiel verwies ich darauf, dass Jesus nie sagte oder auch nur annähernd andeutete, man müsse seinem Beispiel folgen, um (auf dem Weg zu Gott) an seiner Seite zu gehen. Dass dies nicht seine Botschaft war.

Wer glaubst du, fühlt sich durch eine solche Aussage mehr vor den Kopf gestoßen – ein Christ oder ein Jude? Im Grunde aber ist es meine Hoffnung und mein Traum, dass niemand daran Anstoß nimmt und dass das Büchlein in seiner Gesamtheit uns zusammenbringt und nicht auseinander reißt. Doch jede Person sieht, was zu sehen sie wählt.

Warum »tötete« Jesus den Feigenbaum?

Sehr geehrter Mr. Walsch: Ich danke Ihnen für Ihr wundervolles Buch. Ich habe eine Frage. Sie betrifft die Geschichte in der Bibel, in der Jesus einen Feigenbaum verflucht, weil er keine Früchte trägt. Ich verstehe nicht, warum er das tat, zumal auch erwähnt wird, dass es gar nicht die Jahreszeit war, in der die Feigen reif werden. Für das Gleichnis muss es einen Grund geben, aber welchen?

Lange Zeit schien mir diese Geschichte als Beispiel für eine bestimmte Launenhaftigkeit von Jesus/Gott zu stehen, vielleicht als Verweis auf die Gefühle und Empfindungen des Menschen. Oft hat es den Anschein, als würden wir vom Pech verfolgt, obwohl es gar nicht unsere Zeit des Früchtetragens war, wenn Sie verstehen, was ich meine. Mit anderen Worten, es war nicht unsere Schuld, aber wir standen doch unter einem Fluch. Nachdem ich Ihr Buch gelesen habe, ist mir jetzt natürlich klar, dass wir uns das selbst antun. Nach wie vor scheint mir aber diese Geschichte ziemlich unvereinbar mit Jesu Charakter. Was ich hier schreibe, ergibt wahrscheinlich keinen Sinn.

Es fällt mir sehr schwer, über irgendetwas Spirituelles so zu sprechen, dass es einen Sinn ergibt. Aber Ihr Buch ergibt wirklich Sinn, und dafür möchte ich Ihnen noch einmal danken. Mir ist klar, dass Sie diesen Brief nicht beantworten können, und ich erwarte es auch nicht, aber ich wollte die Frage gestellt haben ...

Mit freundlichen Grüßen, Susan, Chicago, IL.

Liebe Susan: Die von Ihnen angesprochene Geschichte findet sich in Matthäus, Kapitel 21. Sie beginnt mit Vers 18, wo es heißt: »Als er am Morgen in die Stadt zurückkehrte, hatte er Hunger. Da sah er am Weg einen Feigenbaum und ging auf ihn zu, fand aber nur Blätter daran. Da sagte er zu ihm: In Ewigkeit soll keine Frucht mehr an dir wachsen. Und der Feigenbaum verdorrte auf der Stelle. Als die Jünger das sahen, fragten sie erstaunt: Wie konnte der Feigenbaum so plötzlich verdorren? Jesus antwortete ihnen: Amen, das sage ich euch: Wenn ihr Glauben habt und nicht zweifelt, dann werdet ihr nicht nur das vollbringen, was ich mit dem Feigenbaum getan habe; selbst wenn ihr zu diesem Berg sagt: Heb dich empor, und stürz dich ins Meer!, wird es geschehen. Und alles, was ihr im Gebet erbittet, werdet ihr erhalten, wenn ihr glaubt.«

Die Geschichte erscheint auch bei Markus, Kapitel 11, und beginnt dort mit Vers 12: »Als sie am nächsten Tag Betanien verließen, hatte er Hunger. Da sah er von weitem einen Feigenbaum mit Blättern und ging hin, um nach Früchten zu suchen. Aber er fand an dem Baum nichts als Blätter; denn es war nicht die Zeit der Feigenernte. Da sagte er zu ihm: In Ewigkeit soll niemand mehr eine Frucht von dir essen. Und seine Jünger hörten es ... Als sie am nächsten Morgen an dem Feigenbaum vorbeikamen, sahen sie, dass er bis zu den Wurzeln verdorrt war. Da erinnerte sich Petrus und sagte zu Jesus: Rabbi, sieh doch, der Feigenbaum, den du verflucht hast, ist verdorrt.

Jesus sagte zu ihnen: Ihr müsst Glauben an Gott haben. Amen, das sage ich euch: Wenn jemand zu diesem Berg sagt: Hebe dich empor, und stürz dich ins Meer!, und wenn er in seinem Herzen nicht zweifelt, sondern glaubt, dass geschieht, was er sagt, dann wird es geschehen. Darum sage ich euch: Alles, worum ihr betet und bittet — glaubt nur, dass ihr es schon erhalten habt, dann wird es euch zuteil.«

Ich verstehe Ihre Verwirrung, Susan, weil man sich ja fragt, warum Jesus einen Baum verdorren lässt, wo es doch nicht einmal die Zeit der Feigenernte war. Die Antwort ist, dass Jesus den Baum nicht verdorren ließ, weil er keine Früchte trug, sondern weil er ihn als Unterweisungsmaterial im Zusammenhang mit einer größeren Lektion benutzte, die er lehren wollte. In dieser Geschichte wird ganz klar berichtet, wie Jesus veranschaulichen will, welche Macht und Kraft der Gedanke (das Gebet) hat, wenn man irgendetwas aus seinem Leben entfernen möchte, das keine Früchte trägt. Jesus gab hier nicht einer Verärgerung über den Baum Ausdruck, sondern demonstrierte die Macht des Gebets. Er benutzte den Baum einfach als Werkzeug, als Metapher.

Ich kann mir vorstellen, wie das zustande gekommen sein könnte. Da wandert eines Tages eine Gruppe von Kerlen den Weg entlang und hört dem großen Lehrer zu, der gerade über die Kraft und Macht des Gebets spricht. »Willst du damit sagen, dass das Gebet alles vermag?«, hat vielleicht einer gefragt. »Natürlich«, antwortete Jesus zweifellos und dachte dann bei sich: »Schauen wir mal, wie ich Jaköbchen hier dazu bringen kann, dass er das versteht.« Sie nähern sich gerade einem Hain. Jesus wusste, dass es nicht die Zeit war, in der die Bäume Früchte tragen, und dass er daher auch keine Früchte an ihnen finden würde. Aha, hat er sich vielleicht gesagt, die perfekte Gelegenheit. »Mann, bin ich hungrig!«, sagte er dann laut. »Schaun wir mal, ob diese Bäume irgendwelche Früchte tragen!«

Er tritt also an besagten Feigenbaum heran und findet keine Früchte an ihm. Bah! Er wusste natürlich schon die ganze Zeit, was er vorfinden würde, und machte den Baum nun zum Demonstrationsobjekt. Er sagte seinen Schülern, dass dieser Baum seinen letzten Tag auf Erden gesehen hat. Und am nächsten Tag war er ganz verdorrt. »Wow!«, sagten da die Jünger, »das ist ja eine gewaltige Lektion. Besser, du trägst Früchte, auch wenn es bei dir gar nicht an der Zeit ist!«

»Nein, nein!«, sagte Jesus. »Das ist es nicht, was ich euch zu lehren versuchte. Ich wollte euch zeigen, dass ihr alles loswerden könnt, was in eurem Leben keine Früchte trägt! Und das gilt auch für alles, was eurem Glück im Wege steht.«

»Tatsächlich?«, sagten seine Jünger. »Das meinst du wirklich?«

»Hey, würde ich euch auf die Schippe nehmen?«, erwiderte Jesus. »Ich sage euch hier und jetzt: Wenn jemand zu diesem Berg sagt: Hebe dich empor und stürz dich ins Meer!, und wenn er in seinem Herzen nicht zweifelt, sondern glaubt, dass geschieht, was er sagt, dann wird es geschehen. Und darum sage ich euch: Alles, worum ihr betet und bittet — glaubt nur, dass ihr es schon erhalten habt, dann wird es euch zuteil.«

Ganz sicher können Sie sich vorstellen, Susan, dass sich sehr viele Möglichkeiten für Missverständnisse oder Fehldeutungen ergeben, wenn jemand sich so der Gleichnisse und Parabeln bedient, wie Jesus es tat. Wenn Sie aber auf die umfassendere Botschaft hören, wenn Sie auf die größte Wahrheit konzentriert bleiben, werden Sie in der Mehrheit der Fälle herausfinden, was der wirkliche Inhalt der Botschaft war.

Wenn es irgendwelche Zweifel an meiner Interpretation der Geschichte vom Feigenbaum in der Bibel geben sollte, so können sie ausgeräumt werden, wenn man den anschließenden Vers in der Version von Markus liest. Jesus ließ ganz klar den Baum nicht verdorren und sterben, weil er wütend auf ihn war oder weil der Baum irgendwie irgendetwas »Falsches« getan hatte. Das wissen wir, das können wir aus seiner nächsten Bemerkung (Markus 11,25) ersehen: »Und wenn ihr beten wollt und ihr habt einem anderen etwas vorzuwerfen, dann vergebt ihm, damit auch euer Vater im Himmel euch eure Verfehlungen vergibt.«

Es kann hier kein Zweifel bestehen, dass Jesus den Baum nicht »bestrafte«. Warum sollte er sonst im nächsten Satz Vergebung lehren? Er benutzte den Baum einfach zur Veranschaulichung einer größeren und umfassenderen Wahrheit.

Nun könnte man sagen, wenn das Jesu wahre Absicht war, dann war es »grausam« von ihm, einen Baum zu töten, der gar nicht zu »sterben« verdiente. Aber ein echter Metaphysiker würde dazu ein paar Beobachtungen anstellen: Erstens »stirbt« nichts und niemand jemals, darum hat Jesus dem Baum keinen Schaden zugefügt. Zweitens wusste Jesus als Meister, der er war, zweifellos, dass der Baum dort war – von der Vorsehung selbst an diesen Ort gestellt worden war (alle Dinge sind zu ihrer richtigen Zeit an ihrem richtigen Ort; es ereignen sich keine »Zufälle« oder versehentlichen »Zusammentreffen«), damit er demonstrieren konnte, was er seiner Wahl nach demonstrieren wollte.

Nun habe ich eine Frage an Sie, Susan. Wenn Sie eine Blume pflücken, um sie Ihrem Geliebten zu überreichen, ist dann diese Blume missbraucht worden? Hat die Blume etwas dagegen, ihr Leben mit einer Demonstration der Liebe zu beenden?

Kehr zu deiner inneren Führung zurück

Hallo, Neale: Jeden Tag lese ich immer wieder in den GMG-Bänden 1 und 2. Die Frage, die ich habe, betrifft den faszinierendsten Teil der Bibel: die Offenbarung. Was ist der Sinn dessen, was Johannes in seinen Träumen sah? Da wird zum Beispiel ein Tier erwähnt. Was ist dieses Tier? Steht es für unsere eigenen Ängste oder handelt es sich um eine Erscheinung, die es eines Tages tatsächlich geben wird? Ich danke dir. Margriet, per E-Mail.

Hi, Margriet: So gerne ich auch jedermanns Fragen beantworten würde, so besteht der Sinn und Zweck meiner gemeinnützigen Stiftung ReCreation doch darin, den Menschen dabei zu helfen, ihre eigenen Werkzeuge zu erfinden und zu erschaffen, mit denen sie dann selbst ihre persönlichen Konflikte, Schwierigkeiten und Herausforderungen lösen und bewältigen können. Ich verfüge über nicht mehr Quellen als du zur Interpretation von Passagen aus der Bibel oder der Weisheitsliteratur anderer Traditionen, und ich bin mir sehr klar darüber, dass diese Schriften keinesfalls zur Zufriedenheit aller ausgedeutet werden können.

Deshalb empfehle ich dir, zur Beantwortung deiner Frage nach der angemessenen oder sinnvollsten Interpretation der von dir erwähnten Bibelstelle zu deiner eigenen inneren Führung zurückzukehren und sich an sie zu wenden; eine Empfehlung, die ja schließlich zu den größten und wichtigsten Botschaften von *Gespräche mit Gott* gehört.

War die Bibel Gottes letztes Wort an uns?

Lieber Neale: Was lässt uns glauben, dass Gott an einem bestimmten Punkt beschloss, nicht mehr über das geschriebene Wort mit uns zu kommunizieren? Ich meine, wer kam zu dieser Schlussfolgerung? Woher stammt diese Theorie? Wer trifft diese Entscheidungen? Ich möchte mit dem Management sprechen? Marie M.

Liebe Marie: Das Wundervollste an unserem wundervollen Gott ist, dass sie uns niemals verlassen hat, dass sie niemals

415

aufhörte, mit uns zu kommunizieren. Er ist immer in dir, bis ans Ende aller Zeiten. Er wird im Innersten deines Herzens unmittelbar zu dir sprechen, wann immer du aufrichtig eine Frage stellst, ein Dilemma darlegst oder deine Liebe schickst. Gott hat natürlich nicht vor zweitausend Jahren aufgehört, über das geschriebene Wort zu kommunizieren. Und Gott hat sich auch nicht nur ein einziges Mal im Verlauf der ganzen Menschheitsgeschichten mittels eines einzigen Instruments, nur eines einzigen Dokuments, mitgeteilt. Welchen Grund sollte Gott haben, sich so zu beschränken? Welchen Sinn und Zweck sollte das haben? Wenn Gott allmächtig ist (was er ist), und allliebend (was sie ist), warum sollte sie dann alle zweigleisige Verständigungsmöglichkeit vor zweitausend Jahren beendet haben? Liebe und Macht würden doch wohl, so scheint es, für eine andere Wahl sprechen.

Das Problem ist, dass wir uns alle nicht an Gott, sondern an Männer gewandt haben, die behaupten, die richtigen Antworten zu haben. Päpste. Bischöfe. Priester. Rabbis. Geistliche. Die meisten verfolgen gute Absichten. Viele sind fromm. Niemand spricht aber maßgeblicher und zuverlässiger für Gott als die Stimme deines eigenen Geistes, deines Herzens und deiner Seele, wenn du nur zuhörst. Gib nicht deine Macht (und damit auch deinen Gott) weg, indem du irgendjemandem glaubst, der dir sagt, dass man Gott nicht hören kann und dass man seit der Zeit Christi auch nichts mehr von ihm gehört hat. Kannst du nicht sehen, dass es Leute gibt, die ein ungeheures Interesse daran haben, dich an diese Überzeugung zu ketten? *Gespräche mit Gott* legt ein neues Paradigma dar. Ich lade dich in aller Demut dazu ein, es zu erforschen.

Zur »Verfälschung« der Bibel

Lieber Neale: Ich habe deine Bücher ungeheuer genossen. Sie haben ganz zweifellos mein Leben zum Besseren gewendet. Erweise mir die Ehre, auf eine Frage einzugehen. Wie kommt es, dass (wenn ich mich recht erinnere) Gott die Bibel lediglich als ein weiteres Buch ansieht, das von Herausgebern in der Vergangenheit verfälscht wurde? Ich dachte stets, Gott würde es nie zulassen, dass ein so heiliges Buch in seiner ursprünglich beabsichtigten »perfekten Form« verändert wird, ganz gleich, was der Mensch anzustellen vermag. Danke für dein Zuhören. Don, Camano Island, WA.

Lieber Don: Dein Denken ist hier fehlerhaft. Gott unternimmt nichts, um die Menschen davon abzuhalten, das zu tun, was sie tun wollen.

Warum sind Juden etwas so Besonderes?

Lieber Neale Donald Walsch: GMG hat mich wirklich umgehauen! Ich konnte es nicht aus der Hand legen, fand es in einigen Punkten erstaunlich, anderes ergab perfekt Sinn. Ich lachte immer wieder laut auf und war manchmal ein bisschen verwirrt, nachdem ich denselben Satz zwei- oder dreimal gelesen hatte. Ich werde es mit Vergnügen noch einmal lesen und es sehr zu schätzen wissen. Wie dankbar ich dir für deinen Mut bin, dieses Material zu veröffentlichen! Eine Frage, da ich Jüdin bin: Warum sind die Juden »das auserwählte Volk«? Alles Liebe und Segen für dich. Phyllis, Stamford, CT.

Meine liebe Phyllis: Die Juden sind nicht »das auserwählte Volk«. Alle Völker sind »das auserwählte Volk«. Die Juden waren sich historisch gesehen nur einfach ihres Bundes mit Gott weitaus bewusster als die meisten anderen Völker; sie haben ihm Aufmerksamkeit geschenkt; sie haben ihn in Ehren gehalten. Die Vereinigten Staaten sehen sich genauso in Bezug auf die anderen Nationen der Welt. Die USA sagen, dies ist »eine Nation, unter Gott«. Nun, alle Nationen sind »unter Gott«. Doch nur wenige Nationen hatten das Bewusstsein, »auf Gott vertrauen wir« auf ihre Münzen zu prägen. Es ist eine Frage des Bewusstseins. Es ist eine Frage, wie sich Nationen und Völker selbst sehen. Es ist nicht die Frage, welches Volk Gott auserwählt hat, sondern welche Völker Gott auserwählt haben.

Hat der Mensch die Oberherrschaft über die Erde und ihre Geschöpfe?

Lieber Neale: In der Bibel steht, dass der Mensch sich die Erde untertan machen und über alle Geschöpfe der Erde herrschen solle. Kannst du bitte erklären, was das bedeutet? Tom, Atlanta, GA.

Lieber Tom: Ich bin mir ganz sicher, dass Gott nie die Worte »untertan machen« und »herrschen über« gebrauchte, aber ich weiß, dass es die Interpreten der Bibel getan haben. Sie mussten es. Es diente ihren Zwecken. Schau, es war für den Menschen wichtig, das Gefühl zu haben, dass er die Macht und die Befugnis hat, die Erde zu erobern und sie sich für seine Zwecke gefügig zu machen, ganz gleich, um welche Zwecke es geht. Es war wichtig für den Menschen, dieses Gefühl zu haben, denn sonst hätte er nie seine Vergewaltigung und Ausplünderung der Erde rechtfertigen können.

Was Gott sehr klar sagte und meinte, ist, dass dem Menschen die fürsorgliche Verwaltung der Erde obliegt und ihm dazu bestimmte Kräfte und Fähigkeiten gegeben wurden. Aber die Kräfte und Fähigkeiten des Menschen kommen in keiner Weise denen von Mutter Erde gleich — und werden und können ihnen auch nie gleichkommen. Wie ich schon sagte, wollen die Menschen gerne glauben, sie hätten die Oberherrschaft über die Erde, damit sie mit ihr und ihren Ressourcen tun können, was sie wollen — ohne Rücksicht darauf, was es der Erde antut. Das toleriert die Erde nur für eine gewisse Weile, wie die Menschen auf Erden immer mal wieder erfahren und lernen.

Unsere Aufgabe hier besteht darin, die Erde in Ehren zu halten und alles zu tun, was wir können, um sie zu hegen und zu pflegen, zu retten und zu beschützen. Sie wird uns im Schoße ihrer Liebe beherbergen, uns freudig von der Fülle ihrer Ressourcen geben, wenn wir nicht versuchen, sie aus unserer Gier heraus zu vergewaltigen oder in unserer Ignoranz auszubluten.

Gott meint nicht, dass wir über die Fische des Meeres, die Vögel des Himmels und alle Tiere, die sich auf dem Land regen, herrschen sollen in dem Sinne, dass wir die Herrschaftsmacht über sie haben und ausüben sollen. So ist es nicht gemeint für den Menschen und auch nicht für Gott. Gott möchte nicht Gewalt über uns haben oder Macht über uns ausüben. Er ist bestrebt, Macht für uns und mit uns zu haben, uns zu schützen, zu verteidigen, zu nähren, zu hegen und zu pflegen, uns beizustehen und uns dazu zu bringen, dass wir gesund und froh sind und es uns gut geht. Und das sollten wir auch mit der Erde machen. Die Art von Herrschaft, die wir über die Erde haben, ist die Art von Herrschaft, die Gott über uns hat. Dies ist keine Macht, die ausbeutet, die benutzt und missbraucht, die zerstört, sondern eine Macht, die befähigt, die befördert, die aufbaut.

Die Menschheit wird diese Einsicht nie akzeptieren können, solange sie nicht von ihrer anscheinend unersättlichen Gier ablässt. In unserer extremen Arroganz haben wir entschieden, dass »wir hier der Boss sind«. Es ist eine unglaubliche Arroganz. Aber Gott bringt sogar dafür Toleranz auf, so groß ist Sie.

Ist die Bezeugung von »Respekt«
mit »Einverständnis« gleichzusetzen?

Lieber Mr. Walsch: Ich brauche Hilfe bei einer Frage. Was tut man, wie denkt man, wie reagiert man, wenn jemand, ob nun in einer kleinen oder großen Gruppe, in der Kirche betet und Dinge sagt, von denen man weiß, dass sie nicht wahr sind? Gebe ich, wenn ich mich mit gesenktem Haupt und geschlossenen Augen auf die Worte der Person konzentriere, mein Einverständnis zu den Worten und/oder Überzeugungen, die von der Person geäußert werden? Oder was macht man, wenn dein Geistlicher in einer Predigt Dinge sagt, von denen du weißt, dass sie nicht wahr sind? Ronda R.

Liebe Ronda: Sie haben eine sehr interessante Frage gestellt. Ich habe mich oft gefragt, wenn ich bei jemandem zum Essen war und ein Dankgebet gesprochen wurde, mit dem ich nicht einverstanden sein konnte, ob meine geschlossenen Augen und mein gesenkter Kopf dem Universum signalisierten, dass ich mich mit all dem einig fühlte. Und ich hatte genau die gleiche Erfahrung in der Kirche, die Sie beschreiben – Worte oder Gebete zu hören, mit denen ich nicht einverstanden war, und nicht genau zu wissen, wie ich damit umgehen sollte. Nun, ich habe über all das nachgedacht, weil ich es musste. Und das ist, was mir dazu einfiel.

In einem Satz ausgedrückt: Die Bezeugung von Respekt ist nicht mit Einverständnis gleichzusetzen. Ich senke den Kopf und schließe die Augen, wenn jemand vor einer Mahlzeit ein Dankgebet spricht, ganz gleich, ob ich mit dem Inhalt des Gebets einverstanden bin oder nicht. Ich tue das aus Respekt vor der Tatsache, dass jemand überhaupt betet, und aus meinem Wunsch heraus, die aufrichtige Erfahrung und Kommunikation mit Gott oder Sprechen über Gott immer zu achten. Und so ehre und achte ich auch in Kirchen, wenn ich mit dem Thema der

Predigt oder dem Inhalt eines Gebets nicht einverstanden bin, doch einfach den Augenblick, achte ich die Tatsache, dass andere mit dem Gesagten einverstanden sind, und achte ich den Prozess, der in der Kirche und im Leben der Menschen vonstatten geht. Denn das Ganze ist ein Prozess, in dem Menschen nach der Wahrheit suchen und sie finden und erklären, so wie sie sie erleben. Ich kann dies wertschätzen, ohne ihrer Wahrheit zustimmen zu müssen.

Was nun Gott angeht, so bin ich sicher, dass Ihnen nicht erst gesagt werden muss, dass die Gottheit auf keinen Fall Ihre Absicht »missversteht« oder Ihr Schweigen »missdeutet« und als Zeichen nimmt, dass Sie tatsächlich ein solches Gebet aussenden möchten oder mit einer solchen Predigt einverstanden sind. Denken Sie daran, dass Gott Sie ganz und gar versteht und kennt, auch jeden Gedanken, den Sie denken. Es ist also nicht nötig, ein stilles »Dementi« abzulassen oder zu versuchen, Gott auf irgendeine andere Weise wissen zu lassen, dass Sie das »nicht so meinen«. Der tiefste Teil von Ihnen weiß schon, was sich im tiefsten Teil Ihres Selbsts findet.

Wenn der Geistliche meiner Gemeinde in seiner Predigt etwas sagen würde, mit dem ich nicht einverstanden bin, würde ich ihn wahrscheinlich irgendwann in der folgenden Woche anrufen. Ich würde ihn um ein paar Augenblicke seiner Zeit bitten, damit wir über meine Empfindungen sprechen und gemeinsam unsere unterschiedlichen Ansichten zu diesem Thema erkunden können. Ich bin sicher, dass sowohl ich wie auch mein Geistlicher dieses Gespräch sehr genießen würden. Die meisten Geistlichen haben gerne Feedback und vor allem nachdenkliche Diskussionen über die Themen, die sie in ihren Predigten behandeln. Aber nur wenige Geistliche bekommen das auch.

Sollte das geistliche Amt aufgegeben werden?

Sehr geehrter Mr. Walsch: In der ganzen Zeit (15 Jahre), in der ich nun ein geistliches Amt versehe, bin ich bis an die äußersten Grenzen von Konvention und Tradition gegangen. Zu den Menschen, die mir halfen, gehören John Cobb, Matthew Fox, John Crossan, Chung Hyung Kyung, Michael Newlin und Vertreter der Reinkarnationstheorie.

Zu meinem Geburtstag schenkte mir eines meiner Gemeindemitglieder Ihr Buch *Gespräche mit Gott.* Zu diesem Zeitpunkt hatte ich gerade mit einer Regressionstherapie in vergangene Leben angefangen. Sie können sich vorstellen, was das alles in meinem Denken über den Dienst an der Kirche ausgelöst hat. Es wurde zu einer wahren Herausforderung für meine persönliche Integrität und Authentizität.

Ich fühlte mich mit Ihrem Buch wirklich sehr verbunden, und ich weiß, es gibt einen Weg, die Kirche aufzuklären, meiner Wahrheit zu folgen und dabei meine Integrität zu bewahren. Ich weiß, es ist wahrscheinlich unmöglich, persönlich mit Ihnen über diese Dinge zu sprechen; ich möchte mehr von Ihnen lernen. Danke für Wer Sie Sind! Mit freundlichen Grüßen, M., PA.

Lieber, lieber Mitbote: Sprechen Sie mit Integrität aus dem *Innern* der Kirche! Es gibt keinen besseren Ort, etwas zu verändern, als den, wo eine Veränderung nötig ist. Es ist nicht erforderlich, dass Sie zur Wahrung Ihrer Integrität und um authentisch zu werden, die Kirche verlassen. Sie können auch, wenn Sie in der Kirche authentisch bleiben, die Integrität wahren.

Alle Kirchen haben etwas Wundervolles anzubieten. Alle Religionen bringen Wahrheit zum Ausdruck. Keine Religion bringt die ganze Wahrheit zum Ausdruck, und das ist alles, was für Sie anzuerkennen wichtig ist. Wenn Sie das in Ihrer Kirche nicht offen sagen können, müssen Sie sie verlassen. Aber ich denke an die sehr viel sanftere Energie zur Veränderung, die Sie beisteuern können, wenn Sie Ihr Priestergewand anbehalten.

Seien Sie einer jener Geistlichen, die wir, die wir außerhalb davon stehen, als echte Bereicherung ansehen. Beleben Sie das Wort Gottes wieder. Bringen Sie den Hunderten, die auf Sie schauen, die Wahrheit der Liebe und den Seelenfrieden. Sie sind an einen Ort gestellt, an dem Sie viel tun können. Sie können Ihre Position klug nutzen, ohne Ihre Integrität zu verlieren. Klugheit bedeutet nicht Mangel an Integrität; sie ist ihr Gipfel.

Ich liebe Sie. Ich liebe Sie für alles, was Sie getan haben und noch zu tun haben. Wie immer Ihr Kampf auch aussehen mag, welche Wahl Sie auch immer treffen mögen, ich werde Sie immer lieben. Ich sehe, dass Sie sich dazu entschieden haben, einer zu sein, der Licht in die Welt bringt. Doch ich frage mich, ob es Ihnen dienlich ist, die Kerze auszulöschen, wo Sie sie doch gerade erst gefunden haben.

Ach, und übrigens, es ist nicht unmöglich, mit mir über diese Dinge zu sprechen. Unsere häufigen Retreats sind unter anderem genau dazu gedacht. Es gibt immer die Möglichkeit, sich miteinander hinzusetzen und zu reden.

Ich freue mich zu erfahren, dass wir keine Sünder sind

Sehr geehrter Herr: Durch »Zufall« bekam ich von einer Freundin Ihren Band 1 von *Gespräche mit Gott* geliehen. Von daher dieser Brief. Ich danke Ihnen, Sir, und Gott für dieses schöne Buch. Ich habe jetzt mein eigenes Exemplar. Es ist schwierig, Sie wissen zu lassen, wie wichtig dieses Buch für mich und meine Freunde ist. Ich spreche mit ihnen über Ihr Buch und ebenso mit meinen Kindern. Es ist so aufregend, es brachte mich zum Lachen und zum Weinen. Manchmal kann ich verstehen, was Gott zu Ihnen (und uns allen) sagt, manchmal nicht.

Letzte Woche bekamen wir mit der Post einen Schrieb. Er war ungeheuerlich. Darin stand, dass wir alle sehr schlecht sind, und dass unsere Herzen das Schlechteste von allem sind. Dass wir von Anfang an Sünder sind. Und dass es uns, ganz gleich was wir tun, nicht möglich ist, irgendetwas Gutes für Gott zu tun. Und dann Ihr Buch! Es ist eine große Befreiung. Was für ein Unterschied! Ich möchte Ihnen so sehr danken. Gott ist mir nun näher.

Sehr geehrter Herr, verzeihen Sie mir bitte meine Fehler im Brief. Mein Englisch ist nicht sehr gut, aber ich lerne!! Nochmals vielen Dank, und ich biete Ihnen meine Freundschaft an, wenn Sie möchten. Mit freundlichen Grüßen, Anne-Marie, Gemonde, Niederlande.

Meine liebe neue Freundin ... ich liebe dich!!! Du bist wundervoll! Danke, dass du mir geschrieben hast! Es tut mir Leid, dass dir jemand ein Traktat geschickt hat, das offensichtlich einer auf Angst gegründeten Religion entstammt. Es tut mir Leid, dass es überhaupt Religionen gibt, die sich auf Angst gründen. Es tut mir so Leid, dass überhaupt irgendjemand wirklich glaubt, dass wir alle Sünder sind, und dass auch noch so viele gute Werke im Leben nichts daran ändern können, sondern nur der Glaube an einen ganz bestimmten Weg der »Errettung«.

Gott erschafft keinen Schrott, Anne-Marie, und Gott hat keine Wesen erschaffen, die schon bei ihrer Geburt Sünder sind. Oder überhaupt irgendwann Sünder. Wir sind alle wundervolle Wesen, und es stimmt zwar, dass sich manche von uns verirrt und vergessen haben, Wer Sie Wirklich Sind, aber es stimmt nicht, dass wir schon sündig auf die Welt kommen und von Natur aus einfach nicht gut sind.

Wenn ich in diesem Leben alles tun könnte, dann würde ich mich dazu entscheiden, die Welt von diesem Gottesbild und dieser Gottesvorstellung zu befreien, die ihn als ein Angst einflößendes, zorniges, strafendes Wesen zeichnet. Es stimmt einfach nicht. Das ist einfach nicht das, was Gott ist. Und ich freue mich, dass *Gespräche mit Gott* dich von diesem Gedanken »befreit« hat, der so viele Menschen so viele, viele Jahre gefangen gehalten hat, und dass diese drei wundervollen Bände die Leute überall auf der Welt so positiv berühren.

Was hat es mit den Geistführern auf sich?

Lieber Neale Donald Walsch: Ich habe eine Frage, auf die in Band 1 nicht eingegangen wird. Was hat es mit den Geistführern auf sich? Haben wir jeder einen oder viele? Jackie, Seattle, WA.

Liebe Jackie: Band 3 geht ausführlich darauf ein. Ich kann hier nicht in aller Tiefe auf dieses Thema eingehen, aber lass mich dir kurz antworten. Ja. Wir werden ständig, jeden Augenblick eines jeden Tages, vom Geist geführt. Aber uns werden keine »Geistführer zugewiesen«, wie manche Mythologien behaupten. Wer sollte die Zuweisung vornehmen? Und was wäre die Strafe, wenn man die Aufgabe nicht annimmt? Seelen treffen einfach die Wahl, sich um andere Seelen zu kümmern, sie anzuleiten, ihnen beizustehen, sie zu einem neuen Gewahrsein, zu einem neuen Verständnis, zu neuen Bewusstseinsebenen zu führen. Dies wird aus reiner Liebe getan.

Die Liebe, das Mitgefühl, das du als freier Geist im Leben, das folgen wird, kennen lernen wirst, sind unbeschreiblich und mit nichts zu vergleichen, was die meisten von uns je erlebt haben. Nur ein paar inkarnierte Wesen — der Buddha, Krishna, Jesus, Babaji, Sai Baba, Paramahansa Yogananda und andere — brachten diese Art von Liebe zum Ausdruck, während sie sich in einem Körper aufhielten.

Haben wir wirklich einen Schutzengel?

Lieber Neale: Ich bin für dein Buch *Gespräche mit Gott* außerordentlich dankbar. Ich hege keine Zweifel, dass es die Bibel des nächsten Millenniums wird. Es hat mir geholfen, Dinge zu klären und sie in die richtige Perspektive zu rücken.

Wenn ich alle meine Bücher (es sind Hunderte) weggeben müsste und nur eines behalten dürfte, dann wäre es dieses. Noch bevor ich GMG zu Ende gelesen hatte, wusste ich schon, dass ich es immer wieder lesen würde. Ich möchte gerne, dass du dir folgende Fragen ansiehst, die im ersten Band nicht angesprochen wurden.

1) Haben wir wirklich einen Schutzengel, oder sind sie Geister, die einmal auf Erden gelebt haben? Ich habe beides gelesen.

2) Warum sind manche Geister so erdgebunden? Warum gibt es niemanden auf der anderen Seite, um ihnen zu helfen, problemlos weiterzukommen?

3) Manche Leute, die ein Nahtod-Erlebnis hatten, behaupten, dass sie mit Engeln oder höheren Geistwesen gesprochen haben. Sind das Engel oder Wesen, die die Erde verlassen haben?

4) Es gibt Bücher, in denen der komplette Sterbeprozess besprochen wird: Wie man noch einmal Rückschau auf sein vergangenes Leben hält, sich ein neues Leben wählt und zurückkommt. Wie kommt es, dass niemand davon berichtet, in diesem Seinszustand Engel gesehen zu haben?

Gott segne dich, und schreibe weiter. Devon, Country Club Hills, IL.

Liebe Devon: Es besteht im Augenblick wirklich fantastisch viel Interesse am Engel-Thema. Deshalb lass mich dir in Antwort auf deine erste Frage sagen, dass in Band 3 der Trilogie auf diese Frage eingegangen wird. Aber lass mich dir auch erzählen, wie ich das mit den Engeln sehe.

Ja, Engel sind real. Sie sind einfach das: Engel. Das heißt, es sind wundervolle Wesen der Liebe, die sich jeden Augenblick unseres Aufenthalts in dieser Realität um uns kümmern. Sie hängen mit der Zeit sehr an uns und sind in diesem Sinne unsere Hüter und Beschützer. Sie schweben über uns und üben eine gewisse Kontrolle über das physische Leben und die Gefahren aus, von denen wir umgeben sind.

Beispiele? Der Autofahrer, der auf uns zu rast und in letzter Sekunde ausweicht. Der offene Einstiegsschacht um die Ecke, dem wir wundersamerweise knapp entkamen. Der Farbeimer, der von einem Fenstersims über uns herab und Zentimeter an uns vorbei fällt, während wir gerade an dem Gebäude vorbeigehen. Sogar auch emotionale Zusammenstöße. Dieses Gefühl, sich gerade noch im letzten Moment etwas zu »verkneifen«, das uns davor rettet, mit etwas herauszuplatzen, das ganz sicher einen gewaltigen emotionalen »Unfall« herbeigeführt hätte.

Diese Gefühle, diese Vorgänge sind die Manifestationen von Engeln, die auf einem sehr dünnen Seil balancieren, indem sie versuchen, uns vor den Schäden des Lebens zu bewahren, ohne dabei auf irgendeine merkliche Weise (das dürfen sie nicht) in unsere freie Wahl und unsere Schöpfungen einzugreifen oder auf den Weg, den wir gehen, Einfluss zu nehmen.

Sind Engel »engelhafte Geschöpfe«, die niemals menschlich waren, oder sind sie die Geistform von Wesen, die einmal auf Erden gelebt haben? Manche würden sagen, es gibt beides. So, wie ich die Sache verstehe, haben wir tatsächlich zwei Arten von »Helfern«. Da gibt es die »Führer«, wie ich sie nennen möchte: Geistformen von Wesen, die einst inkarniert waren. Und da gibt es die »Engel«: Geistformen, die sich nie inkarniert haben — »Finger Gottes«, wenn du so willst — die uns auf die Schulter tippen, um uns einer Gefahr gewahr werden zu lassen, die uns in den Armen halten, um uns in unserer Trauer zu trösten, die mit Freude in ihren Herzen tanzen, wenn wir unser eigenes Wunder und unsere zärtlichsten Momente der Liebe feiern und so Gott wahrhaft zum Ausdruck bringen.

Die ehemals inkarnierten Seelen, die sich dazu entscheiden, als unsere Führer zu agieren, tun dies aus Liebe zu uns. Es kann sich um Wesen handeln, die uns in diesem gegenwärtigen Leben nahe standen (obwohl das nicht sehr oft der Fall ist), oder die im Leben vor unserer gegenwärtigen Inkarnation unsere Partner waren (öfter der Fall). Sie haben sich dazu entschieden, uns zuweilen nahe zu sein, weil ... nun, einfach weil sie uns nahe sind (das heißt, sie empfinden immer Nähe zu uns) und es ihnen gefällt, uns ab und zu Führung zukommen zu lassen.

Solche Führer sind im Gegensatz zu den Engeln nicht immer bei uns. Als ehemals inkarnierte Wesen haben sie im »Jenseits«, wie wir es nennen, andere Dinge zu tun, andere Abenteuer zu unternehmen, andere Herausforderungen zu erleben und Entwicklungen zu befördern. Aber sie eilen an unsere Seite, wenn sie fühlen können, dass wir Führung oder Hilfe brauchen, oder wenn wir sie herbeirufen. Weil es in dem einen oder anderen Leben zwischen uns eine ganz besondere Verwandtschaft oder Verbundenheit gab, können wir oft ihre Gegenwart »spüren«.

Die Gegenwart von Engeln vermittelt ein sehr viel ätherischeres Gefühl, eine Art von »Hauch«, wenn sie überhaupt wahrgenommen wird. Doch ihre Macht ist größer als die von Führern, wenn ich so sagen kann. Es ist nicht wirklich ein Fall von »Macht«, aber unsere menschliche Sprache reicht zur Beschreibung größerer Wirklichkeiten nicht aus. Vielleicht sollte man stattdessen »Entschluss-Kraft«, oder beides zusammen, sagen. Ihr sofortiges Eingreifen kann den Lauf eines physischen oder emotionalen Ereignisses verändern, so wie ich bereits erwähnt habe. Führer haben nicht diese »Macht und Kraft«.

2) Wesen sind »erdgebunden«, wie du es genannt hast, weil das ihre Wahl ist. Es gibt Geister, die da sind, um ihnen zu helfen, »problemlos weiterzukommen«, aber kein Geist, kein Führer, kein Engel, kein Wesen irgendeiner Art, auch nicht Gott, wird jemals in unsere freie Wahl eingreifen, ob nach dem Tod oder in diesem Leben. Niemals.

3) Im Allgemeinen sind die Wesen, mit denen Menschen bei Nahtod-Erlebnissen ihrer Aussage nach gesprochen haben, Führer (oft geliebte Personen, die schon vor ihnen dahingegangen sind) oder alte Seelen (Seelen von einstmals inkarnierten Wesen) und nicht das, was wir Engel nennen würden. Andererseits könnte auch eine Unterhaltung oder eine Begegnung mit einem Engel stattfinden. Ich habe definitiv das Gefühl, dass ich während eines Nahtod-Erlebnisses im Jahr 1980, das mein Leben zutiefst veränderte, eine solche Begegnung hatte.

4) Du fragst, warum es keine Berichte gibt, dass Menschen im Verlauf ihres Sterbe- und Wiederkehrprozesses Engel gesehen haben. Aus dem gleichen Grund, aus dem Menschen nach Nahtod-Erlebnissen nicht berichten, dass sie sich mit Engeln unterhalten haben. Wenn wir den Körper verlassen, ist die Arbeit der Engel sozusagen getan. Engel sind buchstäblich die »Finger Gottes«. Sie sind Gottes Geist, der sich in eine (wenn auch noch so ätherische) Form begibt und über der Körperlichkeit schwebt. Das ist der Heilige Geist, der in der theologischen Literatur so häufig erwähnt wird. Es ist der Teil der einen Seele, die weiß. Es hat primär die Funktion, das, was dem Physischen zugehört, zu informieren. Wenn wir dann wieder nichtphysisch werden, wissen wir bereits all das, worüber uns der Heilige Geist informieren möchte.

Kurz gesagt, der Heilige Geist ist das Verbindungsglied zwischen Körperlichkeit und Spiritualität (oder zwischen dem, was ich Nichtrealität und Realität nenne). Wenn wir unseren Körper abstreifen und wieder einmal ein freier Geist werden, erleben wir selbst die letzte Wirklichkeit. Das, was als Verbindungsglied zur letzten Wirklichkeit fungiert, wird nicht mehr gebraucht. Wir sind das, was uns mit der letzten Wirklichkeit verbindet. Ja, wir und die letzte Wirklichkeit sind eins.

Dies gilt auch für Wer Wir Sind, während wir uns in unserem physischen Körper aufhalten. Wir wissen es nur nicht. Und deshalb ist der Heilige Geist jener Teil von Allem, der uns daran erinnert und uns aus dem Reich des Absoluten noch andere Informationen über unsere physische Erfahrung in diesem Reich des Relativen zuträgt.

Dieser »Heiliger Geist«-Aspekt Gottes wirkt durch mich in diesem Moment, in dem ich bemüht bin, dir diese Frage zu beantworten. Das ist mein »Schutzengel«, und er ist am Arbeiten!

13

Gespräche über GMG

Nur wenige spirituelle Bücher haben in so kurzer Zeit einen so großen Leserkreis versammelt wie *Gespräche mit Gott*. Im Verlauf von sechs Jahren niedergeschrieben und in Form einer Trilogie veröffentlicht, ist es mittlerweile in siebenundzwanzig Ländern erschienen und wurden bisher über drei Millionen Exemplare verkauft. Berichte machen zudem deutlich, dass die meisten Leserinnen und Leser die Bände an Verwandte, Freunde und Bekannte weiterreichten, weil sie sie mit diesem Material bekannt machen wollten. Viele Leute sagen, dass sie die Bücher an vier oder fünf andere Personen weitergegeben haben — und diese gaben sie wiederum an andere weiter. Man schätzt, dass bis zum gegenwärtigen Zeitpunkt an die zehn Millionen Menschen *Gespräche mit Gott* gelesen haben. Inzwischen sind weltweit über dreihundert Studiengruppen entstanden, die sich im Allgemeinen einmal in der Woche treffen, um die in GMG enthaltenen Botschaften tiefer gehend zu erkunden.

Das soll hier keine Prahlerei sein, sondern nur eine nüchterne Beobachtung. Das Interesse an diesem Material ist extrem rasch angestiegen. Überall, wo ich hinkomme, werde ich danach gefragt, und in vielen Briefen finden sich auch Fragen zu dem Material. Manche dieser Fragen folgen nun.

Die eine glatte Lüge in GMG

Sehr geehrter Mr. Walsch: Entschuldigen Sie, dass ich Sie persönlich anspreche, obwohl Sie das hier vielleicht nie zu Gesicht bekommen. Ich bin nach der Lektüre von Band 1 von *Gespräche mit Gott* und Ihrem beeindruckendem Dialog überwältigt. Ich hoffe wirklich, dass Ihr Buch ein Massenerfolg wird, da viele von uns hier nach der einfachen Wahrheit suchen, die Sie meines Erachtens gefunden und so gut dargestellt haben.

Sie schreiben, dass dieses Buch nicht von Ihnen »verfasst« wurde, dass es Ihnen »widerfahren« ist. Ich weiß, was Sie meinen, denn ich glaube, das Gleiche ist auch mir widerfahren. In den letzten drei Jahren wurde ich dazu inspiriert, viele Dinge zu schreiben, und manchmal frage ich mich, aus welcher Quelle sie wohl stammen. Ich bin überrascht, in Ihren *Gesprächen* fast identische Betrachtungen zu lesen. Ich lächle beim Lesen meiner Worte hier — sind es denn die meinen? Mit freundlichen Grüßen, Bill, OR.

Nun, Bill, lassen Sie mich Ihnen sagen, dass Ihr Brief erst etwa der fünfhundertste ist, in dem mir das Gleiche mitgeteilt wird. Das alles beweist, dass es eine glatte Lüge in GMG gibt, und die steht direkt auf dem Cover. Da steht nämlich »Ein ungewöhnlicher Dialog«.

Wie sich herausstellt, ist an dem Dialog überhaupt nichts Ungewöhnliches. Und das war eines der aufregendsten (und unvorhersehbarsten) Ergebnisse jenes Buches, das da durch mich zu Papier gebracht wurde, Bill. Es hat Menschen auf der ganzen Welt die Erlaubnis gegeben, ihre eigene Erfahrung mit Gott zu verkünden und zu proklamieren. Und wenn es nichts weiter als nur das bewirkt hätte, hätte es schon einen unschätzbaren Beitrag zur Menschheit geleistet. Und natürlich hat es eine ganze Menge mehr bewirkt.

Danke, Bill, dass Sie mir Ihre Erfahrung mitgeteilt haben. Sie hat mich ermuntert und lässt mich weiterhin wissen, dass ich mich in guter Gesellschaft befinde.

Sie brauchen kein Mann zu sein, um die Wahrheit hören zu können

Sehr geehrter Mr. Walsch: *Gespräche mit Gott* ist gar kein so »ungewöhnlicher Dialog«. Auch ich habe erlebt, was Sie erlebt haben. Ich bin gebürtige Jüdin, aber vor diesem »Kontakt«, den ich nicht angestrebt hatte, war ich Agnostikerin. Durch diesen Kontakt erhielt ich sehr viele Informationen, die aber in fast keinem Fall Reaktionen auf die von mir gestellten Fragen waren. Eigentlich war es ein kontinuierlicher Diskurs. Zu Anfang konnte ich es nicht glauben, dass das, was »wir« (zwei von uns) da erhielten, irgendetwas anderes sein konnte als ein Produkt unserer Fantasie.

Dies ereignete sich in der Zeit, in der die amerikanischen Piloten in Afghanistan gefangen gehalten wurden. Angesichts des politischen Klimas während der vierhundert Tage dauernden Gefangenschaft und der labilen Verhältnisse im Land war die Wahrscheinlichkeit sehr hoch, dass die Gefangenen umgebracht würden. Als Beweis dafür, dass die Instruktionen, die wir erhielten, von höchster Bedeutung waren, wurde uns das genaue Datum mitgeteilt, wann dies geschehen sollte. Wir durften uns diese Information gegenseitig mitteilen, was wir auch taten als Beweis dafür, dass wir von diesen Ereignissen »im Vorhinein« Kenntnis hatten.

Drei der Autoren dieser »Diskurse« gaben sich schließlich als Seelen zu erkennen, die einst Patriarchen des Alten Testaments gewesen waren. Wir waren auserwählt worden, um in der verborgenen Deutung der Kabbala unterrichtet zu werden, und uns wurde sogar mitgeteilt, wo wir geheim gehaltene Bücher ausfindig machen konnten. Unsere Energien stiegen jedes Mal auf ein höheres Niveau, wenn wir die Unterweisungen erhielten. Ich war Teil der »Energie«, die eingesetzt wurde, um die explosive Atmosphäre zu entschärfen, damit die Gefangenen gerettet werden konnten. Einige Zeit, nachdem die »Instruktionen« beendet worden waren, traf ich auf einen gelehrten Rabbi. Ich wollte mit ihm über diese Unterweisungen sprechen.

Ich bin eine Frau, und so wollte mir der Rabbi überhaupt keinen Glauben schenken, weil der Tradition zufolge nur Männern die »ungeschriebenen« Teile der Kabbala übermittelt werden. Als ich bei einer weiteren Gelegenheit mit einem anderen Rabbi darüber sprechen wollte, war dieser so fassungslos, dass er nicht wusste, wie er reagieren sollte. Seither hatte ich nicht mehr das Bedürfnis, mit jemandem darüber zu sprechen. Ich erzähle dies Ihnen nur so nebenbei als eine, der ebenfalls etwas Großes widerfahren ist und die dadurch für immer verändert wurde. Seit diesen Ereignissen glaube ich nicht mehr an Gott. Ich weiß, Gott ... ist. Hochachtungsvoll die Ihre, Fern, N.J.

Meine liebe Fern: Ich danke Ihnen für Ihren Brief. Es freut mich, dass Sie sich dazu entschieden haben, mir zu schreiben und mich an Ihrem Erlebnis teilhaben zu lassen. Und übrigens gehöre ich nicht zu denen, die glauben, dass man einen Penis haben muss, um der ewigen Wahrheit teilhaftig werden zu können. Und Gott glaubt das auch nicht. Tatsache ist, dass sie sich in dieser Angelegenheit sehr klar ausdrückt.

Warum nicht schwarze Amerikaner ansprechen?

Sehr geehrter Mr. Walsch: Ich habe GMG Band 1 mit großem Interesse gelesen und empfand Freude und Erleichterung über so manche Grundgedanken und Ideen, die mir in der Meditation bestätigt wurden. Aber ich möchte ganz offen sein. Ich habe Schwierigkeiten mit einem Gott, der sich nur mit Problemen befasst, vor die sich ein weißer, angelsächsischer, heterosexueller Mann gestellt sieht. Nicht ein einziges Mal kam Gott in diesem Buch auf Sklaverei, Rassismus oder irgendwelche ethnischen Probleme zu sprechen. Ist Ihr Gott nicht daran interessiert, uns am Wissen der gesamten Welt teilhaben zu lassen, nicht nur an Ihrem persönlichen Bewusstsein davon?

Wenn dieses Buch auch für mich ist, warum hat er sich dann nicht auch der Themen angenommen, die den Gräueln entstammen, die an Millionen von Menschen begangen wurden, deren Haut nicht dieselbe Farbe hat wie die Ihre? Gott hat nicht über die Ureinwohner Amerikas und ihre Verbindung mit der Erde und ihre Spiritualität gesprochen. Gott sprach nicht Bosnien, Südafrika oder die Ermordung weiblicher Babys in China an. Ist der Grund der, dass diese Themen Ihnen nicht wichtig sind? Wenn Gott darüber sprechen möchte, wie wir alle besser miteinander zurechtkommen könnten, warum hat er sich dann nicht auch an Menschen gewandt, deren Muttersprache nicht Englisch ist? Warum hat Ihr Gott nicht ein paar Antworten gegeben, um jene zu trösten, die an Aids leiden? War George Bush ein größerer Führer als Martin Luther King? Gorbatschow besser als Mandela? Fragen Sie Gott, ob Jesus ein Schwarzer war. Das würde mir verdammt viel mehr helfen als das Wissen, dass er ein Außerirdischer war. Warum hat dieser allliebende Gott von Ihnen nicht eine gleichermaßen gefühlsstarke und bewegende Beschreibung von zwei Personen abgegeben, die sich in sexueller Vereinigung verbinden, zu einer Gemeinschaft und Beziehung finden und dasselbe Geschlecht haben? Mir scheint, dass zwei Menschen, die unabhängig von ihrem Geschlecht auf der Seelenebene zueinander finden können, sehr gut weiter entwickelt sein könnten als jene, die einfach nur Sex zum Vergnügen haben.

An einer Stelle sagt uns Gott, dass wir unsere Liebe zum Geld verkünden sollen, an anderer, dass das ganze Geld abgeschafft werden sollte. Können Sie meine Verwirrung verstehen? Und warum, wenn wir alle eins sind, hat Gott nicht das Problem angesprochen, was denn, wenn schon eine Person mit Penis mehr Geld kriegt als eine ohne, mit mir ist, der ich wegen meiner Hautfarbe diesen Job erst gar nicht bekomme?

Ich stelle nicht Ihnen diese Fragen, sondern Gott. Ich verurteile nicht Sie oder Ihr Buch, aber Sie haben eine Verbindung zu Gott, für Sie sind die Verständigungskanäle offener. Vielleicht können Sie diese Fragen für mich stellen. Denn für mich macht der Zustand einer emotionalen und spirituellen Ungleichheit zwischen Weißen und Schwarzen keinen Sinn. Warum wurden die Sklaven ihrer Traditionen und spiritueller Praktiken beraubt, nur um nach fünfhundert Jahren Versklavung ein Volk hervorzubringen, das mit Gott weniger verbunden ist? Fragen Sie Gott, was die Weißen veranlasst, sich Farbigen überlegen zu fühlen? Fragen Sie Gott, warum diese Außerirdischen nicht in die Projekte und Gettos kommen, um zu helfen, dass diese verlorenen Seelen ein höheres Bewusstsein erlangen? Gott kennt alle diese Fragen in meinem Herzen. Bitten Sie ihn, ein Buch für mich und meinesgleichen zu schreiben und auf meine Probleme einzugehen. Noch einmal, ich tadle nicht Sie oder Ihr Buch, ich habe nur ebenso viele Fragen an Gott wie Sie. Und ich weiß nicht, wohin ich mich sonst wenden soll. Hochachtungsvoll, Scottie, North East, MD.

Lieber Scottie: Ich glaube, Sie verstehen nicht, wie dieses Buch zustande kam. *Gespräche mit Gott* wurde nie geschrieben, und ich hatte auch nie die persönliche Absicht, von Gott Antworten auf sämtliche Fragen zu bekommen, vor die sich die Menschheit gestellt sieht. Mein Gespräch mit Gott war Gottes sehr spezifische Reaktion und Antwort auf einen Hilferuf meiner Seele an einem tiefen, dunklen Punkt meines Lebens und meiner nachfolgenden sehr spezifischen und persönlichen Fragen. Die Tatsache, dass Menschen auf ganz persönlicher Ebene Zugang zu derart vielen meiner persönlichen Fragen und Antworten finden können, erstaunt mich: Dies ist zweifellos das, was das Buch so wertvoll macht – und zu einem Bestseller. Doch wird in dem Buch nie der Versuch unternommen, und das gibt es auch nicht vor, ein umfassendes Werk der Weisheiten Gottes zu allen Themen menschlicher Existenz zu sein.

Ganz schlicht und einfach gesagt, Scottie, da ich kein

schwarzer Amerikaner bin und mich nicht den Problemen gegenüber sah, mit denen Sie konfrontiert sind, habe ich Gott in meiner eigenen »tiefen Nacht der Seele« nicht diese Fragen gestellt. Aber Sie können es tun! Und zu den wesentlichsten Aussagen von GMG gehört die, dass es nicht ein Buch ist, in dem alle Antworten enthalten sind, sondern vielmehr eines, das darauf verweist, dass Sie alle Antworten in sich tragen, und dass Sie diese Antworten am gleichen Ort finden können, an dem ich die Antworten auf meine Fragen gefunden habe.

Am Ende Ihres Briefes teilen Sie mir mit, dass Sie diese Fragen nicht an mich, sondern an Gott richten. Das ist sehr klug von Ihnen. Dennoch deutet Ihre Entscheidung, mich zu bitten, Gott zu bitten, darauf hin, dass Sie noch eine Ebene von diesem Vorgang in seiner authentischsten Form entfernt sind. Ich versuche, die Fragen mancher Menschen zu beantworten, Scottie, aber dabei handelt es sich um Fragen, die den Inhalt des Buches betreffen und das, was das alles für uns bedeutet. Ich beantworte keine Liste mit Fragen, die ich für andere an Gott stellen soll. Sie glauben, ich hätte einen besseren Zugang zu Gott als Sie. Denken Sie, Gott diskriminiert wie so viele Arbeitgeber? Nein, Scottie, der Verständigungskanal auf meiner Seite ist nicht klarer als auf Ihrer Seite. Deshalb leite ich die Fragen wieder an Sie zurück und empfehle Ihnen, sie an den Gott Ihres Verständnisses zu richten, der, da bin ich mir sicher, Ihnen genauso sauber und klar antworten wird, wie sie mir geantwortet hat.

Ist mangelndes Selbstwertgefühl nun das Problem oder nicht?

Lieber Neale: Ich möchte dir sagen, wie dankbar ich dafür bin, dass Gott so sehr betont, dass ich mich in einer Beziehung als Erstes selber lieben muss. Sie bittet uns, uns selbst unter die einzureihen, die wir lieben, und sagt an späterer Stelle, dass wir uns, wenn nötig, die Frage stellen sollen: »Was würde die Liebe jetzt tun?« Und Gott sagte auch zu dir: »Die im höchsten Sinn getroffene Wahl ist jene, die das höchste Wohl *für euch* bewirkt.« Ich bin sehr froh, diese Botschaft zu hören. Für mich ist das die nachhaltigste und wichtigste Botschaft in deinem Buch.

Vielleicht kannst du etwas für mich klären. Es scheint, dass Gott sich in dieser Angelegenheit der Selbstliebe widerspricht. Von Seite 192 bis 196 in Band 1 spricht sie ausführlich darüber, dass wir uns in unseren Beziehungen erst einmal selbst lieben müssen und macht die Beobachtung: »Umgekehrt hassen sich so viele selbst, weil sie das Gefühl haben, dass es niemanden gibt, der sie liebt.« Dann schreibt Gott auf Seite 244: »Selbstwertgefühl ist nicht dein Problem. Du bist mit einer Menge davon gesegnet. Das gilt für die meisten Menschen. Ihr habt alle eine sehr hohe Meinung von euch, was euch auch rechtens zustehen soll. Das Selbstwertgefühl ist also für die große Masse der Menschen nicht das Problem.«

Irgendetwas muss mir da entgangen sein. Ich wäre dir sehr dankbar, wenn du so freundlich wärest, in irgendeiner Weise gelegentlich darauf zu antworten. Ich empfinde zuweilen einen Mangel an Selbstwertgefühl. Ich nehme an, dass mir deshalb der Teil der Botschaft so gut gefiel, in dem es heißt, ich soll mich an erster Stelle selbst lieben und lernen zu akzeptieren, dass es für mich okay ist, wenn ich weiß, dass Gottes Botschaften an mich immer mein höchster Gedanke, mein klarstes Wort, mein großartigstes Gefühl sind. Ich weiß jetzt, dass es okay ist, das zu wollen, was ich liebe, und zu lieben, was ich will. Ich danke dir noch einmal. In Liebe, Clina, Kenosha, WI.

Liebe Clina: Da besteht kein Widerspruch im Text. Es stimmt, dass das Selbstwertgefühl für die große Masse der Menschen nicht das Problem ist. Es stimmt auch, dass viele Menschen sich selbst hassen, weil sie das Gefühl haben, dass es niemanden gibt, der sie liebt. Diese beiden Aussagen stehen nicht im

Gegensatz zueinander. Ich sah mir den Super Bowl XX im Fernsehen an und bemerkte, dass »eine große Masse Menschen« den Außenseiter, also Denver, anzufeuern schien, aber es stimmt auch, dass »viele Leute« Green Bay lautstark unterstützten. Wo ist da der Widerspruch? Wenn du zu den »vielen Leuten« gehörst, denen es zuweilen an Selbstwertgefühl mangelt, dann ist das eine für dich zutreffende Aussage. Und wenn die Botschaft von *Gespräche mit Gott* hier etwas für dich verbessert hat, dann möge es so sein. Ich bin froh darüber.

Lernen contra Erinnern

Lieber Mr. Walsch: Danke dafür, dass Sie das Vehikel für die Übermittlung des GMG Materials an den Rest der Welt waren. Es heißt, viele sind gerufen, aber nur wenige sind auserwählt. Ganz eindeutig sind Sie einer, der auserwählt wurde, oder vielleicht wäre es richtiger zu sagen, Sie sind einer, der gewählt hat. Es heißt auch, es ist besser, eine Kerze anzuzünden, als die Dunkelheit zu verfluchen. Nun, mein Freund, das Licht Ihrer Kerze hat schon über eine Million Seelen erreicht ... und Sie haben gerade erst begonnen.

Eigentlich habe ich eine Frage, aber ich bitte Sie auch um Ihre Hilfe für eine weitere Klärung. In GMG sagte Gott durch Sie, dass es im Leben an sich nichts zu lernen gibt. Wir sind hier, um uns zu erinnern, um uns in Erinnerung zu bringen, wer und was wir wirklich sind. Nun, wie Sie sagten, steht in GMG eigentlich nichts Neues. Alle diese Informationen wurden uns von Gott immer und immer wieder gegeben. Ich erkenne vieles wieder. Doch diese letzte Aussage ist neu für mich. Tatsächlich ist sie mir so neu, dass sie einen wesentlichen Paradigmenwechsel bedeutet. Ich wurde gelehrt und habe als spiritueller Berater, Lehrer, Heiler usw. viele Male die Lektion weitergegeben, dass dies hier das »Schulhaus Erde« ist und wir hier sind, um unsere Seelenlektionen zu lernen. Und wir müssen diese Lektionen immer und immer wiederholen, bis wir sie richtig begriffen haben. Dann wechseln wir zur nächsten Ebene über usw., bis wir schließlich wieder einmal zur Quelle zurückkehren – das heißt, wieder eins mit Gott werden.

Es heißt, Erfahrung ist der beste Lehrer. Das Paradigma vom »Schulhaus Erde« war nicht nur das, was meinem Verständnis und meiner Überzeugung entsprach, es war auch meine konkrete Erfahrung. Das Konzept vom »Schulhaus Erde« funktionierte. Wie kann es in das Prinzip des »Erinnerns« überführt werden?

Könnten Sie mich also bitte in diesem Punkt an Ihren Einsichten und Erkenntnissen teilhaben lassen? Das wäre sehr freundlich von Ihnen! Ich bitte nicht nur für mich selbst um diese Hilfe, sondern auch für alle, die von diesem Grundgedanken ausgingen, vor allem meine geliebte Lehrerin. Sie ist eine wundervolle Person, die mir half, mich für einen spirituellen Weg zu öffnen.

Ich danke Ihnen für die Beantwortung dieser Frage. Mögen Sie Ihre Wahrheit leben und in Freude und immer von Liebe umgeben sein. Seien Sie gesegnet, Harold, Tucson, AZ.

Lieber Harold: Stellen Sie sich das Erinnern als ein Genesen von einer Amnesie vor. Der Gedächtnisschwund, den wir da bekommen haben, liefert uns ein fruchtbares Feld, in das wir die Samenkörner neuer Erinnerungen einpflanzen können. Gott entscheidet sich dazu, Gott selbst als den Schöpfer zu erleben. Damit Gott sich selbst als den Schöpfer erleben kann, muss er in den Schöpfungsakt eintreten, denn der Schöpfer erschafft. Nun haben wir hier ein Problem, weil nämlich alles schon erschaffen ist und es daher nichts zu erschaffen gibt. Gott möchte also eine Erfahrung machen, die Gott unmöglich zuteil werden kann. Der Schöpfer möchte erschaffen, doch alles ist bereits erschaffen, also gibt es für Gott nichts zu tun, also hat Gott ein Problem. Und was tat Gott? Er sagte: »Ich weiß, was ich tun werde, ich werde all die verschiedenen Teile von mir vergessen lassen, dass ich das ganze Zeug schon erschaffen habe, und dann kann ich es immer und immer wieder erschaffen.«

Unsere selektive Amnesie, unser Vergessen, wer wir sind, hat also einen ausgesprochen göttlichen Grund. Wenn wir uns alle fortgesetzt daran erinnern würden, wer wir sind, könnten wir nie sein, wer wir sind. Wenn wir sind, wer wir sind, können wir nicht die Erfahrung machen, es zu werden, sondern wären es einfach immer nur; doch indem wir es werden, werden wir Gott. Gott wird dann beim Akt der Selbst-Erschaffung ertappt. Doch du kannst dich nicht selbst erschaffen, wenn du schon weißt, wer du bist!

Um die Sache wirklich einfach darzustellen, gebe ich bei meinen Vorträgen immer folgendes Beispiel: Stellen wir uns vor, es wäre mein größter Wunsch, ein Meter achtzig groß zu sein. Wenn nun jemand auf mich zukäme und sagte: »He, du bist doch schon ein Meter achtzig groß«, würde ich mit weinerlicher Stimme erwidern: »Sag das bloß nicht! Ich will es nicht hören! Du verstehst das nicht. Mein großer Wunsch war es doch, ein Meter achtzig groß zu *werden*. Ich wollte erleben, wie ich es erschaffe, und jetzt hast du alles verdorben, indem du mir das gesagt hast. Jetzt muss ich diese Pille hier nehmen und vergessen, dass ich ein Meter achtzig bin. Vielleicht vergesse ich sogar auch noch, dass es so etwas wie die Größe von ein Meter achtzig gibt! Vielleicht vergesse ich die ganze verdammte Sache, so dass ich wieder von neuem auf die Frage kommen kann und nichts darüber weiß. Und wenn ich es aufs Neue wieder erschaffen habe, dann komme ich auf dieses ›Oh, ich war ja schon immer ein Meter achtzig groß!‹ Aber dann begegne ich dieser Erkenntnis mit Freude, nicht mit Verzweiflung.«

Das ist eine kurze Erklärung für den Grund, aus dem wir mit dieser spirituellen Amnesie, wie ich es nenne, bedacht wurden. Es ist das, was ich als das Gott-Spiel bezeichne, dieses Vergessen, Erinnern, Vergessen, Erinnern, das dieses Einatmen, Ausatmen Gottes sich bis in alle Ewigkeit fortsetzen lässt.

Eine andere Meinung
in Bezug auf GMG Band 3

Lieber Neale: Ich habe gerade Band 3 und damit die ganze GMG-Trilogie zu Ende gelesen. Fabelhaft! Äh... was den größten Teil angeht. Da gibt es ein paar Aspekte, die ich nicht akzeptieren kann, wo ich anderer Meinung bin: Der erste betrifft Ihre (Gottes) sich durch den ganzen Dialog ziehende Behauptung, dass wir nichts zu lernen haben, sondern uns nur erinnern müssen. Ich glaube, ich habe im Alter von zehn, zwanzig, dreißig und vierzig Dinge erlernt, die ich bei meiner Geburt nicht wusste. Und ich denke, ich habe Dinge entdeckt, die ich »schon wusste«. Daher meine ich, dass das Leben sehr viel mehr ist als einfach nur ein Zuchtmeister, aber auch mehr als ein Kurs in Erinnern.

Der zweite Aspekt hat mit den HEWs (Hoch Entwickelten Wesen) zu tun, über die in Band 3 einigermaßen ausführlich gesprochen wird. Das Buch sagt aus, dass solche Wesen existieren und irgendwo im Universum in einem nahezu idyllischen Zustand leben. Mein eigenes Gespräch mit Gott, weitaus weniger eloquent als das Ihre, vermittelt mir das Gefühl, dass wo immer fühlende Spezies und Zivilisationen existieren, sie ihre Fehler und Mängel aufweisen und mit Herausforderungen zu kämpfen haben. Ich sehe durchaus, dass der beispielhafte Charakter dieses Materials über die HEWs seinen Wert hat, so wie gute Sciencefiction-Schriftsteller alternative Zivilisationen als Folien entwerfen, um damit auf Dinge in unserer eigenen Kultur hinzuweisen. (Ich habe 1993 eine kleine Sciencefiction-Geschichte geschrieben, in der ich die Politik des großen Geldes aufs Korn nehme; ich würde sie Ihnen gerne schicken.) Aber wenn Sie es sehr viel wortwörtlicher meinen, dann verstehe ich es nicht. Mehr noch, ich kann keinen Wert darin erkennen. Es trägt nichts zur Beförderung der Kernbotschaft von GMG oder der Arbeit Ihrer Stiftung bei, bei der es Ihrer Aussage nach darum geht, »die Leute sich selbst zurückzugeben«. J.G., Ashland, OR.

Lieber J.G.: Was meinen Sie mit, »wenn Sie es sehr viel wortwörtlicher meinen«? Meinen Sie damit, Gott hat mir einen »Roman« erzählt, oder glauben Sie nicht, dass ich tatsächlich Gott
vernommen habe? Was denn nun?

Behaupten Sie, die Beschreibungen der Hoch Entwickelten
Wesen (HEWs) in Band 3 seien unzutreffend, und solche Wesen
und Gesellschaften könnten unmöglich existieren? Wenn das
der Fall sein sollte, dann bin ich es, der hier anderer Meinung
ist. Und ebenso bin ich auch nicht der Ansicht, dass das Material über die HEWs ohne Bedeutung für die Gesamtbotschaft
von GMG ist. Dieses Material ist nicht deshalb wichtig, weil es
eine nette Allegorie darstellt oder eine clevere Methode ist, um
uns aufzuwecken, sondern weil es schildert, wie es in hoch entwickelten Gesellschaften wirklich zugeht, und das hat uns eine
Menge zu sagen.

Es besagt, dass auch wir ein Leben nahe der Vollkommenheit
oder im »Himmel auf Erden« führen könnten, wenn wir die
Prinzipien solcher hoch entwickelten Gesellschaften befolgen
würden. Die Tatsache, dass diese Gesellschaften konkret existieren, ist ein Beweis dafür, dass diese Prinzipien funktionieren.
Und diese Information scheint mir nicht unwesentlich zu sein.

Gott sagt, schaut, Leute, das passiert jetzt andernorts. Wenn
aber dieses Modell, dieser Beweis nur eine Fiktion, wenn alles
nur eine literarische Erfindung ist, eine sanfte, aber nützliche
»Lüge«, dann fragt sich, wie wir überhaupt weiterhin darauf
vertrauen können, dass irgendetwas in GMG für bare Münze zu
nehmen ist.

Was Ihren ersten Punkt angeht, so tut es mir Leid zu hören,
dass Sie die Aussage, wir haben nichts zu lernen, sondern müssen uns nur erinnern, nicht akzeptieren können. Es tut mir Leid,
weil dies eine so zentrale Aussage in der Gesamtbotschaft meines sechs Jahre währenden Dialogs ist.

GMG hat mir dies absolut klargemacht, JG: Die meisten
Menschen halten sich zurück, weil sie immer noch denken, dass

sie etwas lernen müssen und dass das Leben da ist, um es ihnen beizubringen. Doch das ist einfach eine falsche Auffassung. Meister und Meisterinnen haben die Beobachtung gemacht, dass dieses sehr grundsätzliche Missverständnis die Ursache für alle menschliche Missgeschicke ist. Wenn wir hier wären, um etwas zu lernen, dann hätten wir dies doch wohl sicher nach all den Tausenden von Jahren, in denen wir immer wieder dieselben Fehler gemacht haben, getan. Was wir hier brauchen, ist ein Paradigmenwechsel, nicht noch mehr Lernerei. Was hier erforderlich ist, ist ein vollkommener Wandel in unserer Sicht von Wer Wir Sind und was wir hier wollen.

Sehen Sie nicht, dass Sie, wenn Sie wirklich glauben, dass wir alle etwas zu lernen haben, auch mit der Anschauung in GMG über Wer Wir Wirklich Sind nicht einverstanden sein können? Sie haben Ihre eigene Identität vergessen und können sie nun nicht akzeptieren. Doch der Punkt, um den es in GMG geht, ist der, dass wir Meister und Meisterinnen sind und hierher kommen, um die Erfahrung unserer Meisterschaft zu machen und ihr Ausdruck zu geben. Wir sind nicht einfach schusselige und trottelige Schüler, die zehntausend Jahre lang dieselben Fehler machen und völlig unfähig sind, sich davon abzuhalten, sie wieder zu machen. Wenn wir uns erinnern und akzeptieren, Wer Wir Wirklich Sind, ändert sich alles. Und dabei werden wir nichts gelernt haben. Wir werden uns einfach erinnert haben, Wer Wir Sind.

Ein Baum lernt überhaupt nichts in der Zeitspanne zwischen seiner Existenz als Setzling und als Wesen, das über die Welt aufragt und majestätisch seinen Platz behauptet. Er ist nur einfach mehr zu einem Baum geworden. Er hat nicht gelernt, wie man das macht. Er wusste es schon immer. Er kam ins Leben mit dem Wissen, wie er »ein Baum sein« kann. Alle Weisheit, alles Wissen, alles Verstehen über das »Baumsein« ruhte in seinem Samenkorn. In diesem winzigen, winzigen Samenkorn. Der Baum brauchte nichts weiter und musste nichts weiter tun, als noch mehr er selbst werden. Glauben Sie, dass es bei Ihnen anders ist?

Lassen Sie mich eine einfache Aussage machen, die sich, wie ich fürchte, nach Wortspielerei anhört, es aber in Wirklichkeit nicht ist:

Alles, was Sie »Lernen« nennen, ist Erinnern.

Da Sie das nicht wissen, überrascht es mich nicht, wenn Sie sagen: »Ich glaube, ich habe im Alter von zehn, zwanzig, dreißig und vierzig Dinge erlernt, die ich bei meiner Geburt nicht wusste.« In Ihrer subjektiven Realität (die gar keine Wirklichkeit ist, sondern nur die subjektive Erfahrung Ihres gegenwärtigen Lebens, das Sie für Ihr Selbst erschaffen haben) muss dies als wahr erscheinen, das ist mir klar.

Nur wenn Sie vollkommen verstehen, dass Sie viele Leben gelebt haben, und dass es so etwas wie »Zeit« nicht gibt und wir deshalb wirklich alles gleich hier, gleich jetzt erleben, können Sie nach und nach begreifen, wie es auch nur möglich sein kann, dass wir nichts zu lernen, sondern uns nur zu erinnern haben. Nur weil Ihnen etwas in Ihrem Bewusstsein gerade nicht gegenwärtig ist, bedeutet dies nicht, dass Sie es nicht »wissen«. Also kann sich für Sie das Erinnern leicht wie »Lernen« ausnehmen. Und da Sie vielleicht nicht wissen, Wer Sie Wirklich Sind (Ihre Bemerkungen deuten darauf hin), sind Sie noch tief versunken in dem, was ich die Illusion nennen möchte (und was sie, wie GMG impliziert, auch ist).

Ich glaube, dass Christus, Buddha, Krishna, Sai Baba und andere Meister, die in früheren »Zeiten« auf Erden wandelten oder sich gegenwärtig hier aufhalten, all das vollkommen verstehen (was sie natürlich zu Meistern macht). Ich glaube auch, dass sie hierher gekommen sind, um uns alle an die Wahrheit unseres Wesens und Seins zu erinnern.

Dies ist wirklich der umfassendste Teil der GMG-Botschaft. Denn Ziel und Absicht dieses Dialogs war es, die Menschen sich selbst zurückzugeben, und das geschieht genau dadurch, dass sie daran erinnert werden, Wer Sie Wirklich Sind. Und Wer Sie Wirklich Sind ist Gott. Und Gott hat schon der Definition nach nichts zu lernen.

Lassen Sie mich noch einmal sagen – denn ich glaube wirklich, dass Ihnen dies entgangen ist –, dass der Kern der GMG-Übermittlung lautet: Ich bin Gott, du bist Gott, wir alle sind Gott. Wir sind Gott, »gottend«. Und wenn das nicht stimmt, dann ist alles in GMG, nicht nur dieser Punkt, eine Fiktion oder eine Lüge. Doch wenn es stimmt, dann ist auch ganz klar die Aussage wahr: »Du hast nichts zu lernen, du brauchst dich nur daran zu erinnern, Wer Du Wirklich Bist.« Dies hier ist keine interessante Zusatzinformation zu GMG. Dies hier ist die auf einen Satz reduzierte Mitteilung von GMG.

Von daher, JG, äußern Sie hier nicht nur eine andere Meinung. Es ist ein Nicht-Begreifen, ein Missverständnis oder ein Nicht-Akzeptieren der zentralen Botschaft von *Gespräche mit Gott*

Das ist okay. Es wird nicht von Ihnen verlangt, dass Sie es »kapieren«. Aber ich kann nicht Ihre Charakterisierung teilen, dass das, was Sie nicht begriffen haben, auf eine »andere Meinung« hinausläuft. Hier geht es um sehr Wesentliches, und wenn das GMG-Material für Sie Wert hat, möchten Sie diesen Text vielleicht immer wieder lesen, um zu sehen, ob er Ihnen zu einem größeren Gewahrsein verhelfen kann.

Ich liebe Sie, JG, und habe nicht das Bedürfnis, Sie von irgendetwas zu »überzeugen«. Bleiben Sie bei Ihrer Wahrheit, bleiben Sie einfach bei Ihrer Wahrheit. Und ändern Sie sie nicht, solange sie Sie zu Orten des Glücks führt und anderen nicht Leid und Traurigkeit aufzwingt.

Ein Eiertanz ist nicht nötig

Lieber Neale: Endlich habe ich ein Exemplar deines Buches bekommen. Es ist wundervoll! Doch fiel mir eine Sache auf, die Gott nicht gesagt hat: In GMG Band 1, Seite 177, zweiter Absatz findet sich der Satz: »Und ebenso unangemessen ist es, die Bedürfnisse derer, die du dazu gebracht hast, von dir abhängig zu sein, zu vernachlässigen.«

Gott würde nie mit dem Finger auf jemanden zeigen und ihn einer Sache bezichtigen, die wir als falsch ansehen würden. Er hätte hier nicht den Ausdruck »dazu gebracht« verwendet. Ich glaube, dass wir unsere eigene Realität bewirken oder erschaffen, wie du ja auch ganz klar in deinem Buch sagst, und können deshalb die Schöpfung eines anderen allenfalls unterstützen. Verstehe bitte, dass ich damit keinesfalls dein schönes Werk kritisiere, und ich wäre dir sehr dankbar, wenn du mich wissen lassen könntest, ob ich das Gesagte missverstanden habe ... alles Liebe, RaeL, per E-Mail.

Liebe RaeL: Erstens einmal ist es absolut nicht nötig, einen Eiertanz um mich herum aufzuführen. Ich meine, es ist okay, wenn du mein Werk kritisierst. Aber danke für deine sanfte Höflichkeit. Ich möchte die Leute nur wissen lassen, dass ich nicht so dünnhäutig bin, dass niemand es wagen darf, etwas Negatives im Zusammenhang mit GMG zu sagen.

Nun zu deiner albernen, irrationalen, lächerlichen Aussage ... Okay, keine Späßchen mehr. Du sprichst in der Tat einen interessanten Punkt an. So wie ich die Sache, auf der Grundlage meiner Lektüre von GMG, verstehe, können wir die Ursache der Erfahrung einer anderen Person sein, können wir sie »dazu bringen«, etwas zu erfahren, ganz einfach deshalb, weil wir alle eins sind. Damit möchte ich sagen, es gibt nur einen von uns. Und so gesehen sind wir alle Mitschöpfer der gegenwärtigen Realität. Niemand erschafft in einem Vakuum. Was du erschaffst, erschaffe ich auch, und was ich erschaffe, erschaffst auch du. Wenn jemand sich dazu entschieden hat, von dir abhängig zu werden (du hast Recht, man hat darin die Wahl), dann hattest auch du Anteil an dieser Schöpfung. Ihr beide habt diese Erfahrung gemeinsam erschaffen.

Als ich noch ein Kind war, stritten mein Bruder und ich uns häufig. Wenn dann mein Vater ins Zimmer kam und fragte: »Was ist los?«, war meine Reaktion stets: »Er hat angefangen« oder: »Ich habe überhaupt nichts gemacht! Er lässt mich nicht in Ruhe!« Und mein Vater pflegte dann stets zu antworten: »Zum Tangotanzen braucht es zwei!«

Auch als ich noch nicht wusste, was ein Tango ist, verstand ich, was er meinte. Wir tanzen alle den Tango, Rae. Wir alle.

Und so zu tun, als hätte man keinen Anteil am Kreieren des Tanzes, und sich hinter populären New-Age-Aphorismen zu verstecken, ist unaufrichtig und nicht integer. Ich weiß es besser. Und du auch. Ich weiß es sehr wohl, wenn ich der Urheber des Schmerzes einer anderen Person bin, und es erleichtert meine Seele kein bisschen, wenn ich sage: »Hey, schaut mich nicht an! Sie hat sich das erschaffen.«

Was den von dir gebrauchten Ausdruck »als falsch ansehen« angeht, so wurde in GMG immer und immer wieder gesagt, dass es so etwas wie »richtig« und »falsch« nicht gibt. Gott hat auch viele Male erklärt, dass alles, was er uns in diesem Buch an Beobachtungen anbietet, immer im Kontext dessen steht, was wir unserer Aussage nach mit unserem Leben anfangen möchten und Wer Wir, unserer Aussage nach, Sein Wollen. Wir sollen also begreifen, dass alle Aussagen Gottes in diesem Buch in diesen Kontext gestellt sind. Wenn wir sagen, dass wir nach Texas wollen, bringt es uns nichts, wenn wir in Richtung Seattle aufbrechen. Und das bedeutet nicht, dass wir auf jemanden »mit dem Finger zeigen«, und auch nicht, dass wir jemanden »bezichtigen, etwas falsch zu machen«. Es bedeutet einfach, dass wir eine scharfsinnige und unwiderlegbare Beobachtung anstellen.

Auch in England lieben sie Gott!

Lieber Neale Walsch: Band 1 von *Gespräche mit Gott* hat mir absolut die Sprache verschlagen. Es ist umwerfendes, wundervolles, Leben veränderndes, Paradigmen zerschmetterndes Zeug. Ich habe zwanzig Exemplare gekauft und sie überall unter die Leute gebracht. Nun bekomme ich dauernd hoch erfreute Anrufe, sogar aus England... In Liebe und Dankbarkeit, Christopher, Santa Fe, NM.

Christopher: Danke, dass du die Botschaft so wunderbar verbreitet hast! Ich habe von Leuten in Großbritannien gehört, die mir bestätigt haben, dass die Leute dort das Buch lieben. Wir haben auch Post aus Slowenien, Australien, Südafrika, Deutschland, Spanien, Neuseeland, Korea, China, Japan, den Niederlanden, Russland, Brasilien und Puerto Rico bekommen. Das Buch und seine wundervolle Botschaft gelangt also in alle Ecken der Welt. Und das ist erst der Anfang seiner globalen Auswirkungen. Informiere dich bei *GMG In Action,* wenn du erfahren willst, wie du zu diesem Geschehen beitragen kannst.

Wie kann ich meine Spiritualität mit anderen teilen?

Hi, Neale: Ich danke dir sehr für deine Bücher. *Gespräche mit Gott* bekräftigte eine Information, die ich kürzlich erhielt. Meine Freunde und meine Familie sind noch nicht imstande, mich zu hören, wenn ich meine Spiritualität mit ihnen teilen möchte. Ich möchte dich wissen lassen, wie dankbar ich für eine verwandte Seele bin. Diana.

Danke, Diana. Ich verstehe, was du hier über Familie und Freunde sagen willst. Es ist schwierig, wenn nahe stehende

Menschen nicht begreifen, wovon du ausgehst, und das kann zu schrecklicher Einsamkeit führen – es sei denn, es tut es nicht. Nimm Kontakt mit *CWG In Action* auf, um zu erfahren, wie du deine Spiritualität mit jedermann teilen kannst.

Wie kann ich Freunde mit den »neuen Worten Gottes« bekannt machen?

Lieber Mr. Walsch: Ich habe Band 1 von *Gespräche mit Gott* erst zur Hälfte gelesen und schon geweint, gelacht und eine ungeheure Hoffnung für ein künftiges Utopia entwickelt. Es ist so inspirierend! Ich habe vor, jedermann davon zu erzählen, der mir zuhören will. Ich bin Flugbegleiterin und habe gerade einen Zwischenaufenthalt und kann das Buch nicht aus der Hand legen – ich bin zu begeistert und möchte es unbedingt zu Ende lesen!

Mir ist klar, dass Sie all die Fragen nicht persönlich beantworten können, hoffe aber, dass meine Frage von so vielen gestellt wird, dass ich in Ihrem Newsletter eine Antwort darauf finden werde.

Wie kann ich meine streng katholischen Familienangehörigen mit diesem Buch, mit diesen »neuen Worten Gottes« so bekannt machen, dass sie sie nicht nur glauben, sondern auch leben – und ohne Angst leben? Noch einmal vielen Dank! Mit freundlichen Grüßen, Lynette, Buffalo, N.Y.

Meine liebe Lynette: Als Erstes bin ich froh, dass dieses Buch für dich von Bedeutung ist. Ich selbst bin auch so begeistert, dass ich es kaum aus der Hand legen kann! Ja, das stimmt sogar auch heute noch. Ich lese fast jeden Tag darin und bin immer wieder von neuem begeistert! Und warten Sie ab, bis Sie Band 2 bekommen! Es ruft zu nichts weniger als einer sozialen, sexuellen, politischen, ökonomischen und spirituellen Revolution auf diesem Planeten auf, so wie wir sie noch nie erlebt haben. Es ist wirklich sehr aufregend! Es sei denn natürlich, Ihnen gefällt der gegenwärtige Zustand.

In Band 2 fordert uns Gott heraus, uns auf eine höhere Ebene zu begeben, und das könnte einigen Leuten zu viel sein, die dann vielleicht die ganze GMG-Trilogie ablehnen und auch Band 3 nicht lesen. Trotzdem glaube ich, dass wir die Möglichkeit haben, diesen Planeten zu einem Ort der Erleuchtung zu machen. Nicht durch Gesetze, sondern durch die Macht und Kraft des Seins, durch die Macht und Kraft der Überredung. Und da wir jetzt Band 2 und 3 herausgebracht haben ... schauen wir, wer sich hat überreden lassen.

Um nun auf Ihre Frage zurückzukommen, Lynette ...

Sie und ich befinden uns in genau der gleichen Lage und stehen vor genau derselben Herausforderung. Wenn Sie es für schwierig halten, Ihre Familie und Freunde damit vertraut zu machen, hätten Sie mal in den letzten zwei oder drei Jahren meine Stelle einnehmen sollen. An einem Punkt hatten wir sogar Angst, dies alles meinen Schwiegereltern zu zeigen, weil wir befürchteten, dass sie dann nie wieder ein Wort mit uns reden würden. Natürlich würden sie das nie wirklich tun, aber Sie wissen ja, wie man sich manchmal die schlimmstmöglichen Dinge ausmalt.

Uns war bewusst, dass Nancys Eltern, reizende und wundervolle Menschen, etwas traditionell eingestellt waren, und hatten einfach Sorge, dass sie das Material nicht allzu gut aufnehmen würden. Aber wir konnten ja wohl kaum verhindern, dass sie von diesem Buch erfuhren! Also bissen wir in den sauren Apfel und ließen die Dinge auf uns zukommen.

Nun, Nancys Mom und Dad liebten das Buch! Nancys Vater bezeichnete es als eines der tiefgründigsten Bücher, das er je gelesen hatte. Unsere ganzen Ängste waren völlig unangebracht gewesen.

Und die gleichen Ängste hatte ich in Bezug auf den Rest des

Landes. O Junge, sagte ich mir, wappne dich. Jetzt geht's los. Die Leute werden das hier wirklich hassen. Sie werden dich einen Gotteslästerer, einen Ketzer nennen. Sie werden dein Haus mit Steinen bewerfen, faule Eier auf dein Auto schleudern ... Nichts davon ist passiert. Es passierte praktisch überhaupt nichts Negatives.

Später hegte ich die gleichen Befürchtungen wegen Band 2. Niemand wird gefallen, was da drin steht. Jedermann wird sagen: »Es kann nicht Gott sein, der da spricht!« Diesmal wirst du in der Luft zerrissen! Und dann hatte ich noch einmal die gleichen Ängste in Bezug auf Band 3.

Nun, wissen Sie was? Es kommt die Zeit, da müssen wir einfach tun, was richtig und natürlich für uns ist, was für uns etwas darüber aussagt, Wer Wir Wirklich Sind. Und wir müssen dabei jedes Bedürfnis nach einem bestimmten Ergebnis aufgeben. Genau dort musste ich in Bezug auf die GMG-Trilogie hinkommen, und da müssen auch Sie hinkommen, was Ihre Familie angeht, Lynette.

Erstens einmal besteht keine Notwendigkeit, Ihre Familie von irgendetwas zu überzeugen – und ich weiß, dass Sie das schon wissen. Stellen wir aber fürs Protokoll dennoch klar, dass wir hier keinen Feldzug unternehmen, um irgendjemanden von irgendetwas zu überzeugen. Geben Sie ihnen, wenn Sie wollen, einfach das Buch und sagen Sie: »Hier ist ein interessantes Buch, das ich gelesen habe, und mit dem ich euch bekannt machen möchte.« Und belassen Sie es dann dabei.

Kurz gesagt, hören Sie auf zu wollen, dass Ihre Eltern »ohne Angst leben«. Hören Sie auf, ein bestimmtes Ergebnis anzustreben. Tun Sie einfach nur, was immer Sie tun, weil es eine Aussage über Wer Sie Sind ist. Sein Sie, wer Sie sein wollen, und lassen Sie Ihre Worte und Taten dies bezeugen, nicht weil Sie möchten, dass jemand anders auch so ist, sondern weil es einfach ein gutes Gefühl ist, zu sein, wer man ist. Es gibt keinen anderen Grund, irgendetwas zu tun.

Möchten Sie auf aktivere Weise GMG anderen nahe bringen? Bringen Sie ein GMG-Zentrum in Ihre Gemeinde! Kontaktieren Sie *CWG In Action* wegen der Einzelheiten.

Verwirrt darüber, was man glauben soll

Lieber Neale: Meine Cousine schickte mir Band 1 von *Gespräche mit Gott*. Ich habe das Buch verschlungen, hatte aber Schwierigkeiten, ein paar von den Ideen und Gedanken, die sich dort finden, zu schlucken. Ein paar Monate davor hatte ich *Licht am Ende des Lebens* von Betty Eadie gelesen, und es finden sich einige Widersprüche zwischen diesen beiden Büchern. So bin ich im Moment verwirrt und weiß nicht, was ich glauben soll! Ich strebe weiterhin nach mehr spiritueller Entwicklung und wäre dir sehr dankbar, wenn du auf diese Sache etwas Licht werfen könntest. Danke für deine Bereitschaft, anderen zu helfen! In Liebe, Karen, Springfield, MA.

Liebe Karen: Was die Erfahrungen angeht, die Betty Eadie in ihrem Buch schildert, so lass mich dir sagen, dass ich sie ganz klar achte und respektiere. Ich würde nie versuchen, ihnen zu widersprechen oder sie in irgendeiner Weise als »falsch« ansehen. Sie beinhalten ihr authentisches Wissen und ihr tiefstes Verständnis zu diesem Thema, und da ich zufälligerweise persönlich mit Betty gesprochen habe, kann ich dir sagen, dass sie es mit ihrer inneren Weisheit sehr genau nimmt.

Lass mich dir nach diesen Worten aber auch sagen, dass es durchaus möglich ist, dass die Menschen ihre innere Weisheit, abhängig von einer breiten Vielfalt an Variablen, unterschiedlich erleben. Und es ist so, dass es in diesem Universum mehr als eine Realität gibt. Unsere Realität wird also mehr oder weniger so von uns erschaffen, wie es unserer Wahl entspricht. Deshalb ist es zutiefst wahr, dass es in Bettys Realität nur ein einziges Leben zu leben gibt; und sie wird, wenn sie dieses Leben verlässt, die Möglichkeit haben, diese Erfahrung wieder aufs Neue zu erschaffen und sich wahrnehmen zu lassen, dass dies das einzige Leben ist, das sie haben wird, weil sie das nun mal glaubt; oder sie wird sich in diesem Punkt zu einer Meinungsänderung entscheiden und so oft zurückkommen können, wie sie will. Ich habe hingegen in meiner eigenen Realität schon vorherbestimmt, dass es mehr als ein Leben zu leben gibt. Ja, ich hatte eine Erfahrung, wonach ich schon viele Leben gelebt habe und schon viele Male gestorben bin, und deshalb wird diese Realität in meinem Erleben ausagiert werden.

Zu den wesentlichsten Botschaften von *Gespräche mit Gott* gehört die, dass jede Person und jede Seele die Schöpferin und höchste Autorität ihrer eigenen Realität ist, die oberste und absolute Herrscherin über die Schöpfung ihres Reichs. Von daher ist es ganz natürlich, dass in diesem ihrem Reich das existiert, was zu sein und in Erscheinung zu treten scheint; und dass zwischen den Reichen hier auf Erden und im ganzen Universum augenscheinlich Widersprüche bestehen.

Ich hoffe, dies hilft deine Frage zu beantworten, und wenn du dich nun fragst, welche Realität du gerne erschaffen würdest, dann begib dich an deinen eigenen Ort der stillen Meditation und Gemeinschaft mit Gott. Wähle und erschaffe, in Übereinstimmung mit dem Gott deines Verständnisses, die großartigste Version der größten Vision, die du je über Wer Du Bist hattest.

Sind wir alle von Satan
»hinters Licht geführt« worden?

Neale: Hast du von Gabriel von Sedona gehört, der behauptet, der Stellvertreter von Machwinta Melchizedek (unser planetarischer Herrscher seit 1989) und Christus Michael (Jesus), Oberhaupt unseres örtlichen Universums, Nebadon, zu sein? Er hat eine Gemeinde in Sedona, die sich Aquarian Concepts Community nennt. Sie behaupten, dass die meisten von uns noch immer Opfer der luziferischen Revolte vor zwei Millionen Jahren sind, die noch nicht wieder zu sich kamen. Alle diese Lehren stammen aus *The Urantia Book*, das mich schon seit einer Weile beschäftigt. Natürlich sagen sie, dass wir aufwachen und zur Ausbildung in ihre Schule in Sedona kommen müssen, wenn wir uns auf die Seite des wahren Gottes und der wahren planetarischen Regierung von Machwinta Melchizedek stellen und unseren Aufstiegsstatus wiedererlangen wollen. Gabriel von Sedonas Buch heißt *The Divine New Order*. Wie denkst du über all das? Ich hoffe, von dir zu hören. Ich mag GMG sehr, aber vielleicht werden wir alle immer noch von Luzifer hinters Licht geführt. Mit besten Grüßen, Bill, Santa Fe, NM.

Lieber Bill: Nein, von Gabriel von Sedona habe ich nicht gehört, und mir sind auch nicht die Lehren seines Buches geläufig. Ich habe überhaupt keine Meinung zu den Dingen, die du mir in deinem Brief berichtest. Und selbst wenn ich eine hätte, wäre es sinnlos, sie dir mitzuteilen, denn der Gedanke hinter den Lehren in *Gespräche mit Gott* ist der, dass wir nicht auf andere hören, sondern uns nach Innen wenden und dort unsere Wahrheit finden. Deshalb wäre alles, was ich dir zu diesem Thema zu sagen hätte, irrelevant oder sollte es zumindest sein.

Wenn du GMG mochtest, dann freut mich das. Wenn du entschieden hast, dass es etwas damit zu tun hat, dass wir von Luzifer hinters Licht geführt werden, dann möge das so sein und ist dann für mich auch okay. Es besteht für mich keine Notwendigkeit, und auch nicht für Gott, dass du das Buch magst oder auch nicht magst. Deine Erfahrung mit *Gespräche mit Gott* wird die sein, die sie deiner Wahl nach sein soll, nicht mehr und nicht weniger. Du kannst darüber entscheiden, ob deine Erfahrung gefärbt sein soll von dem, was andere dir sagen, oder ob du sie die reine Erfahrung deiner eigenen Seele sein lassen willst.

An dir liegt es, ob du dich dazu entscheiden willst, an ein Wesen namens Luzifer zu glauben, von der Macht gar nicht zu reden, die er angeblich über den Verlauf menschlicher Angelegenheiten ausüben soll. Glaub, was du willst, aber denk immer daran: Wie du glaubst, so wird dir geschehen. Das stammt nicht von mir, das ist nicht einmal Gabriels Lehre, das ist die Lehre eines jeden Gottes, der jemals irgendwo existiert hat.

Jede institutionalisierte Religion, jede spirituelle Tradition, jede hoch angesehene Philosophie, jede Bewegung, jede Gruppe, die sich dem Wachstum und der menschlichen Weiterentwicklung verschrieben hat, jede dem Menschen bekannte Philosophie, die von einer höheren Absicht ausgeht, hält ein einziges Prinzip für wahr. Und dieses besagt: Das, was du glaubst, so wird es dir geschehen. Deshalb, Bill, entscheide dich dazu zu glauben, was du möchtest, und wisse einfach, dass das, was du glaubst, deine Realität werden wird.

Ich wünsche dir für die Glaubensstruktur, die du dir erschaffst, alles Gute und hoffe, dass du dich in ihr behaglich fühlst und sie dir Freude macht. Ich achte dich für deine Bereitschaft, weiterhin deine Erfahrung genau so zu erschaffen, wie du wählst. Gleich, wie diese Erfahrung und dein Glaubenssystem letztlich aussehen mögen, ich hoffe, du wirst sie als großartigstes Geschenk deiner eigenen Schöpfung zu würdigen wissen. Ich schicke dir meine erhabensten Gedanken und besten Wünsche für ein freudiges Feiern der Lebenserfahrung.

Was hat es mit diesem »alle sind eure Gefährtinnen/Gefährten« auf sich?

Lieber Neale: Ich möchte dir so sehr für dein exzellentes Buch *Gespräche mit Gott*, Band 1 danken. Es ist einfach großartig! Aber da gibt es einen Punkt im Kapitel 5, den ich nicht verstehe: Verpflichtung 9. »Noch werdet ihr eures Nächsten Gefährtin/Ge-

fährten begehren, denn warum solltet ihr eures Nächsten Ge-
fährtin/Gefährten haben wollen, wenn ihr wisst, dass alle anderen eure Seelengefährten sind?« – Alle unverheirateten Frau-
en/Männer? Kannst du mir hier bitte helfen? Vielen Dank und
Gott segne dich! Frederick, Palmira, Kolumbien.

Lieber Frederick: Diese Aussage ist bildlich, nicht wortwörtlich
zu verstehen. Es bedeutet, dass wir alle miteinander verheiratet
sind; dass wir alle einander offen lieben können und dies auch
ohne Angst tun können sollten. Wenn wir einander auf diese
Art lieben können, wen sollten wir dann begehren, und warum? GMG lädt uns ein zu lernen, einander so zu lieben, wie es
für den jeweiligen Moment angemessen ist. Wenn wir für die
höchste Art von Liebe offen sind, für diese Art von Gemein-
schaftlichkeit, für diese Art von Intimität, für diese Art von
emotionaler Wahrheit, dann können wir uns praktisch unmöglich unangemessen verhalten. Wir begehren niemanden und
nichts, denn uns obliegt es, in Hinblick auf alles andere die
Pflichten eines fürsorglichen Verwalters zu erfüllen, und alle
anderen sind dann da, damit wir sie lieben können.

Von Körpern und Seelen

Sehr geehrter Mr. Walsch: Ich möchte Ihnen dafür danken, dass
Sie den Mut hatten, dieses kostbare Buch zu schreiben und an
die Öffentlichkeit zu bringen. Es hat mein Leben verändert. Eine
Frage macht mir noch zu schaffen. Ich habe gehört, dass heute
mehr Menschen am Leben sind als alle Menschen zusammenge-
nommen, die bisher im Verlauf unserer Geschichte verstorben
sind. Wie können wir, wenn das stimmt, eine zweite, dritte, vier-
hundertste Inkarnation erleben? Für die meisten von denen, die
heute am Leben sind, müsste es doch wohl ihre erste Inkarnation
sein, oder nicht? Kathy, Honey Brook, PA.

Liebe Kathy: Nein. Das würde nur stimmen, wenn sich jede Seele immer nur einen Körper auf einmal zu Eigen machte. Doch es ist genau das Gegenteil der Fall. Mehr dazu findet sich in GMG Band 3.

Eine begrenzte Anzahl von Seelen

Lieber Neale: Gott erschuf alle Seelen beim großen Urknall. Woher kommen bei der anwachsenden Bevölkerung all die Seelen, um diese Leben zu erfüllen? Marilyn, per E-Mail.

Liebe Marilyn: Es mag zwar eine begrenzte Anzahl von Seelen geben, aber es gibt keine begrenzte Anzahl von Teilen, in die sich eine Seele aufspalten kann. Es wäre ein Fehler zu denken, dass irgendeine Seele auf ein einziges Wesen begrenzt ist. Tatsache ist, dass jegliche Seele mehr als ein so genanntes menschliches Wesen oder Lebewesen einschließen oder umfassen kann. Das heißt, es kommt nicht ein Körper auf eine Seele. Es können fünfunddreißig Körper pro Seele, zweiundsiebzig Körper pro Seele oder hunderttausend Körper pro Seele sein. Dies wurde mir direkt übermittelt und ebenso wurde mir zur Kenntnis gebracht, dass es genau das ist, was es mit den Seelenpartnern, Seelengeschwistern und Seelengefährten auf sich hat.

Es mag also eine begrenzte Anzahl von Seelen geben oder auch nicht, einer Sache aber sind wir uns sicher: Jede Seele verfügt über eine unbegrenzte Anzahl von individuellen Ausdrucksformen. Das will heißen, dass die Anzahl von Teilen, in die sich eine Seele aufspalten kann, unbegrenzt ist. Deshalb ist es durchaus möglich, dass hunderttausend Seelen im Jahr 1 hunderttausend Körper und im Jahr 1999 eine Milliarde Körper produzieren konnten.

Probleme mit dem Hitler-Material

Lieber Neale: In der Schlussbemerkung zu Band 2 schreibst du, manche von uns werden von einigen Gedanken darin unangenehm berührt sein, und sie sollen nicht als »Evangelium« angesehen werden. Diese Aussage ist für mich ein ernsthaftes Problem! Wenn man dem Wort Gottes nicht glauben kann, ja wem oder was denn dann? Widerspricht dieser eine Satz nicht allem, was du geschrieben hast? Gott sagt, eines unserer Probleme ist, dass wir ihm nicht glauben … HILFE! Ich bin verwirrt!

Ich nahm auch alles sehr ernst, was ich las, bis ich zu Seite 77 in Band 2 kam, wo Gott sagt: »Die Fehler, die Hitler machte, haben die, deren Tod er verursachte, nicht beschädigt oder zerstört.« Wie bitte? Hitler veranlasste, dass viele Tausende gnadenlos gefoltert und gequält, für unglaublich schmerzhafte medizinische Experimente benutzt, dass kleine Kinder von ihren Müttern getrennt wurden. Für mich bedeutet das unerträgliche mentale Qual. Wenn er sich dazu entschieden hätte, sofort jedermann erschießen zu lassen, könnte man vielleicht das Argument anführen, dass er barmherzig war, aber wie wir wissen, war dies ganz gewiss nicht der Fall.

Und was ist mit jenen, die nach solchem Leiden weiterlebten? Ganz zu schweigen von der Tatsache, dass er spezielle Bevölkerungsgruppen (d. h. Juden) ganz erheblich dezimierte. Bitte hilf mir zu verstehen, denn dies ist eine Barriere für mich, die mich daran hindert, die Trilogie weiterzulesen. Offensichtlich entgeht mir da eine wichtige Lektion. Ich freue mich sehr auf deine Antwort. Thebev, per E-Mail.

Vielen Dank, Thebev, für deinen aufrichtigen und sensiblen Brief. Ich bin zutiefst dankbar für deine Bereitschaft, diese Frage aufzuwerfen und nachzuhaken, statt dich abzuwenden und davonzulaufen, wie so viele von uns es tun, wenn wir auf etwas stoßen, das unseren Ansichten widerspricht oder das wir nicht verstehen. Ich möchte dir also für dein spirituelles Kämpfertum meine Achtung erweisen.

Thebev, in allen meinen drei Bänden habe ich geäußert, dass ich ein unvollkommener Filter bin. Ich gebe nicht vor, imstande zu sein, die Weisheit Gottes auf perfekte Weise durchzugeben. Ich hoffe nur, zur Diskussion − zum »Gespräch«, wenn man so will − über Gott beitragen zu können, indem ich weitergebe, was ich durch meinen eigenen, im ersten Band beschriebenen Prozess über Gott verstanden habe. Das zu begreifen ist wichtig. Wenn du glaubst, dass ich mich für einen Propheten Gottes halte, für einen Mann, der makellos und fehlerfrei das Wort Gottes spricht, dann täuschst du dich, Thebev. Ich wünschte, dass mein Buch fehlerfrei wäre, aber das ist es nicht. Ich wünschte, die Bibel wäre fehlerfrei, aber sie ist es nicht. Ich wünschte, der Talmud wäre fehlerfrei, aber er ist es nicht. Ich wünschte, die Bhagavad Gita wäre fehlerfrei, aber sie ist es nicht. Es läuft immer auf dasselbe hinaus, verstehst du? Es gab viele Bücher, von denen behauptet wird, dass sie »das Wort Gottes« enthalten. Und das tun sie auch. Aber dieses »Wort« wurde durch unvollkommene Filter, durch den nicht vollkommen entwickelten Geist von Männern und Frauen überbracht. Wir sollten keines davon als »Evangelium« betrachten. Das heißt, wir sollten nicht annehmen, dass irgendeines davon unfehlbar ist.

O Thebev, verstehst du nicht? Der Moment, in dem ich behaupte, dass mein Buch unfehlbar ist, ist der Moment, in dem ich zu einer Gefahr werde. Also lass es sein, Thebev. Hab nicht einmal das Bedürfnis. Versuche nicht, GMG zum unfehlbaren Wort Gottes zu machen. Verliere aber andererseits auch nicht einfach nur deshalb den Glauben an alles, was im Buch steht, weil ich einräume, dass manche Worte vielleicht unvollkommen sind. Nimm dir lieber aus dem Text, was sich für dich gut und wertvoll, wahr und wirklich anfühlt. Und segne es für diese Geschenke.

Was nun deine Bemerkungen zu Hitler angeht, so verstehe

ich natürlich dein Problem mit der von dir zitierten Passage. Es ist die herausforderndste Passage in der ganzen Trilogie, und ich selbst habe darum gekämpft, sie in ihrem tiefsten Sinn zu verstehen.

Ich glaube nicht, dass Gott sagen oder implizieren wollte, dass Hitler im menschlichen Sinn gesprochen niemanden beschädigt oder zerstört hat. Ich glaube, Gott sprach im spirituellen Sinn von all den am Geschehen beteiligten Seelen. An anderer Stelle wird in der Trilogie davon gesprochen, dass es so etwas wie den Tod nicht gibt, und dass wir als göttliche Wesen nicht beschädigt oder zerstört werden können − keiner von uns. Die von dir zitierte Aussage sollte in diesem Kontext verstanden werden, Thebev.

Ich bin mir der Tatsache sehr bewusst, dass sich viele Menschen durch gewisse andere Aussagen in *Gespräche mit Gott* zu diesem Thema verletzt fühlten, vor allem durch die Beteuerung, dass »Hitler in den Himmel einging«.

Ich kann verstehen, warum diese Bemerkung, oberflächlich betrachtet, eine tiefe Wunde schlagen kann. Ich glaube, dass nur die, die die Gelegenheit hatten, die Trilogie gründlich zu studieren und die ganze Kosmologie, aus der diese Aussage hervorgeht, zu überprüfen, sie nicht kränkend finden konnten. Sie mögen nach wie vor mit ihrer Theologie nicht einverstanden sein, können aber klar erkennen, dass der Holocaust in den GMG-Bänden nicht bagatellisiert wird.

Es wird zwar gesagt, dass Hitler in den Himmel einging, es wird aber nicht gesagt, dass er, oder irgendjemand sonst, jemals den Konsequenzen seines Handelns auf Erden entgeht. Ganz im Gegenteil. Die Bücher verweisen klar und deutlich darauf, dass alle Seelen nach dem Tod einen Prozess durchlaufen, der sie jeden Augenblick ihres gerade gelebten Lebens noch einmal erleben lässt, dieses Mal aber aus dem Blickwinkel einer jeden Person, die von ihren Entscheidungen betroffen war. Mit anderen Worten, sie erleben, was sie andere haben erleben lassen.

Dabei geht es aber nicht darum, eine Seele vor »Gericht« zu stellen, sondern darum, sie zum Gewahrsein zu bringen; es geht nicht darum, ihr Bestrafung zukommen zu lassen, sondern Einsicht und Erkenntnis. Von daher dauert dieser Prozess nicht ewig. Es geht nicht um ewige Verdammnis, es geht um die Evolution der Seele.

In GMG findet sich die Aussage, dass es in Gottes Reich so etwas wie ewige Verdammnis nicht gibt. Die Hölle, so wird gesagt, existiert nicht als ein Ort, an den wir verbannt werden, um ewig während Qualen zu erdulden. Von daher hätte Hitler gar nicht dort hingeschickt werden können. Doch eines ist ganz gewiss. Es ist ein universelles Gesetz, und GMG formuliert es kurz und bündig: »Was immer du einen anderen erfahren lässt, das wirst du eines Tages selbst erfahren.«

Es wird im Verlauf des Dialogs in GMG klargestellt, dass dies Bestandteil eines Prozesses ist, mittels dessen sich die Seele voll und ganz entwickelt − oder »in den Himmel eingeht«, wie wir sagen würden.

Doch der wichtigste Punkt, der zu diesem Thema angesprochen wird, ist der, dass diese ganze Hitler-Erfahrung nur auf Grund des Kollektivbewusstseins möglich war. Lies dazu noch einmal die Seiten 92 bis 97 in GMG Band 2 »Hitler konnte jedoch nichts ohne die Kooperation und Unterstützung und die bereitwillige Unterwerfung von Millionen von Menschen tun ... Hitler ergriff die Gelegenheit, aber er hat sie nicht geschaffen.«

Weiterhin heißt es im Dialog: »Es ist wichtig, dass hier die Lektion verstanden wird. Ein Gruppenbewusstsein, das ständig von Trennung und Überlegenheit spricht, bewirkt einen massiven Schwund an Mitgefühl, und dem Schwund an Mitgefühl folgt unweigerlich ein Gewissensschwund. Eine im strikten Nationalismus verwurzelte, kollektiv getragene Anschauung und Absicht ignoriert das Los anderer, macht jedoch jeden anderen für dein Los verantwortlich und rechtfertigt so Vergeltung, ›Berichtigung‹ und Krieg.«

Und weiter: »Der Horror der Hitler-Erfahrung bestand nicht darin, dass er diese Verbrechen an der Menschheit beging, sondern dass die Menschheit es ihm gestattete. Das Erstaunliche ist nicht nur, dass ein Hitler daherkam, sondern auch, dass so viele andere mitmachten. Die Schande ist nicht nur, dass Hitler Millionen Juden umbrachte, sondern auch, dass Millionen Juden umgebracht werden mussten, bevor Hitler gestoppt wurde.«

Und schließlich: »Der Zweck der Hitler-Erfahrung bestand darin, die Menschheit sich selbst vorzuführen.« Es wird darauf hingewiesen, dass in uns allen ein bisschen was von Hitler steckt und es nur eine Sache des Ausmaßes ist. »Das Auslöschen eines Volkes ist das Auslöschen eines Volkes, ob in Auschwitz oder Wounded Knee.« Und im Kosovo, könnte ich hier hinzufügen.

»Hitler wurde euch nicht geschickt. Hitler wurde von euch erschaffen ... Das ist die Lektion. Das Bewusstsein von Trennung, Absonderung, Spaltung, Überlegenheit − von ›wir‹ gegen ›sie‹, von ›uns‹ und ›denen‹ ist es, was die Hitler-Erfahrung erschafft.«

Und am Ende dieser ganzen Passage heißt es: »Hitler dachte, dass er für sein Volk Gutes tue. Und sein Volk dachte das auch! Das war der Wahnsinn! Der größte Teil der Nation stimmte ihm zu!« Es wird die Beobachtung geäußert: »Wenn du eine wahnwitzige Idee verbreitest und zehn Millionen Menschen dir zustimmen, hältst du dich vielleicht gar nicht für so wahnwitzig.« Und wir werden gefragt: Wen also soll man verdammen?

Manche Kritiker von *Gespräche mit Gott* sagten, die Bücher stellten es so dar, als seien die Juden »einfach von ihren irdischen Problemen befreit worden«, und da die Rückkehr zum Schöpfer eine beseligende Erfahrung ist, gäbe es nichts, worüber man sich beklagen müsse. Das erinnert ein wenig an den Punkt, den du angesprochen hast, Thebev, und ich habe diesen Kommentar auch von anderen gehört. Im Buch wird tatsächlich gesagt, dass das Leben ewig währt und der Tod nichts ist, wovor man sich fürchten muss, und dass die Rückkehr zu Gott etwas Freudiges ist. Aber ich glaube nicht, dass irgendeine vernünftige Interpretation des GMG-Materials Gott als einen hinstellen kann, der das Töten von Menschen entschuldigt oder abtut, als sei es ohne Bedeutung oder Konsequenzen. Die Trilogie nimmt die Taten Hitlers nicht auf die leichte Schulter und versucht auch nicht, sie zu rechtfertigen. Sie ist nur bestrebt, diese Taten zu erklären, und die Lektionen, die wir alle daraus ziehen können — und müssen —, wenn wir eine bessere Welt erschaffen möchten.

Thebev, ich hoffe, dass dir dies hilft, einige der schwierigsten Passagen in dieser Trilogie zu verstehen. Und ich möchte noch einmal betonen, dass ich nur mein Bestes getan habe, einige sehr herausfordernde und komplexe Wahrheiten durchzugeben. Ich bin mir sicher, dass es mir nicht gelang, immer und in jedem Fall die höchste Bedeutung, die tiefste Weisheit, die großartigste Wahrheit zu übermitteln. Aber ich habe es mit all meinem Vermögen versucht.

Und so geht das Erkunden und Erforschen weiter. Setzt sich das Fragen fort. Das Gespräch mit Gott endet nie. Wir streben immer nach Klärung. Wir sind immer um Korrektur bemüht, wenn wir die falsche Richtung eingeschlagen haben. Wir suchen immer nach Führung, um uns alle dahin zu bringen, wohin wir unserer Aussage nach wollen. Und Gott ist immer da, um uns zu führen, zu nähren, zu lieben. Immer.

Und auf allen Wegen.

Über das Kollektivbewusstsein

Sehr geehrter Sir: In Band 2 findet sich auf Seite 92 folgende Aussage: »Die Ereignisse auf eurem Planeten — die sich seit dreitausend Jahren regelmäßig abspielen — sind, wie ich schon sagte, ein Spiegelbild des kollektiven Bewusstseins ›eurer Gruppe‹ —

der Gesamtgruppe auf eurem Planeten.« Können Sie das genauer erläutern? Sollte dies jetzt nach der Jahrtausendwende mit den Prophezeiungen aus so vielen Quellen in Verbindung gebracht werden, die von bedeutsamen Veränderungen in allen Bereichen unserer Existenz sprechen? John, Spartanburg, SC.

John, mein Freund: Die Aussage, auf die Sie sich beziehen, meint ganz einfach, dass die Menschen auf diesem Planeten das erleben, was die Menschen kollektiv über sich selbst, über das Leben und wie es sein sollte denken. Wir sind die Gesamtsumme unserer kollektiven Geschichte, also unserer Mythen, Legenden und Vorstellungen über uns selbst als Spezies, wie sie von Generation zu Generation weitergegeben wurden und von uns allen aufrechterhalten werden. Mythen wie: »Dem Sieger fällt die Beute zu«, »Nur die Stärksten überleben« und so weiter. Der größte und zerstörerischste Mythos ist der Gedanke, dass wir irgendwie »besser« sind als die Person nebenan, der Stamm nebenan, die Nation nebenan, die Religion nebenan.

In Band 2 wird hier gesagt, dass die Ereignisse auf unserem Planeten das Resultat dieses Kollektivbewusstseins sind, oder von dieser, wie ich es nennen würde, kollektiven Vorstellung von wer wir sind und wie das Leben nun mal ist. Das Geschehen in Jugoslawien ist ein perfektes Beispiel dafür. Ebenso die Ereignisse an der Columbine High School in Littleton, Colorado. Wir müssen unsere Vorstellungen über uns selbst und das Leben, wie es ist, ändern, wenn wir irgendetwas an all diesen Dingen ändern wollen, John.

Bei den Prophezeiungen über die Veränderungen in allen Bereichen unserer Existenz handelt es sich in Wirklichkeit um Vorhersagen, dass wir »unsere Geschichte verändern« werden. Irgendjemand oder irgendetwas wird daherkommen und uns dazu bringen, unsere Meinung darüber zu ändern, wie die Dinge in dieser Welt, in diesem Universum und in unserer Beziehung zu Gott »nun einmal sind«.

465

Vielleicht ist *Gespräche mit Gott* ein Teil davon. Vielleicht trägt es dazu bei, uns zu helfen, dass wir auf der Quantenebene einen Wandel in unseren Gedanken und Vorstellungen herbeiführen und ihn dann in unserer Lebenswirklichkeit auf Erden erschaffen können.

Wie erklären Sie diesen Irrtum in Band 3?

Lieber Neale: Auf Seite 236 in Band 3 bezieht sich »Gott« auf Judith Schucman als Channel von *Ein Kurs in Wundern.* Doch der Name der Autorin/des Channels ist in Wirklichkeit Helen Schucman. Wie erklären Sie den Verlust an Integrität, der diesen Irrtum in Ihre Dialoge Eingang finden ließ? RSW per Internet.

Neale: Ich bin sicher, Sie wurden inzwischen darauf aufmerksam gemacht, dass Sie in Band 3 auf Seite 236 Helen Schucman und Judith Scutch miteinander verwechselt haben. Doch frage ich mich, Sir, wie es so weit kommen konnte, ohne dass dies entdeckt wurde. (Waren Sie es oder Gott, der diesen Fehler machte?) Nun, Sir, ich kann in keiner Weise GMG oder Ihnen eine Schuld zuweisen, aber wie seltsam: Judith Schucman? Wenn Sie oder ein Mitarbeiter etwas dazu erklären könnten, würde ich das als befriedigend ansehen. Ich finde Ihre Bücher vorzüglich. Ich bin ein »Schüler«. Bitte erklären Sie diesen Fehler. Hochachtungsvoll, Curtis, Amarillo, TX.

Vielen Dank Ihnen beiden, dass Sie danach gefragt haben. Tatsächlich habe ich eine ganze Reihe von Briefen dazu erhalten. Die Sache ist ein perfektes Beispiel dafür, was passiert, wenn man »der Quelle nicht traut«. Lassen Sie mich das erklären.

Als das Material über *Ein Kurs in Wundern,* das sich nun in Band 3 findet, durchkam, »hörte« ich den Namen richtig, aber ich – und ich erinnere mich ganz deutlich an diesen Augenblick – stellte mich fast sofort in Frage. Ich dachte, ich hätte die stimmlose Stimme falsch verstanden und wüsste es besser! Also schrieb ich stattdessen »Judith« hin. Erstaunlicherweise ist auch niemandem im Verlag dieser Irrtum aufgefallen. (Entschuldigung, leider auch nicht der Übersetzerin! A. d. Ü.) Bis die Briefe eintrudelten. Jetzt will jedermann wissen, wie »Gott« dieser Fehler unterlaufen konnte, und manche gingen so weit zu erklären, dass sie nun das Gefühl haben, sich auf gar nichts mehr von dem, was in den Bänden von GMG steht, verlassen zu können.

Was mich betrifft, so sehe ich das alles als vollkommen an. Ich weiß jetzt, warum mir »gestattet« wurde, diesen Fehler zu machen – und warum niemand in einem normalerweise cleveren Verlag diesen Patzer entdeckte. Der Fehler zeigt einfach ganz überdeutlich auf, was ich schon die ganze Zeit in diesen Bänden sagte: Macht keine »Bibel« daraus. Ich bin nicht unfehlbar, und dieses Material wurde durch einen unvollkommenen Filter übermittelt. Trotz meiner fortgesetzten Kommentare in dieser Richtung fingen manche Leute allmählich an, bei weitem zu viel Nachdruck auf die »Vollkommenheit« dieser Texte zu legen und mich auf die Ebene eines unfehlbaren Boten zu erheben.

Da das ganze Design eine solche Symmetrie aufweist, frage ich mich manchmal, ob mein Irrtum überhaupt ein »Fehler« war. Der »Irrtum« wurde vielleicht als »Stachelinstrument« zugelassen, um den Ballon anzupieksen, um die Blase zum Platzen zu bringen und den Leuten noch einmal zu sagen: So etwas wie das unfehlbare Wort Gottes gibt es nicht. Euer Gott und eure Quelle der Weisheit finden sich im Innern. Gebt eure Macht nicht an eine äußere Quelle ab. Nicht an ein Buch, nicht an eine Religion, nicht an irgendjemand oder irgendetwas, das nicht seinen Ursprung in eurem Innern hat – denn dort in eurem Innern wohnt der Heilige Geist, dort wird Gott gefunden und dort wird Gottes Sohn in euch, als ihr und durch euch wieder zu Fleisch.

Was immer auch der Grund dafür sein mag, ich habe auf ganz persönlicher Ebene etwas gelernt. Ich werde nie wieder die Stimme im Innern im Nachhinein kritisieren.

14

GMG und Neale

Ich habe in letzter Zeit sehr viel nachgedacht. Ich versuchte herauszufinden, wie ich die Weisheit dieser außergewöhnlichen Bände, die durch mich durchkamen, besser nutzen kann. Ich habe versucht zu verstehen, wie ich diese Weisheit in meinem Alltagsleben praktisch anwenden kann.

Es war keine leichte Zeit für mich. Früher hatte ich in meinem Leben wenigstens eine Entschuldigung für mein Verhalten. Ich wusste es nicht besser. Ich hatte keine Ahnung, worum es im Leben geht, und konnte es deshalb auch in keinem Bereich zum Funktionieren bringen. In meiner abgrundtiefen Verzweiflung rief ich um Hilfe, und das Ergebnis waren meine Gespräche mit Gott.

Nun habe ich diese Gespräche geführt und auf die schwierigsten Fragen des Lebens Antworten bekommen. Es bleibt nur noch eine Frage: Werde ich diese Antworten auch leben?

Ich hatte in letzter Zeit mein Publikum immer gebeten, sich eben diese Frage zu stellen, bis mir dann aufging, dass ich kein Recht hatte, es zu bitten, irgendetwas zu tun, zu dem ich selbst nicht bereit war. Also schaute ich mir mein eigenes Leben an, um festzustellen, ob ich die Botschaft von GMG lebte. Und es tut mir Leid sagen zu müssen, dass dem nicht so ist.

Denn wenn ich sie lebte, würde ich jedermann so behandeln, wie ich selbst behandelt zu werden wünsche — und das tue ich absolut nicht.

Wenn ich sie lebte, würde ich aus meinem Leben alle Sorge verbannen, wie ich den Herausforderungen begegnen soll, vor die ich gestellt bin — und auch das tue ich nicht.

Wenn ich sie lebte, würde ich aufhören, mich und andere zu verurteilen, wenn Dinge gesagt und getan werden, die mir missfallen. Ich würde mich eines Urteils enthalten – und auch hier habe ich versagt.

Sie denken vielleicht, dass es sich hier um eine Selbstverurteilung handelt, aber das ist es nicht. Ich denke, es besteht ein Unterschied zwischen einem Urteil und einer simplen Beobachtung. Und ich glaube, dass die Beobachtungen, die ich da über mich anstelle, sehr hilfreich, wenn auch ein wenig entmutigend sind.

In den letzten fünf Jahren sind Nancy und ich im ganzen Land herumgereist, um auf Einladung von Kirchen und anderen Organisationen die Botschaft von *Gespräche mit Gott* persönlich weiterzugeben. In allen diesen Vorträgen habe ich gesagt, dass es in den GMG-Bänden drei Hauptbotschaften gibt:

1. Wir sind alle eins.
2. Es ist genug da.
3. Es gibt nichts, was wir tun müssen.

Ich nenne das die dreieinigen Wahrheiten. Wenn wir diese Wahrheiten lebten, so sagte ich stets zu meinem Publikum, würden wir die Welt verändern.

Zu diesen Aussagen stehe ich. Nun erkenne ich aber, dass meine Herausforderung darin besteht, sie zu leben. Ich muss sagen, ich dachte, ich würde sie leben. Ich dachte, ich hätte viele meiner alten Verhaltensweisen abgelegt, viele meiner unerwünschten Gewohnheiten verändert, meine Richtung geändert, einen neuen Weg eingeschlagen. Nun erkenne ich, dass dies die Hybris eines frisch Bekehrten war. Durch die unvoreingenommene und ehrliche Beobachtung meines täglichen Verhaltens wird mir nun klar, dass ich noch einen langen Weg vor mir habe.

Das ist okay. Das ist für mich in Ordnung. Denn wenigstens bin ich auf dem Weg. Ich weiß, welcher Richtung ich zu folgen versuche. Ich weiß, welches Ziel ich ansteuere. Das ist mehr, als ich noch vor wenigen Jahren hätte sagen können. Aber in der

Frage, wie weit ich gekommen bin, muss ich mir selbst gegenüber ehrlich sein. Der erste Schritt hin zur Erleuchtung ist der Schritt in die Ehrlichkeit sich selbst gegenüber.

Letzte Woche habe ich wieder einmal einen Freund und Mitarbeiter sehr scharf zurechtgewiesen, und mir wurde klar, dass ich persönlich keinesfalls so behandelt werden möchte. Gestern erwischte ich mich dabei, wie ich meiner Frau gegenüber ungeduldig war, und das leider auch noch im Beisein von Freunden. Ich weiß, wenn sie sich in aller Öffentlichkeit mir gegenüber so ungeduldig gezeigt hätte, hätte mir das überhaupt nicht gefallen. Ihr kann es auch nicht gefallen haben.

Das sind nicht die Handlungen eines Mannes, der die Wahrheit lebt: Wir Sind Alle Eins.

Vor ein paar Tagen kam ich auf der Straße an einem Mann vorbei, der ganz offensichtlich Hilfe brauchte. Ich hatte ein paar Geldscheine in der Tasche und ging an ihm vorüber, ohne ihm etwas zu geben. In mir war dieser Gedanke, dass ich das ganze Geld, das ich bei mir hatte, »brauchen« würde, wenn ich in der Innenstadt war. Es war lächerlich. Mit meinen Kreditkarten hätte ich dort alles bekommen können, was ich wollte — einschließlich mehr Bargeld aus dem Automaten!

Letzten Sonntag besuchten Nancy und ich eine Kirche in einer weit entfernten Gemeinde, und wir mochten den Geistlichen und seine Botschaft sehr. Als die Kollektenschale herumgereicht wurde, ließ ich einen Zwanziger hineinfallen und fand mich dabei ziemlich gut. Erst als ich die Rechnung für unseren Brunch nach dem Gottesdienst bezahlte, ging mir ein Licht auf. Für die Nahrung für meinen Körper — Essen, das vier Stunden vorhalten würde — hatte ich dreizehn Dollar mehr bezahlt als für die wundervolle Seelennahrung, die ich in der Kirche bekommen hatte — Nahrung, die mich vermutlich sehr viel länger nähren würde.

Das sind nicht die Handlungen eines Mannes, der die Wahrheit lebt: Es ist genug da.

Und die Liste der Dinge, die ich in letzter Zeit »tat« und »tun« wollte, wäre so umfangreich wie das Telefonbuch von Manhattan!

Das sind nicht die Handlungen eines Mannes, der die Wahrheit lebt: Es gibt nichts, was wir tun müssen.

Alles das ließ mich also innehalten und nachdenken. Was braucht es, um die weltverändernde Botschaft des Buches zu leben?

Die Antwort kam in einem einzigen Wort zusammengefasst.

Engagement.

Ich brauche eine gusseiserne Abmachung mit mir selbst. Eine Abmachung, dass ich mein Leben als Arena nutze, in der ich mich selbst wieder aufs Neue in der nächst größten Version der großartigsten Vision, die ich je über Wer Ich Wirklich Bin hatte, erschaffen würde.

Eine solche Verpflichtung kann man nicht halbherzig eingehen. (Ich nehme an, halbherzige Verpflichtung ist ohnehin ein Widerspruch in sich. Man ist entweder eine Verpflichtung eingegangen, oder man ist es nicht, oder?)

Was mich an die Geschichte von dem Huhn und dem Schwein erinnert. Die beiden wanderten eines Tages den Weg entlang und kamen an einem riesigen Plakat vorbei. Darauf waren Schinken und Eier zu sehen, und darunter stand:

Amerikas Lieblingsfrühstück.

Das Huhn wandte sich zum Schwein und sagte: »Schau dir das an! Macht dich das nicht stolz?« Woraufhin das Schwein erwiderte: »Nun, ja und nein. Weißt du, du bist daran nur teilweise beteiligt, für mich aber heißt das totale Verpflichtung.«

Ich denke also, die Moral der Geschichte ist die, dass du, wenn du die Erleuchtung anstrebst, ein Schwein sein musst.

Wirklich.

Ich meine, du musst dann schon die ganze Enchilada haben wollen. Ich weiß, dass ich schon eine Portion von dem, worauf ich aus bin, geschmeckt habe. Ich habe mich in meinen absoluten schlimmsten Verhaltensweisen gezähmt. Ich muss nun an den Kränkungen und Verletzungen der zweiten und dritten Ebene arbeiten.

Das heißt, im Grunde muss ich gar nichts tun. Es wird nicht wirklich etwas von mir gefordert, nicht etwas von mir verlangt. Gott verlangt nichts von uns, um uns zu lieben, und er wird uns nicht »bestrafen«, wenn wir irgendeinem mythischen Standard nicht »entsprechen«. Was das Wer Wir Wirklich Sind angeht, ist es unsere Wahl und immer unsere Wahl. Das Arbeiten an dieser zweiten und dritten Ebene ist also etwas, das ich tun möchte, nicht tun muss.

Deshalb streue ich mir auch keine Asche aufs Haupt, weil ich die Botschaft von GMG nicht voll und ganz lebe. Vielmehr bin ich dankbar dafür, dass ich auf dem Weg so weit vorangekommen bin, wie ich es eben tat. Und ich bin dankbar dafür, dass ich den Weg jetzt überhaupt sehen kann.

Denn einst war ich blind, doch nun sehe ich ...

Letztlich ist in Wirklichkeit erstaunliche Gnade vonnöten. Die Gnade, nicht nur sehen zu können, was in meinem Leben nicht funktioniert, sondern auch, was funktioniert. Die Gnade, mich selbst zu segnen – zuzulassen, dass ich gesegnet werde – für all das, was ich bin, statt mich für das zu verurteilen, was ich nicht bin. Denn aus dem gesegneten Teil meiner Selbst wird die großartigste Version von Wer Ich Bin hervorgehen.

Ich lade Sie dazu ein, dasselbe zu tun. Segnen Sie sich für all das, was Sie jetzt sind. Das ist die erste Botschaft von GMG. Sie könnte auch die wichtigste sein. Denn wenn Sie wissen, dass Sie gesegnet sind, werden Sie sicher andere segnen. Seien Sie also gesegnet.

Lieber Neale: Wie lange hast du gebraucht, um dieses Buch zu schreiben, und wie »kam es durch«? Phyllis, Eugene, OR.

Liebe Phyllis: Der Prozess begann um Ostern 1992 und setzte sich, sporadisch, bis Februar 1993 fort. Das spielte sich dann folgendermaßen ab: In mir entstand der »Drang« zu schreiben ... mich zu meinem gelben Notizblock zu begeben und etwas niederzuschreiben. Ich hatte keine Ahnung, was ich schreiben würde, ich wusste nur, dass ich schreiben »musste«, wenn du verstehst, was ich meine. Es war so, wie wenn du auf »etwas« Hunger hast, aber nicht weißt, was du möchtest, und deshalb aus dem Bett aufstehst und den Eisschrank durchsuchst. Dein Mann fragt: »Was möchtest du denn?«, und du antwortest ganz ehrlich: »Ich weiß es nicht. Ich weiß nur, dass es mich stark nach irgendetwas gelüstet.« So ähnlich.

Wenn ich vor dem Papier saß, stellte ich fest, wo ich das letzte Mal aufgehört hatte (oft mitten in einem Absatz oder Gedankengang), setzte den Stift aufs Papier, und der Dialog wurde genau an dieser Stelle wieder aufgenommen, so als hätte ich ihn gar nicht unterbrochen.

Gab es irgendwelche »Lücken« im Material, das durchkam? Von der Zeit her, ja. Vom Thema her, nie. Das ist so interessant daran. Was die Zeit angeht, so lagen manchmal Wochen, ja Monate zwischen den Sitzungen. Aber im Material gab es nie Lücken. Weder in der Abfolge noch im Kontext, noch im Inhalt. Alles floss, als hätte es in diesem Prozess nie eine Pause gegeben. In mir entstand einfach der »Drang«, mich zum Notizblock zu begeben, und schon ging alles da weiter, wo es davor aufgehört hatte.

Gewöhnlich setzte dieser Drang am sehr frühen Morgen ein, so um vier Uhr zwanzig. Dann stieg ich aus dem Bett und versuchte, einen ruhigen Ort zu finden, wo ich mit Stift und Papier allein sein konnte. Aber ich konnte nicht darauf zählen, dass das jeden Morgen so war. So war es ganz und gar nicht. Es war überhaupt nicht regelmäßig. Deshalb war es in bestimmter Hinsicht etwas frustrierend.

Das Wichtige ist, dass man es nicht forciert, das habe ich gelernt. Ich kann mich nicht einfach vor den Notizblock setzen und sagen: »Okay, fang an zu senden, verdammt noch mal.« So funktioniert es nicht. Glaub mir, ich hab's versucht. Doch dann merke ich, wie ich anfange, es »selbst zu erfinden«, und dann höre ich sofort auf. Es besteht ein großer Unterschied zwischen dem Material, das aus der Feder kommt, wenn ich es »erzwinge« und dem, wenn es »fließt«. Das Zeug, das unter dem Gefühl des Erzwingens zustande kam, habe ich einfach zerrissen und weggeworfen. Es fand nie Eingang in den Dialog.

Mache ich mir je Sorgen, dass das, was ich veröffentliche, »falsch« sein könnte?

Nun, das ist eine sehr gute Frage, die mir viele Male gestellt wurde, und die ehrliche Antwort darauf ist: ja, ganz gewiss. Einiges von dem Zeug im Buch ist wirklich umstritten, und vor allem, wenn ich es dann gedruckt sehe, nimmt es sich für mich wirklich beängstigend aus ... etwa so wie: »Was ist, wenn das alles verrücktes Zeug ist?«

Aber ich kann nicht den Prozess deshalb einfach abbrechen, und ich kann auch nicht das, was durchkommt, zurückhalten. Zum Schluss sollte ich sagen, dass ich nun lerne, den Prozess immer weniger in Frage zu stellen und das Material immer weniger und weniger anzuzweifeln.

Okay, Neale ... erzähl uns alles!

Lieber Neale: Haben dir die GMG-Bände die Freiheit gegeben, einen völlig neuen Weg zu wählen? Haben sie deine Beziehungen verändert, deine Lebensweise und deinen vormaligen Weg? Hast du dich darüber neu definiert? Wünschst du dir, den ersten Band nicht veröffentlicht zu haben? Stand die Veröffentlichung dieses Buches im Widerspruch zu Wer Du Wirklich Bist? Auch ich habe Gespräche mit Gott geführt, Tagebücher mit Offenbarungen gefüllt und schließlich entschieden, dass eine Veröffentlichung die Energie meines Lebens auf eine Art und Weise verändern würde, die ich nicht wähle. Bist du, über die Bücher hinaus, mit Gott im kontinuierlichen Gespräch? Ich bin mehr daran interessiert zu erfahren, was du als Person für einen Prozess durchgemacht hast, wie dich das alles beeinflusst hat und in welcher Hinsicht du Gott näher gekommen bist. Danke dafür, dass du deine persönliche, geheiligte Erfahrung diesem Risiko ausgesetzt hast und andere daran teilhaben lässt. Naomi, Waterloo, IA.

Liebe Naomi: Hat uns das Buch die Freiheit gegeben, eine völlig neue Lebensweise zu wählen? Ja. Aber diese Lebensweise sieht nicht so aus, wie du vielleicht erwarten würdest. Ich muss zwar einräumen, dass unsere finanziellen Sorgen der Vergangenheit angehören. Aber Nancy und ich haben uns jetzt ein Leben gestaltet, bei dem wir sechs Monate im Jahr, und in manchen Monaten fast jedes Wochenende, unterwegs sind und von Los Angeles nach Toronto, von Atlanta nach Korea, von Britisch Kolumbien nach Dänemark reisen, um die wundervolle Botschaft von *Gespräche mit Gott* zu allen zu bringen, die sie hören wollen. Bald werden wir überall auf der Welt GMG-Zentren eröffnen als Reaktion auf die zunehmenden Bitten um mehr Erläuterungen und Belehrungen zu diesem Material.

Was deine nächsten Fragen angeht: Ja, ich habe mich neu definiert. Ich habe mich dazu entschieden, mich auf die großartigste Version der größten Vision, die ich je über mich hatte, zuzubewegen. Ich erreiche nicht immer diese Ausdrucksebene, habe aber jetzt den Kurs festgelegt, den Weg bestimmt, das Ziel festgesetzt, und das fühlt sich sehr gut an – sehr viel besser als die Ziellosigkeit und das im Wesentlichen sinnlose Verhalten in der Vergangenheit. Ich sehe mich selbst als einen Boten an und nehme diese Rolle (wenn nicht gar mein Leben) sehr ernst.

Nein, ich wünsche mir nicht, die Bände nie veröffentlicht zu haben. Ganz im Gegenteil bin ich als Folge meiner Entscheidung außerordentlich glücklich, erfüllt und über die Maßen bereichert. Hätte ich *Gespräche mit Gott* nicht veröffentlicht, wäre das die traurigste Sache meines Lebens gewesen.

Ja, mein Dialog mit Gott setzt sich, außerhalb des Rahmens der Bücher, stetig fort. Ich spreche jeden Tag häufig mit Gott. Sie ist meine beste Freundin, meine engste Vertraute. Sein Rat ist immer warmherzig und wundervoll und perfekt. Das Buch hat mich näher zu Gott kommen lassen, als ich es mir je hätte vorstellen können, und ich bin damit ganz entschieden besser dran.

Das Wichtigste, das ich aus meinen Gesprächen mit Gott lernte

Lieber Neale: Ich danke dir für dein wundervolles Buch! Ich habe es immer und immer wieder gelesen und es so vielen Freunden geschenkt, dass die Dame im Buchladen denken muss, ich hätte Aktienanteile am Verlag! Ich frage mich etwas. Ich weiß, was ich aus dem Buch bezogen habe, wäre aber neugierig zu erfahren, was du daraus bezogen hast! Könntest du uns in diesem Punkt deine persönliche Erfahrung schildern? Vielen Dank! Mary, Detroit, MI.

Hi, Mary! Du hast eine Frage gestellt, die mir wohl von allen am häufigsten gestellt wird. Jeder Talkshowmoderator, der mich interviewte, und jeder Zeitungsreporter hat mich das gefragt. Du bist allerdings die erste Leserin.

Lass mich dir als Erstes sagen, dass ich das Buch fast jeden Tag lese. Für mich ist es, als wäre es von einem anderen geschrieben worden. Ich lese oft darin und habe überhaupt kein

Gefühl von Verbundenheit im Sinne eines Autors, der sein Werk wieder einmal liest. Das war von Anfang an so. Es fühlte sich immer so an, als hätte ich sehr wenig mit diesem Prozess zu tun, außer dass ich für was immer sich da ereignen sollte da sein musste. So hat mich das Buch eine Menge gelehrt und war seither stets eine Quelle der Inspiration für mich.

Ich denke, das Wichtigste, das ich aus dem Buch bezog, war ein tiefes Gefühl von Gottes immerwährender Liebe. Ich erfuhr auf außergewöhnliche Weise von Gottes unablässiger, bedingungsloser Liebe zu uns und seinem totalen Akzeptieren auch der Schlimmsten von uns. Dies drang schon beim »Schreiben« des Buches allein durch die bloße Tatsache zu mir durch, dass ich es schrieb. Ich meine, nach den irdischen Maßstäben vieler Leute (einschließlich meiner eigenen) war ich der letzte Mensch, der es verdiente, dazu ausersehen zu sein, diese Informationen in Buchform zu bringen. Doch ich wurde ausgewählt, und ich habe sie in Buchform gebracht. Allein schon daran gemessen ist mir klar, dass Gott ohne Bedingungen liebt, dass Gott auch nicht den Geringsten oder Schlimmsten von uns ablehnt, und dass wir, um diese Erlösung zu verstehen und zu erleben, nichts weiter tun müssen, als sie zu akzeptieren, zu beanspruchen, zu achten und zu ehren und für wahr zu halten.

Nun gibt es so manche, Mary, die da anderer Ansicht sind. Tatsache ist, es sind viele. Sie sagen, Gottes Wort und Gottes Gesetz und Gottes Liebe seien nichts wert und witzlos, wenn es nicht die Möglichkeit gäbe, von Gott abgelehnt und zurückgewiesen zu werden. Sie sagen, der einzige Weg, der zu Gott führt, sei der, seine Gebote gehorsam zu befolgen, sich an Gottes Gesetze zu halten, und, in manchen theologischen Konstrukten, Gottes Sohn anzuerkennen. Tut man dies in einigen oder allen Punkten nicht, bedeutet das die sichere Verdammnis, so sagen sie, und das sollten wir uns lieber merken und darauf vorbereitet sein, denn wenn wir nicht aufpassen, kriegen wir, was uns »zukommt«.

Tatsache ist, wir sollten nicht nur aufpassen, wir sollten auch nicht weinen. Wir sollten besser nicht schmollen, denn ...

O Entschuldigung, das ist ein anderer Mythos.

Verstehst du, Mary? Jeden Mythos, den wir schaffen, errichten wir um ein System des Richtens und Urteilens, der Belohnung und Bestrafung. Für uns ist es unvorstellbar, dass es da, in der Realität oder Mythologie, ein Wesen im Universum gibt, das uns so akzeptieren kann, wie wir sind und wie zu sein wir wählen. Denn wir können nicht an den letzten und höchsten Sinn des Lebens glauben. Wir glauben, der Sinn des Lebens bestünde darin, Gottes Gesetz zu befolgen, zu tun, was Gott will, und vor allem Gott zu erfreuen und zu gefallen. Aber Gott zu erfreuen und zu gefallen ist nicht der Sinn des Lebens. Nur eine egomanische Gottheit würde Wesen erschaffen, deren Sinn und Zweck darin bestünde, sie zu erfreuen und ihr zu gefallen. Und nur ein verrückter Egomane würde dann der ganzen Mixtur noch so viel Verrat und Elend und Leid beimischen, wie das Leben beinhaltet, um praktisch sicherzustellen, dass seine Geschöpfe stolpern und fallen. Und nur ein unglaublich grausamer, verrückter Egomane würde noch weiter gehen und sagen, dass es keine Rolle spielt, ob sie fallen oder nicht, weil sie nämlich schon gefallen sind! Vor ihrer Geburt!

So unwahrscheinlich eine solche Betrachtungsweise auch erscheinen mag, genau das ist die theologische Konstruktion, die Abermillionen von Menschen ihrem so genannten liebenden Gott übergestülpt haben. Ich denke also, das Wichtigste, das dieses Buch für mich bewirkte und täglich bewirkt, ist, dass es mich von den Fesseln eines Glaubens an einen zornigen, rachsüchtigen, wertenden und urteilenden Gott befreit. Ich bin nun offener dafür, mein Leben so zu erschaffen, wie ich es haben möchte, und nicht so, wie es meiner Einbildung nach zu sein hatte.

Das Ironische bei allem ist, dass meine Handlungen heute mehr mit den Forderungen der alten Lehren übereinstimmen als damals, als man mir sagte, dass ich mich so verhalten müsse, oder sonst ... Mit anderen Worten, ich stelle fest, dass »gut sein« (was immer »gut« bedeutet) sich nun ja ... gut anfühlt, wenn man es nicht sein muss, weil man sonst verdammt wird.

Anders ausgedrückt: Ich neige dazu, höhere Erwartungen an mich zu stellen und mir höhere Ziele zu setzen, wenn es meine Erwartungen und meine Ziele sind und nicht die von jemand anders. Das ist ein großes Geheimnis, das Gott versteht, der Mensch aber sich weigert zu glauben: Wir sind im Grunde gut, nicht im Grunde schlecht. Wir brauchen keinen zornigen, rachsüchtigen, strafenden Gott, damit er uns so einschüchtert, dass wir das »Rechte« tun, im Interesse anderer handeln oder uns prachtvoll »aufführen«. Unser Grundwesen – unsere menschliche Natur – ist liebevoll und gütig. Wir werden Gier gelehrt. Wir werden Angst gelehrt. Wir werden Hässlichkeit, Vorurteil und Gewalt gelehrt. Wir sind Liebe und werden gelehrt, etwas anderes zu sein!

Das Zweitwichtigste, das ich aus den Bänden lernte, ist, dass es nur einen Grund gibt, etwas zu tun – egal was –, nämlich den, zu sein und zu entscheiden, zu erschaffen und zu erfüllen Wer Ich Wirklich Bin. Siehst du, ich hatte gedacht, es gäbe alle möglichen Gründe, warum ich dies oder jenes tun sollte. Mein Vater wies es mich an. Die Welt erwartet es von mir. Gott verlangt es von mir. Was auch immer. Nun ist mir klar, dass Gott nichts verlangt, dass die Erwartungen der Welt verbogen und fehlgeleitet sind, und dass ich den Anordnungen meines Vaters nicht Folge leisten muss.

Wir spielen dieses kosmische Golfspiel, und niemand außer uns schreibt den Punktestand mit. Wer wir sind und was aus uns wird, ist ausschließlich eine Sache, die wir mit uns selbst ausmachen. Niemand sonst interessiert es. Niemand sonst weiß es überhaupt. Nicht wirklich. Und Gott, der es weiß, beobachtet einfach nur, ohne Wertung, ohne zu richten, während er uns natürlich seine ganze Macht und Kraft zugänglich macht, wenn wir sie nur nutzen wollten. Es bleibt unserer Wahl überlassen.

Keine Anweisungen, keine Anordnungen, keine Gebote. Somit tragen wir ganz und gar die Verantwortung dafür und sind absolut die Urheber von Wer Wir Schließlich Sind.

Das kann bestärkend und aufbauend oder schrecklich beängstigend sein, je nach den Vorstellungen, die jemand vom Universum und seiner Funktionsweise hat. Mich hat es ungeheuer bestärkt.

Das Buch hat mir also ganz besonders in diesen beiden wichtigen Aspekten gedient und natürlich auch in vielerlei anderer Hinsicht. Ich hoffe, damit ist deine Frage beantwortet.

Hör auf, dich niederzumachen

Lieber Neale: Band 1 von *Gespräche mit Gott* hatte eine gewaltige Auswirkung auf mein Leben und auch auf das meiner Patienten. Ich bin Psychologin und arbeite auf der Grundlage einer psychospirituellen Perspektive. Ich ermutige Patienten dazu, direkt mit ihren Engeln zu sprechen, um Hilfe bei ihren Problemen zu erhalten. Dein Buch hat ihnen viele Türen geöffnet und mich in meiner Arbeit mit ihnen gefördert. Ich danke dir.

Ich bin sehr betroffen darüber, dass du dich ständig selbst niedermachst. In deinen Bemühungen, nicht vom Ego auszugehen, widersprichst du in gewisser Hinsicht den Lehren in deinem Buch, die von Gott durchkamen. Ich möchte dich dazu ermuntern, dich selbst der Liebe und Aufmerksamkeit Gottes als würdig anzusehen, so wie wir es alle sind. Es könnte anderen mehr helfen, wenn du dir für die Probleme in der Vergangenheit deines Lebens vergeben könntest. Ich schicke dir diese Botschaft mit Liebe. »Angelhol«, per E-Mail.

Liebe »Angelhol«: Ich habe deine Botschaft mit Liebe erhalten und danke dir. Ich arbeite daran. Zu den Erfahrungen in meinem Leben gehört mein tiefes Bedauern über meine Vergangenheit. Und ich meine hier nicht nur die ferne Vergangenheit. Ich spreche auch von meinen Handlungen noch vor wenigen Jahren. Ich habe ein paar Beschlüsse und Entscheidungen in meinem Leben getroffen, auf die ich nicht stolz bin und wodurch anderen Menschen Schaden zugefügt wurde. Ich weiß, dass Gott mich dazu ermuntert hat, mir dafür zu vergeben und meinen Weg fortzusetzen. Doch wenn von diesen Entscheidungen Personen, die erklärt haben, dass sie dich lieben, und sogar deine eigenen Kinder betroffen sind, vergibt man sich selbst nicht so leicht. Jedenfalls nicht in meinem Fall. Und die Tatsache, dass ich diese Dinge nicht nur ein- oder zweimal, sondern zum wiederholte Male tat, macht das Ganze noch schlimmer. Doch ich höre deinen Rat. Ich verstehe, was du meinst. Und um die Wahrheit zu sagen, dies ist nur ein Bereich von vielen, in denen es mir gut täte, die Weisheiten in GMG enger zu befolgen. Tatsächlich ist dies der härteste Job, den ich mir in diesem Leben zugewiesen habe: zu versuchen, die Lehren in meinem eigenen Buch auch zu leben! Danke für deine Ermunterung.

Danke für den Donner

Lieber Neale: Ich frage mich, ob du verstehst — nein, ich frage mich, ob du zu schätzen weißt, wie sehr Band 1 von *Gespräche mit Gott* das Leben so vieler Menschen verändert hat und noch verändern wird, und damit auch das Resultat des großen und ruhmreichen 21. Jahrhunderts. Ich fordere dich dazu auf, am Donner, den du ausgelöst hast, deine Größe zu erkennen. Denn in deiner Bescheidenheit mag dir die Freude entgangen sein, die du geschaffen hast, und indem du dir deiner Größe bewusst bist und gleichzeitig in deiner Bescheidenheit zentriert bleibst, bist du alles das ist, in Grenzen gehalten durch alles, das nicht ist. Ich hoffe, dir durch meine enthusiastische Arroganz etwas Freude zu machen im Austausch für den Donner, den du in meinem Leben ausgelöst hast. Und als ich mit dem »Sein und Wissen« des letzten Absatzes von Seite 44 erwachte und wuchs, erschütterte der Donner mein Haus und brachte einem dürstenden Land frischen und himmlischen Regen. Von regnerischen Winden getragene Jasminblüten und nach Zitronen duftende Gummibäume zauberten ein Lächeln auf ein tränenbeflecktes Gesicht. Im alten I Ging ist der Donner das wichtigste Zeichen für Veränderung. Ich danke dir für den Donner. Tracy, Australien.

Liebe Tracy: Ich danke dir für deinen liebenswürdigen und großzügigen Brief. Du sollst wissen, dass ich nicht meine, irgendetwas getan zu haben, das andere nicht hätten tun können oder nicht schon getan haben, was das angeht. Mir ist absolut klar, dass die Menschen schon immer von Gott inspiriert wurden, und dass das, was mir passierte, schon auf der ganzen Welt passiert ist. Die Post, die wir bekommen, ist ein Beweis dafür. Jeden Monat erhalten wir Briefe von Menschen, die dieselbe Art von Inspirationen von Gott erhielten wie ich.

Und nachdem dies nun gesagt ist, will ich dir auch sagen, dass ich sehr glücklich darüber bin, dass du vom Material so positiv berührt wurdest, das ich als ein Ergebnis des Prozesses, den ich durchlief, produziert habe. Ich möchte dich nun dazu auffordern, den »Donner« sich fortsetzen zu lassen. Fang an, deine eigenen hervorragendsten Gedanken und großartigsten Inspirationen niederzuschreiben. Die Tiefe deiner Weisheit wird dich selbst überraschen.

Bist du ein »Channel« für Informationen von Gott?

Lieber Neale: Ich habe die Bände 1 und 2 von GMG sehr aufmerksam gelesen. Es ist nicht klar, woher die Information kommt. Eine Person, die ich auf einer Party traf, bemerkte:

»Mann, ist der auf einem Egotrip!« Meinem eigenen Gefühl nach spielt es keine Rolle, woher die Information stammt. Klingt sie für mich wahr? Erinnert sie mich einfach an das, was ich im Innern schon weiß? Ja, das tut sie. Ich hege den Verdacht, dass die Person, die diese Bemerkung machte, nicht über ihr eigenes Ego hinaussehen und die Möglichkeit zulassen kann, dass eine »gewöhnliche« Person als Channel für von Gott kommende Informationen ausgewählt werden könnte. Und noch einmal — es spielt keine Rolle! Ist uns diese Information dienlich, jedem von uns? Das ist alles, was zählt. Ich danke dir dafür, dass du den Mut hattest, die Bände zu veröffentlichen. Jean, Newton Square, PA.

Nun, Jean, ich danke dir für den Brief und deine Meinung. Darf ich nur an einem Wort etwas Kritik üben? Ich zucke zusammen, wenn ich das Wort »Channel« höre. Ich habe sehr darauf geachtet, mich nicht als ein »Channel« für Gott darzustellen. Was ich getan habe, ist nicht »channeln«. Es handelt sich einfach um ein wenig »inspiriertes Schreiben«. Channeln ist eine völlig andere Erfahrung, und ich behaupte nicht, sie gemacht zu haben. Ich glaube aber, dass diese Informationen, die mir durch die direkte Inspiration durch den Heiligen Geist zukamen, für die ganze Menschheit enorme Bedeutung und wunderbare Vorteile haben. Ich glaube also, dass sie uns allen dienlich sind. Und wenn das der Maßstab ist, an dem der Wert der Bücher gemessen werden sollte, wie du vorschlägst, dann glaube ich, dass die GMG-Bände ein außerordentlicher Schatz sind. (Und hier spricht nicht jemand, der »auf einem Egotrip« ist. Denn mir ist sehr klar, dass ich mit diesem Material gar nichts zu tun hatte, außer dass ich derjenige war, der »das Diktat aufnahm«.)

Danke für Ihre liebevolle Besorgnis

Sehr geehrter Mr. Walsch: Gestern erhielten meine Frau und ich mit der Post ein Geschenkpäckchen. Unter den Geschenken, die sich darin befanden, war auch Ihr Buch, der 1. Band von *Gespräche mit Gott*. Und deshalb schreibe ich Ihnen heute.

Sir, lassen Sie mich als Erstes in aller Aufrichtigkeit sagen, dass ich ohne den Schatten eines Zweifels glaube, dass Sie diese Gespräche hatten, und dass Sie sie mit einem Wesen aus der uns umgebenden spirituellen Welt geführt haben. Ich möchte nicht Ihren monatlichen Newsletter abonnieren, Sir, aber ich bin ganz ehrlich und aus einer echten Liebe, die im Herrn Jesus Christus wurzelt, um Sie besorgt, Mr. Walsch. Bitte lassen Sie mich Ihnen mitteilen, warum das so ist.

Mr. Walsch, das Wesen, mit dem Sie einen Dialog geführt haben, war nicht Gott, sondern entweder ein Dämon oder aber Satan selbst, der versuchte, sich als Gott zu maskieren. Satan ist sehr gut beim Täuschen, und er wird Sie weiter als Instrument benutzen, um vielen anderen über den zweiten und dritten Band, die das Geistwesen erwähnte, etwas vorzumachen. Aber nur, wenn Sie das weiterhin zulassen.

Lassen Sie mich innehalten, um zu sagen, dass Sie den aufrichtigen Wunsch zu haben scheinen, andere Leute daran teilhaben zu lassen, um allen, die zuhören wollen, zu helfen. Aber Sie haben wirklich Unrecht mit dieser Botschaft, die Sie da bringen. P.D.B., Killeeen, TX.

Lieber P.D: Ich danke Ihnen sehr für Ihren freundlichen und behutsamen Brief am Weihnachtstag. Ich kann Ihnen gar nicht sagen, wie viel es mir bedeutet, von Ihnen ein so ehrliches und wundervolles Schreiben zu bekommen. Ich kann nur sagen, dass ich mir wünschte, alle Menschen auf der Welt hegten so starke Empfindungen hinsichtlich ihrer persönlichen Überzeugungen und spirituellen Einsichten, wie Sie in Bezug auf die Ihren. Wenn jeder von uns geradlinig und mit Integrität in Reaktion auf unsere tiefsten inneren Überzeugung handelte, würde aus der Erde ein herrlicher und wundersamer Ort des Lebens werden. Das bedeutet jedoch nicht, dass man andere, weil sie andere Ansichten vertreten, verdammt oder ihnen physischen oder emotionalen Schaden zufügt. Das haben Sie nicht getan, sondern lediglich Ihrer Meinung und Ihrer menschlichen Besorgnis Ausdruck gegeben, und das ist etwas, das ich immer willkommen heißen und schätzen werde.

Sie sollen wissen, P.D., dass ich Ihre Ansicht achte und respektiere. Ich verstehe, wie viel sie Ihnen bedeutet. Ich weiß, dass Sie sich zutiefst verpflichtet fühlen, die Lehren Ihrer Theologie aufrechtzuerhalten, und ich möchte Sie dazu ermutigen, dies weiterhin zu tun. Es war sehr großzügig von Ihnen, sich die Zeit zu nehmen, um sich mit mir in Verbindung zu setzen, und es war wundervoll von Ihnen, dies aus Ihrer Besorgnis heraus zu tun. Ich hoffe, Sie werden mir weiterhin großzügig begegnen, mich Ihre Worte hören und mir das menschliche Interesse zukommen lassen, das ihnen zugrunde liegt, ohne dass ich mit den Schlussfolgerungen einverstanden sein müsste, zu denen Sie gelangt sind. Ich werde Sie immer als einen Herzensfreund ansehen, der mir das Beste wünscht: Und ich bin dankbar für Ihre Bereitwilligkeit, gemäß Ihren höchsten Vorstellungen und Gedanken zu handeln. Ich weiß, dass wir beide einander Gottes größten Segen wünschen, und darin haben wir eine gemeinsame Grundlage gefunden. Und so beschließe ich meine Antwort auf Ihren Brief mit meinem fortgesetzten Wunsch, dass Gott Ihnen fortwährende Liebe und Güte als reiche Erfahrung in Ihrem Leben gewährt.

Haben Sie je vom »Spiritualismus« gehört?

Lieber Mr. Walsch: Danke dafür, dass Sie GMG übermittelt haben. Es ist ein hervorragendes Werk. Sind Sie mit der Religion des Spiritualismus vertraut, wie sie von der National Spiritualist Association of Churches (NSAC) gelehrt wird? Ich frage deshalb, weil vieles in diesem Dialog den Schriften des Spiritualismus sehr ähnelt. Christine, Alexandria, VA.

Liebe Christine: Mit der NSAC bin ich nicht vertraut, aber vom Spiritualismus habe ich gehört, und vor einem Jahr fiel mir ein sehr altes Buch aus diesem Bereich in die Hände. Ich glaube, es war in einem dieser wundervollen winzigen Antiquariate, die man so oft in den alten Gassen kleiner Städtchen findet.

Ich durchstöberte die Abteilung für Theologie und Philosophie (der Bereich, den ich als Erstes aufsuche, wenn ich mich in einem Laden von alten Büchern umgeben finde) und stieß auf eine Schrift von einem Autor, dessen Namen ich ehrlich gesagt vergessen habe. Aber mir ist noch in Erinnerung, dass das Wort Spiritualismus ständig darin auftauchte. Und mich verblüffte die Ähnlichkeit zwischen dem Inhalt dieses Buches — vor sechzig Jahren veröffentlicht oder noch älter — und GMG.

Diese und andere Erfahrungen — wie zum Beispiel die schon erwähnte Ähnlichkeit zwischen GMG und *Ein Kurs in Wundern* — brachten mir einen alten Spruch in Erinnerung, den ich früher oft hörte: Wahrheit ist Wahrheit, egal aus welcher Quelle.

Meine Meinung ist irrelevant

Lieber Mr. Walsch: Die Lektüre von *Gespräche mit Gott* war ein Wendepunkt in meiner spirituellen Entwicklung. Bevor Ihre Bücher in mein Leben traten, habe ich Gott nicht geliebt; ich habe ihn gefürchtet. Nun bin ich dazu aufgerufen, nur zu lieben, und ich beginne zum ersten Mal Gottes Liebe zu fühlen. Wenn möglich, würde ich gerne lesen, welchen Sinn (wenn überhaupt) Sie persönlich dem Buch der Offenbarung geben. Ist es reiner Blödsinn? Gott segne Sie, Mr. Walsch. Ich hoffe, dass jeder, der von Ihren Büchern berührt wird, eines Tages das Vergnügen haben wird, Ihnen persönlich zu begegnen. Tom B., TN.

Lieber Tom: Meine Meinung über den Sinn des Buchs der Offenbarung ist irrelevant. Sie fragen, ob es reiner Blödsinn ist, und ich kann Ihnen nur antworten, dass Sie das selbst entscheiden müssen. Denken Sie daran, dass nichts einen Sinn hat außer dem, den Sie ihm geben. Und der Sinn, den ich ihm gebe, sollte für Sie bedeutungslos sein.

Für Sie sollte wichtig sein, was Sie verstehen und erkennen. Ich habe mich in diesen vielen Monaten seit der Fertigstellung des Buches bemüht, der Versuchung zu widerstehen, meine persönliche Meinung zu irgendeinem Thema zu äußern, weil mir klar ist, dass die Leute ihr irgendwie eine Bedeutung beimessen werden. Das wäre der größte Fehler, den jemand machen kann. Nichts, was ich zu irgendeinem Thema zu sagen habe, ist bedeutungsvoll – außer vielleicht für mich, und auch dann hat es nur die Bedeutung, die ich ihm gebe. Ich denke also, das ist die ganze Botschaft von *Gespräche mit Gott*. Und wenn ich mich nun hier hinstellte und mich über jedes Thema unter der Sonne feierlich auslassen würde, stünde das im direkten Widerspruch zur Botschaft von GMG. Schauen Sie in Ihr Herz, Tom, und hören Sie, was Ihre Seele über all diese Dinge zu sagen hat. Darin liegt die Wahrheit, und da liegt Ihr Weg. Stellen Sie nicht die höchsten Einsichten, die Ihrer Seele kommen, in Frage. Spielen Sie nicht Ihre eigene Weisheit herunter.

Wird das alles zu einer
»cleveren Kultangelegenheit«?

Lieber Neale: Ich bin einer von den Lesern, die GMG vor kurzem dadurch entdeckten, dass es aus dem Regal und mir auf den Kopf fiel: »Gott sei Dank!« Eigentlich war ich schon eine ganze Reihe von Jahren (Leben) auf »dem Weg« und habe viele Bücher von allen Engeln gelesen, aber ich muss dir sagen, dass dieses Buch wirklich eine Wucht war (und weiterhin ist). Ich habe es in den Weihnachtsfeiertagen verschlungen und konnte seither nichts anderes lesen (was gar nicht meine Gewohnheit ist ...).
Wie dem auch sei, ich habe über diese Veränderung in meinem Verhalten nachgedacht und begann mich zu fragen, ob andere auf die gleiche Weise beeinflusst wurden. Meine Frage: Wird diese ganze Sache zu einem »Kult«? Das Buch hat mich wirklich auf sehr tiefe Weise bewegt, und es macht mich glücklich, dass soooo viele Menschen »auf der Suche« sind. Aber die ganze Geschichte fängt allmählich an, irgendwie ein wenig »clever« auszusehen: Da gibt es eine Website, Studiengruppen, Intensivworkshops usw. Vielleicht bin ich, wie all die anderen Leute, die sich darauf einlassen, für ihre Anziehungskraft allzu empfänglich und anfällig? Kannst du auf diese »Gefühle« von Zweifel eingehen? Tom, Blacksburg, VA.

Lieber Tom: Ich muss gestehen, dass ich auf Fragen dieser Art ein wenig empfindlich reagiere. Wenn jemand so etwas sagt, geht bei mir oft der »Rollladen runter«. Nicht lange. Nur für einen Moment. Doch meine Mutter würde sagen: »Bist du sicher, dass da nicht ein Körnchen Wahrheit dran ist?« Irgendwie glaube ich das nicht. Ich glaube, es kommt daher, dass ich noch nicht über meine Reaktion auf bestimmte negative und ungeheilte Gedanken hinweggekommen bin, die im Universum herumschwirren. Zum Beispiel der Gedanke, dass man irgendwie die Botschaft besudelt oder den Prozess ausbeutet, wenn man etwas – irgendetwas – unternimmt, um das Wort von Gottes magischer, großartiger Liebe einem größeren Publikum nahe zu bringen.

Heutzutage haben sogar Kirchen ihre Websites. Es ist das Zeitgeschehen. Eine Website wird heute rasch zu dem, was früher das Telefon war – ein einfaches, flinkes und zweckmäßiges Kommunikationsmittel, eine absolut unentbehrliche Einrichtung, ein Mittel, um miteinander in Kontakt zu treten und zu bleiben. Was ist daran »falsch«? Warum macht uns die Tatsache, dass wir eine Website haben, plötzlich »clever«? Ich denke, es ist ein Zeichen von Intelligenz. Bedeutet »intelligent« »clever« sein? Sind wir allzu »clever«, wenn es unser Vorsatz ist, so vielen Menschen wie möglich zu helfen, mehr über die außergewöhnliche Botschaft in *Gespräche mit Gott* zu hören und davon zu profitieren?

Wir könnten natürlich die Massenmedien und das Internet einfach den Leuten überlassen, die wirklich clever sind: den Lieferanten von Albernheiten und Pornographie; den Verkäufern von Krimskrams und den Hausierern und Glotzern. Aber irgendwie sollte es doch okay sein, wenn Leute, die eine gute Botschaft auszusenden haben, sich auch dieser Kommunikationswege bedienen. Was denkst du?

Was nun diese Studiengruppen angeht. Wir hatten mit ihrer Entstehung nichts zu tun. Sie haben sich im ganzen Land und überall auf der Welt ganz spontan gebildet, ohne dass wir dazu beigetragen oder dergleichen verlangt hätten. Manche Gruppen haben uns geschrieben, uns von ihrer Existenz berichtet und uns gebeten, über unseren Newsletter andere in ihrer Gegend auf ihre Existenz aufmerksam zu machen. Wir dachten daran, zu verlangen, dass sich diese Gruppen sofort auflösen, weil sie als eine »Kultangelegenheit« betrachtet werden würden, ließen dann aber diesen Gedanken als zu reaktionär fallen ...

Kommen wir nun zu den Workshops, Seminaren und fünftägigen Intensivretreats. Nun, da hast du uns am Haken, Tom. Da hast du uns ertappt. Ganz gewiss würde keine Organisation oder Bewegung, die sich auf eine fundamentale Wahrheit gründet und vom ehrlichen und reinen Wunsch beseelt ist, diese Wahrheit auf eine, wie sie hofft, für andere hilfreiche Weise zu verbreiten, je ein Seminar oder ein Retreat oder einen Workshop durchführen. Es ist eine Schande. Da ist etwas Schmieriges dran. Keine Frage, es ist »clever«. Man stelle sich vor, da halten wir doch tatsächlich ein fünftägiges Retreat ab, um den Leuten zu helfen, mit den eindrucksvollen Botschaften dieser außergewöhnlichen Bände in engeren Kontakt zu kommen. Wir hätten gar nicht erst versuchen sollen, mit so etwas durchzukommen.

Ich denke, ich sollte die Ironie nun sein lassen und einfach ganz direkt auf deine Frage eingehen. Tom, der Punkt, um den es in *Gespräche mit Gott* geht, ist der, dass wir alle für uns selbst verantwortlich sind. Du sprichst davon, dass du, wie all die anderen Leute, die sich auf GMG »einlassen«, vielleicht für seine »Anziehungskraft allzu empfänglich und anfällig« bist. Willst du das ernsthaft als Grund vorbringen, uns vom Web fern zu halten, Studiengruppen zu verbieten und niemals mehr einen Workshop zu veranstalten? Sollen wir für dich, Tom, die Verantwortung übernehmen und sicherstellen, dass wir nichts tun, was dich »in unsere Klauen ziehen« könnte? Ein besserer Weg für uns wäre vielleicht der, ein Programm zusammenzustellen und Informationen zugänglich zu machen, die die Leute lehren, wie sie aufhören können, so »empfänglich und anfällig« zu sein.

Wie mein Sohn sagen würde: »Nun, das ist mal ein Gedanke!«

Und das haben wir jetzt getan, Tom. Es nennt sich *CWG In Action* und dazu gehört der Aufbau von GMG-Zentren in Städten und Ortschaften, in denen ein Interesse daran besteht. In diesen Zentren werden für Teenager, Senioren und alle Leute, die die Weisheit von GMG in ihrem Alltagsleben konkret umsetzen möchten, Programme angeboten.

Wir laden all die, die hierbei eine aktive Rolle übernehmen möchten, dazu ein, Studiengruppenleiter/innen, qualifizierte Unterweiser/innen oder GMG-Meisterlehrer/innen zu werden. Detailliertere Informationen sind bei *CWG In Action* zu erhalten.

15

Allgemeine Fragen

Wie kann ich auf die Welt Einfluss nehmen?

Da können Sie eine ganze Menge tun. a) Seien Sie bestrebt, jede Stunde, jeden Tag nach den in *Gespräche mit Gott* dargelegten Prinzipien zu leben, um so Angst und Schuldgefühle auf dieser Erde zum Verschwinden zu bringen und durch bedingungslose Liebe zu ersetzen. b) Gründen Sie eine GMG-Studiengruppe und setzen Sie sich jede Woche mit vier oder fünf Leuten zusammen, um das Material Kapitel für Kapitel, Thema für Thema zu besprechen; um darüber zu debattieren. Sie können es auseinander nehmen und sehen, ob es für Sie konkret und real ist. Sie können es austesten. Das bietet Ihnen eine großartige Möglichkeit, mit dem Buch, mit Menschen, mit Ihrem eigenen Geist und mit Gott Spaß zu haben. Es ist ein Gottesspiel. Spielen Sie es! c) Bringen Sie ein GMG-Zentrum in Ihre Gemeinde. Hier verfolgen wir das Ziel, Möglichkeiten der Heilung zu verbreiten, die Liebe zu verbreiten. Werden Sie Teil eines Teams, das die Welt verändert. Schließen Sie sich *CWG In Action* an. Tun Sie alles Ihnen Mögliche, um diese Prinzipien Bestandteil Ihres Lebens und des Lebens auf diesem Planeten werden zu lassen.

Wow! Das ist mehr, als Sie eigentlich wollten, richtig? Mehr, als Sie zu tun vorhatten? Okay, schön. Tun Sie nichts dergleichen. Wie Gott sagt, ist das Leben eine Gelegenheit, keine Verpflichtung. Sehen Sie in all dem die Gelegenheit und Möglichkeit, die Sie dem beimessen möchten. Sehen Sie in unserer neuen Freundschaft die Gelegenheit, die Sie erschaffen möchten. Oder überhaupt keine. Haben Sie einfach Spaß. Haben Sie einfach Spaß am Leben! Und verbreiten Sie Freude. Streben Sie dies als Erstes und vor allem anderen an, gleich wo Sie hinkommen und gleich, was Sie tun.

Denn wenn Sie Freude verbreiten, vermitteln Sie anderen eine Erfahrung von Wer Sie Wirklich Sind. Weil dies ist, Wer Sie Wirklich Sind! Und Sie können ihnen helfen, das in sich zu sehen, indem Sie ihnen helfen, dies in sich zu fühlen.

Das ist es, was wir bei ReCreation*, der Stiftung für persönliches Wachstum und spirituelles Verständnis, anstreben, und über sie sollte ich Ihnen nun hier ein bisschen mehr erzählen.

ReCreation wurde von mir 1993 gegründet, weil ich eine Möglichkeit haben wollte, die Wahrheit, die Bedeutung und die Werte, die ich in *Gespräche mit Gott* fand, in die alltägliche Praxis umzusetzen. Ich wollte den Inhalt des Buches in die Realität umsetzen. Ich wollte, dass sich die Wahrheiten, die es enthält, konkret anwenden ließen.

Wie Sie wissen, gehört zu den wichtigsten Wahrheiten, die in diesem Buch übermittelt werden, die, dass das Leben kein Entdeckungsprozess, sondern ein Schöpfungsprozess ist. Uns wird gesagt, dass der Sinn und Zweck des Lebens darin besteht, uns wieder aufs Neue in der »höchsten Version der großartigsten Vision«, die wir je von uns selbst hatten, zu erschaffen. Ich war so begeistert, als diese Botschaft durchkam! Am nächsten Tag stand ich auf und sagte mir: »Das ist es. Genau das werde ich für den Rest meines Lebens tun!« Und so wurde ReCreation geboren.

Ich wollte schon immer, schon als kleines Kind, »Gottes Werk« tun. Ich hoffe, es klingt nicht zu »affektiert«, wenn ich das sage, denn es ist die Wahrheit. Mein Problem war nur, dass ich nicht wusste, worin dieses »Werk Gottes« bestand. Ich begriff nicht, worauf Gott hinaus wollte. Und ich habe den Hauptteil meines Lebens darauf verwandt, es herauszufinden.

Mit zwölf dachte ich, dass ich mit Sicherheit Priester werden würde. Ich wurde römisch-katholisch erzogen und war in die Theologie dieser Kirche völlig eingetaucht. Ich wurde Minis-

---

* Inzwischen wurde die Stiftung umbenannt in *Conversations with God*-Foundation. Inhaltlich hat sich jedoch nichts geändert. (A. d. Ü.; März 2002)

trant und war in meiner tiefen Liebe zu Gott sehr aufrichtig und hingegeben. Die einzige Frage, die ich nicht zu enträtseln vermochte, war die, warum Gott es anscheinend nötig hatte, dass alle anderen so sehr Angst vor ihm hatten. Ich konnte mir nicht vorstellen, dass Gott wirklich jemanden in die Hölle schickt, und ich stellte im Religionsunterricht Fragen, die alle unsere Priester zur Verzweiflung trieben, wie zum Beispiel: »Vater, wenn Gott uns wirklich liebt — warum verdammt er uns dann ins ewige Höllenfeuer, nur weil wir einen Fehler gemacht haben?« Die Priester riefen mich nie gerne auf, und wenn sie es doch taten, gaben sie selten befriedigende Antworten auf meine Fragen. Tatsache ist, dass ich bis zu *Gespräche mit Gott* nur sehr wenige befriedigende Antworten bekommen habe. Und ich habe vierzig Jahre mit Suchen verbracht.

Ich las jedes Buch, nahm an jedem Unterricht, an jedem Seminar teil, hörte mir jede Kassette an, betete zu jedem Gott, von dem ich je hörte, und konnte doch keine Antworten bekommen, die in meiner Seele den Klang von Wahrheit hatten. Dann hatte ich am 8. Januar 1980 eine außerkörperliche Erfahrung, die mein Leben veränderte, und die mich, dessen bin ich mir sicher, auf entscheidende Weise auf all die Ereignisse in den folgenden Jahren vorbereitete, einschließlich dem, dass ich schließlich das Material von *Gespräche mit Gott* empfing. Nun weiß ich, was Gottes Werk ist, und kann es endlich tun!

Das Werk, die Arbeit der Seele ist es, dich selbst aufzuwecken.

Gottes Werk, Gottes Arbeit ist es, alle anderen aufzuwecken.

Nun muss ich mich nicht länger mit sinnloser Arbeit abrackern. Nun muss ich nicht länger die Tage meines Lebens damit zubringen, ins »Überlebensspiel« verstrickt und verwickelt zu sein, bemüht, einen Weg zu finden, auf dem ich genug Geld verdienen kann, um die Miete und Stromrechnung bezahlen und das Auto auftanken zu können ... nur damit ich noch einen Tag länger auf dem Karussell verbleiben kann. Und Sie müssen das auch nicht länger tun.

Das Leben lädt Sie nun ein, ein anderes Spiel zu spielen. Eine andere Melodie zu singen. Sich einer anderen Tanztruppe anzuschließen und einen anderen Tanz zu tanzen. Tanzen Sie den Tanz der Freude und der Wahrheit, den Tanz einer Liebe, die keine Bedingungen kennt und auch keine Einschränkungen in ihrem Ausdruck. Das Leben lädt Sie nun ein, »Ihr Selbst wieder aufs Neue zu erschaffen«, und das in der »großartigsten Version der großartigsten Vision, die Sie je von sich selbst hatten«. Und wenn Ihre Vorstellung von Wer Sie Sind beinhaltet, dass Sie zu denen gehören, die, wie Robert Kennedy es ausdrückte, eine neuere Welt anstreben, dann sind Sie auf derselben Linie wie wir, und wir können gemeinschaftlich arbeiten, wenn Ihnen das dient.

Wir gehen davon aus, dass in den nächsten fünf Jahren überall auf der Welt in den Städten GMG-Zentren entstehen. Wir hoffen, uns auf diese Weise mit Ihnen zusammenzuschließen, während wir uns auf diesem Planeten wieder aufs Neue erschaffen. Kann sein, dass wir bei diesem spektakulären Unternehmen keinen »Erfolg« haben. Es spielt im Grunde keine Rolle. Was wirklich zählt — und uns die größte Freude bringt — ist, dass wir all die Tage und Zeit unseres Lebens von den Bedeutungslosigkeiten geschieden und mit unserer Mission verheiratet verbringen. Und unsere Mission bei ReCreation ist einfach, nämlich: die Menschen sich selbst zurückzugeben.

Und hier sind nun ein paar Antworten auf häufig gestellte Fragen:

Warum haben Sie begonnen, einen Newsletter herauszugeben?
Der Hauptgrund dafür war der, Ihnen, die Sie *Gespräche mit Gott* gelesen haben, die Möglichkeit zu geben, in einen Dialog über seinen Inhalt einzutreten. Damit Sie um Hilfe oder Inspiration ersuchen können, wenn Sie dies brauchen, Einsichten oder Anleitungen finden, wenn Sie sich mit einer bestimmten Herausforderung oder Frage konfrontiert sehen — oder um viel-

leicht auch nur ein »Ohr« zu bieten, das sich Ihr Problem anhört. Und ich wollte Ihnen allen auch die Möglichkeit geben, zu
sehen, wie andere auf das Material reagieren und antworten, so
dass unsere Erfahrung zu einer von allen geteilten Erfahrung
werden kann. Aus dem gleichen Grund habe ich die Trilogie
veröffentlicht.

Spricht Gott zu jedermann?
Gott spricht zu jedermann, aber nicht jedermann glaubt das.
Wie GMG sagt, haben viele das Problem, sich nicht für würdig
genug zu halten, dass Gott mit ihnen spricht. Wie steht es mit
Ihnen? Halten Sie sich für würdig genug? Stellen Sie sich diese
Frage. Können Sie sie mit »ja« beantworten, dann fangen Sie in
diesem Monat an, genauer auf die Worte von Gott zu achten,
um so in Ihrem Leben von ihm geführt zu werden. Sollten Ihre
Antwort auf die Frage ein Nein sein, dann schauen Sie nach,
warum Sie sich nicht für würdig genug halten, von Gott direkt
und unmittelbar Führung zu erhalten.

Was ist mit »Ich bin das Licht!
Die kleine Seele spricht mit Gott«?
Nun möchte ich Ihnen sagen, wie begeistert wir alle bei ReCreation darüber sind, dass wir die Möglichkeit hatten, Kindern eine wesentliche Botschaft von GMG zugänglich zu machen. Das
Buch *Ich bin das Licht! Die kleine Seele spricht mit Gott* (engl.
Titel: *The Little Soul and the Sun*) ist für Sieben- bis Zwölfjäh-
rige geschrieben und basiert auf der Parabel »Die kleine Seele
und die Sonne«, die sich in zwei Teilen in der Trilogie, in Band 1
und am Schluss von Band 3, findet.

Es ist eine erstaunliche Geschichte, die dem noch jungen
Geist erklärt, warum im Leben manchmal »guten Menschen Bö-
ses widerfährt«, und deutlich macht, dass es im Grunde keine
Opfer und keine Bösewichte gibt. Das ist eine der wichtigen
Lehren in *Gespräche mit Gott,* und es ist aufregend zu sehen,

wie sie durch die wunderschönen Illustrationen des meisterlichen Künstlers Frank Riccio lebendige Gestalt annimmt.

Es ist heutzutage bestenfalls schwierig, spirituell erhellende
Literatur für Kinder zu finden. Dieses Buch ist eine wundervolle Antwort auf dieses Problem. Es ist perfekt für Kinder geeig-
net, und ich bin sehr glücklich darüber, dass wir einen Weg gefunden haben, diese wundervollen Wahrheiten der nächsten
Generation in einem Alter zu übermitteln, in dem sie sie am
leichtesten aufnehmen kann.

The Little Soul and the Sun gibt es auch auf CD und auf Kassette mit Musik und Gesang, was mir ebenfalls gut gefällt. Sowohl das Buch wie die CD und Kassette sind bei ReCreation erhältlich. Mit dem Erlös aus den Verkäufen wird die Arbeit der
Stiftung unterstützt.

Wie hat sich GMG auf Sie persönlich ausgewirkt?
Ich war nie glücklicher in meinem Leben. Ich habe eine außerordentlich gut funktionierende und wundervoll befriedigende
Beziehung. Hinsichtlich der vielen körperlichen Leiden, die mir
früher zu schaffen machten, ist meine Gesundheit jetzt besser
als je zuvor. Ich habe eine Ebene der finanziellen Sicherheit erreicht, von der ich nie zu träumen gewagt hätte.

Hat GMG mich dazu veranlasst, mein Verhalten zu ändern?
Ja, natürlich. Ich hoffe, dass ich anderen gegenüber sehr viel
liebevoller, sehr viel mitfühlender und transparenter geworden
bin als zuvor. Ich hoffe auch, dass ich anderen gegenüber
freundlicher, geduldiger (na, vielleicht sollten wird das mit dem
geduldig für den Moment vergessen), offener, zugänglicher,
sensibler und mir meiner Handlungen und ihrer Konsequenzen
sehr viel bewusster geworden bin als vor der GMG-Erfahrung.

Ich habe endlich gelernt zu vertrauen. Als ich zum ersten
Mal *Gespräche mit Gott* zu Ende gelesen hatte, war es mir unmöglich, nicht mehr zu vertrauen. Das Buch versetzte mich einfach an einen Ort tiefen Vertrauens. Dort fühlte ich mich so

wohl, und ich war so froh, endlich dorthin gefunden zu haben, dass ich keinen Wunsch verspüre, ihn wieder zu verlassen. Viele von Ihnen haben gefragt, wie ich meine Befürchtungen beschwichtigt habe – meine Ängste, ob da wirklich Gott zu mir gesprochen hat und nicht eine Imitation –, und die Antwort lautet: Ich lese einfach das Buch immer und immer wieder. Und wenn ich meine Zweifel hatte, dass hier Gott gesprochen hatte, stellte mir meine Frau Nancy die Frage: »Was würde passieren, wenn sich die ganze Welt ab morgen früh entsprechend der Lehren dieses Buches verhalten würde? Wäre sie ein besserer Ort, oder wäre sie schlechter dran?«

Das war eine sehr gute Frage, und ich bin froh, dass Nancy sie stellte, denn damit wurde die ganze Erfahrung in einen Kontext gestellt, den mein Verstand begreifen konnte. Ich glaube tatsächlich, dass die Welt ein besserer Ort wäre, wenn jedermann nach den Lehren von GMG leben würde. Darum kann ich mir nicht vorstellen, dass es eine große Rolle spielt, ob die Worte von Gott oder aus einer anderen Quelle stammen. Wie Gott selbst sagte: Wo ist der Unterschied?

Im Moment bin ich überaus okay. Ich lebe das Leben meiner Träume. Ich bin dreißig Wochen im Jahr auf der ganzen Welt unterwegs, halte Vorträge, gebe Workshops und hoffe, den Menschen dadurch zu einem besseren Verständnis zu verhelfen und sie stärker dazu zu befähigen, einen wahrhaft liebenden und nicht beängstigenden Gott anzunehmen und in die Arme zu schließen. Es ist nun meine Aufgabe im Leben, die Menschen sich selbst zurückzugeben, und ich tue das mit Genuss und mit großer und guter Energie. Ich führe immer noch *Gespräche mit Gott,* und ich weiß, Sie tun das auch.

Ich denke, ich habe mich in vielerlei Hinsicht verändert. Dazu gehören auch ein sehr viel höheres Maß an Toleranz und Geduld in Bezug auf andere Menschen, eine sehr viel höhere Wissensebene hinsichtlich der Fülle, die in mein Leben fließt, und ein sehr viel stärkeres Gefühl von einer Mission als je zuvor.

Der Schlüssel zu all dem lag nicht nur im Lesen der Wahrheiten, die mir in *Gespräche mit Gott* übermittelt wurden, sondern auch darin, sie zu leben. Natürlich kann niemand diese Art Wahrheiten jede Minute eines jeden Tages leben, außer sie oder er haben eine außergewöhnlich hohe Ebene der Meisterschaft erlangt – und so jemandem bin ich schon seit sehr langer Zeit nicht mehr begegnet. Doch es sollte unser Ziel sein, dies zu versuchen, jetzt, da wir die Richtung kennen, in die wir gehen wollen. Und so möchte ich vorschlagen, dass Sie aufhören, sich für Ihre Fehlschläge, oder was Sie Fehlschläge oder Misserfolge nennen, zu kasteien und anfangen, sich für Ihre Erfolge, die zahlreich sind, zu gratulieren.

Schämen Sie sich manchmal Ihrer selbst?
Zu lernen, sich nicht seiner selbst zu schämen oder sich nicht für sich zu genieren, stellt meines Erachtens einen Gipfelpunkt innerhalb der persönlichen Entwicklung dar. Ich schäme oder geniere mich nicht länger dafür, wie ich aussehe, mich anhöre, mich fühle oder wie ich bin. Lassen Sie andere sich peinlich berührt fühlen, wenn sie wollen, lassen Sie andere sich unbehaglich fühlen, ich weigere mich, dergleichen zu tun. Wenn ich mich nicht mehr mit mir selbst unwohl fühle, kann ich mich endlich mit Gott wohl fühlen, wie ich feststelle. Denn ganz offensichtlich ist mein Selbst Gott. Und wenn ich mich mit mir selbst anfreunde, freunde ich mich endlich mit Gott selbst an. Und sie lächelt und ist verwundert darüber, wie lange das bei mir gedauert hat, und sie jubiliert und feiert, dass ich es endlich geschafft habe.

Es dreht sich also alles darum, dass wir uns mit uns selbst wohl fühlen, und dann jede Person, die in unser Leben tritt, sich mit sich selbst wohl fühlen lassen. Wenn sich das verdächtig nach bedingungsloser Liebe anhören sollte, dann deshalb, weil es genau das ist. Manche Leute begreifen und tun dies alles den einen Tag in der Woche, um dann für den Rest der Woche wie ein Roboter durchs Leben zu gehen. Dennoch bemühen sie sich. Sie sind auf dem Weg und kommen zuweilen von ihm ab. Sollten Sie das aber vierundzwanzig Stunden am Tag tun, dann befinden Sie sich an vorderster Front, dann sind Sie die Vorhut, dann sind Sie der Menge weit voraus. Und wieder denke ich, dass Sie sich einfach gratulieren sollten, ganz gleich, wo Sie sich auf der Skala befinden.

*Wie ist es möglich, dass es so etwas
wie richtig und falsch nicht gibt?*
Eine der umstrittensten Konzeptionen der GMG-Trilogie ist der Gedanke, dass es in Gottes Universum kein absolutes Richtig und kein absolutes Falsch gibt.

Das zu akzeptieren, fällt dem menschlichen Geist schwer. Wie können wir, wenn es kein absolutes Richtig gibt, wissen, wann wir uns auf dem Weg zu Gott befinden? An welchem Maßstab sollen wir unsere Fortschritte messen? Auf welcher Grundlage sollen wir erkennen und bestimmen, wie unser Handeln unter irgendwelchen gegebenen Umständen aussehen sollte? Wie sollen wir unsere Gesetze erschaffen? Worin sollen unsere Werte bestehen? Und wie können wir unsere Form von Bestrafungen rechtfertigen?

Die Leute, die Schwierigkeiten mit dieser Botschaft haben, nehmen an, das Buch wolle damit sagen, wir müssten die Kategorien von »richtig« und »falsch« bei unserer Herangehensweise an die Dinge streichen. Und sie können nicht erkennen, wie wir dann noch irgendeine Art von Gesellschaftsordnung aufrechterhalten sollen. Was ihre erste Annahme angeht, so irren sie sich. Was die zweite Annahme betrifft, so ist sie korrekt. Wir können angesichts des gegenwärtigen Entwicklungsstadiums, in dem wir uns als Spezies befinden, keine Gesellschaftsordnung aufrechterhalten, wenn wir unsere Vorstellungen von »richtig« und »falsch« aufgeben. Doch die GMG-Trilogie fordert uns auch nicht dazu auf. Sie empfiehlt uns noch nicht einmal, diesen Versuch überhaupt zu unternehmen. Ganz im Gegenteil. Sie empfiehlt, dass wir so lange an unseren Werten festhalten, wie sie uns unserer Ansicht nach dienlich sind.

Das ist der Schlüssel: Werte sind nur so lange Werte, wie sie wert-fähig sind. Das heißt, solange sie von Wert sein können. Einst dachten wir in diesem Land, es sei von Wert, Hexen auf dem Scheiterhaufen zu verbrennen, und taten es auch. Seither haben sich unsere Werte geändert, und heute tun wir das nicht mehr. Wir mögen zwar Ärzte vor Abtreibungskliniken erschießen und Mörder auf dem elektrischen Stuhl hinrichten, aber Hexen verbrennen wir nicht mehr. Also nimmt man an, unsere Gesellschaft sei eine Stufe nach oben geklettert.

Im GMG heißt es, dass jeder Akt ein Akt der Selbst-Definition ist. Sowohl als Individuen wie als Gesellschaft definieren wir uns über die Entscheidungen hinsichtlich dessen, was wir als »richtig« oder »falsch« bezeichnen. Die Aussage in GMG, dass es so etwas wie richtig oder falsch nicht gibt, ist keineswegs als Empfehlung zu verstehen, unsere gegenwärtigen Vorstellungen von dem, was richtig und was falsch ist, aufzugeben. Sie will uns nur klarmachen, dass unsere Vorstellungen davon eben genau das sind. Vorstellungen, die wir haben. Sie führen uns vor Augen, was und wie wir gegenwärtig über die Dinge denken. Das hat nichts mit der objektiven Realität zu tun. Mit anderen Worten, es wäre unangemessen, vorzuschlagen, dass wir etwas aus dem Grund, dass es Gottes Werte sind, zu unseren Werten machen sollten.

Gott hat keine Werte. In dem Sinn verstanden, dass Gott einen Handlungsweg für »richtig« und einen anderen für »falsch« hält, hat Gott keine Werte. Er hat in dieser Sache keine Vorlieben. Sie sitzt nicht zu Gericht und sagt: »Du hast dies getan, und ich wollte, dass du das tust, und deshalb musst du jetzt bestraft werden.« In GMG findet sich wiederholte Male die Aussage: »Dein Wille für dich ist Gottes Wille für dich.« Das zu akzeptieren fällt vielen Menschen schwer. Es bedeutet in der Tat, du kannst tun, was immer du möchtest, ohne Beschuldigungen von Seiten des Herrn.

Wenn die Botschaft von GMG, dass es so etwas wie richtig und falsch nicht gibt, für uns irgendeinen Sinn ergeben soll, dann müssen wir uns dazu entschließen, bei unseren Versuchen, andere dahin zu bringen, dass sie unsere Sicht der Dinge akzeptieren und übernehmen, keine (ökonomische, spirituelle, physische, emotionale) Gewalt anzuwenden. Was uns jetzt erlaubt, solche Gewalt anzuwenden, und dazu noch ungestraft, ist unser Gedanke, dass »das Recht schließlich auf unserer Seite ist«, und deshalb alles, was wir unternehmen, um die andere Seite zu dieser Einsicht zu bringen, auch gerechtfertigt ist.

Und lassen Sie uns über eines im Klaren sein, denn sonst wird selbst diese Diskussion in Missverständnissen stecken bleiben. Der Grund dafür, dass wir keine Gewalt anwenden sollen, ist nicht der, dass die Anwendung von Gewalt »falsch« ist. Der Grund dafür ist der, dass es nicht funktioniert. Krieg funktioniert nicht. Kämpfen und Töten funktioniert nicht. Ökonomische Erpressung funktioniert nicht. Nicht für eine Gesellschaft, die behauptet, dass sie in Frieden und Harmonie leben möchte.

Band 3 führt aus, dass sich in fortgeschrittenen Zivilisationen lebende Hoch Entwickelte Wesen (HEWs) in zweierlei Hinsicht von den Menschen unterscheiden. Erstens, sie beobachten, was so ist, und zweitens, sie tun, was funktioniert. Die meisten Menschen beobachten üblicherweise nicht, was so ist, und sagen auch üblicherweise nicht die Wahrheit darüber, und noch seltener kommt es vor, dass sie tun, was funktioniert.

Der Punkt ist hier, dass die HEWs kein Wertesystem haben, das auf so künstlichen Konstrukten wie »richtig« und »falsch« basiert. Es gründet sich vielmehr auf das, was für ihre Gesundheit, ihr Wohlergehen und ihr Glück »funktioniert« und »nicht funktioniert«. Wenn wir hier eine solche Regel anwenden würden, würde sich über Nacht alles verändern.

16

Die einzige Frage,
die zählt

Am Ende eines Buches voller Fragen steht nur eine einzige Frage, die wirklich zählt. Alles andere hängt von unserer Antwort auf diese Frage ab, und alles andere ergibt erst einen Sinn, wenn die Antwort darauf gegeben wird.

Das Interessanteste an dieser Frage ist, dass in jedem Augenblick eine neue Antwort auf sie geschaffen werden muss. Wir können nie mit der Beantwortung dieser Frage fertig sein – und ehrlich gesagt sollten wir auch nie diesen Wunsch haben, denn wenn wir damit fertig wären, wäre es auch mit dem Spiel des Lebens aus.

Das Zweitinteressanteste an dieser Frage ist, dass wir sie bereits beantworten. Wir haben seit dem Moment, in dem sie gestellt wurde – das war der Moment unserer Geburt – nie aufgehört, sie zu beantworten. Und wir werden sie bis zu unserem letzten Tag auf Erden weiterhin beantworten. Und noch darüber hinaus. Ja, wir haben sie immer (und auf allen Wegen) beantwortet und werden sie bis in alle Ewigkeit beantworten.

Die Frage?

Wer bin ich?

Das ist die Frage, die Gott stellt. Das ist die Frage, die das Leben stellt. Das ist die Frage, die Sie sich bewusst selbst stellen und auf die Sie bewusst eine Antwort geben müssen, wenn Sie endlich vom »Rad des Karmas« abspringen wollen, das Sie sich – nach Ihrer Vorstellung – ständig in Erfahrungen verfangen lässt, die Sie weder wählen noch bevorzugen.

Nun mag Ihnen der erste Satz des letzten Absatzes unglaublich vorkommen. Wie kann Gott denn irgendwelche Fragen in Bezug auf irgendetwas haben? Ist Gott nicht die Quelle von allem? Von aller Weisheit, allem Wissen, allem Verstehen und vor allem von allen Antworten?

Nun, ja und nein.

Gott ist die Quelle aller Antworten auf jede Frage, die es gibt, je gab und je geben wird – und Gott weiß, diese Antworten werden von Gott gewusst, wenn Gott sie weiß.

Alles klar?

Ja, richtig. Na gut, okay, gehen wir es mal so an. Gott ist beim Entscheiden, wer und was Gott ist. Das Leben ist ein Prozess, durch den Gott am »Werden« ist. Sie sind Bestandteil dieses Prozesses. Ja, Sie sind selbst dieser Prozess, der sich ausagiert. Gott trifft, so wie Sie entscheiden, Wer und Was Sie Sind, und was zu sein Sie wählen, dieselbe Entscheidung – denn Gott ist die Gesamtsumme dessen, was alles und jedes ist. Und Gott wird die Gesamtsumme all dessen sein, was alles und jedes wird.

Nun, um die Sache noch komplizierter zu machen, sollte ich Ihnen sagen, dass all dieses bereits entschieden ist. Das heißt, alles, was je war, jetzt ist und je sein wird, ist in diesem Augenblick. Es existiert bereits, hat immer existiert, und wird immer existieren und kann niemals nicht sein. (Deshalb können Sie unmöglich wirklich »sterben«.)

Wie in GMG Band 3 erläutert wird, kann man die letzte Wirklichkeit mit Hilfe einer Analogie erklären, die uns allen vertraut ist – mit der Funktionsweise einer CD-ROM. Auf der Scheibe mit dem computerisierten Spiel sind alle vorstellbaren Ergebnisse gespeichert. Sie können sich hinsetzen und das Spiel auf jede von Ihnen gewünschte Weise spielen. Sie machen eine Bewegung, einen Schritt, und der Computer reagiert darauf. Diese Reaktion steht fest und ist vorhersehbar. Der Computer wird jedes Mal, wenn Sie unter genau denselben Bedingungen denselben Schritt machen, auf genau dieselbe Weise reagieren. Doch es gibt eine unendliche Anzahl von möglichen Schritten, und von daher auch möglichen Ergebnissen – die alle bereits auf der Scheibe existieren und bereit stehen, ausagiert zu werden.

Das ist eine sehr grobe Analogie, aber sie funktioniert insofern, als sie uns hilft zu verstehen, wie es möglich ist, dass jedes Ergebnis im Universum bereits existiert und dennoch gewählt und erfahren werden soll. Wenn Sie schon die moderne Computertechnologie für schier unglaublich halten, dann warten Sie ab, bis Sie die Technologie des Universums sehen.

Was es jetzt noch zu verstehen gilt, ist der Mechanismus, mittels dessen das »Spiel« gespielt wird. Wie wählen wir und wie produzieren wir unsere Ergebnisse? All das wird sehr detailliert in der *Gespräche mit Gott*-Trilogie erläutert. Wenn Sie dieses Material sorgfältig lesen, werden Sie wissen und verstehen, wie Sie in diesem Augenblick, in jedem einzelnen Moment, ob nun bewusst oder unbewusst, die eine Frage, die wirklich zählt, beantworten.

Wer bin ich?

Um da reinzukommen, hilft es manchmal, wenn Sie sich diese Frage nach und nicht vor einer bestimmten Erfahrung oder einem bestimmten Ereignis stellen. Schauen Sie sich drei Dinge an, die Sie heute getan, gesagt oder gedacht haben. Fragen Sie sich: Ist es das, wer ich wirklich bin? Ist es das, wer ich zu sein wähle?

Wenn Sie mit der Zeit darin besser werden, werden Sie auch allmählich die Lücke zwischen dem Moment, in dem Sie etwas denken, sagen oder tun, und dem Moment, in dem Sie sich diese Frage stellen, schließen. Bald werden Sie feststellen, dass Sie sich diese Frage sogar inmitten dessen, was Sie denken, sagen oder tun, stellen. Und schließlich werden Sie merken, dass Sie einen Sekundenbruchteil, bevor Sie etwas denken, sagen oder tun, innehalten und sich diese Frage im Vorhinein stellen. Und Sie werden die Frage durch Ihr jeweiliges Verhalten beantworten, das Sie dann an den Tag legen.

An diesem Punkt werden Sie die Meisterschaft erlangt haben.

Dann wird jede andere Frage in diesem Buch irrelevant sein, denn Sie werden sich selbst, wenn auch nur kurz, als der Schöpfer oder die Schöpferin Ihrer eigenen Erfahrung erkannt haben. Und wenn dies geschieht, kann es keine Fragen mehr geben. Da werden nur Antworten sein, die jeden Augenblick von Ihnen ausgehen. Und Sie werden tatsächlich eine Meisterin oder ein Meister sein. Nicht nur in Gedanken, nicht nur mit Worten, sondern auch in der Tat.

Und was Sie tun, wird die Welt verändern.

Zum Abschluss

Der Prozess des Beantwortens spezieller Leserfragen geht weiter. Ich setze in jeder Ausgabe unseres Newsletters diesen offenen Dialog fort. Ich betrachte dies als Bestandteil meiner Verpflichtung, der Energie von GMG weiterhin Möglichkeiten zu eröffnen, im Leben der Menschen präsent zu sein. Viele Leute haben uns gegenüber den Wunsch geäußert, ihre Erfahrung mit diesem Material auch nach der Lektüre der Bücher fortzusetzen. Am Anfang versuchten Nancy und ich, jeden Brief, der hereinkam, zu beantworten. Als das nicht länger möglich war, entschieden wir uns für einen Newsletter als einen Weg, auf dem die am häufigsten gestellten Fragen oder die menschlich interessanten Briefe beantwortet werden konnten.

Der Newsletter enthält auch Ausschnitte aus der Trilogie selbst (sowie Exzerpte aus noch unveröffentlichten Manuskripten, die gegenwärtig in Arbeit sind) mit Kommentaren dazu, wie sich die dort beschriebenen spirituellen Prinzipien im Alltagsleben anwenden lassen.

Wer den *Conversations*-Newsletter abonnieren will, kann $ 35 für 12 Ausgaben ($ 45 für Abonnenten außerhalb der USA) an folgende Adresse schicken:

> Conversations with God Foundation
> PMB 1150
> 1257 Siskiyou Blvd.
> Ashland, Oregon 97520
> USA
> E-Mail: cwgfoundation@cwg.info

Abonnements in Form eines Stipendiums sind ebenfalls erhältlich. Abgesehen von der Herausgabe des regelmäßig erscheinenden Newsletters führt unsere Stiftung überall in den USA auch eintägige Seminare, Wochenendworkshops und fünftägige Retreats durch, deren Inhalt die Botschaften von GMG sind. Informationen dazu finden sich immer im Newsletter. Sie können sie aber auch unabhängig davon erhalten, wenn Sie uns einen entsprechend frankierten und mit Ihrer Adresse beschrifteten Umschlag an die obige Adresse schicken. Zwanzig Prozent der Plätze aller von der Stiftung gesponserten Programme sind für Personen reserviert, die ein volles oder partielles Stipendium haben möchten, und Anfragen sind willkommen.

Schließlich möchte ich noch ein Büchlein erwähnen, das ich geschrieben habe und das den Titel *Bring Licht in die Welt* hat. Es erklärt in wunderbar klarer Sprache den Unterschied zwischen »Sein« und »Tun« und konzentriert sich auf die Frage, wie wir in unserem Leben zur rechten Lebensweise und zum rechten Lebensunterhalt finden, so dass wir auch während unserer Arbeit die spirituellen Wahrheiten, die immer in uns lebendig sind, zum Ausdruck bringen können.

Es ist nicht umfangreich, man kann es in dreißig Minuten durchlesen, aber seine Einfachheit täuscht. Leute, die das Manuskript gelesen haben, sagten mir, dass es ihnen ein gewaltiges Aha-Erlebnis bescherte, und sie plötzlich auf sehr viel tiefere Weise verstanden, wie die Weisheit des »aus dem Sein Kommens« anzuwenden ist, die sich durch das ganze Material von *Gespräche mit Gott* hindurchzieht.

Wir verwenden den Erlös aus diesen Büchlein zur Unterstützung unseres Newsletters und unserer Workshop-Stipendien.

Ich stehe voller Demut vor der Reaktion, mit der *Gespräche mit Gott* überall auf der Welt aufgenommen wurde. Ich kann nur hoffen, dass ich dem Job, den Gott mir gegeben hat, und dem Vertrauen, das Sie in mich gesetzt haben, stets gerecht werden kann. Vor allem aber hoffe ich und bete ich dafür, dass Sie Ihr größtes Vertrauen in sich selbst setzen werden. Sie sind die Magie und der Zauber, Sie sind ein wunderbares Werk und ein Wunder. Sie sind die Quelle und die Weisheit, das höchste Erkennen und Verstehen, und die größte Liebe. Die Botschaft von GMG ist, dass es das ist, was Sie sind. *So soll es sein.*

> Sie sind die Gesegneten, und so ...
> seien Sie gesegnet.
> In Liebe, immer
> *Neale*

GOLDMANN

Das Gesamtverzeichnis aller lieferbaren Titel erhalten Sie
im Buchhandel oder direkt beim Verlag.
Nähere Informationen über unser Programm erhalten Sie auch im Internet unter:
www.goldmann-verlag.de

★

Taschenbuch-Bestseller zu Taschenbuchpreisen
– Monat für Monat interessante und fesselnde Titel –

★

Literatur deutschsprachiger und internationaler Autoren

★

Unterhaltung, Kriminalromane, Thriller
und Historische Romane

★

Aktuelle Sachbücher, Ratgeber, Handbücher und
Nachschlagewerke

★

Bücher zu Politik, Gesellschaft, Naturwissenschaft und Umwelt

★

Das Neueste aus den Bereichen
Esoterik, Persönliches Wachstum und Ganzheitliches Heilen

★

Klassiker mit Anmerkungen, Anthologien und Lesebücher

★

Kalender und Popbiographien

★

Die ganze Welt des Taschenbuchs

★

Goldmann Verlag • Neumarkter Str. 18 • 81673 München

Bitte senden Sie mir das neue kostenlose Gesamtverzeichnis

Name: _____

Straße: _____

PLZ / Ort: _____